A Tributação do Comércio Eletrónico nos Estados Unidos da América e na União Europeia

A Tributação do Comércio Eletrónico nos Estados Unidos da América e na União Europeia

2015

Daniel Freire e Almeida

A TRIBUTAÇÃO DO COMÉRCIO ELETRÓNICO
NOS ESTADOS UNIDOS DA AMÉRICA
E NA UNIÃO EUROPEIA
© ALMEDINA, 2015

AUTOR: Daniel Freire e Almeida
DIAGRAMAÇÃO: Edições Almedina, SA
DESIGN DE CAPA: FBA
ISBN: 978-858-49-3008-1

Dados Internacionais de Catalogação na Publicação (CIP)
(Câmara Brasileira do Livro, SP, Brasil)

Almeida, Daniel Freire e
A tributação do comércio eletrónico nos Estados
Unidos da América e na União européia / Daniel
Freire e Almeida. – São Paulo : Almedina, 2015.
ISBN 978-85-8493-008-1
1. Comércio eletrônico 2. Comércio eletrônico –
Tributação 3. Contratos 4. Direito comercial
5. Direito internacional 6. Estados Unidos –
Comércio exterior 7. Internet (Rede de computadores)
8. União Européia – Comércio I. Título.

15-01423   CDU-34:336.2:380.10

Índices para catálogo sistemático:
1. Comércio eletrônico : Tributação :
Direito tributário 34:336.2:380.10
2. Tributação : Comércio eletrônico :
Direito tributário 34:336.2:380.10

Este livro segue as regras do novo Acordo Ortográfico da Língua Portuguesa (1990).

Todos os direitos reservados. Nenhuma parte deste livro, protegido por copyright, pode ser reproduzida, armazenada ou transmitida de alguma forma ou por algum meio, seja eletrônico ou mecânico, inclusive fotocópia, gravação ou qualquer sistema de armazenagem de informações, sem a permissão expressa e por escrito da editora.

Março, 2015

EDITORA: Almedina Brasil
Rua José Maria Lisboa, 860, Conj.131 e 132, Jardim Paulista | 01423-001
São Paulo | Brasil
editora@almedina.com.br
www.almedina.com.br

Dedico o presente trabalho aos meus pais, Fernando e Ana Maria.

NOTA DO AUTOR

A odisseia empreendida para alcançar os resultados deste trabalho envolveu a dedicação a tradicionais e inovadoras temáticas.

Em verdade, quando iniciamos nossos estudos em Direito Tributário, ainda em nossa licenciatura em Direito, em cadeira sob a regência do ilustre Professor Doutor **José Francisco da Silva Neto**, não imaginávamos os desafios que a Internet e o Comércio Eletrónico poderiam proporcionar.

No entanto, os basilares e fundamentais conhecimentos adquiridos durante esta fase permitiram a percepção da inovação trazida ao Direito Fiscal lusitano pelo Professor Doutor **Diogo Leite de Campos**, em seu pioneiro ensaio, de 1998, intitulado *"A Internet e o Princípio da Territorialidade dos Impostos"*[1].

O notável artigo, apresentava ponto fulcral enfrentado pelos diversos países, atualmente, na busca pela manutenção de suas receitas tributárias em espaço tão internacional, multinacional, e global, ao mesmo tempo, como a Internet e o Comércio Eletrónico.

Neste desenrolar, a positiva inquietação despertada pela leitura daquelas lições foi contemplada quando defendemos exitosamente, em 21 de Março de 2002, em provas públicas de Mestrado na Faculdade de Direito da Universidade de Coimbra, o trabalho que se apresenta, sob a Douta orientação do Professor **Diogo Leite de Campos**.

Por conseguinte, após as atualizações realizadas, convidamos os queridos leitores para a abordagem ao tema da **Tributação do Comércio Eletrónico**, no espaço das duas maiores potências digitais do presente século, quais sejam, os **Estados Unidos da América e a União Europeia.**

Muito boa leitura!

Coimbra, 2013
DANIEL FREIRE E ALMEIDA

---

[1] LEITE DE CAMPOS, Diogo. *A Internet e o Princípio da Territorialidade dos Impostos.* Lisboa: Revista da Ordem dos Advogados, ano 58, 1998.

AGRADECIMENTOS

Primeiramente, meus sinceros e especiais agradecimentos ao meu Orientador, Professor Doutor **Diogo Leite de Campos**, por despertar-me para o tema em apreço, bem como pela estimulante, paciente, singular e sábia forma com que conduziu o trabalho, resultando em fazer-me sentir o gosto em realizar investigação em Direito.

Outrossim, ao Professor Doutor **José Francisco da Silva Neto**, endereço meu profundo reconhecimento pelas críticas meritórias, leitura e correcção dos escritos, além de todos os ensinamentos e auxílios, apoiando-me incansavelmente, sempre visando ao meu aprimoramento, desde os tempos de minha graduação.

Aos Professores do Curso de Mestrado da Faculdade de Direito da Universidade de Coimbra, em especial, Professor Doutor **Manuel Carlos Lopes Porto** e Professor Doutor **José Casalta Nabais**, com os quais tive o privilégio de cursar disciplinas.

Agradeço à Senhora **Maria do Rosário Lucas** (*in memorian*), aos funcionários da Biblioteca da Faculdade de Direito da Universidade de Coimbra, da New York University Law School e da Columbia Law School, que, de forma agradável, acolhedora e eficiente, colaboraram para as pesquisas pertinentes.

Ao Cônsul de Portugal Doutor **Arlindo Marques Figueiredo**, por todo o incentivo ao Curso de Mestrado em Coimbra.

Por derradeiro, agradeço à minha família, principiando pelo meu irmão, **Fernando Augusto**, pela inestimável colaboração nos domínios da Informática. Da mesma forma, à minha irmã **Ana Paula**, pela compreensão e apoio neste desafio. Aos meus pais, **Fernando e Ana Maria**, exemplos que tento seguir, pela confiança, amor e total condição ao desfecho alcançado, sempre zelosos por mim, mesmo acarretando mudanças em suas rotinas de vida diante de minhas exigências e ausências no desenvolvimento desta pequena obra. A todos, pois, meus sinceros agradecimentos.

PREFÁCIO

"A Tributação do Comércio Eletrónico nos Estados Unidos da América e na União Europeia", dissertação de Mestrado na Faculdade de Direito de Coimbra, representa um passo muito importante no tratamento científico do tema.

O Doutor **Daniel Freire e Almeida** ao tratar do comércio eletrónico, elabora uma dupla perspectiva fundamental: a visão internacional (EUA e UE) e a tributação.

O comércio eletrónico teve o mérito de ultrapassar "naturalmente" as fronteiras nacionais.

Por muito que estas estejam esbatidas, ainda têm um peso importante nas representações individuais e colectivas, separando culturas, economias e sistemas jurídicos. Ora, o comércio eletrónico tende a ignorar a diversidade de sistemas jurídicos que contata. Escolhendo só um destes sistemas, a caminho de criar o seu próprio Direito. Desperta aqui um novo Direito dos comerciantes (eletrónicos), tal como na Idade Média surgiu o Direito dos comerciantes a nível europeu.

O Autor concentra a sua análise nos ordenamentos jurídicos dos EUA e da UE, os mais relevantes para efeitos da disciplina do comércio eletrónico.

Mas não fica na descrição das ordens jurídicas aplicáveis. Tem-nas constantemente presentes, é certo. Mas submete-as à prova do Direito tributário no qual foca a sua profunda análise.

Com efeito, muitos dos novos institutos jurídicos do Direito privado nascidos nos últimos cinquenta anos, têm de ser entendidos à luz da sua tributação que tanto os condiciona e molda, assegurando ou vedando o seu sucesso. O comércio eletrónico está dependente de um regime tributário adequado. Regime que deve reconhecer as novidades do novo espaço e que pretende globalizar-se. Neste sentido a presente dissertação.

Todo o discurso jurídico do Autor é assente num sólido conhecimento do mundo virtual e do comércio que nele se opera. O Autor demonstra uma familiaridade com a informática e os seus utentes que constitui mais um motivo de interesse do presente estudo.

Estudo do Direito da internet entendido ao nível global que o Autor estendeu na sua posterior dissertação de doutoramento, propondo um Tribunal Internacional para a Internet. O que virá permitir a criação de um Direito geral e global.

Coimbra, 2013

DIOGO LEITE DE CAMPOS
Professor Catedrático de Direito em Coimbra
Agregado em Direito (Universidade de Coimbra)
Doutor em Direito (Universidade de Coimbra)
Docteur d'État en Droit (Université de Paris II)
Docteur en Politiques Économiques et sociales (Université de Paris IX)

INTRODUÇÃO

As transformações na chamada sociedade da informação, alavancadas por novas tecnologias, as quais são exemplo mais recente os múltiplos usos da Internet, têm provocado alterações não só na estrutura do mercado e das empresas, como também colocado pesquisadores do Direito Tributário a investigar as diversas indagações promovidas pela economia digital.

Apesar das semelhanças com o mundo físico, onde as questões de fiscalidade, evasão e elisão convivem na interface governo-empresa-consumidor, no mundo digital questões similares podem tornar-se ainda mais complexas, camufladas pela estenografia ou acobertadas pela privacidade e pela cifragem.

De facto, o fenómeno é muitíssimo mais amplo que o surgido na era do rádio e da televisão, onde ao menos as fontes reprodutoras são estáticas e conhecidas, o que não é comparável à multiplicação e pulverização dessas fontes na Internet.

Sociologicamente, o cidadão passou a ter "dedos livres" para optar por novas formas de relacionamento e identificação com redes outras, desterritorializadas, de natureza cultural, profissional e também económica.

Pari passu, esta inovação, nascida do casamento do computador com a telefonia, desdobrou-se em uma nova ordem económica: A economia digital ou, mais precisamente, no *e-commerce*.

Por outro lado, o *e-commerce*, mesmo ainda em seus passos intermediários, já coloca novos desafios ao domínio da fiscalidade; a discussão da tributação passando a ser mundial, torna as propostas locais e iniciais ultrapassadas, face à revolução na sociedade da informação globalizada.

Em outras palavras, a tributação não diz respeito apenas ao que ocorre dentro do país, tornando-se também uma questão comunitária e internacional.

Ab initio, a problemática da tributação é milenar. A Bíblia relata-nos Jesus Cristo oferecendo sua opinião sobre um assunto tributário. Os chineses pagavam tributos na forma de chá prensado, enquanto que os índios da Tribo Jivaro, na Amazónia, empilhavam cabeças encolhidas. Já os gregos e romanos, como preço por sua condição de cidadãos, eram convocados à guerra devendo levar suas próprias armas. Outra fonte de receita tributária foi o comércio, com portagens e taxas alfandegárias coletadas de mercadores itinerantes, conforme instituiu o Imperador Adriano. Um dos primeiros tributos instituídos pelo Parlamento Inglês foi a taxação do vinho, da lã e do couro pelo valor em toneladas e libra, dirigida aos mercadores italianos.

Em qualquer desses momentos da história, o Estado sempre conviveu com a preocupação de garantir a arrecadação e, para isso, desenvolveu e aperfeiçoou, constantemente, os modelos e sistemas de controlo.

Entretanto, com o advento da Internet – rede mundial de computadores –, uma eficaz arrecadação de tributos encontra-se ameaçada, prejudicando os sistemas fiscais de tal forma que pode fazer com que os governos não consigam atender às legítimas necessidades de seus cidadãos por serviços públicos.

Sendo a rede mundial de computadores um canal diferente de circulação de produtos e serviços, torna-se muito mais difícil o controlo da tributação, comparando-se com o retalhista físico.

Aliás, no atual momento de déficit orçamental vicenciado por diversos países da União Europeia, o tema torna-se fundamental.

Ilustrativamente, discutir se o Imposto sobre o Valor Acrescentado (I.V.A.) deve ser tributado na origem ou no destino pode tornar-se obsoleto, frente ao comércio realizado através da Internet.

Neste sentido, o presente trabalho pretende concentrar-se na revolução que vem provocando a Internet e o Comércio Eletrónico, assim como nas implicações daí decorrentes na área da fiscalidade, para a formulação de políticas governamentais indispensáveis à garantia da arrecadação pelo Estado.

Com o ritmo crescente das inovações e na medida em que as empresas forem utilizando o potencial ainda pouco explorado do Comércio Eletrónico, a Internet passa a alterar o relacionamento da empresa-fornecedor-consumidor com o Estado, esperando-se crescentes dificuldades e implicações no âmbito fiscal, sendo que o debate se torna oportuno e decisivo.

Compatibilizar a imperativa necessidade arrecadatória de receitas públicas com a proteção e fiscalização que deve merecer a condição de cada contribuinte, enquanto consumidor sujeito àquela força exatora, é, pois, de primordial importância.

Sob os referidos ângulos, têm-se desenvolvido, em muito, os estudos afetos a coordenar a evolução tecnológica segundo os domínios da fiscalidade.

Neste sentido, para atingirmos este ponto de controvérsia, situaremos e ambientaremos, historicamente, a discussão, passando pelo nascimento e desen-

INTRODUÇÃO

volvimento dos computadores e da Internet. Neste ponto, as formas de acesso, bem como a constituição e finalidades da Internet serão analisadas.

Nesta mesma linha, este trabalho intenta abordar a comercialização por via eletrónica, situando este novo ambiente, elencando os impactos, dificuldades e a formação de uma nova atividade económica.

Tudo, pois, com o intuito de demonstrarmos esta media com suas peculiares características e que serviriam de fundamento para nossa análise tributária.

Neste passo, além das potencialidades e grandes oportunidades que encontramos na Internet, há implicações para a sociedade, na percepção, promulgação e administração das legislações devido às profundas modificações nos próprios quadros de comportamento individual e nos pressupostos jurídicos da comercialização dos produtos.

Nesta linha, elencaremos a problemática deste fenómeno face ao Direito, reportando os principais tópicos apontados pelos autores.

Em prosseguimento, ao mesmo tempo em que os países sentem-se atraídos pela nova fonte de receitas tributárias, proporcionada pela Internet e pelo Comércio Eletrónico, os antigos métodos não têm resistido, nem alcançado tais transações. Dessa forma, vislumbraremos os principais aspectos diferenciadores da Internet e do Comércio Eletrónico face ao Direito Tributário.

Partiremos da realidade das pequenas empresas mundiais que operam distante de um servidor, do anonimato, multiplicidade de identidade, dos novos produtos digitais, da territorialidade na Internet e da Soberania como pontos que desafiam a aplicação das tradicionais regras tributárias. No mesmo sentido, a constituição de patrimónios intangíveis, o dinheiro eletrónico e a internacionalidade requerem uma mudança legislativa.

A partir daí, propomo-nos, da mesma forma, a investigar as principais características pertinentes ao tratamento da tributação do Comércio Eletrónico nos Estados Unidos da América, hoje o líder mundial de transações comerciais pela Internet.

Enfocaremos o *Internet Tax Freedom Act*, bem como a posição governamental em relação aos impostos de venda e uso, e a tributação internacional relacionada com o Comércio Eletrónico, em seus principais aspectos. Por fim, reportaremos o atual estágio de investigação naquele espaço territorial.

Em continuidade, a controvérsia também preocupa os legisladores e pesquisadores na União Europeia. Por conseguinte, traremos à tona as principais iniciativas e orientações à instituição e ao controlo da tributação por parte da União Europeia, incidente sobre o Comércio Eletrónico. Nesta linha, investigaremos a aplicação tributária aos serviços de telecomunicações, ao regime do IVA relativo aos serviços prestados por via eletrónica e o debate em relação aos impostos diretos.

Portanto, pretende-se, a partir deste trabalho, contribuir-se com vistas a aprofundar o debate teórico referente à fiscalidade no Comércio Eletrónico, bem como sejam ampliadas as possibilidades de respostas aos problemas e dificuldades existentes.

Capítulo I
A Internet

1. Introdução

Da mesma forma que a noção de tempo simplificou-se, face aos novos meios de comunicação, a investigação pelos temas modernos deve acompanhar esta rapidez. Os juristas, então, não podem mais aguardar a total formação de um quadro quotidiano para iniciar seu estudo[2]. Devem, o quanto antes, inserirem--se neste contexto, participando de sua construção, transformação, almejando adequar os domínios da *legis* aos acontecimentos[3].

Nesta perspectiva, o estudo prévio, em uma breve retrospectiva, da história do computador, seu desenvolvimento e finalidade voltados para a comunicação, faz-se basilar para a compreensão das mudanças que a União Europeia-U.E., os Estados Unidos da América- E.U.A., bem como o resto do mundo, atravessam[4].

---

[2] Para RODRIGUES *"Muito falta fazer para a cobertura jurídica desta dinâmica de globalização. Mas a escola não pode ficar à espera – cabe-lhe investigar as questões, discutir métodos, dinamizar a comunidade científica, cuja influência é determinante nas esferas do poder. Só depois de amadurecidas poderão as ideias criar consensos nas discussões inter-universitárias, nas Convenções internacionais e finalmente ao nível das estruturas de direito Internacional"*, Cfr. RODRIGUES, Avelino. *Para uma Axiologia da Comunicação Global.* In: As Telecomunicações e o Direito na Sociedade da Informação, Coimbra, 1999, p. 129.

[3] Neste ponto, SMITH conclui que: *"The Internet is growing at an exponential rate...Legislators have addressed the effects the Internet presents in other areas of law by proposing new legislation."* Cfr. SMITH, Ted A. *Congress Must First Learn to Surf the Internet, if it ever hopes to catch the next wave of securities fraud.* The John Marshall Journal of Computer & Information Law, Vol. XVII, Number 2, 1999, p. 613/614.

[4] Por sua vez, GAMBLE discorre: *"Some appreciation of the salient features of the information age is needed to assess its impact on the sources of international law. This already daunting task is made both more difficult and more important by several factors. First, the topic is ipso facto technical and jargon-ridden. Often it*

A TRIBUTAÇÃO DO COMÉRCIO ELETRÓNICO NOS EUA E NA UE

Neste sentido, a indagação de REALE (1993), *in verbis: "Como poderíamos começar a discorrer sobre o Direito sem admitirmos, como pressuposto de nosso diálogo, uma noção elementar e provisória da realidade de que vamos falar ?"* [5].

Portanto, desvendar os segredos e conhecer a realidade que faz, hoje, da Internet o maior e mais complexo canal de comunicação do planeta, é primordial para analisarmos e percebermos as medidas legislativas levadas a cabo pela U.E. e pelos E.U.A., para tributarem a comercialização por via eletrónica[6].

2. O Computador

Assim como grande parte das iniciativas tecnológicas, a finalidade inicial do uso dos computadores era militar. O despertar pela construção do primeiro computador deu-se durante a Segunda Guerra Mundial e foi acirradamente disputado por Alemanha e Estados Unidos da América. Seu primeiro fim era o de codificar e descodificar as mensagens trocadas durante a guerra[7].

Pouco depois, construiu-se o primeiro computador eletromecânico, que com gigantescas dimensões funcionava por meio de válvulas a vácuo e amarzenava dados através de cartões perfurados[8]. Com o decorrer do tempo, inúmeras descobertas aconteciam, desde o aparecimento das primeiras linguagens de programação, os microprocessadores, a multiprogramação, a teleinformática, a inteligência artificial e finalmente a Internet.

---

seems that the experts who create information management system conspire to make it as difficult as possible to understand what they are doing and why. Second, a smaller proportion of international law scholars are able to remain confortably distant from developments in information technology...In short, the option to ignore these new technologies will be increasingly less viable". Cfr. GAMBLE, John King. *New Information Technologies and the Sources of International Law: Convergence, Divergence, Obsolescence and/or Transformation.* Jahrbuch Für Internationales Recht, Vol. 41, Duncher & Humblot/Berlin, 1998, p. 175/176.

[5] Cfr. REALE, Miguel. *Lições Preliminares de Direito.* São Paulo: Saraiva, 20ª edição, 1993, p. 01.

[6] Com este sentido é a afirmação de SANZ e MUÑOZ: " *Internet es un concepto que define tanto un fenómeno social (la globalización de la información en redes digitales con carácter ageográfico), técnico (interoperatividad entre unidades informáticas remotas) y científico (el carácter omnitemático de la información). Para comprender el impacto social de este medio eletrónico en las estructuras tanto sociales como jurídicas es preciso comenzar por comprender sus especificaciones técnicas."* Cfr. Cfr. SANZ, Xavier, MUÑOZ, Josep I. *Fuentes de Información en Internet para el Estudio del Derecho Internacional Público y las Relaciones Internacionales.* Revista Españôla de Derecho Internacional, Volume XLIX, Núm. 2, 1997, p. 296; *Vide* BLÜMEL, Markus, SOLDO, Erwin. *Internet-Praxis für Juristen: Online-Einstieg leicht gemacht.* Heymanns: Köln, Berlin, Bonn, München, 1998. *Vide* SWINDLE, Orson. *The Taxation of E-Commerce.* Montana Law Review, Volume 61, Number 1, Winter, 2000, p. 07.

[7] Cfr. BENSOUSSAN, Alain. *Internet aspects juridiques.* Paris: Editions Hermes, 1998, p. 23. Cfr. BRETON, Philippe, PROULX, Serge. *L'explosion de la Communication.* Paris: Éditions La Découverte, 1996, p. 90.

[8] O desaparecimento das válvulas aconteceu aproximadamente na década de 50, após a descoberta dos transistores, que resultou numa diminuição no tamanho dos computadores.

I. A INTERNET

No entanto, mesmo tratando-se de uma moderna maneira de tratar e acessar a informação, bem como constituir-se no principal veículo para o consumo via Internet, os princípios que norteiam os computadores são até mais antigos do que, por agora, se chama de "velha economia". Senão, vejamos:

Nos idos de 1614, Scotsman John Napier publicou o texto que demonstrava o descobrimento do logarítimo. Napier também inventou o sistema de *rods*, tornando possível a multiplicação, a divisão e o cálculo da raiz quadrada e cúbica, girando-se os *rods* e colocando-os em placas especiais. Mais à frente, em Tuebingen, Wuerttemberg (hoje Alemanha), Wilhel Schickard criou o "Relógio Calculador", instrumento capaz de somar e subtrair 6 dígitos, sendo as operações executadas por uma manivela, que ao ser girada mudava os números, tal como se dava no contador de "k7" de dias recentes[9].

Em continuação, o francês Blaise Pascal construiu a máquina de somar "Pascaline" (1642), que apesar de inferior ao antecessor invento de Schickard, fora bem mais conhecida, permitindo usar até 8 dígitos. Pascal foi capaz de vender uma grande quantidade de máquinas em vários formatos, dando inicio ao que podemos, atrevidamente, chamar de início da "comercialização da informação"[10].

A partir daí, sucederam-se novas descobertas. Gottfried Leibniz (1671) desenvolveu a "Stepped Reckoner" que dava até 16 dígitos no resultado. Charles Stanhope (1775), fez uma máquina de multiplicar similar a de Leibniz. Mathieus Hahn (1776), também criou uma máquina de calcular de sucesso, continuando os estudos de Leibniz. Mais adiante, em 1786, J.H. Mueller criou um novo conceito, a chamada "engenharia diferencial", representada por uma calculadora que mostrava a diferença entre certos valores polinomiais[11].

Somente em 1820, utilizando os mesmos princípios de Leibniz, é que Charles Xavier Thomas de Colmar construiu o "Arithmometer", que proporcionava operações de multiplicação e com assistência do usuário também dividia. Esta foi uma calculadora produzida em massa, de grande confiabilidade para a época, que apesar de ocupar o espaço de uma mesa toda, foi vendida por mais de 90 anos.

Paralelamente, Charles Babbage criou o primeiro computador mecânico e o "Analytical Engine", usado para cálculos matemáticos. Desenvolveu ainda a invenção de Mueller (de 1786), encontrando grandes dificuldades na construção

---

[9] *Cfr. in* http://www.museudocomputador.com.br/brevehistoria/16001800.htm, acesso em: 23.05.2000.

[10] Para aprofundar o estudo quanto ao desenvolvimento das novas técnicas de comunicação, *Vide* Breton, Philippe, PROULX, Serge. *L'explosion de la Communication*. Paris: Éditions La Découverte, 1996, p. 83/156.

[11] *Cfr. in* http://www.museudocomputador.com.br/brevehistoria/16001800.htm, acesso em: 23.05.2000.

das máquinas, por envolverem muitos processos dos computadores eletrónicos do passado, como a perfuração de cartões para a entrada de dados[12]. Tempos mais tarde (1848), o inglês George Boole inventa a "Álgebra Binaria Booleana" iniciando o caminho para o desenvolvimento dos modernos computadores quase 100 anos depois.

Até este momento, dois pontos merecem destaque: primeiramente, é que a distância temporal entre as descobertas e sua aplicabilidade efetiva demonstra--nos que a falta de meios rápidos de comunicação é a responsável pela lentidão do processo evolutivo das invenções, dificultando da mesma forma o intercâmbio do conhecimento, tão importante para o desenvolvimento das inovações. A segunda particularidade, é notada pelo facto de que todas as criações eram originárias da Europa.

A partir de então, já em 1878, é que o espanhol Romon Verea, vivendo em New York, inventa uma calculadora com uma tabela de multiplicação interna, tornando mais fácil do que girar engrenagens ou outros métodos de cálculo. Com isso, em 1885, com um tamanho menor que a "Arithmometer", dá-se a pro- dução em grande escala de uma nova calculadora, com um disco com pinos que podem estender e retrair[13].

Por outro lado, foi com o aparecimento de novas necessidades fiscalizatórias, para os governos, que se iniciou um processo mais participativo entre as des- cobertas e a sociedade. O censo norte-americano de 1880 levou sete anos para ser completado, pois todos os cálculos foram feitos manualmente em papéis de jornal. Por sua vez, o censo de 1890 ficou pronto em apenas 6 semanas. O receio de demorar mais de 10 anos, dado o aumento da população, levou o governo a promover um concurso destinado a encontrar o melhor método de contagem. Foi então, que um dos empregados do Censo, Herman Hollerith, desenvolveu as ideias de Babbage (1822), de usar cartões perfurados para utilizar o sistema de memória, diminuindo o lapso temporal para análise dos resultados. Hollerith fundou a "Tabulating Machine Company" que viria mais tarde transformar-se na "International Business Machines" (IBM). Além da finalidade de contabi-

---

[12] Dando continuidade a invenção de Babbage, é que o sueco George Scheutx, produziu uma pe- quena máquina de madeira, após ler a descrição do projecto de Babbage. *Vide* CROWLEY, David & HEYER, Paul. *Communication in History: Techology, Culture, Society.* USA: Longman Publishers, 1995, p. 191 e ss.

[13] Frank S. Baldwin, nos E.U.A. e T. Odhner, suíço vivendo na Rússia, desenvolvem simulta- neamente máquinas parecidas *Cfr. in* http://www.museudocomputador.com.br/brevehistoria /18001900.htm, acesso em: 23.05.2000.

I. A INTERNET

lizar a população[14], registrou-se nesta fase a intenção do poder tributário norte-americano de identificar a população com objetivos fiscais[15].

Secundum scriptum, mais de trezentos anos formam a primeira fase da história dos computadores. A respeito BRETON e PROULX (1996) destacam o paralelo entre o nascimento da escrita nos confins do Médio Oriente há cinco milénios e o nascimento da informática. Em ambos os casos, uma nova técnica de comunicação nasce do cálculo e destaca-se progressivamente, passando, inicialmente, por uma fase quase exclusiva consagrada à memorização dos dados e ao tratamento passivo da informação. Nos dois casos, a técnica irá pôr-se em movimento para se transformar no suporte de uma intensa atividade de circulação de ideias e de transformações entre os homens e, da mesma forma, uma vez inventada a técnica, será o contexto da evolução social que decidirá a forma dos novos instrumentos de comunicação[16].

3. O Computador no Século XX

Já no século XX, deu-se, a partir de 1940, uma sucessão de eventos e descobertas que, em 60 anos de acontecimentos, transformaram o destino dos cidadãos, agora chamados de sociedade da informação[17].

Em 1943, Alan Turing[18] inventou o "Colossus", computador de proporções gigantescas[19], que funcionava através de válvulas e fazia parte do projeto, do

---

[14] Resultado de 62.622.250 habitantes.

[15] BRETON, Philippe e PROULX, Serge, completam: *"A informação, tal como a comunicação, sempre esteve relacionada com movimentos e deslocações intensas de mercadorias e pessoas...À semelhança da escrita, a informática nasceu do cálculo e da vontade de tratar racionalmente um certo número de informações sociais. As duas bases técnicas da informática foram, a partir do século XIX, o desenvolvimento das actividades de cálculo, nomeadamente no mundo dos engenheiros, e os progressos da mecanografia como técnica ao serviço do conhecimento da realidade social e económica."* Cfr. BRETON, Philippe, PROULX, Serge. L'explosion de la Communication. Paris: Éditions La Découverte, 1996, p. 92 e 88.

[16] *Cfr.* BRETON, Philippe, PROULX, Serge, *"L'explosion de la communication"*, Éditions La Découverte, Paris, 1996, p. 87. Ainda, sobre este ponto, convidamos à leitura de FARIA COSTA, José, *"As Telecomunicações e a Privacidade: O Olhar (In)Discreto de um Penalista"*, in As Telecomunicações e o Direito na Sociedade da Informação, Coimbra, 1999, p. 54/56.

[17] *Vide* FORESTER, Tom. *The Information Technology Revolution*. Oxford: Basil Blackwell, 1990, p. 648 e ss.

[18] Novamente, BRETON, Philippe e PROULX, Serge, concluem: *"Estava aberto o caminho para que a comunicação fosse tratada como um cálculo e que, nesse sentido, fosse uma nova página do grande livro do universo de Galileu. O matemático inglês Alan Turing dará um grande passo nessa Direção, ao formalizar a noção de algoritmo, que ia constituir um dos fundamentos teóricos da informática moderna".* Cfr. BRETON, Philippe, PROULX, Serge. L'explosion de la Communication. Paris: Éditions La Découverte, 1996, p. 90/91.

[19] Da mesma forma, o Mark I, primeiro computador eletromecânico, possuía 18 metros de comprimento, dois metros de largura e pesava cerca de 70 toneladas, constituídas por 7 milhões de peças

A TRIBUTAÇÃO DO COMÉRCIO ELETRÓNICO NOS EUA E NA UE

Serviço de Inteligência Britânico, para decifrar códigos secretos. Já em 1946, cientistas da Universidade da Pensylvânia (E.U.A.), liderados por John W. Mauchly e J. Prester Eckert Jr., construíram o ENIAC (*Electronic Numerical Integrator and Calculator*), primeiro computador eletrónico, mas ainda imenso. Mauchly e Eckert fundaram no ano seguinte a "Eckert-Mauchly Computer Corporation", comercializando, em 1951, o UNIVAC por um preço de US$ 1 milhão[20].

Em continuidade, a atividade comercial passou a estar cada vez mais ligada aos computadores. Na Alemanha (1952), fundava-se a "Nixdorf Computer Corporation", que em 1990 se uniria à "Siemens". Nos E.U.A., a IBM lançava seu primeiro computador digital, o IBM 701, com a, ainda modesta, marca de 19 máquinas vendidas em três anos. A AT&T Bell desenvolvia um computador transistorizado, permitindo-lhe trabalhar com menos de 100 watts, enquanto que o Massachussets Institute of Technology (MIT)[21] testava a entrada de dados em teclados de computadores. Por sua vez, a NEC do Japão construía o primeiro computador eletrónico do país, o NEAC 1101.

O desenvolvimento já era contabilizado ano-a-ano, em escala global, e ainda em 1960 era desenhado o "Dataphone", primeiro *modem* comercial, usado para converter sinais digitais de computador em sinais analógicos para a transmissão através de suas redes de longa distância. Várias empresas de computadores surgiram e, unidas ao Pentágono, desenvolveram o "Common Business Oriented Language", o COBOL, sendo esta a primeira linguagem voltada para o uso em programação. Em 1963, a "American Standard Code for Information Interchange" permitiu que máquinas de diferentes fabricantes trocassem dados entre si[22].

Em seguida, Thomas Kurtz e John Kemeny criaram o BASIC, uma linguagem de programação de fácil aprendizagem. Nesta fase, os computadores mais modernos executavam até 3 milhões de operações por segundo, sendo vendidos a US$ 18.000.

---

e com fiação de 800Km. *Cfr. in* http://www.museudocomputador.com.br/linhadotempo/4050.htm, acesso em: 23.05.2000.

[20] *Vide* BRETON, Philippe, PROULX, Serge. *L'explosion de la Communication*. Paris: Éditions La Découverte, 1996, p. 95/96.

[21] No ano de 1957, Ken Olsen liderando um grupo de pesquisadores do MIT fundou a "Digital Equipament Corporation", descobrindo no mesmo ano a "Fortran", linguagem que permitia ao computador executar tarefas repetitivas.

[22] *Vide* CROWLEY, David, HEYER, Paul. *Communication in History: Techology, Culture, Society*. USA: Longman Publishers, USA, 1995, p. 386 e ss e *Cfr. in* http://www.museudocomputador.com.br/linhadotempo/5060.htm, acesso em: 23.05.2000.

I. A INTERNET

Com um rápido crescimento, a indústria de computadores atingiu, em 1969, a criação do UNIX, primeiro sistema operacional que poderia ser aplicado em qualquer máquina[23].

4. O Computador e o Surgimento da Internet

Dwight Eisenhower, então presidente dos E.U.A., em 1957, sentindo a necessidade de criar uma forma mais eficiente de comunicação entre o exército nas bases militares norte-americanas, criou a "Advanced Research Projects Agency" (ARPA)[24] culminando, já em 1969, na interligação das máquinas da então ARPANET, formando a rede que originaria a Internet [25]. Inicialmente, a primeira[26] comunicação *computer-to-computer* era estabelecida por quatro pontos: Universidade da Califórnia- Santa Bárbara, UCLA, SRI Internacional e Universidade de Utah, em uma rede onde não havia a necessidade de um comando central e todos os pontos se equivaliam[27].

Por conseguinte, a utilização dos computadores para a comunicação *online* passou a dar-se *pari passu*. Da mesma forma, o comércio integrou-se ainda mais no meio informático[28]. Ray Tomlinson cria, em 1972, o *software* permitindo o envio de mensagens eletrónicas (*e-mail*) entre computadores e, já no ano seguinte,

[23] *Cfr. in* http://www.museudocomputador.com.br/linhadotempo/6070.htm, acesso em: 23.05.2000.

[24] *Cfr.* OLIVIER, Hance. *Business et Droit d´Internet.* London: Best of Editions, 1996, p. 38. *Cfr.* MARTÍNEZ LÓPEZ, Francisco, HUERTAS, Paula, CARRIÓN, Rodrigo, SILVERA, José. *Internet para Investigadores: Relación y Localización de Recursos en la red para Investigadores y Universitarios.* Huelva: Servicio de Publicaciones de la Universidad de Huelva, 1998, p. 16/17.

[25] Sobre este ponto, BALLARINO esclarece: *"La rete è stata voluta senza un ponto centrale, per evitare che la distruzione di esso potesse paralizzarla. In caso di distruzione dei computer o della linea di connessione, gli altri computers devono essere in grado di riconnettersi utilizzando le linee di comunicazione funzionanti. Questa assenza di un ponto centrale ha risolto il problema della saturazione, in certi nodi, dovuta alla crescita della rete."* *Cfr.* BALLARINO, Tito. *Internet Nel Mondo Della Legge.* Padova: Casa Editrice Dott. Antonio Milani, 1998, p. 19.

[26] A primeira demonstração oficial *computer-to-computer* foi realizada em 21 de novembro de 1969 e interligou a UCLA ao Instituto de Pesquisas de Stanford (450 quilómetros de distância) com a seguinte mensagem: *"Você está recebendo isto?"* A resposta veio minutos depois: *"Sim" Cfr. in* www.estado.com.br/edição/especial/internet/interl.html, acesso em: 03.04.2000.

[27] Resultado da ideia de Larry Roberts de usar equipamentos dedicados a executar funções de rede, chamados *Interface Message Processors* (IMP's). Em 1968, Roberts procurou parceiros como IBM e a AT&T para a criação de uma rede com 4 IMP's (acima descritas) e com possibilidade de expansão para até 19. No entanto, as empresas recusaram alegando que tal rede era impossível. Inicialmente, foi usado pela ARPANET o *Network Working Protocol.*

[28] Em 1970, o Banco Nacional do Sul, em Valdosta, instalou a primeira máquina de levantamento de numerários automática. Em 1971, era anunciado o primeiro computador pessoal, oferecido por US$ 750. Era criado o disco flexível pela IBM, e a Intel veiculava a primeira propaganda em media eletrónica para um microprocessador.

a ARPANET realiza a primeira conexão internacional entre a Inglaterra e a Noruega. Utilizado por Vinton Cerf, aparece então, em 1974, o termo **"Internet"**[29].

A partir daí, novamente, uma explosão de descobertas, dia- a-dia, ano-a-ano, redefiniu a forma com que as pessoas passariam a comunicar-se[30]. Era projetado o *single-board Apple* (1976); a IBM introduzia o PC (1981), provocando um acelerado crescimento no mercado de computadores pessoais; a Microsoft entrava em cena, lançando, em parceria com a IBM, o "Microsoft Disk Operating System" e, no mesmo ano, já aparecia o primeiro computador portátil, o "Osborne I". A seu turno, a *Time Magazine* provocava euforia ao eleger em 1982 o computador como o "Homem do ano" e, no ano seguinte, surgia o Windows[31].

Os *hosts*[32] passaram de 5.000, em 1986, para 16.000.000 em 1997. Em 1988, era ligado o primeiro cabo de fibra óptica transatlântico, entre a Europa e a América do Norte. Em 1989, surge o *Yahoo* e, no ano seguinte, o primeiro *software* WorldWide Web[33].

Com uma rapidez espantosa, já em 1992 a Internet conectava 17.000 redes em 33 países e os dicionários já eram atualizados com uma moderna linguagem[34]. Este crescimento permanente culminou, mais recentemente, com a marca de mais de 40 mil redes interligadas, com grande parte do sucesso atribuído à criação do MOSAIC, em abril de 1993, que, sucedendo ao GROPHER, permitiu

---

[29] Para BRETON, Philippe e PROULX, Serge, *"O terceiro território ocupado pelas técnicas de comunicação moderna, e também o mais recente, é o que se organiza em torno da informática como técnica de tratamento da informação. De início reservado exclusivamente às aplicações científicas para fins militares, o computador depressa se transformará num utensílio ao serviço de aplicações civis cada vez mais numerosas"*, Cfr. BRETON, Philippe, PROULX, Serge. L'explosion de la Communication. Paris: Éditions La Découverte, 1996, p. 115. Também em relação à esta transformação para sociedade da informação, *Vide in* BALLE, Francis. *Médias et Sociétés*. Paris: Montchrestien, 8ª ed., 1997.

[30] BALLARINO completa: *"Internet ha modificato la natura del computer."*, Cfr. BALLARINO, Tito. *Internet Nel Mondo Della Legge*. Padova: Casa Editrice Dott. Antonio Milani, 1998, p. 1.

[31] *Vide* GAMBLE, John King. *New Information Technologies and the Sources of International Law: Convergence, Divergence, Obsolescence and/or Transformation*. Jahrbuch Für Internationales Recht, Volume 41, Berlin: Duncher & Humblot, 1998, p. 176/177. *Vide* FORESTER, Tom. *The Information Technology Revolution*. Oxford: Basil Blackwell, 1990, p. 169 e ss.

[32] *Host* é o termo utilizado para o computador ligado à Internet, podendo ser chamado de servidor.

[33] O conceito WorldWide Web foi criado por Tim Berners-Lee, no Laboratório Europeu de Partículas Físicas (CERN) em Genebra, Suíça (http://www.cern.ch). A base de seu projeto era o programa ENQUIRE. *Cfr. in* www.estado.com.br/edição/especial/internet/inter1.html, acesso em: 03.04.2000. *Cfr.* MARTÍNEZ, Miguel Á.A. *Derecho en Internet*. Sevilha: Mergablum, 1998, p. 16.

[34] Jean Armour Polly introduziu o termo "surfar na rede".

a apresentação de textos, imagens e gráficos, tornando a visualização dos *sites* mais atraente[35].

Por outro lado, no ano de 1987, o governo norte-americano liberou o uso comercial na Internet e não demorou muito para, já em 1994, ser criada a primeira banca virtual. Em 1998, a America Online (AOL) anunciava a compra da NETSCAPE Communications Corporation, numa transação de US$ 4,2 Bilhões. O que era restrito ao uso académico e científico desdobrou-se na "nova economia", como melhor explanaremos, posteriormente, neste estudo.

5. A Internet no Século XXI[36]

Primeiramente, devemos mencionar que existem grandes áreas em prospectiva em diversas partes do mundo, que têm direcionado os investimentos e atenções das pessoas, das empresas e dos governos.

Com efeito, são áreas horizontais, que se desdobram em outras mais, abrindo, sim, vastas oportunidades àqueles que possuem um mínimo de flexibilidade e abertura a novas possibilidades[37].

Melhor ilustrando, neste sentido, ganham destaque o estudo das transformações alavancadas pelas novas tecnologias, as quais são exemplo recente os múltiplos usos da Internet[38].

---

[35] O MOSAIC foi criado por um grupo da Universidade de Illinois Urbana-Champaign, E.U.A., liderados por Marc Andreessen, na época com 21 anos.

[36] A presente parte desta obra é baseada em nossa Tese: FREIRE E ALMEIDA, Daniel. *Um Tribunal Internacional para a Internet*. Coimbra: Faculdade de Direito da Universidade de Coimbra, 2012, p. 36/68.

[37] Neste diapasão, a rede de comunicação CNN elegeu a Internet como a 1ª Inovação do Século XX, em um ranking de 25 inovações, de acordo com um painel de líderes na área de tecnologia reunidos pelo Lemelson-MIT *Program*, que promove a criatividade em adolescentes. USA: CNN, 2009, disponível em: http://www.cnn.com/2005/TECH/01/03/cnn25.top25.innovations/index. html, acesso em: 16.04.2009.

[38] *Vide* CASTELLS, Manuel. *The Network Society. A Cross-cultural Perspective*. Cheltenham: Edward Elgar, 2004. *Vide* GIDDENS, Anthony. *Sociologia*. Lisboa: Fundação Calouste Gulbenkian, 2009. *Vide* PALFREY, John, GASSER, Urs. *Born Digital. Understanding the First Generation of Digital Natives*. New York: Basic Books, 2008. *Vide* CAVANAGH, Allison. *Sociology in the age of the Internet*. Maidenhead: McGraw-Hill International, 2007. *Vide* MACIONIS, John, PLUMMER, Kenneth. *Sociology: A Global Introduction*. New York: Pearson Prentice Hall, 2008. *Vide* ABELSON, Harold, LEDEEN, K, LEWIS, Harry. *Blown to Bits: your life, liberty, and happiness after the Digital explosion*. Boston: Addison-Wesley, 2008. *Vide* ANDERSON, Ben, BRYNIN, Malcolm, RABAN, Yoel, GERSHUNY, Jonathan. *Information and Communication Technologies in Society: E-living in a Digital Europe*. London: Routledge, 2007. *Vide* MENDES, Manuel, SUOMI, Reima, PASSOS, Carlos, *Digital communities in a networked society: e-commerce, e-business, and e-government: the Third IFIP Conference on E-Commerce, E-Business, and E-Government*. Berlin: Springer, 2004.

A TRIBUTAÇÃO DO COMÉRCIO ELETRÓNICO NOS EUA E NA UE

Em realidade, a Internet tem sido um espaço virtual de convergência e concentração, sem precedentes, das mais variadas formas de informação, comunicação, comercialização de produtos, serviços e entretenimento.

Podemos arriscar dizer que se tudo não está na Internet, em alguma fase o assunto, o produto, ou o que quer que seja, passa pela Internet.

Aliás, muito bem exprime tal ideia CASTELLS (2003), ao definir a Internet como um tecido de nossas vidas[39].

Por igual, também elogiosa a definição indicada por CAVANAGH (2007), para quem a Internet é simultaneamente um espaço social, um média, e uma tecnologia[40].

De facto, o mundo não é mais o mesmo depois do surgimento da Internet. Hoje, com alguns *clicks*, você pode ir para qualquer lugar do mundo sem sair de seu computador.

A esse propósito, especial consideração assume a menção feita por SILVA NETO (2002), *in verbis*: *"Em decorrência dos avanços tecnológicos a que o planeta assiste, com ênfase nos últimos tempos, tem-se observado, na moderna expressão 'em tempo real ou quase-real', gama significativa de eventos com interferência sobre os destinos de número, expressivo e infindável, de povos os mais distintos, com culturas e história as mais estanques entre si."* [41]

Dentro do referido contexto, merecido destaque tem a opinião basilar de SANZ e MUÑOZ (1997), ao afirmarem que a Internet é um conceito que define tanto um fenómeno social (a globalização da informação em redes digitais com carácter ageográfico), como técnico (interoperactividade entre unidades informáticas remotas), e científico (o carácter omnitemático da informação)[42].

A revolução da Internet mudou, e continua a mudar, as formas com as quais nós organizamos o mundo, como nós damos a ele significado, como interagimos, e como olhamos para nós mesmos e para os outros[43].

---

[39] *Cfr.* CASTELLS, Manuel. *The Internet Galaxy: Reflections on the Internet, Business, and Society.* Oxford: Oxford University Press, 2003, p. 01.

[40] *Cfr.* CAVANAGH, Allison. *Sociology in the age of the Internet.* Maidenhead: McGraw-Hill International, 2007, p. 04.

[41] *Cfr.* SILVA NETO, José Francisco. *A importância do Direito Internacional na ordem mundial atual.* New York: Lawinter, 2002, disponível em: www.lawinter.com/wpinauguraljfsn.htm, acesso em: 20.03.2009.

[42] *Cfr.* SANZ, Xavier, MUÑOZ, Josep I. *Fuentes de Información en Internet para el Estudio del Derecho Internacional Público y las Relaciones Internacionales.* Revista Española de Derecho Internacional, Volume XLIX, Núm. 2, 1997, p. 296.

[43] *Cfr.* KHOR, Zoe, MARSH, Peter. *Life online: The Web in 2020.* Oxford: The Social Issues Research Centre, 2006, p. 18. *Vide* GEHRING, Verna. *The Internet in public life.* Lanham: Rowman & Littlefield, 2004, 113 e ss.

I. A INTERNET

Em derradeiro, e nesta linha, para compreendermos o impacto deste meio eletrónico nas estruturas sociais, e por conseguinte jurídicas, é preciso começar por compreender suas características e seu contexto atuais (finalidades).

6. A Internet e suas Virtualidades

Por primeiro, elementar se faz reafirmarmos que no século XX, uma sucessão de eventos e descobertas informáticas transformaram o destino dos cidadãos, agora também chamados de "sociedade da informação"[44].

Nesta linha, a *Web* mundial pode ser também denominada como uma "super rodovia da informação". De facto, compara-se com a estrutura de autoestradas interligadas, por onde todo conteúdo, como textos, imagens, vídeos e som, está disponível a qualquer momento, com a vantagem do usuário ser o piloto, podendo chegar diretamente ao seu destino, no mesmo instante, e – *o que é mais espantoso* – de qualquer lugar[45].

Adicionalmente, a Internet é um conjunto de redes de computadores, interligadas por diversas formas (físicas e por ondas), comunicando praticamente todos os países do globo, como também as estações espaciais[46].

Em síntese a respeito, BAUMAN (2008) assevera que o planeta está atravessado e conectado por autoestradas da informação, e nada do que ocorre em algum lugar da terra pode estar de fora[47].

Por conseguinte, a necessidade que tinhamos por computadores hoje multiplicou-se em virtude da forma diferente de comunicação, proporcionada pela *Web* internacional.

[44] Para um desenrolar histórico destes eventos e descobertas, convidamos à leitura de FREIRE E ALMEIDA, Daniel. *A Tributação do Comércio Electrónico nos Estados Unidos da América e na União Europeia*. Coimbra: Faculdade de Direito da Universidade de Coimbra, 2002, p. 06/16. *Vide*, também, FORESTER, Tom. *The Information Technology Revolution*. Oxford: Basil Blackwell, 1990, p. 648 e ss. Sobre as origens e desenvolvimento das tecnologias que transformaram as telecomunicações e criaram a Internet, *vide* BRAY, John. *Innovation and the Communications Revolution: From the Victorian Pioneers to Broadband Internet*. London: The Institution of Engineering and Technology, 2002. *Vide*, ainda, CASTELLS, Manuel. *The Internet Galaxy: Reflections on the Internet, Business, and Society*. Oxford: Oxford University Press, 2003, p. 10 e ss.

[45] Aliás, muito bem exprime a ideia BALLARINO ao explicar que: "*Internet non è un'entità fisica o tangible, ma piuttosto una gigantesca rete che interconnette un numero infinito di gruppi più ristretti di reti informatiche collegate fra di loro. Si tratta dunque di una rete di reti..*". *Cfr.* BALLARINO, Tito. *Internet Nel Mondo Della Legge*. Padova: Casa Editrice Dott. Antonio Milani, 1998, p. 17.

[46] Neste sentido a definição de VENABLES, para quem: "*Internet is the totality of all the computers and networks around the world "talking" to each other. Thus, you can be sitting at a computer in your office and you can be looking at information which has come from New York, Tokyo or Sidney.*" *Cfr.* VENABLES, Delia. *Ten Minute Guide to the Internet*. Computer & Law, Feb/March, 1998, p. 12/14.

[47] *Cfr.* BAUMAN, Zygmunt. *Liquid Times. Living in an Age of Uncertainty*. Cambridge: Polity Press, 2008, p. 25.

A TRIBUTAÇÃO DO COMÉRCIO ELETRÓNICO NOS EUA E NA UE

Em alinhamento, de facto, o computador está se tornando em uma utilidade indispensável, e as equações sócioeconómicas que determinam a forma como nós vivemos e trabalhamos estão sendo reescritas[48].

Daí o inconteste acerto, sim, de MARCIONIS e PLUMMER (2008), ao elegerem o computador como uma das 3 maiores descobertas do século XX.

Por sua vez, OKIN (2005) complementa, definindo o computador como o instrumento de uma revolução, os alicerces da construção da Internet[49].

Neste desenrolar de ideias, há aproximadamente cinquenta anos atrás, o "analfabeto" era aquele que não sabia ler e escrever. Hodiernamente, o desafio tem se ampliado, pois o "analfabeto" é aquele que não está conectado, não está ligado às novas tecnologias: o analfabeto digital[50].

A seu turno, BAUMAN (1999) descreve como estamos todos em movimento com a Internet, ao afirmar que alguns não precisam sair para viajar, podendo se atirar à *Web*, percorrê-la, inserindo e mesclando na tela do computador mensagens provenientes de todos os cantos do globo[51].

Neste contexto, um fator contributivo para a disseminação de informações e contactos tem sido a digitalização dos conteúdos. A possibilidade da digitalização de mensagens, informações, documentos, músicas, vídeos, *software*, tem facilitado a comunicação longínqua entre os usuários.

Em conformidade, GIDDENS (2009) discorre que o sistema tradicional de comunicação foi substituído por sistemas integrados, onde grandes quantidades de informações são comprimidas e transferidas sob o formato digital[52].

De outra parte, como é sabido, não é somente pelo computador que se tem a possibilidade de ligar-se à rede mundial. Atualmente, inúmeros aparelhos podem exercer esta função, com destaque crescente aos telemóveis. De facto, a convergência da telefonia móvel com a Internet tem impulsionado o número de comunicações digitais[53].

---

[48] *Cfr.* CARR, Nicholas G. *The Big Switch: Rewiring the World, from Edison to Google.* New York: Norton & Company, 2008, p. 12.

[49] *Cfr.* MACIONIS, John, PLUMMER, Kenneth. *Sociology: A Global Introduction.* New York: Pearson Prentice Hall, 2008, p. 742. *Cfr.* OKIN, J. R. *The Internet Revolution: The Not-for-dummies Guide to the History, Technology, And Use of the Internet.* Winter Harbor: Ironbound Press, 2005, p. 33.

[50] *Vide,* em geral, UNESCO. *Towards Knowledge Societies.* Paris: UNESCO-United Nations Educational, Scientific and Cultural Organization Publishing, 2005.

[51] *Cfr.* BAUMAN, Zygmunt. *Globalização: As consequências humanas.* Rio de Janeiro: Jorge Zahar, 1999, p. 85.

[52] *Cfr.* GIDDENS, Anthony. *Sociologia.* Lisboa: Fundação Calouste Gulbenkian, 2009, p. 53.

[53] Também, estima-se que as pessoas poderão usar com maior frequência para acessar a Internet, os seus televisores, e aparelhos de leitura móvel (como o Kindle, da empresa Amazon, e o iPad, da empresa Apple).

I. A INTERNET

Em arremate pertinente, e como se observa, as diversas condições de conexão aumentam o número de usuários e de relacionamentos daí decorrentes. Espera-se, também, um incremento substancial das problemáticas jurídicas daí advindas.

Em consequência, salienta-se que tais condições, aliás, são de extrema importância na constatação de que as mais variadas formas de comunicação e relacionamento proporcionadas hoje são a alavanca para a constituição de uma sociedade digital.

Em prosseguimento, a Internet é considerada como uma das mais revolucionárias e impactantes criações da história da humanidade[54]. De um simples *click* navegamos pelo acervo cultural de todo o mundo, recebemos informações à mesma fração de segundo, entretemo-nos com estrangeiros enviando e recebendo mensagens. Os contactos tornaram-se sem limites, visita-se o longínquo à velocidade da luz[55].

Em termos práticos, pois, a Internet é uma rede conectando sistemas de computadores. Importa mencionar, como salienta GIDDENS (2009), que o impacto destes sistemas tem sido extraordinário, sendo a Internet a ferramenta de comunicação com maior crescimento de sempre[56].

A este respeito, vale mencionar que a Internet é conectada atualmente, por mais de 3 Bilhões de usuários. Ademais, a utilização de telemóveis e tablets vem impulsionando as referidas conecções[57].

Contudo, embora o número de usuários não tenha crescido de forma igualitária em todo o mundo[58], um número cada vez maior de países pode ter acesso

---

[54] *Vide* neste sentido COATES, Ken, HOLROYD, Carin. *Japan and the Internet Revolution*. Houndmills: Palgrave Macmillan, 2003.

[55] Por sua vez, CUNHA RODRIGUES discursa: "É ocioso enaltecer as possibilidades fantásticas potenciadas pela globalização da informação, desde as que se referem ao valor acrescentado trazido pelas novas tecnologias às que significam uma abissal modificação dos hábitos de vida...", Cfr. CUNHA RODRIGUES, José Narciso. *Internet e Globalização. in As Telecomunicações e o Direito na Sociedade da Informação*, Coimbra, 1999, p. 345.

[56] *Cfr.* GIDDENS, Anthony. *Sociologia*. Lisboa: Fundação Calouste Gulbenkian, 2009, p. 53. *Vide* FREIRE E ALMEIDA, Daniel, MARQUES, José Waldemar. *A Internet e o Direito: da Complexidade Técnica à Segurança Jurídica. In:* HIRONAKA, Giselda (Org.) *O Direito e o Diálogo com os demais Saberes. A Dinâmica Interdisciplinar da Experiência Jurídica.* Bauru: Edite, 2006, p. 123/178.

[57] *Cfr.* INTERNET WORLD STATS. Disponível em: http://www.internetworldstats.com/stats.htm , acesso em: 10.12.2014.

[58] Importantes e valiosos estudos são dedicados à inclusão digital e penetração da Internet na sociedade. Tendo em vista não se tratar de nosso foco de estudos neste trabalho, convidamos, pois, a leitura de: LEHMANN, Julia. *Die Überwindung des digitalen Grabens*. Archiv des Völkerrechts, Volume 47, Number 3, September 2009, p. 399/410. *Vide* HELSPER, Ellen, DUTTON, William, GERBER, Monica. *To Be a Network Society: A Cross-National Perspective on the Internet in Britain.* Oxford:

A TRIBUTAÇÃO DO COMÉRCIO ELETRÓNICO NOS EUA E NA UE

às redes internacionais de comunicação, de um modo que anteriormente não era possível, conforme afirma GIDDENS (2009) a despeito de um quadro semelhante, em análise anterior[59].

Dentro do referido contexto, embora o rigor científico determine a utilização de um conceito para definir claramente uma situação (no caso dos que possuem uma conexão direta à Internet), permitimo-nos divagar para um pouco além destas definições.

É sob esta outra óptica, que paradoxalmente LESSIG (2004) ressalta os problemas que a Internet provoca *"mesmo quando o modem está desligado"*, ao analisar as batalhas que agora surgem sobre a vida *online*, que estão, inclusive e fundamentalmente, afetando pessoas que não estão *online*. Para o autor, não há mais nenhuma chave ou muro que irá nos isolar dos efeitos provocados pela Internet[60].

Em continuidade, nesta linha, a influência que a Internet provoca no meio social pode ser até maior do que a própria conexão em si. Isto ocorre, igualmente, nas situações às quais em alguma das atividades da vida comum envolva, ou se exija, a utilização da Internet, como na escola e no trabalho, por exemplo[61].

Com o constante desenvolvimento tecnológico e na medida em que novas necessidades aparecem aos usuários da *Web*, novas utilidades tornam-se disponíveis também na Internet[62].

Nesta visão, é que RODRIGUES (1999) já caracterizava a Internet como um espantoso meio de comunicação, com tecnologia verdadeiramente interativa, cobrindo todo o leque dos multimédia, possibilitando o acesso e a manipulação individual de múltiplos ramos de criação artística e informativa, que gera novos impulsos criativos em progressão geométrica[63].

Oxford Internet Institute, Research Report No. 17, December 2008. *Vide* CHINN, Menzie David, FAIRLIE, Robert. *The Determinants of the Global Digital Divide: A Cross-Country Analysis of Computer and Internet Penetration.* Yale University, Economic Growth Center, Discussion Paper Nº 881, Setembro, 2004. *Vide* CASTELLS, Manuel. *A Era da Informação: Economia, Sociedade e Cultura. (O Fim do Milénio – Volume III)*. Lisboa: Fundação Calouste Gulbenkian, 2003.

[59] *Cfr.* GIDDENS, Anthony. *Sociologia*. Lisboa: Fundação Calouste Gulbenkian, 2009, p. 53.

[60] *Cfr.* LESSIG, Lawrence. *Free Culture. How Big Media Uses Technology and the Law to Lock Down Culture and Control Creativity.* New York: The Penguin Press, 2004, p. XIII/XIV.

[61] *Vide* CAVANAGH, Allison. *Sociology in the age of the Internet.* Maidenhead: McGraw-Hill International, 2007, p. 11.

[62] Neste sentido, DIAS PEREIRA afirma: *"O que não está na Internet não está no mundo, poder-se-ia quase dizer, em razão do extraordinário aprofundamento e alargamento das potencialidades deste novo meio de comunicação"*. *Cfr.* DIAS PEREIRA, Alexandre Libório. *Comércio Electrónico na Sociedade da Informação: Da Segurança Técnica à Confiança Jurídica.* Coimbra: Almedina, 1999, p. 09.

[63] *Cfr.* RODRIGUES, Avelino. *Para uma Axiologia da Comunicação Global. In: As Telecomunicações e o Direito na Sociedade da Informação*, Coimbra, 1999, p. 127.

I. A INTERNET

Importante aqui realçar, em apartado, que o turbilhão de informação disponibilizado pela Internet torna-se um dos fundamentos para o estudo do Direito, em geral, e o ambiente mundial e enredado que atinge passa a ser um dos fundamentos de estudo do Direito Tributário, em especial para esta obra.

Posto tudo isso, cabe enfatizar-se agora, que dentre as inúmeras possibilidades de utilização da Internet, discorreremos, a seguir, sobre as principais delas.

6.1 O *e-mail*

Por primeiro, insta destacar, que o serviço mais básico que a Internet proporciona atualmente é a comunicação através do correio eletrónico (*e-mail*).

Pela sua simplicidade e comodidade, o *e-mail* é hoje mais utilizado que o serviço de correspondências por todo o globo.

As vantagens são inúmeras: baixo custo, rapidez, acompanhada de som, imagens, vídeos e gráficos. Pode ser de modo assíncrono, sendo, pois, o destinatário avisado no momento que acessar sua *mail box*, ou, ainda, em tempo real, estabelecendo-se uma comunicação instantânea entre os usuários[64].

Atualmente, o *e-mail* permite o envio e troca de arquivos digitais, mensagens, informações, negociações comerciais, consultas, participação em listas de discussão, proporcionando o debate sobre temas específicos.

Por outro lado, permite, também, a utilização com finalidades maliciosas, objetivando praticar crimes através de mensagens que buscam "fisgar" a atenção de outros usuários, buscando captar informações sigilosas (senhas, por exemplo), ou mesmo atraí-los para encontros reais, onde crimes tradicionais poderiam ser perpetrados.

Em outras palavras, o *e-mail* tem sido a "arma" dos criminosos virtuais.

Por fim, efetivamente, a utilização do correio eletrónico possibilita a comunicação e interação sem limites geográficos e temporais.

---

[64] Por ser um conjunto de várias redes interconectadas, que por sua vez agrega uma quantidade de computadores de diferentes procedências, fabricantes, e distintos sistemas operacionais, é que Engenheiros e Técnicos ligados à Internet, desenvolveram um conjunto de regras similares, que pudessem ser reconhecidas por outros sistemas, sem necessidade de interrupção da rede. A este desenvolvimento deu-se o nome de *Simple Mail Transport Protocol-SMTP*, permitindo assim, a transferência do correio eletrónico por diferentes sistemas. Dessa forma, um conjunto de tarefas invisíveis que se desenrola através do SMTP garante o transporte eficiente do *e-mail* entre os computadores (*hosts*). *Vide* MARTÍNEZ LÓPEZ, Francisco, HUERTAS, Paula, CARRIÓN, Rodrigo, SILVERA, José. *Internet para Investigadores: Relación y Localización de Recursos en la red para Investigadores y Universitarios*. Huelva: Servicio de Publicaciones de la Universidad de Huelva, 1998, p. 20/22. *Vide* KRÖGER, Detlef, KUNER, Christopher. *Internet für Juristen*. München: Beck, 2001, p. 12/16.

6.2 Mensagens Instantâneas

Essencialmente, destaca-se que através deste modo de comunicação, o diálogo entre os usuários é simultâneo, sendo que no momento em que é estabelecida a conexão a tela divide-se em duas ou mais partes, onde cada um dos utilizadores pode digitar simultaneamente.

Neste contexto, o *software* Skype e o aplicativo WhatsApp são as ferramentas mais usadas atualmente para este fim. Tudo isso com a possibilidade de acessórios como as minicâmaras e microfones, tornando as comunicações distantes tanto audíveis como visuais.

Com relação a essa forma de comunicação, imediata, e ao mesmo tempo futurista, devemos mencionar que tal cenário (*de câmaras e microfones sendo usados por pessoas comuns*) era apenas imaginado em filmes de cinema (por exemplo, *2001 A Space Odyssey*). Nessa circunstância, a nosso ver, essa conjuntura agora real, pode ser definida em uma palavra: Sensacional!

Fundamentalmente, estas qualidades da Internet permitem atividades à distância como palestras, aulas, reuniões científicas e profissionais, negociações internacionais, apresentações, transmissões de eventos sociais e esportivos, ampliando as atividades possíveis (anteriormente impossíveis), ao aproximar pessoas ao redor do mundo[65].

Em complemento, os referidos sistemas permitem, ainda, chamadas diretas e gratuitas com outros usuários, videochamadas, mensagens instantâneas, chamadas para telefones fixos e para telemóveis (com cobrança de tarifas) e ainda mensagens de texto para telemóveis.

Tais condições, aliás e por fim, tornam os contextos de interação e comunicação pela Internet universais, imediatos, simultâneos e incrivelmente rápidos[66].

6.3 *A WWW*

A *WorldWide Web*- WWW é também conhecida como *Web*, sendo um nome genérico utilizado para definir o serviço informático que disseminou a Internet por todo o mundo.

Primeiramente, podemos conceituar a *WorldWide Web* como um serviço baseado em hipertextos que permite buscar e disponibilizar páginas (*Web sites*) distribuídas pela rede mundial.

---

[65] *Vide* LEITE DE CAMPOS, Diogo, FREIRE E ALMEIDA, Daniel (Org.). *A Formação do Direito Europeu. Vídeo-Conferência Internacional Portugal-Brasil*. Lisboa e Bauru: ITE, DVD, 2003. *Vide* FREIRE E ALMEIDA, Daniel, HELLEBUST, Celma Regina. *Vídeo-Conferência Internacional Noruega-Brasil – Extratos Fundamentais*. Bauru: Revista do Instituto de Pesquisas e Estudos, nº 47, p. 317-330, 2007.

[66] *Vide* FRIEDMAN, Thomas L. *The World is Flat*. New York: Farrar, Straus and Giroux, 2005, p. 71/81 e 150/159.

I. A INTERNET

Estes hipertextos apresentam as informações[67] em forma gráfica, que contém palavras com ligações subjacentes (os *links*) com outros textos, tornando possível leituras não lineares.

Em outras palavras, a leitura das páginas, que podem estar em formato de imagens, sons, vídeos, gráficos, é feita por navegadores (Internet Explorer, por exemplo), que acessam o servidor da WWW[68].

Através da *WorldWide Web*, inúmeras e poderosas utilidades são disponibilizadas.

Pode-se ouvir ou comprar músicas através de *Web sites* de artistas de todo o mundo; conhecer o trabalho das Organizações Internacionais de todo o planeta; consultar as atividades turísticas, efetuar reservas, comprar passagens aéreas e rodoviárias; participar de leilões eletrónicos; consultar enciclopédias, museus e pesquisar nas bibliotecas das Universidades no mundo todo; proceder a leitura de jornais eletrónicos; saber as notícias desportivas; fazer aplicações no mercado financeiro, movimentações e informações bancárias, saber os melhores investimentos, e buscar tudo aquilo que procuras, sendo mais árdua, assim, a tarefa de apontar o que "não" está na Internet[69].

[67] O *HiperText Markup Language* (HTML) é uma linguagem de formatação de hipertexto de informação, básica na WWW. Com essa linguagem podem-se definir páginas que contenham informação nos mais variados formatos: texto, som, imagens e animações. É uma fusão do padrão SGML (*Standard Generalized Markup Language*), com o padrão *Hy Time* (*Hipermedia/Time-based Document Structuring Language*), mais acessível, que possibilita preparar documentos com gráficos e ligações para outros documentos com visualização em sistemas que utilizam *Web*. *Vide* KRÖGER, Detlef, KUNER, Christopher. *Internet für Juristen*. München: Beck, 2001, p. 22/46.

[68] A transferência dos arquivos que contém documentos hipermédia (hipertexto) através da rede é possibilitada por um protocolo padronizado denominado *HyperText Transfer Protocol* (HTTP). O HTTP, transfere não só documentos em linguagem de formatação HTML, como também está apto para suportar um ilimitado conjunto de formatos. Todas as outras formas de serviços utilizados são exemplos de *Uniform Resource Locator*-URLs. A *Uniform Resource Locator* é a notação padrão de serviços e arquivos na Internet, contendo as informações necessárias para a localização de qualquer recurso na rede. *Vide* KRÖGER, Detlef, KUNER, Christopher. *Internet für Juristen*. München: Beck, 2001, p. 22/46.

[69] *Vide* GAMBLE, John King. *New Information Technologies and the Sources of International Law: Convergence, Divergence, Obsolescence and/or Transformation*. Jahrbuch Für Internationales Recht, Volume 41, Berlin: Duncher & Humblot, 1998, p. 178/180. *Vide* VAUGHN, Angela; FERRANTE, Joan. *Let's Go Sociology. Travels on the Internet*. Belmont: Wadsworth, 1998. *Vide* GIDDENS, Anthony. *Sociologia*. Lisboa: Fundação Calouste Gulbenkian, 2009, p. 56. Ainda, exemplos de *Web sites*, na ordem supra explanada: YouTube: www.youtube.com, Europa: http://europa.eu, Lawinter: http://www.lawinter.com, TAP Portugal: http://www.flytap.com /Portugal/pt/Homepage, eBay: www.ebay.com, Universidade de Coimbra: http://www.uc.pt, World Digital Library: www.wdl.org, Musée du Louvre: www.louvre.fr, Newseum: http://www.newseum.org/todaysfrontpages/flash, ESPN: http://espn.go.com, New York Stock Exchange: www.nyse.com, European Central Bank: http://www.ecb.int, Bloomberg: http://www.bloomberg.com, Google: http://www.google.com.

Logo, indubitavelmente, uma das características mais interessantes da Internet é o facto de podermos, nós próprios, circular atrás das informações que temos interesse, onde nós somos o piloto. E a Internet já possui bilhões de *Web sites* para isso.

Por outro lado, mas igualmente poderoso, é o recurso de disponibilizar informações, que pode mais facilmente ser realizado pelas pessoas. Ao contrário das restritas possibilidades anteriores (televisão, rádio, jornal- *nas mãos de poucos*)[70], agora qualquer um pode possuir seu *Web site*, e divulgar seus assuntos de interesse, nas mais variadas áreas, por todo o mundo.

Mensagens, postagens, músicas, vídeos e imagens podem estabelecer comunicações entre usuários por todo o planeta. Esses recursos nunca estiveram tão próximos das pessoas e empresas, e de uma forma tão maciça e pulverizada, como agora.

Mais recentemente, os *Blogs* passaram a ser um importante instrumento disponibilizado na *WorldWide Web*. Os denominados "Blogueiros" são capazes de publicar comentários e estabelecer conversações nas mais variadas áreas, sem ter que lidar com os filtros dos média tradicionais[71].

Assim, por mais uma vez, devemos mencionar que a busca e disseminação de informações e conhecimentos está mais facilitada com a Internet[72].

O maior destaque, neste segmento, é o Google, conhecido mecanismo de busca, global, que procura encurtar aos internautas a tarefa de atingir novos *Web sites* pela rede mundial de computadores. Aliás, nas palavras da própria empresa, "*A missão do Google é organizar as informações do mundo todo e torná-las acessíveis e úteis em caráter universal.*"[73]

6.4 O *e-commerce*

Inicialmente, cabe enfocar que os economistas clássicos como Adam Smith (1776), Jean-Baptiste Say (1803), David Ricardo (1817), passando pela escola neoclássica de Thomas Robert Malthus (1798), John Stuart Mill (1848), Alfred Marshall (1890), John Maynard Keynes (1936), entre outros ilustres e notáveis,

---

[70] *Vide* DRAETTA, Ugo. *Internet et Commerce Électronique en Droit International des affaires*. Paris: Forum Européen de la Communication, 2003, p. 47.

[71] Sobre os *Blogs*, convidamos à leitura de GRIFFITHS, Mary. *e-Citizens: Blogging as Democratic Practice*. Electronic Journal of e-Government, Vol. 2, Issue 3, 2004, Disponível em: http://www.ejeg.com/volume-2/volume2-issue3/v2-i3-art2-griffiths.pdf, Acesso em 10.02.2010.

[72] *Vide* FREIRE E ALMEIDA, Daniel. *The scientific research and the Internet*. Bauru: Revista do Instituto de Pesquisas e Estudos, nº 34, 2002, p. 339 e ss.

[73] *Cfr.* GOOGLE, Disponível em: http://www.google.com.br/intl/pt-BR/corporate/, Acesso em 11.02.2010. *Vide* FRIEDMAN, Thomas L. *The World is Flat*. New York: Farrar, Straus and Giroux, 2005, p. 150/159.

I. A INTERNET

despenderam enorme energia na compreensão do funcionamento do mercado, produzindo estudos que reflexionam sobre as alterações, as tendências e as inovações na sociedade.

Mais recentemente, SAMUELSON e NORDHAUS (1999) introduziram em seu manual os impactos que a Internet provoca no mundo, cada vez mais interligado e competitivo, devido aos computadores e a comunicação. Em substância, os autores sublinham a Internet como a biblioteca mundial, que em virtude do acesso rápido às fontes de informação e estatísticas, permite, agora, maior agilidade na investigação e formulação de teorias para os problemas sócioeconómicos[74].

Em alinhamento, de facto, um novo ambiente de mercado surgiu com a Internet: O Comércio Eletrónico. Este novo conceito reveste-se na comercialização do envio e processamento eletrónico de informações, estas em todos os seus formatos[75].

Logo, em consequência, o Comércio Eletrónico pode ser direto ou indireto[76].

O primeiro é aquele no qual os recursos tecnológicos são utilizados em todas as fases do negócio, pois há uma transmissão *online* do vendedor para o comprador, do produto (*v.g. software, revistas, músicas,*) ou serviço (*v.g.* consultoria por *e-mail, serviços bancários, compra de passagens aéreas, entretenimento, atividades educacionais*) requisitado. A tecnologia existe (ou em breve passará a existir, para outros produtos) para transferir o conteúdo de tais produtos e serviços em formato digital através da Internet.

Em breve ilustração a respeito, podemos exemplificar as consultorias em linha de serviços jurídicos (www.lawinter.com), as ilimitadas operações bancárias disponíveis (www.hsbc.com), as transações *online* de programas de computador (www.microsoft.com), a comercialização de artigos em jornais e revistas científicas (http://www.oxfordjournals.org), de músicas, vídeos e acessórios (http://store.apple.com/pt), entre muitos outros[77].

---

[74] *Cfr.* SAMUELSON, Paul, NORDHAUS, Willian. *Economics.* New York: McGrall-Hill, 16ª ed., 1999, Prefácio. *Vide*, na mesma linha, FREIRE E ALMEIDA, Daniel. *The scientific research and the Internet.* Bauru: Revista do Instituto de Pesquisas e Estudos, nº 34, 2002, p. 339 e ss.

[75] Para Cameron, nestas palavras, *"E-commerce includes any business transacted electronically, whether the transaction occurs between two business partners or a business and its customers." Cfr.* CAMERON, Debra. *Electronic Commerce: The New Business Platform for the Internet.* Charleston: Computer Technology Research Corp., 1997, p. 05.

[76] *Vide* LEITE DE CAMPOS, Diogo. *A Internet e o Princípio da Territorialidade dos Impostos.* Lisboa: Revista da Ordem dos Advogados, ano 58, 1998, p. 641.

[77] As transações eletrónicas podem ser realizadas, inicialmente, em cinco modalidades: de empresa para empresa, o chamado *business-to-business* (B2B); de empresa para consumidor, ou *business-to-consumer* (B2C); do consumidor para a empresa, ou *consumer-to-business* (C2B), onde há uma inversão nas tradicionais operações de comércio, sendo o caso em que o consumidor é quem

Já no Comércio Eletrónico indireto, a negociação e a ordem de aquisição são realizadas *online*, mas a entrega ao adquirente depende de outros meios (físicos), que não o eletrónico[78].

Por conseguinte, exemplificativamente, podemos apontar a Amazon (www. amazom.com), que inicialmente comercializava livros pela Internet, e hodiernamente vende aparelhos eletrónicos, computadores, e inúmeros outros produtos, tendo se transformado em um verdadeiro centro comercial global em linha.

Feita esta inicial delimitação, mais recentemente já pode-se notar as mudanças que o Comércio Eletrónico provoca no cenário comercial, e não é somente pela velocidade ou automatização das empresas[79]. Assim sendo, algumas significantes vantagens e diferenças podem ser elencadas:

Por primeiro, é a economia de custos nas transações. Mesmo que mínima, uma redução de custos pode compensar às grandes empresas, que reparam prospectivamente as transações pela Internet[80].

---

dirige a transação, como acontece nos leilões de passagens aéreas, onde o consumidor estabelece um lance (preço) e fica a cargo da empresa aceitar ou não o negócio; de consumidor para o consumidor, o *consumer-to-consumer* (C2C), onde a novidade consiste em um leilão entre os consumidores, através da Internet (www.ebay.com, http://www.onsale.com). Por fim, do governo para as empresas e consumidores (ou cidadãos), *government-to-business and consumers*, representado pela sigla (G2BC). Pela Internet, os governos disponibilizam aos seus cidadãos informações de todas as suas atividades e abrem concorrências para as empresas. Devemos notar que cada vez mais os governos em todo o mundo procuram estar mais próximos de seus cidadãos utilizando-se da Internet. A primeira modalidade de CE, o B2B, é o que apresenta, até o momento, maior volume financeiro de transações. De facto, as grandes empresas têm transferido gradualmente suas operações para a Internet. *Vide* DRAETTA, Ugo. *Internet et Commerce Électronique en Droit International des affaires*. Paris: Forum Européen de la Communication, 2003, p. 46. *Vide* DUTTON, Willian, HELSPER, Ellen, GERBER, Monica. *The Internet in Britain 2009*. Oxford: Oxford Internet Institute, 2009, p. 24 e ss. *Vide* LEITE DE CAMPOS, Diogo. *A Internet e o Princípio da Territorialidade dos Impostos*. Lisboa: Revista da Ordem dos Advogados, ano 58, 1998, p. 641.

[78] *Cfr.* CAMERON, Debra. *Electronic Commerce: The New Business Platform for the Internet*. Charleston: Computer Technology Research Corp., 1997, p. 05. *Cfr.* FREIRE E ALMEIDA, Daniel. *O E-commerce Internacional e a Economia Virtual na Vida Real: Prospectiva Legislativa. In:* HIRONAKA, Giselda (Org.) *O Novo Código Civil e sua Interface no Ordenamento Jurídico Brasileiro*. Belo Horizonte: Del Rey, 2004, p. 131.

[79] *Vide* ABELSON, Harold, LEDEEN, K, LEWIS, Harry. *Blown to Bits: your life, liberty, and happiness after the Digital explosion*. Boston: Addison-Wesley, 2008, p. 12. *Vide* MACIONIS, John, PLUMMER, Kenneth. *Sociology: A Global Introduction*. New York: Pearson Prentice Hall, 2008, p. 759. *Vide* CASTELLS, Manuel. *The Internet Galaxy: Reflections on the Internet, Business, and Society*. Oxford: Oxford University Press, 2003, p. 64 e ss.

[80] *Vide* NYE, Joseph S. *Soft Power. The means to sucess in world politics*. New York: Public Affairs, 2004, p. 22. *Cfr.* GOODGER, Ben. *E-Commerce and its Impact on Pricing*. Computers & Law, Oct/November, 1999, p. 22; *Cfr.* KAVASSALIS, Petros, LEHR, William. *Forces for Integration and Disintegration in the Internet*. Communications & Strategies, nº 30, 2nd quarter, 1998, p. 147; *Vide* ABELSON, Harold,

I. A INTERNET

Com o Comércio Eletrónico, a redução de custos pela gestão otimizada permite melhores preços, melhor competitividade e, por conseguinte, o afastamento de empresas que não souberam ambientar-se neste paradigma. Segundo CHAFFEY (2007), e no mesmo sentido antecipou CAMERON (1997), embora estabelecer e manter um *Web site* tenha custos, o preço usado na rede *versus* outros meios ou canais de vendas é substancialmente reduzido pela facilidade de promoção (amostragem internacional) dos produtos. Para os autores, não há dúvidas de que fazer negócios pela *Web* é rentável[81].

Constatando as vantagens económicas advindas da utilização da Internet, as empresas estão repensando a forma como vendem e utilizam a informação tecnológica, como observa GIDDENS (2009)[82].

Neste passo, um segundo fator provocado pelo Comércio Eletrónico é a constante desintermediação que ele possibilita. As empresas perceberam que podem atingir seus consumidores pela Internet, sem a necessidade de intermediários. Para LEITE DE CAMPOS (1998), as telecomunicações aproximaram prestadores de serviços e consumidores[83]. Como exemplo, uma empresa aérea já pode vender passagens sem necessidade de uma agência de turismo, proporcionando descontos ao consumidor[84].

LEDEEN, K, LEWIS, Harry. *Blown to Bits: your life, liberty, and happiness after the Digital explosion*. Boston: Addison-Wesley, 2008, p. 38.

[81] *Cfr.* CHAFFEY, Dave. *E-business and e-commerce management: strategy, implementation and practice*. Harlow: Prentice Hall/Financial Times, 2007, p. 74 e ss. *Cfr.* CAMERON, Debra. *Electronic Commerce: The New Business Platform for the Internet*. Charleston: Computer Technology Research Corp., 1997, p. 18.

[82] *Cfr.* GIDDENS, Anthony. *Sociologia*. Lisboa: Fundação Calouste Gulbenkian, 2009, p. 367. *Cfr.* CARR, Nicholas G. *The Big Switch: Rewiring the World, from Edison to Google*. New York: Norton & Company, 2008, p. 13.

[83] *Cfr.* LEITE DE CAMPOS, Diogo. *A Internet e o Princípio da Territorialidade dos Impostos*. Lisboa: Revista da Ordem dos Advogados, ano 58, 1998, p. 640.

[84] Um outro fator alinhado é a gestão interna das empresas virtuais. Com a Internet, há uma conexão permanente e instantânea com seus fornecedores, que podem saber exatamente quais produtos foram vendidos e, dessa forma, organizar sua produção e entrega, para mais ou menos, de acordo com a demanda, eliminando os estoques, os excedentes de produção e o transporte de mercadoria desnecessário. Esta é uma vantagem revolucionária, que se traduz na interoperabilidade dos sistemas, pois, virtualmente, a *Web* proporciona a integração de diferentes métodos operacionais e *hardwares*. Além disso, todo o processo, desde pedidos, contratos, arquivo de documentos até pagamentos, é automatizado. *Cfr.* FREIRE E ALMEIDA, Daniel. *O E-commerce Internacional e a Economia Virtual na Vida Real: Prospectiva Legislativa. In:* HIRONAKA, Giselda (Org.) *O Novo Código Civil e sua Interface no Ordenamento Jurídico Brasileiro*. Belo Horizonte: Del Rey, 2004, p. 133/134. *Cfr.* GIOVANNETTI, Emanuele, KAGAMI, Mitsuhiro, TSUJI, Masatsugu. *The Internet Revolution: a Global perspective*. Cambridge: Cambridge University Press, 2003, p. 23.

Em continuidade, a empresa eletrónica permanece disponível em tempo integral, vinte e quatro horas por dia, sete dias por semana. Estar sempre *online* proporciona aos consumidores receber respostas às suas indagações, realizar compras a qualquer momento, não importando qual o fuso horário de seu país, e disponibilizar informações aos clientes de maneira permanente. Poucas lojas no mundo real podem dispor destes recursos aliados com o baixo custo[85].

Outra característica das empresas na Internet é a não obrigatoriedade de possuir instalações físicas. Sendo, o produto vendido em linha (por exemplo, conhecimento, *software*, entretenimento), as lojas físicas são supérfluas, pois todo o ciclo de comercialização, desde o pedido até o pagamento e entrega, são em linha. Acrescenta-se, da mesma forma, não haver restrições em relação à quantidade de itens disponíveis por uma loja virtual, que pode ser inviável, por questões de espaço e custo, para uma loja física[86].

Em conformidade com o alisado, pela primeira vez na história das civilizações, um cidadão comum ou uma pequena empresa pode, facilmente e a um custo muito baixo, não só ter acesso a informações localizadas nos mais distantes pontos do globo, como também criar, gerenciar, comparar, disponibilizar e distribuir produtos em larga escala, em âmbito mundial, algo que somente uma grande organização poderia fazer, usando os meios de comunicação convencionais[87].

O Comércio Eletrónico proporciona o alcance global de uma empresa, que pode, em pouco tempo, receber pedidos provenientes de todas as partes do mundo.

---

[85] Cfr. CAMERON, Debra. *Electronic Commerce: The New Business Platform for the Internet.* Charleston: Computer Technology Research Corp., 1997, p. 20/21. Cfr. FREIRE E ALMEIDA, Daniel. *O E-commerce Internacional e a Economia Virtual na Vida Real: Prospectiva Legislativa. In:* HIRONAKA, Giselda (Org.) *O Novo Código Civil e sua Interface no Ordenamento Jurídico Brasileiro.* Belo Horizonte: Del Rey, 2004, p. 133/134.

[86] A maneira mais fácil, rápida e conveniente de se comprar *online*, ao invés do balcão de compras, do estacionamento do automóvel, do trânsito, da necessidade de percorrer todas as lojas para encontrar o melhor preço, potencializa o crescimento do CE. Estima-se que, em alguns sectores, ele será primordial. Cfr. GIDDENS, Anthony. *Sociologia.* Lisboa: Fundação Calouste Gulbenkian, 2009, p. 368. Cfr. FREIRE E ALMEIDA, Daniel. *O E-commerce Internacional e a Economia Virtual na Vida Real: Prospectiva Legislativa. In:* HIRONAKA, Giselda (Org.) *O Novo Código Civil e sua Interface no Ordenamento Jurídico Brasileiro.* Belo Horizonte: Del Rey, 2004, p. 134.

[87] Importante ferramenta oferecida por alguns *Web sites* consiste na comparação de preços e auxílio nas compras em linha, como o mySimon: (http://www.mysimon.com). Cfr. CHAFFEY, Dave. *E-business and e-commerce management: strategy, implementation and practice.* Harlow: Prentice Hall/Financial Times, 2007, p. 04. *Vide* GIOVANNETTI, Emanuele, KAGAMI, Mitsuhiro, TSUJI, Masatsugu. *The Internet Revolution: a Global perspective.* Cambridge: Cambridge University Press, 2003, p. 23.

I. A INTERNET

Melhor ilustrando, empresas como a DELL (www.dell.com), iQVC (http://www.iqvc.com), eBay (www.ebay.com), drugstore (http://international.drugstore.com/default.asp), Amazon (www.amazom.com), Target (www.target.com), Walmart (www.walmart.com), Bestbuy (www.bestbuy.com), souberam aproveitar as virtualidades do Comércio Eletrónico e fazer parte de um mercado mundial que já ultrapassou 1 Trilhão de Euros ao ano.

Nesta sequência, merece destaque a colocação de CASTELLS (2000), para quem uma nova economia emergiu no final do século XX, em escala mundial: Informacional, Global e Interconectada. Para o autor esta nova economia foi alavancada pelas novas tecnologias[88].

No entanto, se, por um lado, oferece vantagens e particularidades, o mercado das sociedades em linha enfrenta igualmente desafios, como discorre BARNES (2007)[89]. Neste sentido, a evolução tecnológica tem procurado tornar o sistema mais atraente, rápido, e responder à outra face fundamental do comércio *online*: a segurança[90].

De facto, a gestão e a disponibilidade de um *Web site* totalmente seguro é custosa e pode ser determinante para o sucesso e fiabilidade do empreendimento[91].

Isto porque um dos desafios consiste em estar disponível aos usuários em todo o mundo, e ao mesmo tempo protegido contra ataques e invasões não autorizadas.

A esse propósito, o "Internet Crime Complaint Center" (do "United States Department of Justice") reportou que recebeu pouco mais de 336 mil denúncias, somente no ano de 2009, com perdas financeiras de mais de 727 milhões de dólares.

Desde já, vale notar a observação feita pelo relatório acima referido, de que um dos componentes de complexidade dos crimes cometidos através da Internet, que torna a investigação e consequente julgamento difíceis, é que o autor

---

[88] *Cfr.* CASTELLS, Manuel. *The Rise of The Network Society. The Information Age: Economy, Society and Culture.* Oxford: Wiley-Blackwell, 2000, p. 77. *Vide*, no mesmo sentido, GIDDENS, Anthony. *Sociologia.* Lisboa: Fundação Calouste Gulbenkian, 2009, p. 380.

[89] *Cfr.* BARNES, Stuart. *E-commerce and v-business: digital enterprise in the twenty-first century.* Amsterdan: Elsevier, 2007, p. 99 e ss.

[90] *Cfr.* FREIRE E ALMEIDA, Daniel. *O E-commerce Internacional e a Economia Virtual na Vida Real: Prospectiva Legislativa. In:* HIRONAKA, Giselda (Org.) *O Novo Código Civil e sua Interface no Ordenamento Jurídico Brasileiro.* Belo Horizonte: Del Rey, 2004, p. 137.

[91] *Vide* FREIRE E ALMEIDA, Daniel, MARQUES, José Waldemar. *A Internet e o Direito: da Complexidade Técnica à Segurança Jurídica. In:* HIRONAKA, Giselda (Org.) *O Direito e o Diálogo com os demais Saberes. A Dinâmica Interdisciplinar da Experiência Jurídica.* Bauru: Edite, 2006, p. 123/178.

A TRIBUTAÇÃO DO COMÉRCIO ELETRÓNICO NOS EUA E NA UE

e a vítima podem estar localizados em qualquer lugar do mundo, completando nestes termos: *"This is a unique characteristic not found with "traditional" crime"* [92].

Melhor ilustrando, 431 milhões de pessoas em todo o mundo foram vítimas de algum tipo de atividade criminosa pela Internet, somente em 2011, segundo o "UNITED NATIONS INSTITUTE FOR TRAINING AND RESEARCH" (UNITAR, 2012)[93].

Por conseguinte, as empresas acabam por gastar somas vultosas para garantir que estão protegidas contra os riscos associados a ataques *online*. Os referidos ataques são geralmente retratados pelos média como sendo a obra de um *hacker* ou *cracker*[94].

Neste desenrolar, é por demais oportuno o conceito de GENSOLLEN (1998) para quem a Internet não é somente uma tecnologia que oferece acesso aos *sites* ou a comunicação por *e-mails,* mas também um fenómeno sócioeconómico[95].

Já para GREENSPAN (2000), ao responder como chegamos a este ponto fascinante da história, afirma: *"Embora todos saibamos que o processo de inovação nunca tem fim, a criação do transístor logo após a 2ª Guerra Mundial parece, em retrospecto, ter dado início a uma onda especial de sinergias inovadoras. Depois dele vieram o microprocessador, o computador, os satélites e as tecnologias que combinam o uso do laser e das fibras ópticas."*. A seguir, completa: *"Já na década de 90, essas inovações aliadas a outras menos importantes, mas igualmente críticas, tornaram possível o surgimento de um potencial novo de captação, análise e disseminação de informação num grau surpreendente."* [96]

---

[92] *Cfr.* NATIONAL WHITE COLLAR CRIME CENTER. *2009 Internet Crime Report.* Glen Allen: National White Collar Crime Center, 2010, p. 02 e 10. *Vide,* também, FOGGETI, Nadina. *Ipotesi di Criminalità informática transnazionale: profili di diritto applicabile AL caso concreto. Problematiche attuali Ed eventuali prospettive future. In:* MINOTTI, Daniele. *Diritto e Società dell'informazione. Riflessioni su informatica giuridica e Diritto dell'informatica.* Milano: Nyberg, 2005, p. 61/90.

[93] *Cfr.* UNITED NATIONS INSTITUTE FOR TRAINING AND RESEARCH. *High Level Panel on Cybersecurity and Cybercrime.* Genebra: UNITAR, 31 janeiro de 2012.

[94] O *hacker* seria aquele indivíduo que utilizando seus conhecimentos informáticos e de redes invade um sistema causando danos a redes e computadores. Por sua vez, o *cracker,* seria aquele que invade o sistema com a intenção de colocá-lo fora do ar (*offline*), ou tornar impossível seu acesso naquele momento. Para LOGIE, em um primeiro momento, o *hacker* teria interesses exploratórios, segundo o autor interesses benignos, enquanto o *cracker* possuiria intenção de destruição. No entanto, atualmente o *hacker* acaba por representar o criminoso virtual. *Cfr.,* em maior exposição, LOGIE, John. *Peers, Pirates, and Persuasion Rhetoric in the Peer-to-Peer Debates. West Lafayette:* Parlor Press, 2006, p. 24 e ss. *Vide* artigos 2, 4, 5 e 6 da "Convention on Cybercrime". Disponível em: http://www.conventions.coe.int/Treaty/Commun/QueVoulezVous.asp?NT=185&CM=8&DF=07/04/2010&CL=GER . Acesso em: 01.06.2010.

[95] *Cfr.* GENSOLLEN, Michel. *The Internet: A New Information Economy?* Communications & Strategies, nº 32, 4th quarter, 1998, p. 207.

[96] *Cfr.* GREENSPAN, Alan. *A revolução na Sociedade da Informação. In* palestra proferida em Massachusetts, EUA, em 06.03.2000, publ. *in* O Estado de São Paulo, 12.03.2000, p. B12.

I. A INTERNET

Ante o até aqui examinado, percebe-se que a explosão do Comércio Eletrónico internacional já é realidade, e o Direito não pode ignorar isso, nem a crescente participação das sociedades e das pessoas singulares neste inovador contexto.

Dito isso, em prosseguimento, companhias como YouTube, Skype, Craigslist, Google, ebay e PlentyOfFish podem crescer tão rapidamente, porque são negócios construídos quase que inteiramente por códigos informáticos digitais e *software*. Seus produtos são virtuais, hospedados em servidores espalhados pela Internet. Após ser desenvolvido, o preço de criar cópias e distribuí-las digitalmente oferecendo-as para novos consumidores em qualquer lugar do mundo é "zero"[97]. Esta é uma das razões pelas quais a Microsoft, de Bill Gates, permaneceu nos últimos 15 anos entre as mais ricas do mundo. E se não for ela a mais rica, com certeza será outra empresa de tecnologia e comunicação que aparecerá nas próximas listas da Forbes[98].

A proliferação de *Blogs*, *podcasts*, videoclips, forma uma nova economia de criação cultural. E todos estes novos produtos digitais, feitos por profissionais ou amadores, podem achar seu espaço no mercado *online*. A característica digital da Internet pode expandi-la, naturalmente, para acomodar tudo[99].

Oportuno salientar aqui, que, se por um lado a disseminação de produtos digitais tem custos baixos, por outro, efetivamente, uma característica que surpreende é o valor que algumas dessas empresas digitais tem atingido. A compra do YouTube pelo Google por US$ 1,65 bilhão, marca um inegável e incrível crescimento dos valores de aquisição de empresas totalmente digitais.

Em arremate, GAMBLE (1998) conclui: *"My argument asserts that changes by the information age are pervasive, profound, and permanent...I believe late 20th century information technology will be that rare case where the changes will remake human society."*[100]

---

[97] *Vide Web sites* citados em: http://www.youtube.com, http://www.skipe.com , http://www.craigslist.org, http://www.plentyoffish.com, http://global.ebay.com, www.google.com. *Cfr.* CARR, Nicholas G. *The Big Switch: Rewiring the World, from Edison to Google*. New York: Norton & Company, 2008, p. 132. *Vide* ZITTRAIN, Jonathan. *The Generative Internet*. Harvard Law Review, Volume 119, 2006, p. 1974 e ss. *Cfr.* GIDDENS, Anthony. *Sociologia*. Lisboa: Fundação Calouste Gulbenkian, 2009, p. 380.

[98] *Vide* Forbes.com em: http://www.forbes.com/2010/03/10/worlds-richest-people-slim-gates--buffett-billionaires-2010_land.html, Acesso em: 12.04.2010.

[99] *Cfr.* CARR, Nicholas G. *The Big Switch: Rewiring the World, from Edison to Google*. New York: Norton & Company, 2008, p. 151. *Vide* BELL, David, LOADER, Brian, PLEACE, Nicholas. *Cyberculture: The Key Concepts*. London: Routledge, 2004. *Vide* FRIEDMAN, Thomas L. *The World is Flat*. New York: Farrar, Straus and Giroux, 2005, p. 159/162.

[100] *Cfr.* GAMBLE, John King. *New Information Technologies and the Sources of International Law: Convergence, Divergence, Obsolescence and/or Transformation*. Jahrbuch Für Internationales Recht, Vol. 41, Berlin: Duncher & Humblot, 1998, p. 180/181.

6.5 As Redes Sociais Digitais

Tema último que se põe nesta esfera, então, atine às redes de relacionamento digitais, que se formaram a partir da Internet.

Neste contexto, os particulares transferem-se, continuamente, de um país para outro e, mesmo ficando na própria terra, agora com a Internet, podem entrar em contacto cultural com outros indivíduos, estabelecendo relações por cima das fronteiras[101].

De facto, os progressos tecnológicos alavancados pela Internet tornam o mundo cada vez mais um só, unindo indivíduos e grupos através de relações supranacionais.

Atualmente, muitos de nós passamos mais tempo usando novos serviços da Internet, nos conectamos com amigos nas redes sociais como WhatsApp, MySpace, Facebook (este com incríveis 500 Milhões de usuários em 2010, e mais de 1 Bilhão em 2014), PlentyOfFish, Twitter, Linkedin, Instagram, Google+ e Orkut (pioneira rede social, em arquivo desde setembro de 2014), gerimos e compartilhamos nossas coleções de fotos em *Web sites* como Flickr e Photobucket, e assistimos vídeos no YouTube[102].

Todos estes serviços e utilidades revolucionaram o potencial de utilização da informação e dos relacionamentos sociais. Acrescente-se, que atualmente mais de 1 Bilhão de pessoas utilizam as redes sociais da Internet[103].

Complementa, porém, FUCHS (2009) que assuntos como publicidade, empresas, comunidade, privacidade, política, sexo, amor, Direito, são também questões que estão associadas com o conceito das plataformas de redes sociais populares. Para o autor existe uma relação profunda entre as ferramentas de comunicação *online* e as transformações em nossas relações sociais[104].

---

[101] *Vide* NYE, Joseph S. *Soft Power. The means to sucess in world politics.* New York: Public Affairs, 2004, p. 31.

[102] *Vide* RENNINGER, Ann, SHUMAR, Wesley. *Building virtual communities: learning and change in cyberspace.* Cambridge: Cambridge University Press, 2002. *Vide Web sites* citados em: http://www.myspace.com, http://www.facebook.com, http://www.flickr.com, http://www.plentyoffish.com, http://twitter.com, http://www.linkedin.com, http://www.orkut.com, http://www.photobucket.com, http://www.youtube.com. *Vide*, também, DEPARTMENT FOR COMMUNITIES AND LOCAL GOVERNMENT. *Online Social Networks-Research Report.* London: Clicks and Links, 2008, p. 06 e ss. *Cfr.* INTERNATIONAL TELECOMMUNICATION UNION-ITU. *Digital.life.* Genebra: ITU, 2006, p. 47. Para as estatísticas do Facebook, *vide* Socialbakers, disponível em: http://www.socialbakers.com/countries/continents/ , Acesso em 08.03.2013.

[103] *Cfr.* REUTERS, Disponível em: http://www.reuters.com/article/idUSTRE63L0UB20100422, Acesso em 22.04.2010.

[104] *Cfr.* FUCHS, Christian. *Social Networking Sites and the Surveillance Society. A Critical Case Study of the Usage of studiVZ, Facebook, and MySpace by Students in Salzburg in the Context of Electronic Surveillance.* Salzburg: Forschungsgruppe Unified Theory of Information, 2009, p. 02.

I. A INTERNET

As consequências para a sociedade, pela maneira que vivemos, trabalhamos, aprendemos, nos comunicamos, nos entretemos, e pensamos, prometem ser igualmente profundas[105].

Daí o inconteste acerto de LEITE DE CAMPOS (2004), que capturou a importância de referidos fenómenos e consequências na Internet, na seguinte assertiva, *in verbis*: "*Há que reencontrar o ponto de encontro entre o eu e o coletivo. Reduzindo, por necessidade de análise, o direito à privacidade ao eu e ao direito, e a informática ao coletivo e ao dever*".[106]

7. A Sociedade Digital no Século XXI

De todo coerente, por conseguinte, após os estudos das virtualidades da Internet, passar-se ao exame, detido e fundamental, dos assuntos principais que podem ser vislumbrados em relação à formação da Sociedade Digital no século XXI.

Para atingirmos tal desiderato, devemos ressaltar, tal como FUCHS (2009) procurou antecipar, que as características e finalidades da Internet, como ferramentas de comunicação digital, constituem-se como pressupostos ou paradigmas das transformações em nossas relações sociais[107].

Assim, procuraremos, nas próximas linhas, trazer à tona os principais itens implicantes com o tema, principiando pelas ondas da Sociedade Digital, e culminando com os pertinentes diálogos das hipóteses levantadas neste Capítulo, juntamente com a opinião dos autores.

7.1 Ondas da Sociedade Digital

Neste plano, e já tendo sido precisamente analisada as diversas ferramentas utilizadas pela sociedade em suas navegações pela Internet, oportuno e necessário, por conseguinte, abordarmos e visualizarmos o atual estágio classificatório das ondas da Sociedade Digital.

---

[105] Importante aqui se realçar, que as consequências destas mudanças são enormes para o futuro das nossas sociedades, cada vez mais digitais. Contudo, não é uma evidência de que ela irá revelar-se apenas para o bem. *Cfr.* CARR, Nicholas G. *The Big Switch: Rewiring the World, from Edison to Google*. New York: Norton & Company, 2008, p. 21. Sobre a busca das pessoas pela vida em comunidade, *Vide* BAUMAN, Zygmunt. *Comunidade: a busca por segurança no mundo atual*. Rio de Janeiro: Jorge Zahar, 2003.

[106] *Cfr.* LEITE DE CAMPOS, Diogo. *NÓS-Estudos sobre o Direito das Pessoas*. Coimbra: Almedina, 2004, p. 105.

[107] *Cfr.* FUCHS, Christian. *Social Networking Sites and the Surveillance Society. A Critical Case Study of the Usage of studiVZ, Facebook, and MySpace by Students in Salzburg in the Context of Electronic Surveillance*. Salzburg: Forschungsgruppe Unified Theory of Information, 2009, p. 02.

Como decorrência, pois, da análise configurativa da Sociedade Digital vista anteriormente, é possível vislumbrar três ondas já estabelecidas no desenvolvimento eletrónico e digital. E uma última, em formação.

De início, a primeira onda é a chamada **Sociedade da Informação**. Constantemente, as pessoas acessam a Internet, enviam mensagens de correio eletrónico, participam de redes digitais de relacionamento e entretenimento, procuram a leitura de jornais (informação), recebem documentos, com o intuito profissional ou social[108].

Cada vez sabemos mais uns dos outros. Ou procuramos saber. Com um *click* após o outro buscamos e recebemos informações dos mais distantes pontos do globo.

Nossas referências passam do local ao global em instantes. Segundo a "International Telecommunication Union-ITU", estar sempre *online* passou a ser a "norma" da vida digital[109].

É sob tal prisma, que as inovações trazidas pelas tecnologias da informação estão revolucionando nossa vida social e nossos comportamentos.

Neste contexto, NIE e ERBRING (2000) argumentam que a nova tecnologia de *e-mail*, discussões em linha, informação *on-demand*, irão conduzir a um maior conhecimento, e em massa[110].

Nesse passo, a segunda onda é a denominada **Sociedade do Conhecimento**, onde as pessoas agregam aos assuntos informacionais o conhecimento adequado destes novos fenómenos digitais. Os recursos em linha, em grande parte gratuitos, fornecem uma riqueza de informações, que ao serem trabalhadas criticamente, passam a gerar conhecimento.

Em breve ilustração a respeito, podemos citar aqueles que fazem um curso de informática, uma Faculdade ou Licenciatura na área de Sistemas de Informação, os que realizam pesquisas, ou aprendem (investigam) sobre estes novos fenómenos, em todas as suas diferentes vertentes científicas.

Adicionalmente, a Internet é também uma ferramenta que permite a produção, a condução, e a disseminação do conhecimento. Isto porque, ao ampliar o acesso à pesquisa, ao se transformar em uma sala de aula mundial, onde o conhecimento pode ser passado utilizando-se de suas qualidades de vídeo e som, a

---

[108] *Vide* SERVAES, Jan. *The European information society: a reality check*. Bristol: Intellect Books, 2003, p. 11 e ss. *Vide* HAASS, Richard. *The Opportunity*. New York: PublicAffairs, 2005, p. 15.

[109] *Cfr.* INTERNATIONAL TELECOMMUNICATION UNION-ITU. *Digital.life*. Genebra: ITU, 2006, p. 03.

[110] *Cfr.* NIE, Norman, ERBRING, Lutz. *Internet and Society-A Preliminary Report*. Stanford Institute for the Quantitative Study of Society, Stanford University, February 17, 2000, p. 03.

I. A INTERNET

Internet possibilita que o conhecimento possa ser transmitido sob formas nunca antes experimentadas, e com um alcance global[111].

A esse respeito, em substância, de merecido destaque é a opinião de KHAN (2004), ao discorrer que na sociedade do conhecimento, a produção e a disseminação educacional, científica e cultural, bem como a preservação do património digital, devem ser considerados como elementos fundamentais[112].

Em continuidade, a terceira onda é o Comércio Eletrónico, ou *e-commerce*, formado por aqueles que passaram a agregar as informações e conhecimentos aos domínios do mercado, ao comercializarem produtos de informática, da Internet, provisionarem cursos, praticarem o Comércio Eletrónico, contratos eletrónicos, negociações, transações *online* na Bolsa de valores, entre muitas outras atividades comerciais[113].

Com efeito, não existe produto que não possa ser negociado ou ofertado pela Internet, sendo que alguns, como os serviços digitais, podem ser enviados eletronicamente.

De facto, nos últimos anos, a importância do *e-commerce* para as economias e órgãos de soberania dos países tem se tornado evidente.

Em adição, como o Comércio Eletrónico corre na direção global, acaba por necessitar de regras e judicialização igualmente globais[114].

Em arremate pertinente, então, as ondas da Internet começam a exigir um tratamento **global** no que diz respeito à chamada **governança na Internet**[115].

Para nós, é a formação da quarta onda.

Aquela na qual países, Organizações Internacionais, investigadores e grupos de trabalho, com diferentes aptidões, procuram discutir e estabelecer políticas

---

[111] *Vide* FREIRE E ALMEIDA, Daniel. *The scientific research and the Internet.* Bauru: Revista do Instituto de Pesquisas e Estudos, nº 34, 2002, p. 339 e ss. *Vide* LEITE DE CAMPOS, Diogo, FREIRE E ALMEIDA, Daniel (Org.). *A Formação do Direito Europeu. Vídeo-Conferência Internacional Portugal-Brasil.* Lisboa e Bauru: ITE, DVD, 2003. FREIRE E ALMEIDA, Daniel, HELLEBUST, Celma Regina. *Vídeo-Conferência Internacional Noruega-Brasil – Extratos Fundamentais.* Bauru: Revista do Instituto de Pesquisas e Estudos, nº 47, p. 317-330, 2007.

[112] *Cfr.* KHAN, Abdul Waheed. *Preface. In* DUTTON, William. *Social Transformation in an Information Society: Rethinking Access to You and the World.* Paris: United Nations Educational, Scientific and Cultural Organization, 2004, p. 05.

[113] *Vide* SCHELL, Bernadette Hlubik. *The Internet and society: a reference handbook.* Oxford: ABC-CLIO, 2007, p. 45/48.

[114] Sobre a importância do *e-commerce Vide* WUNSCH-VINCENT, Sacha, MCINTOSH, Joanna. *WTO, E-commerce, and Information Technologies: From the Uruguay Round through the Doha Development Agenda.* Incheon (Korea): United Nations ICT Task Force, 2005, p. 01 e ss.

[115] *Vide* PELTU, Malcolm, DUTTON, William. *The emerging Internet governance mosaic: connecting the pieces.* Oxford: Oxford Internet Institute, 2005, p. 05/36.

públicas e formas de governança em escala global para a Internet e o Comércio Eletrónico[116].

Propícia, pois, a menção daquilo que discorreu CASTELLS (2003) a respeito: *"A evolução tecnológica reforça a tendência para as relações internacionais serem caracterizadas pelo multilateralismo"*[117].

Ponto este que desenvolveremos mais à frente em pormenores, e em especial, no tocante aos seus aspectos tributários.

Posto tudo isso, concluímos que as novas tecnologias não são apenas ferramentas, elas formam os nossos modos de comunicação, e também os processos de alguns de nossos pensamentos, e de parte de nossa criatividade.

A Internet como veículo central das tecnologias emergentes terá chegado a prestar-se como um novo fórum para a coesão social e discussões democráticas, bem como continuar como uma plataforma de informação, entretenimento, comunicação, comércio, e governança.

8. Síntese Tópica

Inicialmente, podemos apontar que a Sociedade Digital é o resultado das atividades, comunicações e interações realizadas pelas pessoas e baseadas na Internet e nas novas tecnologias[118].

Como pudemos evidenciar nos tópicos anteriores, as pessoas têm-se utilizado de diversas e inovadoras ferramentas para tal, que passam desde a utilização de *e-mails*, mensagens instantâneas, visitas a *Web sites*, páginas de relacionamento digital, e até mesmo o Comércio Eletrónico.

Como detidamente analisado neste Capítulo, as diversas transformações, atividades e relacionamentos oportunizados pelos múltiplos usos da Internet, configuram-se como pontos formadores de uma nova sociedade digital no século XXI.

Logo, indubitavelmente, a alteração para a abundância de informações quando decidimos o que ler, ouvir, comprar ou assistir pela Internet é muito maior do que a que nossos pais ou avós tiveram sem ela.

Antes, poucas influências definiam nossa cultura. Agora, milhões de informações formam nossa cultura, em um mundo de infinitas variedades e fontes[119].

---

[116] *Cfr.* UNITED NATIONS. *Internet Governance: Challenges and Opportunities for the ESCWA Member Countries.* New York: ESCWA, 2009, p. iii.

[117] *Cfr.* CASTELLS, Manuel. *A Era da Informação: Economia, Sociedade e Cultura. (O Poder da Identidade – Volume II).* Lisboa: Fundação Calouste Gulbenkian, 2003, p. 320.

[118] *Vide* INTERNATIONAL TELECOMMUNICATION UNION-ITU. *Digital.life.* Genebra: ITU, 2006.

[119] *Cfr.* FUCHS, Christian. *Internet and society: social theory in the information age.* New York: Routledge, 2008, p. 16. *Cfr.* CARR, Nicholas G. *The Big Switch: Rewiring the World, from Edison to Google.* New

I. A INTERNET

Nesse passo, CASTELLS (2004) explica que as redes estruturadas a partir da internet se tornaram mais eficientes como resultado dos benefícios de flexibilidade, escalabilidade e capacidade de sobrevivência. Para o autor, as redes digitais operadas pela sociedade são globais, e que a estrutura social nas quais se baseiam as redes digitais é por definição global[120].

Com efeito, a Internet é internacional, comunitária, e uma comunidade internacional está se formando, havendo questões que se colocam em pauta, sendo que não podemos virar as costas para elas, ignorando que este espaço internacional existe[121].

De facto, a Internet apaga as barreiras físicas que nos separam do resto do mundo, permitindo uma livre troca de informações e pensamentos advindos de outras vidas e culturas. Permitem um fórum igualitário onde todas as visões podem circular[122].

A corroborar com esse raciocínio, CASTELLS (2003) argumenta que os novos padrões de escolha para comunicação e interação social *online* substituíram as formas limitadas, territorialmente, das relações humanas[123].

Em breve ilustração a respeito, é o que observamos em relação a alguns internautas que vivem em Cuba, Irão e China, que procuram relatar suas experiências e travar novas relações internacionais pela Internet. Destaque merecido tem alcançado SÁNCHEZ (2010), que vem, desde 2007, "malabaristicamente" publicando postagens em seu Blog intitulado "Generation Y", onde procura, ressalvados os evidentes entraves políticos locais, narrar a difícil realidade em

---

York: Norton & Company, 2008, p. 151. *Vide*, neste contexto, *Cfr.* LEITE DE CAMPOS, Diogo. *NÓS- -Estudos sobre o Direito das Pessoas*. Coimbra: Almedina, 2004, p. 105.

[120] Sobre estes benefícios, o autor explica que a flexibilidade advém da capacidade de reconfiguração de acordo com a mudança de ambientes; a escalabilidade significa que as redes podem ampliar ou diminuir em tamanho, com poucas interrupções; e a capacidade de sobrevivência é consequência do formato sem centro das redes, onde destruído um terminal de acesso, os outros podem comunicar-se sem restrições. *Cfr.* CASTELLS, Manuel. *The Network Society. A Cross-cultural Perspective*. Cheltenham: Edward Elgar, 2004, p. 5/6. *Vide*, no contexto do fortalecimento dos vínculos sociais transfronteiriços, AMARAL JÚNIOR, Alberto do. *Introdução ao Direiro Internacional Público*. São Paulo: Atlas, 2008, p. 37

[121] *Vide* DICKENS, Peter, ORMROD, James. *Cosmic Society: towards a Sociology of the Universe*. London: Routledge, 2007.

[122] *Cfr.* CARR, Nicholas G. *The Big Switch: Rewiring the World, from Edison to Google*. New York: Norton & Company, 2008, p. 159.

[123] *Cfr.* CASTELLS, Manuel. *The Internet Galaxy: Reflections on the Internet, Business, and Society*. Oxford: Oxford University Press, 2003, p. 116. *Vide*, ainda, CASTELLS, Manuel. *A Era da Informação: Economia, Sociedade e Cultura. (O Poder da Identidade – Volume II)*. Lisboa: Fundação Calouste Gulbenkian, 2003, p. 72/82.

A TRIBUTAÇÃO DO COMÉRCIO ELETRÓNICO NOS EUA E NA UE

Cuba, principalmente para aqueles que desejam utilizar livremente as diversas virtualidades da Internet[124].

Nesta linha, como destaca GIDDENS (2009), as diferentes culturas e sociedades estão muito mais interdependentes em virtude das novas formas de comunicação eletrónica. Além disso, a transferência de informação de um indivíduo para o outro é crucial em qualquer sociedade. A digitalização, da mesma forma, possibilita o incremento dos meios de comunicação interativos, permitindo uma participação ativa dos usuários[125].

Ante o até aqui examinado, ganha significativa importância a profunda análise realizada por PALFREY e GASSER (2008). Para os autores, esta nova geração de "nativos digitais" está constantemente conectada. Eles têm muitos dos seus amigos no espaço real e nos mundos virtuais, em suas redes sociais *online*. Pessoas as quais nunca teriam a oportunidade de conhecer no mundo *offline*. Mas, no decorrer desta implacável conectividade, a própria natureza das relações está mudando. As amizades digitais são muitas vezes fugazes e fáceis de "desligar", em termos que ainda temos que compreender[126].

Perceba-se, também e por fundamental, que essa nova geração abraçou as novas tecnologias, seja através das conexões à Internet, seja pelo uso de telemóveis, mensagens instantâneas, novas linguagens, seja pela aparente facilidade com que lidam com os novos meios de comunicação[127].

Logo, pelo potencial de prosseguimento inerente a juventude, se conclui que deverá ter longa continuidade, não sendo pois passageira.

Pelo alisado, percebe-se que toda a mudança tecnológica é, também, uma mudança de geração.

Mesmo que só casualmente acompanhemos as notícias, não podemos, nas palavras de RIGBY (2008), ignorar que algo grande está acontecendo com os jovens e a Internet. Os meios de comunicação vibram com histórias sobre MySpace, Facebook, YouTube, *Blogs*, mundos virtuais, mensagens de texto, e muitas outras tecnologias que parecem estar a remodelar a vida dos jovens[128].

---

[124] *Cfr.* SÁNCHEZ, Yoani. *Generation Y*. Disponível em: http://www.desdecuba.com/generationy, Acesso em 10.02.2010.

[125] *Cfr.* GIDDENS, Anthony. *Sociologia*. Lisboa: Fundação Calouste Gulbenkian, 2009, p. 45 e 465.

[126] *Cfr.* PALFREY, John, GASSER, Urs. *Born Digital. Understanding the First Generation of Digital Natives*. New York: Basic Books, 2008, p. 05.

[127] *Vide* DANET, Brenda, HERRING, Susan. *The multilingual Internet: language, culture, and communication online*. Oxford: Oxford University Press US, 2007, p. 43 e ss. *Vide* MONTGOMERY, Kathryn. *Generation Digital: Politics, Commerce, and Childhood in the Age of the Internet*. Cambridge: MIT Press, 2007. *Vide* CRYSTAL, David. *Language and the Internet*. Cambridge: Cambridge University Press, 2006.

[128] *Cfr.* RIGBY, Ben. *Mobilizing generation 2.0: a practical guide to using Web 2.0 technologies to recruit, organize, and engage youth*. San Francisco: Jossey-Bass, 2008, p. 03.

I. A INTERNET

Na mesma linha, existe uma cultura digital global em formação, que integra pessoas de vários cantos do mundo. O aparecimento desta cultura comum, para PALFREY e GASSER (2008) é parte integrante da tendência de globalização. As consequências de uma cultura mundial emergente poderão ser esmagadoramente positivas. Nesta balada, aliás, LESSIG (2004) afirma que a Internet oferece uma possibilidade incrível para muitos participarem do processo de construção e cultivo de uma cultura que tenha um alcance maior que as fronteiras locais. Esse poder permite, inclusive, a criação e cultivo de cultura em qualquer lugar. Esta mesma perspectiva encontramos no estudo de MOSSBERGER e MCNEAL (2007)[129].

Por conseguinte, a explosão digital está mudando o mundo, tanto quanto a impressão de conteúdos uma vez o fez. As rupturas sociais que irá criar estão apenas começando[130].

Com razão, a Internet transformou a vida de seres humanos em suas relações sociais na sociedade contemporânea. Ao delinear uma teoria social da Internet e da sociedade da informação, FUCHS (2008) demonstra como o económico, político e cultural da sociedade contemporânea foram transformados pelas novas tecnologias. Destaca o autor, que novas formas de cooperação e de competição estão avançando, apoiadas pela Internet[131].

Não obstante o que acabamos de ilustrar, devemos observar que a comunicação instantânea de quantidades maciças de informação tem criado a impressão de que existe um lugar chamado ciberespaço, uma terra sem fronteiras, onde todos os povos do mundo podem ser interligados como se fossem moradores da mesma cidade.

Por tudo quanto analisado neste Capítulo, podemos concluir que as pessoas que nela vivem e se relacionam estão formando a denominada sociedade digital no século XXI. Tudo isso impulsionado pela Internet.

A constituição de uma nova Sociedade Digital implica perceber que há uma crescente utilização, também interativa, e uma consequente dependência das redes de tecnologias da informação e comunicação.

---

[129] Cfr. PALFREY, John, GASSER, Urs. Born Digital. Understanding the First Generation of Digital Natives. New York: Basic Books, 2008, p. 274/275. Cfr. LESSIG, Lawrence. Free Culture. How Big Media Uses Technology and the Law to Lock Down Culture and Control Creativity. New York: The Penguin Press, 2004, p. 09. Cfr. MOSSBERGER, Karen, MCNEAL, Ramona. Digital citizenship: the internet, society, and participation. Cambridge: MIT Press, 2007, p. 123 e ss.

[130] Cfr. ABELSON, Harold, LEDEEN, K, LEWIS, Harry. Blown to Bits: your life, liberty, and happiness after the Digital explosion. Boston: Addison-Wesley, 2008, p. 03.

[131] Cfr. FUCHS, Christian. Internet and society: social theory in the information age. New York: Routledge, 2008, p. 299 e ss.

Na mesma direção, sugere mudanças na estrutura e no funcionamento da economia que enfatizam maior produtividade, menor custo, e o crescimento de empresas com utilização intensiva da Internet e do Comércio Eletrónico.

Ainda, a sociedade digital é caracterizada por alterações significativas na forma como os indivíduos gastam o seu tempo e se relacionam com outras pessoas.

Na mesma linha, as forças que moldarão o futuro serão digitais, e nós, investigadores do Direito, temos a necessidade de compreendê-las, se desejarmos responder com segurança aos novos desafios que se apresentam[132].

Por todos os títulos, a Internet não é um fenómeno social repentino e passível de estagnação.

É, pois, consequência da utilização sem precedentes de diversas e inovadoras ferramentas, cada vez mais abraçadas pelas pessoas, que até então atingiu seu ápice de popularidade, com potencial de multiplicá-lo.

---

[132] Cfr. ABELSON, Harold, LEDEEN, K, LEWIS, Harry. *Blown to Bits: your life, liberty, and happiness after the Digital explosion*. Boston: Addison-Wesley, 2008, p. 03.

Capítulo II
A Tributação do Comércio Eletrónico

Secção I
O Direito na Internet[133]

1. Introdução

Como pudemos vislumbrar até o momento, a Internet tem sido um espaço virtual de convergência e concentração, sem precedentes, das mais variadas formas de informação, comunicação, comercialização de produtos, serviços e entretenimento.

É por demais oportuno, inicialmente, bem claro deixar-se, que além das potencialidades e grandes oportunidades que encontramos na Internet, há implicações para a sociedade, devido às profundas modificações nos quadros de comportamento individual e coletivo.

Com efeito, estes instrumentos de comunicação digital levantam um conjunto de variados problemas legais, que vão desde a pornografia infantil, passam pelos *cybercrimes*, e pelos conflitos de Comércio Eletrónico, entre diversos outros[134].

---

[133] A presente parte desta obra é baseada em nossa Tese: FREIRE E ALMEIDA, Daniel. *Um Tribunal Internacional para a Internet*. Coimbra: Faculdade de Direito da Universidade de Coimbra, 2012, p. 81/125.

[134] *Vide* LEITE DE CAMPOS, Diogo. *NÓS-Estudos sobre o Direito das Pessoas*. Coimbra: Almedina, 2004, p. 99 e ss. *Vide* UERPMANN-WITTZACK, Robert. *Internetvölkerrecht*. Archiv des Völkerrechts, Volume

Nesta parte de nosso estudo, procuraremos proceder a articulação entre os tópicos desenvolvidos no Primeiro Capítulo, atinentes à Internet, com algumas das principais problemáticas evidenciadas atualmente.

A referida articulação não objetiva esgotar os diversos problemas jurídicos proporcionados pela utilização dos instrumentos constituidores da Internet, mas sim demonstrar, em panorama, a existência de repercussões jurídicas advindas da utilização das novas tecnologias.

Com o objetivo de ilustrar as referidas repercussões, traremos à tona alguns casos que chegam aos Tribunais pelo mundo, de forma a exemplificar os milhares de outros que igualmente agitam a justiça de diversos países.

Logo, não se perquire, por patente, pela análise exauriente do tema, mas, sim, dos assuntos principais que podem ser vislumbrados em relação ao panorama das novas problemáticas jurídicas.

Da mesma forma, despertar, desde já, o argumento de que as novas formas de relacionamento digital e seus consequentes litígios transnacionais têm elevado a necessidade de inovadores modelos de governação internacional.

2. As Novas Problemáticas na Internet

A partir do exposto até o momento, é natural pensar, inicialmente, que a Internet é uma tecnologia de emancipação, que proporciona liberdade de expressão sem precedentes, para trocar ideias, descobrir e buscar informações.

Como destacam KHOR e MARSH (2006), o surgimento da Internet e outras aplicações digitais tem potencializado a criação de um fórum de ideias, encontros, debates e entretenimento. Esses fatores podem contribuir para o sur-

---

47, Number 3, September 2009 , p. 261/283. *Cfr.* CERF, Vinton. *The Scope of Internet Governance. In:* KLEINWÄCHTER, Wolfgang, DORIA, Avri. *Internet Governance Forum (IGF). The First Two Years.* Paris: UNESCO, 2010, p. 55. *Vide* LEITE DE CAMPOS, Diogo. *A Internet e o Princípio da Territorialidade dos Impostos.* Lisboa: Revista da Ordem dos Advogados, ano 58, 1998, p. 637 e ss. *Vide* LEITE DE CAMPOS, Diogo. *A Imagem que dá poder: privacidade e Informática Jurídica.* Coimbra: Separata das Actas do Congresso Internacional realizado em Novembro de 1993 pelo Instituto Jurídico da Comunicação da Faculdade de Direito da Universidade de Coimbra. Coimbra, 1996. *Vide* FREIRE E ALMEIDA, Daniel. *A Tributação do Comércio Electrónico nos Estados Unidos da América e na União Europeia.* Coimbra: Faculdade de Direito da Universidade de Coimbra, 2002. *Vide* DRAETTA, Ugo. *Internet et Commerce Électronique en Droit International des affaires.* Paris: Forum Européen de la Communication, 2003, p. 18 e ss. *Vide* SANTOS, Boaventura de Sousa. *Os tribunais e as novas tecnologias de comunicação e de informação.* Porto Alegre: Sociologias, ano 7, nº 13, jan/jun 2005, p. 84. *Vide* MARQUES DOS SANTOS, António. *Direito Aplicável aos Contratos celebrados através da Internet e tribunal competente. In:* Direito da Sociedade da Informação, Coimbra: Coimbra Ed., Volume IV, 2003, p. 107/170. *Vide* CHAIKIN, David. *Network investigations of cyber attacks: the limits of digital evidence.* Springer Netherlands. Crime, Law and Social Change, Volume 46, Numbers 4-5, 2006, p. 239/256.

II. A TRIBUTAÇÃO DO COMÉRCIO ELETRÓNICO

gimento de uma geração mais interligada e sensível aos desafios globais que se colocam[135].

Contudo, estas mesmas interações digitais, acabam, também, por trazer repercussões jurídicas relevantes[136].

Por estas razões, a Internet têm atraído o interesse de pesquisadores por todo o mundo, principalmente na área do Direito[137].

Nesse sentido, muito bem exprime a ideia SANTOS (2005), ao discorrer que os vetores resultantes das problemáticas entre os Tribunais e as novas tecnologias de comunicação e de informação: "...*diz respeito à vontade e à capacidade do Estado e do direito para regular as novas tecnologias e os novos interesses de comunicação e de informação e para incriminar e punir as novas actividades socialmente danosas que por via delas se tornaram possíveis, nomeadamente o cibercrime, a violação da privacidade, etc.*"[138]

Isto porque, efetivamente, embasados pela afirmação de SANTOS, a utilização de diversas e inovadoras ferramentas conduzidas através da Internet, repercute questões jurídicas.

Da mesma forma, podemos afirmar que a Internet têm apresentado novas problemáticas, e potencializado antigas práticas, tendo em vista a facilidade

---

[135] *Cfr.* KHOR, Zoe, MARSH, Peter. *Life online: The Web in 2020.* Oxford: The Social Issues Research Centre, 2006, p. 07.

[136] *Cfr.* CAHIR, John. *Understanding Information Laws: A Sociological Approach.* The Journal of Information, Law and Technology, (3), 2002, p. 01 e ss. *Cfr.* SANTOS, Boaventura de Sousa. *Os tribunais e as novas tecnologias de comunicação e de informação.* Porto Alegre: Sociologias, ano 7, nº 13, jan/jun 2005, p. 84.

[137] *Vide* COX, Noel. *Technology and legal systems.* Aldershot: Ashgate, 2006. *Vide* UERPMANN-WITTZACK, Robert. *Internetvölkerrecht.* Archiv des Völkerrechts, Volume 47, Number 3, September 2009. *Vide* MINOTTI, Daniele. *Diritto e Società dell'informazione. Riflessioni su informatica giuridica e Diritto dell'informatica.* Milano: Nyberg, 2005. *Vide* LEITE DE CAMPOS, Diogo. *NÓS-Estudos sobre o Direito das Pessoas.* Coimbra: Almedina, 2004, p. 99 e ss. *Vide* LEITE DE CAMPOS, Diogo. *A Internet e o Princípio da Territorialidade dos Impostos.* Lisboa: Revista da Ordem dos Advogados, ano 58, 1998, p. 637 e ss. *Vide* FREIRE E ALMEIDA, Daniel. *A Tributação do Comércio Electrónico nos Estados Unidos da América e na União Europeia.* Coimbra: Faculdade de Direito da Universidade de Coimbra, 2002. *Vide* DRAETTA, Ugo. *Internet et Commerce Électronique en Droit International des affaires.* Paris: Forum Européen de la Communication, 2003, p. 18 e ss. *Vide* DIAS PEREIRA, Alexandre Libório. *Comércio Electrónico na Sociedade da Informação: Da Segurança Técnica à Confiança Jurídica.* Coimbra: Almedina, 1999. *Vide* MARQUES DOS SANTOS, António. *Direito Aplicável aos Contratos celebrados através da Internet e tribunal competente. In:* Direito da Sociedade da Informação, Coimbra: Coimbra Ed., Volume IV, 2003, p. 107 e ss. *Vide* MOURA VICENTE, Dário. *Problemática Internacional da Sociedade da Informação (Direito Internacional Privado).* Coimbra: Almedina, 2005, p. 14 e ss. *Vide* NOVECK, Beth, BALKIN, Jack. *The State of Play: Law, Games, and Virtual Worlds (Ex Machina: Law, Technology, and Society).* New York: New York University Press, 2006.

[138] *Cfr.* SANTOS, Boaventura de Sousa. *Os tribunais e as novas tecnologias de comunicação e de informação.* Porto Alegre: Sociologias, ano 7, nº 13, jan/jun 2005, p. 84.

de incremento, disseminação, e pulverização de contactos, nacionais e internacionais[139].

Contudo, em atenção a estes pontos, o profissional do Direito pode, por alguns breves momentos, acreditar já ter respostas satisfatórias.

A esse propósito, muito bem adiantou LEITE DE CAMPOS (1998), nestas palavras: *"Numa primeira impressão, o jurista teria tendência para responder que a Internet nada mais é do que uma técnica dos contratos à distância; que as sociedades e as pessoas singulares continuarão a ter as suas sedes e as suas residências; que as mercadorias continuarão a circular pelos meios de transporte já existentes; que o Direito tem instrumentos de resposta a todos estes problemas. **Numa análise mais aprofundada, a resposta do jurista já terá de ser mais cautelosa.**"*[140]

De facto, a Internet reúne certas características e problemáticas que desafiam antigas experiências judiciais e prescrições regulatórias de resolução de conflitos jurídicos, em âmbito local e internacional[141].

Por igual, também elogiosa a definição indicada por WALD (2001), para quem *"O mundo do computador não mais se contenta com fórmulas que puderam satisfazer os juristas da Idade Média ou, mesmo, os filósofos do início do século XIX."*[142]

Daí, então, a necessidade de conhecermos estes novos desafios.

É o que trazemos a seguir, topicamente alinhados aos pontos desenvolvidos no primeiro capítulo.

2.1 Desafios na WWW

Para muitas pessoas, estar em linha significa a passagem para um mundo diferente, sem demarcações e constrangimentos encontrados no mundo real[143].

---

[139] *Cfr.* NATIONAL WHITE COLLAR CRIME CENTER. 2009 Internet Crime Report. Glen Allen: National White Collar Crime Center, 2010, p. 10. *Vide* MOURA VICENTE, Dário. *Problemática Internacional da Sociedade da Informação (Direito Internacional Privado)*. Coimbra: Almedina, 2005, p. 16. *Vide* CHAIKIN, David. *Network investigations of cyber attacks: the limits of digital evidence.* Springer Netherlands. Crime, Law and Social Change, Volume 46, Numbers 4-5, 2006, p. 239/256.

[140] *Cfr.* LEITE DE CAMPOS, Diogo. *A Internet e o Princípio da Territorialidade dos Impostos.* Lisboa: Revista da Ordem dos Advogados, ano 58, 1998, p. 640.

[141] *Vide* DICKERSON, Nicholas. *What Makes the Internet So Special? And Why, Where, How, and by Whom Should Its Content Be Regulated?* Houston Law Review, Volume 46, Number 1, 2009, p. 61/102.

[142] *Cfr.* WALD, Arnoldo. *Prefácio. In* CHALHUB, Melhim Namem. *Trust.* Rio de Janeiro: Renovar, 2001, Prefácio.

[143] *Cfr.* CARR, Nicholas G. *The Big Switch: Rewiring the World, from Edison to Google.* New York: Norton & Company, 2008, p. 191.

II. A TRIBUTAÇÃO DO COMÉRCIO ELETRÓNICO

Isto porque, os países e Organizações Internacionais em todo o mundo ainda discutem as novas modalidades nocivas oriundas da Internet e sua consequente regulação[144].

É o que se denota, por exemplo, pela recente aprovação da legislação francesa que procura coibir os *downloads* ilegais, ou, ainda, pelas constantes restrições colocadas pelo governo da China na publicação de conteúdos entendidos como subversivos dentro da rede mundial de computadores[145].

Desde já, pois, merece destaque o estudo de CAHIR (2002) ao adotar a posição de que a informação é um fenómeno social e que o Direito, como regulador das relações sociais, afeta diretamente a criação de conteúdos de informação e comunicação na sociedade[146].

As consequências sociais, nas palavras de CARR (2008), serão determinadas em larga medida pelo modo como as tensões entre os dois lados, liberdade e controlo, serão resolvidas[147].

A esse respeito, em substância, de merecido destaque é a opinião basilar de FARIA COSTA (1998), assim escritas: *"Nesta perspectiva dir-se-á que também aqui*

---

[144] De facto, no seguimento da propriedade intelectual, por exemplo, podemos citar os projetos de Lei que tramitam no Congresso dos Estados Unidos da America intitulados "Stop Online Piracy Act-SOPA", "Protect IP Act-PIPA, e mais recentemente o "Online Protection and Enforcement of Digital Trade (OPEN) Act". *Vide* PROTECT IP ACT OF 2011-PIPA. Disponível em: http://www.leahy.senate.gov/imo/media/doc/BillText-PROTECTIPAct.pdf, Acesso em: 11.01.2012. *Vide* STOP ONLINE PIRACY ACT-SOPA. Disponível em: http://www.gpo.gov/fdsys/pkg/BILLS-112hr3261ih/pdf/BILLS-112hr3261ih.pdf , Acesso em: 11.01.2012. *Vide* ONLINE PROTECTION AND ENFORCEMENT OF DIGITAL TRADE (OPEN) ACT. Disponível em: http://www.gpo.gov/fdsys/pkg/BILLS-112hr3782ih/pdf/BILLS-112hr3782ih.pdf Acesso em: 21.06.2012. *Vide* DUTTON, Willian, HELSPER, Ellen, GERBER, Monica. *The Internet in Britain 2009*. Oxford: Oxford Internet Institute, 2009, p. 60/69. *Cfr.* UNITED NATIONS. *Internet Governance: Challenges and Opportunities for the ESCWA Member Countries*. New York: ESCWA, 2009. *Vide* MÖLLER, Christian, AMOUROUX, Arnaud. *Governing the Internet. Freedom and Regulation in the OSCE Region*. Viena: Organization for Security and Cooperation in Europe (OSCE), 2010.

[145] Sobre a referida legislação francesa, *Vide* DEJEAN, Sylvain, PÉNARD, Thierry, SUIRE, Raphael. *Une première évaluation des effets de la loi Hadopi sur les pratiques des Internautes français*. France: M@rsouin, CREM et Université de Rennes 1, 2010, p. 01/14. Sobre a China, em específico, FRYDMAN, HEHHEBEL e LWKOWICZ (2008) discorrem que o país procura monitorar as utilizações da Internet no país com o intuito de restringir discussões políticas e sociais entre os usuários, mas, por outro lado, utiliza a rede para disseminar propaganda política própria. *Cfr.* FRYDMAN, B., HENNEBEL, L., LEWKOWICZ, G. *Public strategies for Internet Co-Regulation in the United States, Europe and China. in* BROUSSEAU, E., MARZOUKI, M. and MÉADEL, C. *Governance, Regulations and Powers on the Internet*. Cambridge: Cambridge University Press, 2008, p. 08.

[146] *Cfr.* CAHIR, John. *Understanding Information Laws: A Sociological Approach*. The Journal of Information, Law and Technology, (3), 2002, p. 01 e ss.

[147] *Cfr.* CARR, Nicholas G. *The Big Switch: Rewiring the World, from Edison to Google*. New York: Norton & Company, 2008, p. 192.

se cumpriu aquela regra ou axioma de desenvolvimento resolutivo dos problemas que as relações humanas suscitam. De facto, a informática, enquanto fenómeno social, trouxe específicos problemas ao tecido social. Começou, pois, por ser um problema social. Porém, rapidamente se fizeram sentir, com êxito, os apelos da própria sociedade para que aqueles específicos problemas, desencadeados pela informática, fossem solucionados, isto é, regulamentados, pela juridicidade."[148]

Essencialmente, destaca-se que a liberdade que tanto atrai as pessoas para a Internet, ao mesmo tempo, e paradoxalmente, para ser mantida precisa de certa ordenação, seja por novos meios regulatórios, seja por novos meios judiciais.

Nesta linha de raciocínio, WALL (2008) procura traçar as origens conceptuais da *cibercriminalidade*, ilustrando a forma e as reações às mudanças tecnológicas. Reações, que para o autor, elevam a cultura do medo sobre a *cibercriminalidade*, que por sua vez, forma expectativas públicas em torno do risco de estar visitando os *Web sites* na Internet, da formação do Direito, e da interpretação posterior da Justiça[149].

Do mesmo modo, especial consideração assume a menção feita por GIDDENS (2009) ao levantar a problemática em torno da captura de códigos de origem (fonte) e *software* discorrendo sobre os piratas informáticos. Para o destacado autor, os piratas da Internet foram transformados em um grupo maligno de desviantes, considerados uma ameaça à própria estabilidade da era da informação[150].

É de se lembrar nesse ponto, que os programas informáticos (*software*) são digitais, sob uma forma susceptível de processamento num sistema de computadores. Com isso, sua transferência e pulverização pela Internet são reais[151].

Nesta mesma linha, novamente GIDDENS (2009) dedica atenção redobrada ao *cybercrime*, ao defini-lo como sendo atos criminosos cometidos com a ajuda das novas tecnologias de informação.

---

[148] *Cfr.* FARIA COSTA, José de. *Algumas Reflexões sobre o Estatuto Dogmático do chamado "Direito Penal Informático".* Revista Jurídica da Universidade Moderna, Ano I, nº 01, 1998, p. 58.

[149] *Cfr.* WALL, David. *Cybercrime and the Culture of Fear: Social science fiction(s) and the production of knowledge about cybercrime.* Information, Communication & Society, Volume 11, nº 06, September, 2008, p. 861 e ss.

[150] *Cfr.* GIDDENS, Anthony. *Sociologia.* Lisboa: Fundação Calouste Gulbenkian, 2009, p. 204 e 236/239.

[151] *Vide* o **CASO** no Tribunal da Relação do Porto, Secção Criminal, Acórdão de 8 Janeiro 2003, Processo 576/02, Relator José João Teixeira Coelho Vieira (Ref. 7783/2003), que declarou que comete crime aquele que, sem autorização, reproduz um programa informático, agindo livre e conscientemente e sabendo que tal conduta era proibida e penalmente punida. *Vide,* também, NAGPAL, Rohas. *Evolution of Cyber Crimes.* Pune (India): Asian School of Cyber Laws, 2008, p. 08.

II. A TRIBUTAÇÃO DO COMÉRCIO ELETRÓNICO

Ainda, o autor enumera as novas formas criminosas baseadas na tecnologia, como a interceptação ilegal dos sistemas informáticos e de telecomunicações, a vulnerabilidade ao vandalismo eletrónico e ao terrorismo virtual, a habilidade para burlar serviços de telecomunicações, a facilidade para violar regras de propriedade intelectual, a pornografia e os conteúdos ofensivos, os esquemas fraudulentos de caridade e de oportunidades de investimentos, e os crimes pela transferência de fundos eletrónicos[152].

A corroborar com as afirmações acima, podemos mencionar o recente **CASO** no qual pesquisadores do Canadá (DEIBERT e ROHOZINSKI, 2009) publicaram ter descoberto uma enorme rede digital de espionagem *online,* baseada inicialmente na China. A rede teria se infiltrado, interceptando ilegalmente sistemas informáticos, em computadores de vários governos e conseguido acesso a documentos secretos. Segundo os pesquisadores, a rede de espionagem teria se infiltrado em 1.295 computadores, de 103 países diferentes[153].

De facto, conforme destacado acima por GIDDENS (2009), a Internet já engloba uma ampla variedade de problemas jurídicos, que possuem suas peculiaridades, trazendo repercussões para pessoas, empresas, e até países[154].

Em consonância, uma importante análise fora antecipada por ELKIN-KOREN e SALZBERGER (1999), nestas palavras: *"The increasing human activity in Cyberspace is transforming social and cultural norms, affecting language, creating new communities, drawing new borders, and can even be thought of as changing the definition of the self".* A seguir, completam: *"In Cyberspace we are user names (sometimes more than one per physical human) using passwords, with no geographical locations or with multiple geographical locations. The growing entity of Cyberspace also exerts a crucial influence on the perception of law, and, by derivation, on the economic analysis of law"*[155].

É oportuno, nesse passo, acrescentar que a distância entre a vítima e o autor promovida pela Internet, bem como o relativo anonimato acobertado por códigos, acaba por incentivar diversas tentativas de perpetração de práticas consideradas ilegais.

---

[152] *Cfr.* GIDDENS, Anthony. *Sociologia.* Lisboa: Fundação Calouste Gulbenkian, 2009, p. 204 e 236/239.

[153] *Cfr.* DEIBERT, Ron, ROHOZINSKI, Rafal. *Tracking GhostNet: Investigating a Cyber Espionage Network.* Toronto: Munk Centre for International Studies, 2009, p. 01/52. *Cfr.* BBC. *Investigação descobre grande rede de espionagem eletrônica baseada na China.* Londres: BBC, disponível em: http://www.bbc.co.uk/portuguese/noticias/2009/03/090329_redeespionagemchina_rw.shtml. Acesso em 10.05.2009.

[154] *Vide*, também, GOLLER, Bernd, STOLL, Peter-Tobias. *Electronic Commerce and the Internet.* Berlin: Jahrbuch Für Internationales Recht, Duncher & Humblot, Volume 41, 1998, p. 145.

[155] *Cfr.* ELKIN-KOREN, Niva, SALZBERGER. Eli M., *Law and Economics in Cyberspace.* International Review of Law and Economics, nº 19, 1999, p. 553.

Por conseguinte, neste diapasão, se constata que a segurança é a pedra angular da Internet, devendo ser considerada em muitos aspectos desta, tais como risco de intrusão em *Web sites*, em caixas de correios eletrónicos, colocando em perigo as informações relativas aos internautas, ao conteúdo do sítio na Internet ou, ainda, indisponibilizando o acesso às páginas de empresas e governos[156].

Melhor ilustrando, é o **CASO** enfrentado pela então Presidência Espanhola do Conselho da União Europeia, cujo *Web site* foi invadido, e seu conteúdo alterado. Na ocasião (04.01.2010), os *hackers* alteraram o conteúdo do sítio, inserindo, em destaque, uma foto do conhecido personagem "Mr. Bean" (de Rowan Atkinson). As investigações iniciadas naquele momento, não lograram êxito quanto à autoria e localização do ataque.

Vale enfatizar que aproximadamente 11 milhões de Euros foram gastos pela Presidência espanhola para segurança e assistência técnica do referido *Web site*[157].

Adicionalmente, a invasão e consequente divulgação de informações sigilosas ou particulares, contidas em sistemas privados, ou banco de dados de particulares, de empresas (de cartões de crédito, por exemplo) ou governos ganha proporções preocupantes em razão da proliferação e do alcance mundial da Internet[158].

Em consequência da invasão, os criminosos passam a oferecer, mediante recompensa financeira, os dados de cartões de crédito e de contas bancárias roubados na rede por meio destas invasões. Em tal contexto, observou-se que a origem destas invasões está espalhada pelo mundo, partindo de regiões díspares como Estados Unidos da América, China, Brasil, Reino Unido, Rússia, Alemanha, Índia, Itália, Holanda e França (SYMANTEC, 2010)[159].

---

[156] *Vide*, a este respeito, WALL, David. *Crime and the Internet*. London: Routledge, 2001. *Vide* NASH, Victoria, PETU, Malcolm. *Rethinking safety and security in a networked world: reducing harm by increasing cooperation*. Oxford Internet Institute, Forum Discussion Paper n° 06, 2005, p. 04 e ss.

[157] *Cfr.* CONSEJO DE LA UNIÓN EUROPEA, Disponível em: http://www.eu2010.es/es/index.html , Acesso em 04.01.2010, pelas 12h, GMT.

[158] Convidamos à leitura de SCHOENHARD, Paul. *Disclosure of Government Information Online: a New Approach from an Existing Framework*. Harvard Journal of Law & Technology, Volume 15, Number 2 Spring 2002, p. 497 e ss, e MART, Susan Nevelow. *The Internet's Public Domain: Access to Government Information On the Internet*. Journal of Internet Law, Volume 12, 2009, p. 01 e ss. *Vide*, também, CASTRO, Catarina Sarmento. *Direito da Informática, Privacidade e dados Pessoais*. Coimbra: Almedina, 2005. *Vide* artigos 2 e seguintes da "Convention on Cybercrime". Disponível em: http://www.conventions.coe.int/Treaty/Commun/QueVoulezVous.asp?NT=185&CM=8&DF=07/04/2010&CL=GER . Acesso em: 01.06.2010.

[159] *Cfr.* SYMANTEC. *Symantec Global Internet Security Threat Report*. Mountain View: Symantec Corporation, Volume XV, 2010, p. 25.

II. A TRIBUTAÇÃO DO COMÉRCIO ELETRÓNICO

Do mesmo modo, com a crescente quantidade de informações particulares armazenadas em provedores de serviços, o risco de acesso ilegítimo destes dados cresce igualmente. Na prática, uma simples busca no Google, por exemplo, pode culminar no acesso a informações privilegiadas, segundo o estudo de CASTELLUCCIA, CRISTOFARO e PERITO (2010). Para os referidos autores, técnicas simples de pesquisas alimentadas pelos motores de busca levantam preocupações quanto ao acesso de dados sigilosos, pois estes são indexados automaticamente pelos buscadores na Internet[160].

Neste contexto, acrescente-se que a problemática concernente à publicação de conteúdos indesejosos em *Web sites*, ensejando calúnias, injúrias e difamações, e sua dificuldade em responsabilizar o autor, devido ao possível anonimato ou distanciamento internacional proporcionado pela rede, também ganham força[161].

Tem sido nesta mesma linha a atuação do WIKILEAKS. Trata-se de *Web site* dedicado à publicação de documentos sigilosos que revelam condutas constrangedoras ou ilegais realizadas por autoridades governamentais ou de conhecidas empresas.

Não obstante seu histórico polémico, com a exposição de arquivos comprometedores envolvendo pessoas conhecidas em todo o mundo, o referido sítio da Internet ganhou fama global ao inserir na rede mundial de computadores milhares de notas diplomáticas oriundas dos serviços estrangeiros dos Estados Unidos da América.

Pessoas de diferentes países enviam informações confidenciais ao *Web site*. O WikiLeaks, após compilar os materiais, publica em seu sítio na Internet.

No referido **CASO**, os arquivos (mais de 250 mil) foram produzidos em embaixadas e consulados dos Estados Unidos, sediadas em diversas partes do mundo, e trazem a recolha e consequente informação diplomática envolvendo figuras importantes do cenário internacional, bem como países com os quais os serviços norte-americanos estavam em negociações internacionais melindrosas como Rússia, Brasil, Paquistão, Alemanha, França, Inglaterra, Portugal, entre muitos outros[162].

---

[160] Em atenção aos denominados provedores de serviços, estes são definidos como entidades que processam ou armazenam dados informáticos em nome do referido serviço de comunicação ou dos utilizadores desse serviço. *Cfr.* CASTELLUCCIA, Claude, CRISTOFARO, Emiliano de, PERITO, Daniele. *Private Information Disclosure from Web Searches. (The case of Google Web History).* Saint-Ismier (France): Institut National de Recherche en Informatique et en Automatique, 2010, p. 01/16.

[161] *Vide* CAVANNA, Emanuele. *Diffamazione e Internet: la necessità di una normativa specifica. in* MINOTTI, Daniele. *Diritto e Società dell'informazione. Riflessioni su informatica giuridica e Diritto dell'informatica.* Milano: Nyberg, 2005, p. 51/60.

[162] *Vide* THE GUARDIAN. *WikiLeaks.* Acesso em 03.12.2010, Disponível em: http://www.guardian.co.uk/media/wikileaks .

59

A TRIBUTAÇÃO DO COMÉRCIO ELETRÓNICO NOS EUA E NA UE

Como decorrência, então, assuntos discutidos em esfera privada, sem ligação ao mundo virtual, acabaram sendo difundidos globalmente, com efeitos extremamente embaraçosos à Secretaria de Estado norte-americana[163].

A publicação traz diversas consequências: uma exposição constrangedora e mundial aos envolvidos; o desafio em se identificar as fontes dos documentos enviados, que são pulverizadas e oriundas de dezenas de países diferentes; a responsabilização multilateral do WikiLeaks.

Por outro lado, a disseminação quase instantânea dos conteúdos negativos desafia retratações futuras, ou efetivos impedimentos judiciais, no que diz respeito à proliferação destes conteúdos por outros diferentes veículos de comunicação (ou outros *Web sites*).

Em angulação similar, é o **CASO** sobre uma estudante universitária no Brasil, que foi expulsa da Universidade Bandeirante-UNIBAN (São Bernardo-São Paulo). De acordo com outros estudantes, a jovem foi à Universidade *"em trajes inapropriados"*, e foi insultada por outros alunos. Diversos estudantes filmaram o ocorrido a partir de seus telemóveis, e publicaram os vídeos na Internet.

O resultado prático de tais postagens virtuais foi sua veiculação em dezenas de emissoras de televisão e agências internacionais de notícias em todo o mundo, como a REUTERS, CNN e o The New York Times[164].

Como já dissertado por LEITE DE CAMPOS (2004), no histórico das sociedades europeias, *"se entendia que a apropriação da imagem de outrem dava poder sobre este"*[165].

Nos casos em questão, devemos notar também que a divulgação e pulverização destes acontecimentos veiculados pela Internet atingem patamares nunca antes confrontados pelo Direito, e em particularidades desafiadoras.

Nesta linha de raciocínio, a SUPREME COURT OF BRITISH COLUMBIA decidiu no **CASO** CROOKES V. WIKIMEDIA FOUNDATION INC. (2008), que a disponibilização de *hyperlinks* (ligações) para materiais difamatórios não

---

[163] *Cfr.* FOLHA.COM. *Wikileaks – Segredos da Diplomacia.* Disponível em: http://www1.folha.uol.com.br/especial/2010/wikileaks/ , Acesso em 09.12.2010.

[164] Entre as dezenas de publicações em linha sobre o **CASO**, *Vide* REUTERS. *Student expelled after row over short dress.* Disponível em: http://www.reuters.com/article/idUSTRE5A830V20091109, Acesso em: 10.02.2010. *Vide* CNN. *Little dress makes big trouble in Brazil.* Disponível em: http://edition.cnn.com/2009/WORLD/americas/11/10/brazil.short.dress/, Acesso em: 10.02.2010. *Vide* THE NEW YORK TIMES. *Expulsion Over Minidress Is Reversed.* Disponível em: http://www.nytimes.com/2009/11/11/world/americas/11brazil.html?scp=1&sq=brazilian%20student%20MINI--DRESS&st=cse , Acesso em: 10.02.2010.

[165] *Cfr.* LEITE DE CAMPOS, Diogo. *NÓS- Estudos sobre o Direito das Pessoas.* Coimbra: Almedina, 2004, p. 105.

II. A TRIBUTAÇÃO DO COMÉRCIO ELETRÓNICO

deve ser considerada como republicação destes, e rejeitou por Sentença a ação, nestas palavras *"I conclude that there has been no publication. The action is therefore dismissed."*[166]

Devemos notar, no entanto, que tais ligações, em padrões inovadores, publicadas no *Web site* da fundação, o Wikipédia.org, trazem prejuízos reais.

Ou seja, disponibilizar ligações a conteúdos difamatórios pode não constituir uma "publicação" no entendimento do Tribunal, mas repercute danos evidentes.

Em prosseguimento, as inúmeras utilidades disponibilizadas através da *WorldWide Web*, conforme vimos anteriormente, possibilita o acesso mais facilitado a conteúdos digitalizados como músicas, vídeos, programas de computador e obras literárias.

Por esta razão, apresentam-se discussões atinentes ao respeito à propriedade intelectual e aos Direitos de autor em diversos segmentos como músicas, vídeos, livros e *software*.

De facto, o Direito de autor está claramente regulamentado para todas as formas clássicas de edição tipográfica, fonográfica e videográfica, mas a Informática, e sobretudo a Internet, trouxeram novos problemas.

Sobre este contexto, GILLIÉRON (2006) expõe que a utilização das novas tecnologias digitais implica novas formas de exploração de conteúdos, pelo que confronta necessariamente o âmbito do Direito de autor, tema também estudado por LESSIG (2004), ASCENSÃO (1999 e 2004), HÄRTING (1999) e DIAS PEREIRA (2008)[167].

Nesta esteira, exemplificativamente, um **CASO** agita os Tribunais, envolvendo o serviço intitulado GOOGLE BOOKS. Em breve ilustração a respeito, desde o ano de 2004, o Google digitalizou mais de 10 milhões de livros, de diversas bibliotecas e editoras do mundo, indexando em seu banco de dados e, em seguida, ofertando para pesquisas em linha. Entretanto, permite a visualização

---

[166] A referida Decisão Judicial completa pode ser acessada em www.lawinter.com/caso05tese.pdf, Acesso em 20.04.2010.

[167] *Cfr.* GILLIÉRON, Philippe. *Performing Rights Societies in the Digital Environment.* Stanford Law School, 2006. *Cfr.* Lessig, Lawrence. *Free Culture. How Big Media Uses Technology and the Law to Lock Down Culture and Control Creativity.* New York: The Penguin Press, 2004, p. 15 e ss. *Cfr.* ASCENSÃO, José de Oliveira. *Telecomunicações e Direito de Autor. In As Telecomunicações e o Direito na Sociedade da Informação,* Coimbra, 1999, p. 200. *Cfr.* ASCENSÃO, José de Oliveira. *Aspectos Jurídicos da Distribuição em linha de obras literárias, musicais, audiovisuais, bases de dados e produções multimédia... In:* Direito da Sociedade da Informação, Coimbra: Coimbra Ed., Volume V, 2004, p. 83/90. *Vide* HÄRTING, Niko. *Internet Recht.* Köln: Dr. Otto Schmidt, 1999, p. 91 e ss. *Cfr.* DIAS PEREIRA, Alexandre Libório. *Direitos de Autor e Liberdade de Informação.* Coimbra: Almedina, 2008.

de apenas parte do conteúdo (aproximadamente 1/3). Mas, sem autorização dos proprietários de Direitos autorais.

Por conseguinte, um grupo de autores e editores propuseram ações coletivas por violação de Direitos autorais (THE AUTHOR'S GUILD ET AL V. GOOGLE INC. – NEW YORK SOUTHERN DISTRICT COURT, 2005, E THE MCGRAW-HILL COMPANIES, INC. ET AL V. GOOGLE INC. – NEW YORK SOUTHERN DISTRICT COURT, 2005).

Visando a solucionar esse dilema que atinge proporções globais, em Outubro de 2008, as partes apresentaram ao Tribunal um acordo, com mais de 300 páginas (incluídos os anexos). Em bases sem precedentes, o acordo, se homologado, provisionará ao Google digitalizar e comercializar milhões de livros, oriundos de diversas partes do mundo.

O cenário proposto, contudo, chamou a atenção de diversos interessados no processo, oriundos de diferentes países, que apresentaram objeções (por exemplo, a República Federal da Alemanha, a França, a Amazon, a AT&T, a Microsoft, os Estados Unidos da América, entre outros), obstaculizando a possibilidade de um desfecho próximo[168].

O imbróglio denota um novo panorama nos Tribunais, com casos envolvendo pessoas, empresas e governos por todo o mundo. Note, porém, que diversas outras partes expressaram seu descontentamento pela *quaestio* estar em julgamento nos Estados Unidos, e pela insuficiência de recursos e condições para aceder ao Tribunal de New York, em virtude de estarem em outros países[169].

Em complemento, neste segmento, é o importante **CASO** em julgamento desde 2009 pelos Tribunais suecos (Tribunal de Stockholm) da SONY MUSIC, UNIVERSAL MUSIC, COLUMBIA PICTURES, WARNER BROS, ET AL vs. THE PIRATE BAY.

Trata-se do contencioso envolvendo o Pirate Bay, *Web site* destinado a compartilhar arquivos de músicas, vídeos e jogos pela Internet, e que foi demandado por diversas empresas de entretenimento, com representações na Suécia, como a Sony Music, a Universal Music, a Columbia Pictures, a Warner Bros, entre outras.

---

[168] O acordo poderá ser acessado em: http://www.lawinter.com/caso06tese.pdf, Acesso em 23.04.2010. O acordo e as referidas objeções podem ser verificadas em: http://thepublicindex. org/documents/amended_settlement , Acesso em 23.04.2010.

[169] Alternativamente, e mais recentemente, um *Web site* mantido pela Rust Consulting, Inc., que intitula-se "Administradora do acordo", com suporte técnico e hospedagem fornecidos pelo próprio Google Inc., procura oferecer a possibilidade de autores e editores espalhados pelo mundo de oferecerem adesões, reivindicações, objeções e notificações ao acordo. Disponível em: http:// www.googlebooksettlement.com/r/home?hl=de&cfe_set_lang=1, Acesso em: 20.04.2010.

II. A TRIBUTAÇÃO DO COMÉRCIO ELETRÓNICO

As atividades realizadas através da Internet, de proporcionar o compartilhamento de arquivos digitais protegidos por direitos autorais, em primeira instância condenou os quatro operadores responsáveis pelo *Web site* a um ano de prisão, e ainda ordenou que cada um pagará aproximadamente US$ 1 milhão, para serem divididos entre vários dos detentores de *copyright*[170].

Contudo, mesmo assim, argumenta-se que a decisão parece repetir o contencioso com o Napster, Kazaa, e outros que se dedicavam as mesmas atividades do Pirate Bay. O que se levanta, neste contexto, é que a decisão levará tão somente à migração para outros sítios, em outros países, sem afetar o acesso dos usuários (Exemplos: http://www.piratebay.com , http://www.limewire.com/de)[171].

Em outras palavras, aqueles desejosos em obter músicas via Internet não precisam de muito esforço para fazê-lo.

Além das práticas levantadas, insta mencionar que a pedofilia, também na Internet, tem sido alvo de forte contestação.

Realmente, a publicação, através da rede mundial de computadores, de imagens ou vídeos com pornografia ou cenas de sexo envolvendo crianças é uma das problemáticas mais citadas nos estudos dos novos desafios jurídicos, como aborda AKDENIZ (2008)[172].

No mesmo sentido, na Internet, dentre os inúmeros problemas encontrados, GARCIA MARQUES (1999) conclui, *in verbis*: *"São visíveis as preocupações que, na União Europeia, suscita a utilização da Internet, mormente no que se refere à protecção dos menores contra práticas de exploração sexual. Uma outra área em que tais preocupações também se têm manifestado diz respeito à proliferação de actividades de conteúdo racista ou xenófobo"*[173].

---

[170] A referida Decisão Judicial completa pode ser acessada: http://www.lawinter.com/caso07tese. pdf, Acesso em 12.02.2010. Sobre as repercussões da transformação na indústria musical em virtude da digitalização dos conteúdos e a Internet, *Vide* DOLATA, Ulrich. *Das Internet und die Transformation der Musikindustrie: Rekonstruktion und Erklärung eines unkontrollierten sektoralen Wandels*. Köln: Max-Planck-Institut für Gesellschaftsforschung, 2008, p. 01/40. *Vide* LOGIE, John. *Peers, Pirates, and Persuasion Rhetoric in the Peer-to-Peer Debates. West Lafayette*: Parlor Press, 2006, p. 01/173.

[171] LimeWire, Disponível em: http://www.limewire.com/de, Piratebay, Disponível em: http://www.piratebay.com , Acessos em 12.01.2010.

[172] *Cfr.* AKDENIZ, Yaman. *Internet Child Pornography and the Law. National and International Responses*. London: Ashgate, 2008. *Vide* STAKSRUD, Elisabeth, LIVINGSTONE, Sonia. *Children and Online Risk. Powerless victims or resourceful participants?* London: Routledge. Information, Communication & Society, Volume 12, nº 03, 2009, p. 367.

[173] *Cfr.* GARCIA MARQUES, José Augusto Sacadura. *Telecomunicação e Protecção de Dados (Do número nacional único aos novos atentados à vida privada). In*: As Telecomunicações e o Direito na Sociedade da Informação, Coimbra, 1999, p. 85.

Em suma a respeito, trata-se aqui da difusão de teores extremamente agressivos, que no caso do racismo confronta diferentes normas. Em alguns países trata-se de um exercício da liberdade de expressão (Estados Unidos, por exemplo), em outros confronta até mesmo a Constituição (Alemanha, Brasil, por exemplo).

O que se levanta, desde já, é que o *Web site* localizado em qualquer país pode ser visualizado igualmente, em qualquer outro país do mundo.

2.2 Desafios no *e-mail*

Dentro deste contexto, o e-mail tem sido a arma do ladrão virtual.

Através dele, novas condutas desviantes têm evidenciado as práticas denominadas de *phishing*. Os chamados *phishing* são falsas mensagens de *e-mail*, cujo intuito é atrair o internauta e dele conseguir informações importantes que possibilitem acesso a senhas e dados bancários. Ainda, estas mensagens procuram instalar programas no computador do destinatário, que permitam acessar informações privilegiadas, como destacam WALL (2008) e CERF (2010)[174].

Estas condutas incluem atividades maliciosas, com ataques pulverizados pelo mundo, dirigidos às empresas, pessoas e até mesmo aparatos dos países.

Fundamentalmente, os remetentes destas mensagens utilizam formas cada vez mais criativas para atrair a atenção dos destinatários e deles obter o acesso desejado.

Em exemplo, grandes catástrofes, mensagens de caridade, doação, mensagens de auto apoio, fotos atrativas, vídeos, oportunidades de negócios, entre outros.

Em geral, esse tipo de ataque começa com algum tópico, assunto ou evento, que é reconhecido pela vítima. Interessante notar que os interesses da vítima são obtidos pela própria Internet, mediante pesquisa de informações publicamente disponíveis sobre a pessoa, a empresa, seus empregados, clientes, profissão, suas adesões em *Web sites* de relacionamento social, entre outros. Com estas informações, o criminoso formula *e-mails* específicos e aguarda o retorno. Igualmente, essas mensagens contém arquivos em anexo (*attachments*), ou *links* para *sites* que uma vez acessados permitem a instalação de programas que facilitam o monitoramento das atividades da vítima. A ideia é obter acesso a arquivos

---

[174] *Cfr.* WALL, David. *Hunting, Shooting and Phishing: New Cybercrime Challenges for Cybercanadians in the 21 st Century.* London: The British Library Board, 2008, p. 20. Cfr. CERF, Vinton. *The Scope of Internet Governance. In:* KLEINWÄCHTER, Wolfgang, DORIA, Avri. *Internet Governance Forum (IGF). The First Two Years.* Paris: UNESCO, 2010, p. 55.

II. A TRIBUTAÇÃO DO COMÉRCIO ELETRÓNICO

particulares do usuário, ou conseguir adentrar à rede interna de uma empresa ou um governo[175].

Na medida em que cada vez mais utilizamos o correio eletrónico para inúmeras tarefas, os riscos crescem em igual proporção.

Outro ponto importante do correio eletrónico diz respeito à multiplicidade de identidades que o usuário pode ter ao inscrever-se em um provedor de serviços de Internet, como o Yahoo! ou Outlook, entre outros exemplos. Ele pode ser diversas pessoas diferentes ao mesmo tempo, usufruindo do anonimato proporcionado. Quando este começa uma "inscrição" em um destes provedores de serviço, passa a ter direito a diferentes identidades (*user names*). Isto, ao paradoxal ponto de uma pessoa em Cuba, no Afeganistão ou no Iraque, conseguir uma inscrição de correio eletrónico do Outlook (EUA), por exemplo.

O que só poderia ser feito de forma ilegal, no mundo real, agora torna-se perfeitamente possível no mundo virtual. Alguns usuários, é claro, podem usar os demais *user names* com objetivos inofensivos, mas nem todos o fazem, podendo mudar seus nomes, sexo, idade, nacionalidade, país, passando a possuir diversas identidades na Internet[176].

Como já antes sinalizado, e a corroborar com essa realidade, é a afirmação de ELKIN-KOREN e SALZBERGER (1999), de que no ciberespaço nós somos "nomes de usuário", e alguns com mais do que um por pessoa humana[177].

O aspecto fulcral, neste contexto, é que esta multiplicidade e liberdade permitidas pela Internet tornam ainda mais difícil o poder de identificação das transações digitais deste (s) usuário (s) em investigações judiciais nacionais. Afinal, algumas pessoas não existem, realmente, mas virtualmente sim. Algumas estão no país, muitas outras não[178].

Adicionalmente, julgar eventuais condutas criminosas advindas destas práticas pode ser impossível para um Poder Judicial nacional, individualmente.

Um problema, que se levanta ainda nesta sede, é a consequência internacional da recente decisão da Suprema Corte de Israel ao concluir que o anonimato pode ser considerado um Direito Constitucional. Tal desfecho é resultado dos **CASOS** OCR 1238/07 RAMI MOR V. BARAK e OCR 1752/06 RAMI MOR V. BEZEQ INTERNATIONAL. No âmbito que desperta interesse ao trabalho, o

---

[175] *Cfr.* SYMANTEC. *Symantec Global Internet Security Threat Report.* Mountain View: Symantec Corporation, Volume XV, 2010, p. 08.

[176] *Vide* Yahoo! em www.yahoo.com . *Vide* Outlook em www.outlook.com.

[177] *Cfr.* ELKIN-KOREN, Niva, SALZBERGER. Eli M., *Law and Economics in Cyberspace.* International Review of Law and Economics, nº 19, 1999, p. 553.

[178] *Cfr.* LESSIG, Lawrence. *Code and Other Laws of Cyberspace.* New York: Basic Books, 1999, p. 67. *Vide* SPINELLO, Richard. *Cyberethics: morality and law in cyberspace.* Sudbury: Jones & Bartlett, 2006, p. 73 e ss.

autor das ações, Rami Mor, solicitou em juízo a liberação de dados que permitiriam chegar, o mais próximo, da revelação da identidade de usuários que circularam informações ofensivas a seu respeito em *Web sites*.

Em análise mundialmente divulgada, a Suprema Corte de Israel decidiu que a possibilidade de postagens anónimas na Internet pode ser considerada como um Direito Constitucional, e que Israel não tem procedimentos para desmascarar estes internautas por falta de legislação permissiva a respeito. Em prosseguimento, completa nestas palavras: *"Shattering the 'illusion of anonymity', in a reality where a user's privacy feeling is a myth, may raise associations of a "big brother". Such violation of privacy should be minimized. In adequate boundaries the anonymity shelters should be preserved as a part of the Internet Culture. You may say that **anonymity makes the internet what it is, and without it the virtual freedom may be reduced.**"*[179]

Em derradeiro neste tópico, devemos notar que o acesso por meio de redes públicas, *Lan Houses*, e os roubos de rede sem fio para conexão à Internet, incrementam o anonimato dos usuários, dificultando ao máximo a investigação e consequente julgamento de eventuais atividades ilegais.

Isto porque, sem a autoria não pode haver responsabilização ou pena.

De outra parte, destaca-se o *Spam*. A digitalização dos conteúdos permite a multiplicação e pulverização de mensagens com vistas à publicidade não autorizada através da Internet. Estima-se que elas ultrapassem em quantidade as mensagens consideradas legais. Isto tem levado determinadas entidades como Symantec e McAfee, e companhias provedoras de serviços, como Yahoo!, Hotmail (agora Outlook), Gmail, a bloquear certos endereços de correio eletrónico que disseminam mensagens não autorizadas[180].

Aqui, desde já, percebe-se que as medidas de bloqueio e filtragem das mensagens não autorizadas é de natureza técnica e empresarial.

Como exemplo destes bloqueios, podemos trazer à tona o **CASO** envolvendo a UNIVERSITY OF TEXAS AT AUSTIN V. WHITE BUFFALO VENTURES.

A referida Universidade passou a bloquear mensagens de correio não solicitadas, que eram enviadas aos estudantes pelo White Buffalo Ventures, com o intuito de oferecer serviços de relacionamento (namoro) em linha. O Tribunal

---

[179] A decisão em hebraico, no original, pode ser visualizada em: http://www.lawinter.com/caso-08tese.pdf, Acesso em 15.04.2010.

[180] Vide HOEREN, Thomas. *Spam in the European Union and Germany*. In: KOZYRIS, Phaedon John. *Regulating Internet Abuses, Invasion of Privacy*. Alphen aan den Rijn: Kluwer Law International, 2007, p. 57 e ss. Vide NG, KAREN. Spam Legislation in Canada: Federalism, Freedom of Expression and the Regulation of the Internet. University of Ottawa Law & Technology Journal, Volume 02, nº 02, 2005, p. 447/491. Vide Yahoo! em www.yahoo.com, Gmail em www.gmail.com, e Hotmail em www.hotmail.com, Symantec em www.symantec.com, McAfee em www.mcafee.com.

II. A TRIBUTAÇÃO DO COMÉRCIO ELETRÓNICO

norte-americano decidiu que os bloqueios são corretos[181]. Note-se que os bloqueios eram efetuados antes mesmo de chegarem às caixas de correio eletrónico dos estudantes.

Neste breve tópico, vêm a lume a DIRETIVA 2000/31/CE DO PARLAMENTO EUROPEU E DO CONSELHO de 8 de Junho de 2000, relativa a certos aspectos legais dos serviços da sociedade de informação, em especial do Comércio Eletrónico, no mercado interno, também denominada "Diretiva sobre o Comércio Eletrónico", ao indicar que as comunicações comerciais devem ser claramente identificáveis e inequívocas (artigo 6º), de modo a reforçar a confiança do consumidor e garantir práticas comerciais leais[182].

Entretanto, desde já se deve destacar o desafio imposto no sentido de se exigir a identificação das mensagens oriundas de outras partes do mundo, bem como assegurar a punição de todos àqueles que violarem tal DIRETIVA[183]. Como podemos concluir, ela contraria, por exemplo, a decisão da Suprema Corte de Israel em caso que trouxemos à tona.

Aliás, neste contexto surgiu um nova modalidade de *Spam*, desta feita por meio de mensagens digitalizadas destinadas aos aparelhos telemóveis.

Em prosseguimento, outra questão crescente na Internet, diz respeito ao monitoramento das caixas de *e-mails* corporativos, por parte das empresas empregadoras. A discussão emerge pelo questionamento quanto ao controlo do correio eletrónico e os acessos do funcionário[184].

Tais factos reais, resultantes destas relações digitais, acabam por repercutir discussões no âmbito jurídico, e já têm chegado aos Tribunais. É o que se verifica pela apreciação do **CASO** DOE V. XYC CORPORATION, na Suprema Corte de New Jersey-EUA, em 2005.

---

[181] Convidamos à leitura da sentença em: INTERNET LIBRARY OF LAW AND COURT DECISIONS, Disponível em: http://www.internetlibrary.com/pdf/White-Buffalo-University-Texas--Austin-5th-Cir.pdf , ou em: http://www.lawinter.com/caso09tese.pdf , Acessos em 14.10.2009.

[182] Pelo disposto na Diretiva em questão, os Estados Membros devem, ainda, tomar medidas que garantam, por um lado, que os prestadores de serviços que procedem ao envio de comunicações comerciais não solicitadas por via electrónica, consultem regularmente os registos de exclusão opcional, onde as pessoas singulares que não pretendam receber este tipo de comunicações se possam inscrever e, por outro, que essa opção seja tida em conta. *Cfr.* DIRETIVA 2000/31/CE DO PARLAMENTO EUROPEU E DO CONSELHO, de 8 de Junho de 2000, relativa a certos aspectos legais dos serviços da sociedade de informação, em especial do comércio eletrónico, no mercado interno, transposta em Portugal pelo Decreto Lei nº 07/2004, de 7 de Janeiro.

[183] *Vide* HOEREN, Thomas. *Spam in the European Union and Germany. In*: KOZYRIS, Phaedon John. *Regulating Internet Abuses, Invasion of Privacy.* Alphen aan den Rijn: Kluwer Law International, 2007, p. 58 e ss.

[184] *Vide* BAASE, Sara. *A Gift of Fire: Social, Legal, and Ethical Issues for Computing and the Internet.* Upper Saddle River, NJ: Pearson Prentice Hall, 2008, p. 335/339.

O referido Tribunal considera que um empregador tem o dever de tomar medidas imediatas e eficazes para evitar a conduta desviante de um trabalhador que acessa pornografia infantil e envia as respectivas imagens por *e-mails* a partir do local de trabalho. Esta obrigação de agir impõe ao empregador investigar as atividades do empregado, bem como relatar as atividades para as autoridades judiciais, e tomar medidas eficazes de prevenção[185].

Por sua vez, os *Botnets* (*softwares* robôs) são criados para distribuir vírus através da Internet. Quando o vírus, antecipadamente programado, encontra um caminho dentro de um computador, através de um *e-mail* ou *download* de arquivo, ele instala um comando que deixa o computador a ser manipulado por um computador distante, sem os seus donos saberem disso[186].

Tais figuras podem ser consideradas atípicas, tendo em vista que os *Botnets* passam a realizar condutas que na verdade não poderiam, mais tarde, ser imputadas a quase ninguém.

Sendo assim, e nesta linha, milhões e milhões ao mesmo tempo podem receber este vírus.

Ainda, e não menos importante, é que os dados e mensagens trocados por *e-mail* deveriam permanecer armazenados e posteriormente fornecidos[187] pelos provedores de conteúdo, para que, eventualmente, possam ser utilizados como prova de determinada conduta criminosa em Tribunal.

Entretanto, se tais provedores estiverem localizados no exterior, a indagação que se faz é: uma Lei nacional poderia constranger provedores de conteúdo localizados em outros países a fornecer tais dados?

---

[185] A decisão completa pode ser verificada em: INTERNET LIBRARY OF LAW AND COURT DECISIONS, Disponível em: http://www.internetlibrary.com/pdf/Jane-Doe-XYC-Corporation--NJ-AD.pdf , ou em: http://www.lawinter.com/caso10tese.pdf , Acessos em 14.10.2009.

[186] *Cfr.* CERF, Vinton. *The Scope of Internet Governance. In*: KLEINWÄCHTER, Wolfgang, DORIA, Avri. *Internet Governance Forum (IGF). The First Two Years.* Paris: UNESCO, 2010, p. 55. *Cfr.* CARR, Nicholas G. *The Big Switch: Rewiring the World, from Edison to Google.* New York: Norton & Company, 2008, p. 174. *Vide* CHAIKIN, David. *Network investigations of cyber attacks: the limits of digital evidence.* Springer Netherlands. Crime, Law and Social Change, Volume 46, Numbers 4-5, 2006, p. 239/256.

[187] Neste ponto, vale mencionar que o acesso aos conteúdos deveria, em nosso entender, ser apenas disponibilizado às autoridades judiciais, por sua determinação em decorrência de um processo judicial. Ainda, a proteção destes dados, até o referido momento, deve ser de responsabilidade dos provedores. *Vide*, neste contexto, a DIRETIVA 2002/58/CE DO PARLAMENTO EUROPEU E DO CONSELHO, de 12 de Julho de 2002, relativa ao tratamento de dados pessoais e à protecção da privacidade no sector das comunicações electrónicas (DIRETIVA "Privacidade e Comunicações Electrónicas"), transposta em Portugal pela Lei nº 41/2004, de 18 de Agosto. *Vide* artigo 25 e seguintes da "Convention on Cybercrime". Disponível em: http://www.conventions.coe.int/Treaty/Commun/QueVoulezVous.asp?NT=185&CM=8&DF=07/04/2010&CL=GER . Acesso em: 01.06.2010.

II. A TRIBUTAÇÃO DO COMÉRCIO ELETRÓNICO

Exemplos como o Yahoo! (que utiliza a legislação do estado da California--EUA)[188], o Hotmail (agora Outlook, que submete-se às leis do estado de Washington-EUA, Cingapura ou Luxemburgo, conforme a localidade acionada)[189], o Gmail (que segue as leis do estado da Califórnia-EUA)[190], entre outros, estariam somente ligados as suas respectivas legislações[191], embora possuam usuários, ou interessados na utilização judicial de seus dados digitais, oriundos de diferentes partes do mundo.

[188] Os termos de serviço do Yahoo!, submetem eventuais litígios ou práticas à legislação do Estado da California, nestes termos: *"Choice of Law and Forum. You and Yahoo! each agree that the TOS and the relationship between the parties shall be governed by the laws of the State of California without regard to its conflict of law provisions and that any and all claims, causes of action or disputes (regardless of theory) arising out of or relating to the TOS, or the relationship between you and Yahoo!, shall be brought exclusively in the courts located in the county of Santa Clara, California or the U.S. District Court for the Northern District of California. You and Yahoo! agree to submit to the personal jurisdiction of the courts located within the county of Santa Clara, California or the Northern District of California, and agree to waive any and all objections to the exercise of jurisdiction over the parties by such courts and to venue in such courts.".* Disponível em: http://info.yahoo.com/legal/us/yahoo/utos/utos-173.html , Acesso em: 19.05.2009.

[189] Interessante, neste contexto, a determinação da escolha da lei e do local para a resolução de contendas com a empresa Microsoft (detentora do Hotmail). Isto porque, a referida sociedade destina diferentes localidades, em conformidade ao local que a pessoa singular ou coletiva está situada. Contudo, isto é realizado em blocos, por exemplo: aqueles situados na Região da América do Norte e do Sul, Índia e China estão firmando um contrato submetido às leis do estado de Washington-EUA; os situados no Japão e no Pacífico asiático, submeter-se-ão às leis de Cingapura; e os situados na Europa, Oriente Médio e África, estão firmando um contrato com a Microsoft Luxembourg. Assim, para àqueles situados em Portugal, *in casu*, as leis do governo de Luxemburgo regerão a interpretação do contrato e serão aplicáveis às reclamações de violação deste, independentemente dos princípios de conflito de leis. Muito interessante também, é que para todas as outras reivindicações, incluindo as relativas às leis de proteção ao consumidor, leis de concorrência desleal, e em delito, estarão sujeitas às leis do país para o qual a Microsoft fornecer o serviço. Por fim, a Microsoft alerta que as partes *"concordam de forma irrevogável com a jurisdição e o foro exclusivos dos tribunais de Luxemburgo, para todas as contendas que surgirem ou estiverem relacionadas a este contrato.".* Disponível em: http://help.live.com/help.aspx?project=tou&mkt=pt-br , Acesso em: 19.05.2009.

[190] A seu turno, o Gmail, serviço gerido pelo Google, estipula em seus termos de serviço, que a legislação da Califórnia deverá regular as questões resultantes da utilização do *e-mail*, nestas palavras: *"20.7 Os Termos, e o relacionamento entre o usuário e o Google conforme os Termos, serão regidos pelas leis do Estado da Califórnia, independentemente do conflito de cláusulas legais. O usuário e o Google concordam em submeter à exclusiva jurisdição dos tribunais localizados no condado de Santa Clara, Califórnia, a resolução de quaisquer questões legais resultantes dos Termos. Não obstante o referido, o usuário concorda que o Google poderá ainda apresentar medidas injuntivas (ou de tipo equivalente de compensação legal urgente) em qualquer jurisdição.".* Disponível em: http://www.google.com/accounts/TOS?hl=pt-BR , Acesso em: 1410.2009.

[191] *Vide* KROES, Quinten. *E-Business Law of the European Union.* The Hague: Kluwer Law International, 2003, p. 17.

A TRIBUTAÇÃO DO COMÉRCIO ELETRÓNICO NOS EUA E NA UE

Em outras palavras, estes provedores estariam vinculados às regras constantes em seus respectivos termos de serviço[192].

Devemos acrescentar, em consonância com as afirmações de LESSIG (2006), que a regulação no espaço da Internet significa a capacidade do governo para regulamentar o comportamento de seus cidadãos, enquanto utilizadores da Internet. Mas a arquitetura do ciberespaço tornou a vida neste contexto menos regulável nacionalmente[193].

Analisando os exemplos acima, podemos afirmar que cada vez mais as sociedades escolhem as leis às quais gostariam de se submeter. Embora isso já viesse a ser praticado anteriormente, a Internet proporciona a qualquer um realizar a mesma escolha.

Isso porque um usuário português, por exemplo, ao escolher um provedor de correio eletrónico que obedece leis de outro país, está ao mesmo tempo manifestando, ainda que despretensiosamente, seu desejo de utilizar as leis estrangeiras em suas relações de *e-mail*.

Se admitirmos que ações judiciais podem solicitar provas armazenadas nestes provedores estrangeiros, estamos a concluir que pode ser impossível que tais sociedades eletrónicas sigam os ditames de Portugal, ou qualquer outro país que não os escolhidos pela empresa da Internet.

Tais assertivas nos levam a concordar que a lógica tradicional de que as leis nacionais devem ser cumpridas, não são tão verdade nos tempos da Internet.

Dentro deste contexto, BAUMAN (2008) conclui que num planeta globalizado, todos os principais problemas, como estes, são globais e, sendo assim, não admitem soluções locais[194].

2.3 Desafios nas Mensagens Instantâneas

As mensagens instantâneas passaram a aproximar usuários ao espaço de um *click*.

O que se depreende neste ponto, é que a rapidez e possibilidade imediata de contactos distantes acabam por facilitar condutas impensadas e que podem culminar em consequências ilícitas.

A esse respeito, é de começar por dizer que a rapidez e constante interação dos usuários tem vislumbrado um ponto interessante, levantado por WHITTY (2006). A autora ressalta o aumento de divórcios resultantes de relacionamen-

---

[192] Os termos de serviço são cláusulas contratuais gerais disponibilizadas aos usuários no momento em que procedem à sua inscrição junto ao serviço de correio eletrónico na Internet. No caso do Yahoo!, Hotmail e Gmail, *vide* notas anteriores.

[193] *Cfr.* LESSIG, Lawrence. *Code. Version 2.0.* New York: Basic Books, 2006, p. 23.

[194] *Cfr.* BAUMAN, Zygmunt. *Liquid Times. Living in an Age of Uncertainty.* Cambridge: Polity Press, 2008, p. 25.

II. A TRIBUTAÇÃO DO COMÉRCIO ELETRÓNICO

tos *online*, onde um dos cônjuges passa a ativar condutas que não realizaria, normalmente, *offline*[195].

De facto, como destaca a autora, algumas pessoas passam a estabelecer relacionamentos fugazes quando praticam determinadas interações acobertadas pela tela do computador.

Contudo, devemos mencionar, em primazia, que criminosos também aproveitam-se da possibilidade da referida aproximação proporcionada pelas mensagens instantâneas para atrair vítimas em casos de pedofilia, sequestro, golpes financeiros, entre outras práticas criminosas tradicionais.

Por outro lado, mas nesta esteira de mensagens rápidas, os denominados *Spins* tem crescido também. São os *Spams* das mensagens instantâneas, por exemplo através do Skype[196]. Eles se dão pelo convite em linha aos usuários, que mesmo rejeitando estes convites às suas listas de contactos, acabam por visualizar a mensagem publicitária não autorizada.

Na mesma balada, os já mencionados vírus também podem ser disseminados pelas mensagens instantâneas, oriundos de diferentes partes do mundo.

Oportuna a menção aqui, a respeito da qualidade numerosa e global destas ameaças. Se levarmos em conta as consequências de tais ameaças como acessos ilegítimos, interceptação ilegítima, interferência em dados e sistemas, uso abusivo, burlas, podemos vislumbrar um número expressivo de embates judiciais advindos de tais práticas, e com exigências cada vez mais internacionais.

Em semelhança aos desafios enfrentados no acesso de dados e informações constantes nos servidores de *e-mails*, os programas utilizados para mensagens instantâneas, como o Messenger (agora Skype – Windows Live Messenger, da Microsoft Corporation – que escolheu a legislação de Washington-EUA, de Cingapura ou de Luxemburgo)[197] e o Skype (que submete-se às normas de

---

[195] *Vide* o **CASO** no Tribunal da Relação de Lisboa, Acórdão de 16 Abril 2009, Processo 10809/2008-8, do Relator José Albino Caetano Duarte, que não admitiu um pedido de indemnização por danos não patrimoniais na ação de divórcio com fundamento na publicação de fotografias na Internet. Sobre o assunto, *Vide* WHITTY, Monica, CARR, Adrian. *Cyberspace Romance. The Psychology of Online Relationships.* New York: Palgrave Macmillan, 2006.

[196] Vide Skype- http://www.skipe.com e Messenger- http://www.msn.com .

[197] Novamente, vale mencionar que a determinação da escolha da lei e do local para a resolução de contendas com a empresa Microsoft (detentora do Messenger) destina diferentes localidades, em conformidade ao local que a pessoa singular ou coletiva está situada, nestes termos: aqueles situados na Região da América do Norte e do Sul, Índia e China estão firmando um contrato submetido às leis do Estado de Washington-EUA; os situados no Japão e no Pacífico asiático, submeter-se-ão às leis de Cingapura; e os situados na Europa, Oriente Médio e África, estão firmando um contrato com a Microsoft Luxembourg. Disponível em: http://help.live.com/help. aspx?project=tou&mkt=pt-br , Acesso em: 19.05.2009.

Luxemburgo)[198], concluímos que, apesar da globalidade e da multiplicidade de pessoas adeptas a estes serviços, podemos esperar enormes dificuldades na obtenção de informações judiciais importantes[199] relativas aos usuários, tendo em vista esses serviços serem oferecidos por empresas sediadas num Estado diferente (dependendo de onde se está localizado), sem representação nos Estados onde operam naturalmente, e submetidas às leis constantes em seus respectivos termos de serviço[200].

Em outras palavras, os Estados nacionais estão a ser naturalmente desafiados na aplicação de suas respectivas legislações nacionais ao se depararem com os termos de serviço definidos pelos provedores de correio eletrónico e de mensagens instântaneas.

2.4 Desafios nas Redes Sociais Digitais

No contexto das redes sociais, como Orkut, MySpace, Facebook, Linkedin, Twitter, Bebo, ou studiVZ, destacam PALFREY e GASSER (2008) que a identidade social pode ser rapidamente moldada e alterada por qualidades que são visíveis aos espectadores a qualquer momento[201].

Na perspectiva de RUSTAD e LAMBERT (2009), os *Social network Web sites* representam um novo paradigma na história da Internet. Conforme salientam os autores, o desenvolvimento do correio eletrónico levou os usuários às mensagens instantâneas, que por sua vez levaram para as redes de relacionamento digitais, como o Facebook, e o surgimento de portais gerados pelos próprios utilizadores, como o YouTube[202].

---

[198] O serviço denominado Skype, não obstante fornecer para todo o mundo suas utilidades, determina a subordinação de suas atividades às leis de Luxemburgo, nestas palavras: *"20.5 Applicable Law and Competent Court: The Terms of Service shall be governed by and interpreted in accordance with the laws of Luxembourg and shall be subject to the jurisdiction of the courts of the district of Luxembourg."*. Disponível em: http://www.skype.com/intl/en/legal/terms/voip/ , Acesso em: 19.05.2009

[199] Aqui compreendidas aquelas informações necessárias à composição de ações judiciais.

[200] Os termos de serviço são cláusulas contratuais gerais disponibilizadas aos usuários no momento em que procedem à sua inscrição junto ao serviço de comunicação instantânea na Internet. No caso do Skype, podem ser visualizados na parte inferior direita do *Web site* www.skype.com ("Informações legais"). A seu turno, o Messenger disponibilizava seus termos de serviço no canto inferior esquerdo de seu *Web site* http://www.msn.com ("Legal"). *Vide*, também, notas anteriores.

[201] *Cfr.* PALFREY, John, GASSER, Urs. *Born Digital. Understanding the First Generation of Digital Natives.* New York: Basic Books, 2008, p.19. *Vide* MySpace- http://www.myspace.com , Facebook- http:// www.facebook.com , Bebo- http://www.bebo.com e studiVZ- http://www.studivz.net. *Vide*, também, neste contexto FUCHS, Christian. *Social Networking Sites and the Surveillance Society. A Critical Case Study of the Usage of studiVZ, Facebook, and MySpace by Students in Salzburg in the Context of Electronic Surveillance.* Salzburg: Forschungsgruppe Unified Theory of Information, 2009.

[202] *Cfr.* RUSTAD, Michael, LAMBERT, Thomas. *Internet Law in a Nutshell.* Suffolk University Law School, Legal Studies Research Paper Series, nº 09/05, 2009, p. 28/29.

II. A TRIBUTAÇÃO DO COMÉRCIO ELETRÓNICO

Neste ponto, é de se destacar que o Orkut (em arquivo desde setembro de 2014), o Facebook e o YouTube têm sido, também, um instrumento utilizado por internautas com más intenções na perpetração de práticas de alteração e furto de perfis dos usuários (o furto se dá no momento em que o internauta consegue invadir o sistema e alterar as definições dos usuários), postagem de conteúdos ofensivos e difamatórios, e inserção de vídeos com conteúdo ilegal.

Em consideração a este respeito, o Google, empresa gestora do Orkut e do YouTube, por exemplo, tem sido questionado judicialmente a divulgar dados inseridos e hospedados no seu *Web site* de relacionamentos com vistas a se localizar e identificar os criminosos[203].

Contudo, nem sempre o Google tem atendido essa solicitação proveniente de sistemas judiciais estrangeiros[204]. O principal argumento para o não atendimento judicial é de que a hospedagem e gestão de dados dos *Web sites* de relacionamento é feita pelo Google nos Estados Unidos da América, e que, portanto, somente a justiça deste país é que possuiria jurisdição para agir[205].

Esta é uma das consequências da globalidade das comunicações através da Internet.

Neste contexto das redes de relacionamento digitais, assuntos envolvendo os jovens também são alvo de estudos sóciojurídicos, como o *cyberBullying*. A referida prática é particularmente insidiosa, poderosa, e uma devastadora forma de intimidação digital.

Estas práticas, efetuadas via telemóvel e sítios de relacionamento digital na Internet, embora aconteçam fora das escolas e das empresas, afetam o que acontece na escola e nas empresas, contribuindo para o mau rendimento escolar, laboral, depressão e até mesmo suicídio. LIMBER, KOWALSKI e AGATSTON (2008) dedicam seus esforços na compreensão deste novo fenómeno, as suas consequências, e o que as vítimas devem fazer se forem alvo do *cyberBullying*[206].

Pais e professores desta nova geração digital em formação se preocupam mais do que os próprios jovens internautas, segundo PALFREY e GASSER (2008).

---

[203] *Vide* Orkut- www.orkut.com. Sobre o caso Google/Orkut, *Vide* BASSO, Maristela, POLIDO, Fabrício. *Jurisdição e Lei Aplicável na Internet: Adjudicando litígios de violação de direitos da personalidade e as redes de relacionamento social. In*: DE LUCCA, Newton, SIMÃO FILHO, Adalberto.(Org.). *Direito & Internet Aspectos Jurídicos Relevantes*. São Paulo: Quartier Latin, 2008, p. 452 e ss.

[204] O Google explica que somente as ordens que acredita ser obrigado legalmente a cumprir são aceitas pela sociedade. Para visualizar as explicações oficiais do Google, convidamos ao acesso em: http://www.google.com/governmentrequests/ , Acessado em: 10.05.2010.

[205] *Vide* HÄRTING, Niko. *Internet Recht*. Köln: Dr. Otto Schmidt, 1999, p. 22 e ss.

[206] *Cfr.* LIMBER, Susan, KOWALSKI, Robin, AGATSTON, Patricia. *Cyber Bullying: A Prevention Curriculum for Grades 6 – 12*. Center City (USA): Hazelden Publishing, 2008, p. 11 e ss. *Vide* STAKSRUD, Elisabeth, LIVINGSTONE, Sonia. *Children and Online Risk. Powerless victims or resourceful participants?* London: Routledge. Information, Communication & Society, Volume 12, nº 03, 2009, p. 364/387.

A TRIBUTAÇÃO DO COMÉRCIO ELETRÓNICO NOS EUA E NA UE

Com efeito, as preocupações passam pela vulnerabilidade dos menores, a pornografia à distância de um *click*, o *cyberBullying*, e notícias constantes sobre o aumento da criminalidade *online*[207].

Por tudo quanto examinado até aqui, realmente nos deparamos com diferentes modalidades de crimes ou conflitos eletrónicos[208].

Com efeito, a Internet não tem trazido somente novas atividades criminosas, mas, também, potencializado antigas práticas.

Em grande parte, o maior acesso à informação sobre as pessoas, facilita a aproximação e o estabelecimento de relações com intuitos criminosos, ora através das mensagens instantâneas, ora pelas redes de relacionamento digitais[209].

De destacar é, a este propósito, as percepções de PALFREY e GASSER (2008), bem como de MORRISON (2009), que afirmam que nunca antes foi possível ter "tanta" informação dos cidadãos, e acessível a outras "tantas" pessoas[210].

Sob outra óptica, a privacidade, no meio das telecomunicações e da informática jurídica, já mereceu outros notáveis e basilares estudos, nomeadamente o de LEITE DE CAMPOS (1996 e 2004), o de FARIA COSTA (1999), este último relacionando as telecomunicações e a privacidade no campo afeto ao Direito Penal, e, ainda, o de BLACKMAN (2009)[211].

Aliás, neste contexto, merece destaque a afirmação de LEITE DE CAMPOS (1996), nestes termos: *"Partamos de um facto: a informática, hoje, invadiu a nossa vida a níveis que nos recusamos a admitir que existem, mas que existem"*[212].

---

[207] *Cfr.* PALFREY, John, GASSER, Urs. *Born Digital. Understanding the First Generation of Digital Natives.* New York: Basic Books, 2008, p. 83.

[208] *Cfr.* WALL, David. *Hunting, Shooting and Phishing: New Cybercrime Challenges for Cybercanadians in the 21st Century.* London: The British Library Board, 2008, p. 15.

[209] *Vide* BLACKMAN, Josh. *Omniveillance, Google, Privacy in Public, and the Right to Your Digital Identity: A Tort for Recording and Disseminating an Individual's Image over the Internet.* Santa Clara Law Review, Volume 49, 2009, p. 313 e ss.

[210] *Cfr.* PALFREY, John, GASSER, Urs. *Born Digital. Understanding the First Generation of Digital Natives.* New York: Basic Books, 2008, p. 53. *Vide* MORRISON, Caren Myers. *Privacy, Accountability, and the Cooperating Defendant: Towards a New Role for Internet Access to Court Records.* Vanderbilt Law Review, Volume 62, 2009, p. 01 e ss.

[211] *Cfr.* LEITE DE CAMPOS, Diogo. *A Imagem que dá poder: privacidade e Informática Jurídica.* Coimbra: Separata das Actas do Congresso Internacional realizado em Novembro de 1993 pelo Instituto Jurídico da Comunicação da Faculdade de Direito da Universidade de Coimbra. Coimbra, 1996, p. 293/301. *Cfr.* LEITE DE CAMPOS, Diogo. *NÓS-Estudos sobre o Direito das Pessoas.* Coimbra: Almedina, 2004, p. 99/107. *Cfr.* FARIA COSTA, José de. *As Telecomunicações e a Privacidade: O Olhar (In) Discreto de um Penalista. in* As Telecomunicações e o Direito na Sociedade da Informação, Coimbra, 1999. *Cfr.* BLACKMAN, Josh. *Omniveillance, Google, Privacy in Public, and the Right to Your Digital Identity: A Tort for Recording and Disseminating an Individual's Image over the Internet.* Santa Clara Law Review, Volume 49, 2009, p. 313/392.

[212] *Cfr.* LEITE DE CAMPOS, Diogo. *A Imagem que dá poder: privacidade e Informática Jurídica.* Coimbra: Separata das Actas do Congresso Internacional realizado em Novembro de 1993 pelo Instituto

II. A TRIBUTAÇÃO DO COMÉRCIO ELETRÓNICO

Contudo, e por outro lado, LEITE DE CAMPOS (1996 e 2004) levanta um importante enfoque acerca dos impactos entre a privacidade e a informática[213]. Para o ilustre autor, o Direito à privacidade é entendido como o direito de excluir os outros das atividades, dos sentimentos, das amizades, em outras palavras, do eu. Todavia, o autor reconhece a informática como muito útil na coesão social. Nossa tarefa, nesse contexto, é diminuir a estreitos limites o direito à privacidade, sob pena de nos vermos cercados de outros indesejáveis limites[214].

De facto, as especiais considerações de LEITE DE CAMPOS (1996 e 2004) ganham reconhecimento prático dos usuários da Internet, visto que as próprias pessoas, nas redes de relacionamento digitais, publicam aqueles com os quais compartilham amizade, fotos, recados, mensagens, aspectos profissionais, diminuindo de forma proposital (ou escolhida, e em que medida) as noções de privacidade. Em outras palavras, na Internet quase todo "o privado é público", poder-se-ia afirmar. Isto porque, nas palavras de LEITE DE CAMPOS cada pessoa está profundamente integrada no conjunto de todas as outras, onde o "eu" dá lugar ao "coletivo", ao "nós"[215].

Na mesma ordem de ideias relacionadas ao desafio no acesso de dados e informações, encontram-se as redes de relacionamento digitais.

De facto, atualmente, muitos de nós passamos mais tempo usando estes novos serviços da Internet, conectando amigos nas redes sociais como o Orkut (que utilizava a legislação da Califórnia-EUA)[216], o MySpace (que escolheu as

---

Jurídico da Comunicação da Faculdade de Direito da Universidade de Coimbra. Coimbra, 1996, p. 300.

[213] *Cfr.* LEITE DE CAMPOS, Diogo. *NÓS- Estudos sobre o Direito das Pessoas.* Coimbra: Almedina, 2004, p. 99/107. *Cfr.* LEITE DE CAMPOS, Diogo. *A Imagem que dá poder: privacidade e Informática Jurídica.* Coimbra: Separata das Actas do Congresso Internacional realizado em Novembro de 1993 pelo Instituto Jurídico da Comunicação da Faculdade de Direito da Universidade de Coimbra. Coimbra, 1996, p. 293/301.

[214] *Cfr.* LEITE DE CAMPOS, Diogo. *NÓS- Estudos sobre o Direito das Pessoas.* Coimbra: Almedina, 2004, p. 99/107.

[215] *Cfr.* LEITE DE CAMPOS, Diogo. *NÓS-Estudos sobre o Direito das Pessoas.* Coimbra: Almedina, 2004, p. 105. *Cfr.* LEITE DE CAMPOS, Diogo. *A Imagem que dá poder: privacidade e Informática Jurídica.* Coimbra: Separata das Actas do Congresso Internacional realizado em Novembro de 1993 pelo Instituto Jurídico da Comunicação da Faculdade de Direito da Universidade de Coimbra. Coimbra, 1996, p. 299.

[216] O Orkut é outro serviço gerido pelo Google, que estipula em seus termos de serviço, que a legislação californiana deverá regular as questões resultantes da utilização desta rede social, nestes termos: "*20.7 Os Termos, e o relacionamento entre o usuário e o Google conforme os Termos, serão regidos pelas leis do Estado da Califórnia, independentemente do conflito de cláusulas legais. O usuário e o Google concordam em submeter à exclusiva jurisdição dos tribunais localizados no condado de Santa Clara, Califórnia, a resolução de quaisquer questões legais resultantes dos Termos. Não obstante o referido, o usuário con-*

A TRIBUTAÇÃO DO COMÉRCIO ELETRÓNICO NOS EUA E NA UE

leis do estado de New York-EUA)[217], o Facebook, que possui mais de 1 Bilhão de usuários espalhados pelo mundo (mas que submete-se às leis da Califórnia--EUA)[218], o Twitter (que, igualmente, escolheu a legislação da Califórnia-EUA), o PlentyOfFish (utiliza-se da legislação do Canada)[219], gerindo e compartilhando perfis, bem como nossas coleções de fotos em *Web sites* como Flickr (leis da Califórnia-EUA)[220] e Photobucket (este escolheu a legislação de New York-EUA)[221].

corda que o Google poderá ainda apresentar medidas injuntivas (ou de tipo equivalente de compensação legal urgente) em qualquer jurisdição.". Disponível em: http://www.google.com/accounts/TOS?hl=pt-BR, Acesso em: 1410.2009.

[217] O MySpace elege o estado norte-americano de New York como local regulador de eventuais litígios, conforme seu termo de serviço: *"15. Litígios. O Contrato será regido e interpretado de acordo com as leis do Estado de Nova York, sem considerar as normas de conflitos. O Utilizador e a MySpace comprometem-se a ficar sujeitos à jurisdição exclusiva dos tribunais localizados no Estado de Nova York para resolver qualquer litígio resultante do Contrato ou dos Serviços MySpace.".* Disponível em: http://www.myspace.com/index.cfm?fuseaction=misc.terms, Acesso em: 15.04.2009.

[218] A seu turno, o Facebook determina a regulação oriunda do estado norte-americano da California para governar os litígios eventualmente ocorrentes, de acordo com estas palavras: *"1. You will resolve any claim, cause of action or dispute ("claim") you have with us arising out of or relating to this Statement or Facebook in a state or federal court located in Santa Clara County. The laws of the State of California will govern this Statement, as well as any claim that might arise between you and us, without regard to conflict of law provisions. You agree to submit to the personal jurisdiction of the courts located in Santa Clara County, California for the purpose of litigating all such claims.".* Disponível em: http://www.facebook.com/terms.php?ref=pf , Acesso em: 22.04.2009.

[219] Diferentemente dos demais *Web sites* de relacionamento citados, o PlentyOfFish é regulado pela legislação canadiana, nos seguintes termos: *"This Agreement represents the entire agreement between you and Plentyoffish regarding the use of our services and supersedes any other agreement or understanding on the subject matter. This Agreement, your rights and obligations, and all actions contemplated by this Agreement shall be governed by the laws of the Province of British Columbia, Canada. As a condition of using Plentyoffish.com's services, each user agrees that any and all disputes and causes of action arising out of or connected with Plentyoffish.com, shall be resolved through arbitration, with such arbitration to be held in Vancouver, British Columbia, Canada.".* Disponível em: http://www.plentyoffish.com/terms.aspx , Acesso em: 12.04.2009.

[220] O Flickr, utiliza-se dos termos de serviço do Yahoo!, corporação que realiza sua gestão, submetendo-se à legislação do estado da California-EUA, de acordo com estes termos: *"Choice of Law and Forum. You and Yahoo! each agree that the TOS and the relationship between the parties shall be governed by the laws of the State of California without regard to its conflict of law provisions and that any and all claims, causes of action or disputes (regardless of theory) arising out of or relating to the TOS, or the relationship between you and Yahoo!, shall be brought exclusively in the courts located in the county of Santa Clara, California or the U.S. District Court for the Northern District of California. You and Yahoo! agree to submit to the personal jurisdiction of the courts located within the county of Santa Clara, California or the Northern District of California, and agree to waive any and all objections to the exercise of jurisdiction over the parties by such courts and to venue in such courts.".* Disponível em: http://info.yahoo.com/legal/us/yahoo/utos/utos-173.html , Acesso em: 10.05.2009.

[221] Já o Photobucket, escolheu a legislação do estado de New York, nos Estados Unidos, para regular seus eventuais litígios, assim definidos: *"Disputes. The Agreement shall be governed by, and construed*

II. A TRIBUTAÇÃO DO COMÉRCIO ELETRÓNICO

Ou ainda, assistindo vídeos no YouTube (legislação da Califórnia-EUA)[222]. Em concentração a estas utilidades, podemos dizer que o estado norte-americano da Califórnia tem sido o mais utilizado pelas empresas na regulação das redes de relacionamento digitais, através dos termos de serviço disponibilizados pelo Facebook, Orkut, Twitter, Flickr e YouTube.

Em arremate oportuno, esta primazia californiana coloca os poderes regulatórios de qualquer outra parte do mundo em situação de notório descontrolo[223].

Em outras palavras, leva os governos e Tribunais estrangeiros (*in casu*, não californianos) a refletirem sobre os limites do seu alcance jurídico em relação a

in accordance with, the laws of the State of New York, without regard to its conflict of law provisions. You and Photobucket agree to submit to the exclusive jurisdiction of the courts located within the State of New York to resolve any dispute arising out of the Agreement or the Photobucket Services...". Disponível em: http://photobucket.com/terms, Acesso em: 16.05.2009.

[222] O YouTube, maior *Web site* do mundo que disponibiliza vídeos na Internet, definiu a California como fonte reguladora de suas atividades, através de seus termos de serviço: *"You agree that: (i) the YouTube Website shall be deemed solely based in California; and (ii) the YouTube Website shall be deemed a passive website that does not give rise to personal jurisdiction over YouTube, either specific or general, in jurisdictions other than California. These Terms of Service shall be governed by the internal substantive laws of the State of California, without respect to its conflict of laws principles. Any claim or dispute between you and YouTube that arises in whole or in part from your use of the YouTube Website shall be decided exclusively by a court of competent jurisdiction located in Santa Clara County, California. These Terms of Service, together with the Privacy Notice at http://www.youtube.com/t/privacy and any other legal notices published by YouTube on the Website, shall constitute the entire agreement between you and YouTube concerning the YouTube Website. If any provision of these Terms of Service is deemed invalid by a court of competent jurisdiction, the invalidity of such provision shall not affect the validity of the remaining provisions of these Terms of Service, which shall remain in full force and effect. No waiver of any term of this these Terms of Service shall be deemed a further or continuing waiver of such term or any other term, and YouTube's failure to assert any right or provision under these Terms of Service shall not constitute a waiver of such right or provision. YouTube reserves the right to amend these Terms of Service at any time and without notice, and it is your responsibility to review these Terms of Service for any changes. Your use of the YouTube Website following any amendment of these Terms of Service will signify your assent to and acceptance of its revised terms. YOU AND YOUTUBE AGREE THAT ANY CAUSE OF ACTION ARISING OUT OF OR RELATED TO THE YOUTUBE WEBSITE MUST COMMENCE WITHIN ONE (1) YEAR AFTER THE CAUSE OF ACTION ACCRUES. OTHERWISE, SUCH CAUSE OF ACTION IS PERMANENTLY BARRED.".* Disponível em: http://www.youtube.com/t/terms, Acesso em: 17.02.2010. Neste contexto do presente trabalho, *Vide* DEPARTMENT FOR COMMUNITIES AND LOCAL GOVERNMENT. *Online Social Networks-Research Report.* London: Clicks and Links, 2008, p. 06 e ss. *Vide, também,* RENNINGER, Ann, SHUMAR, Wesley. *Building virtual communities: learning and change in cyberspace.* Cambridge: Cambridge University Press, 2002. *Vide Web sites* citados em: http://www.myspace.com, http://www.facebook.com, http://www.flickr.com, http://www.plentyoffish.com, http://twitter.com, http://www.orkut.com , http://www.photobucket.com , http://www.youtube.com.

[223] Neste contexto, não podemos deixar de referir que o descontrolo advém da internacionalidade, constante, das comunicações eletrónicas transnacionais.

todas as atividades realizadas nas redes de relacionamento digitais, na utilização dos correios eletrónicos, e das mensagens instantâneas.

Contudo, seus usuários estão espalhados pelo mundo todo. Por conseguinte, ações judiciais podem (e já estão) a proliferar em diferentes países.

A corroborar com esse raciocínio, é o caso em Portugal, em que um utilizador anónimo do *Web site* de vídeos YouTube disponibilizou mundialmente diversas escutas telefónicas, protegidas por sigilo, e que faziam parte dos renomados processos do "APITO DOURADO" e do "APITO FINAL".

Em causa está a violação ao artigo 88º, nº 04, do Código de Processo Penal português, ao estabelecer que *"4 – Não é permitida, sob pena de desobediência simples, a publicação, por qualquer meio, de conversações ou comunicações interceptadas no âmbito de um processo, salvo se não estiverem sujeitas a segredo de justiça e os intervenientes expressamente consentirem na publicação."*.

Note-se que todas as conversas, antes apenas disponíveis sob sigilo, podem ser acessadas por todos, em qualquer lugar.

Em primeiro plano, podemos verificar que até o momento o YouTube não retirou os vídeos de seu *Web site*[224].

Em segundo lugar, o acesso a dados (informações) sobre a autoria de tais postagens, e eventual punição judicial, deverão seguir a legislação do estado da Califórnia-EUA, em princípio.

Devemos atentar, que solicitações sobre dados para subsidiarem processo judiciais são cada vez mais corriqueiras, inclusive em se tratando do Google, e do acima referido YouTube.

Segundo o Google (gestor do YouTube), o líder no ranking de pedidos é o Brasil (3663), principalmente em virtude da enorme utilização outrora da rede social Orkut, bem como de outras redes sociais atuais. Em seguida, os Estados Unidos da América (3580) e o Reino Unido (1166).

O Google explica que as estatísticas abrangem principalmente os pedidos em matéria penal, mas que nem todas as informações são disponibilizadas às autoridades. Isto porque, aquelas informações que o Google acredita não ser obrigada legalmente a compartilhar, são mantidas em sigilo.

A mesma conduta é seguida no que diz respeito ao cumprimento de pedidos judiciais de remoção de dados. Vale repetir que nem sempre o Google cumpre as ordens judiciais, embasado em sua política de "termos de serviços", conforme recente documento oficial disponibilizado (GOOGLE, 2010). Segundo o Google, 76.3% das ordens judiciais do Reino Unido foram cumpridas, por

---

[224] *Cfr.* YouTube, Disponível em: http://www.youtube.com/watch?v=xK6nCGYB8Yw&feature=player_embedded , Acesso, com interesse académico-científico, em 08.04.2010.

II. A TRIBUTAÇÃO DO COMÉRCIO ELETRÓNICO

exemplo. Número superior ao da Austrália que teve atendidos apenas 52.9% dos pedidos[225].

Tal contexto, pois, reflete situações que desafiam os países em seu exercício legislativo e judicial.

2.5 Desafios no *e-commerce*

Já em se tratando de Comércio Eletrónico, se, por um lado, oferece vantagens e particularidades, como as que procuramos demonstrar no Capítulo incial, de outro apresenta novos desafios jurídicos.

Hodiernamente, diversas transações realizadas através da Internet envolvem o Comércio Eletrónico, sendo estabelecidas por contratos eletrónicos.

De qualquer forma, todo tipo de transação comercial, formalizada por um contrato eletrónico[226], *in casu*, está apta a ser violada, e os inúmeros dispositivos relacionados ao Direito das Obrigações estão em nossos ordenamentos jurídicos para confirmar o exposto, em similaridade, no que se refere às modalidades contratuais tradicionais.

Com efeito, a precaução dos legisladores é elencada por estas diversas modalidades tradicionais, sempre com o intuito de proteger os contratantes e, em

---

[225] Para visualizar as explicações e estatística oficiais do Google, país a país, convidamos à leitura de GOOGLE. *Government requests*. Disponível em: http://www.google.com/governmentrequests/, Acessado em: 10.05.2010.

[226] Atualmente, diversas transações realizadas através da Internet envolvem a necessidade de uma relação contratual, mesmo que modernizadas a ponto de não envolverem todos os itens implicantes com o tema concernente, tradicionalmente, aos contratos. Sendo um dos institutos fundamentais do Direito Privado, os contratos sempre nos convocam aos debates e relações jurídicas, transacionando vontades, promovendo a circulação de bens, a prestação de serviços e a preservação de Direitos. Como exemplo, podemos citar os contratos para transferências financeiras ou de crédito, de uma conta à outra, em que o processo de formalização é rápido e desburocratizado. No entanto, este mesmo contrato, a princípio simples, pode envolver pessoas que se encontram em diferentes países, com instituições financeiras e operadoras de cartões diversas e que, eventualmente, podem cometer equívocos que inviabilizem o efetivo cumprimento. No mesmo sentido, a aquisição de um bem, proveniente do exterior, que pode ser desde um livro, um programa de computador, ou até mesmo a importação de um equipamento ou um maquinário, podem necessitar, e o fazem, de contratos eletrónicos, fazendo parte do Comércio Eletrónico. *Vide* COSTA E SILVA, Paula. *Transferência Electrónica de dados: a formação dos contratos (O novo regime jurídico dos documentos electrónicos)*. In: Direito da Sociedade da Informação, Coimbra: Coimbra Ed., Volume I, 1999, p. 201/228. *Cfr.* FREIRE E ALMEIDA, Daniel. *Desafios da Prestação Jurisdicional aos Contratos Eletrônicos como Pressuposto de Reparação do Dano*. In: HIRONAKA, Giselda (Org.) *Responsabilidade e Direito*. Belo Horizonte: Del Rey, 2002, p. 302/304. *Vide* MOURA VICENTE, Dário. *Problemática Internacional da Sociedade da Informação (Direito Internacional Privado)*. Coimbra: Almedina, 2005, p. 15.

A TRIBUTAÇÃO DO COMÉRCIO ELETRÓNICO NOS EUA E NA UE

constatada agressão ao Direito, apresentar condições legais para a reparação dos eventuais danos[227].

No entanto, a Ciência Jurídica, por ora focada nos contratos, é um processo em permanente construção. A origem romana dos contratos, passando por todo o seu processo evolutivo até a época do Direito pós-moderno, indica-nos que a sua função de responder a um problema social que implique em uma obrigação, encontra aplicação no Comércio Eletrónico internacional, mas não as mesmas garantias constitucionais de cumprimento (Justiça).

Os consumidores, por exemplo, quando necessitados da utilização do sistema jurídico para a reparação de um dano, valem-se dos mecanismos clássicos dispostos em nossos ordenamentos. Entretanto, deparando-se com problemas resultantes da inexecução de contratos eletrónicos internacionais, não encontram respaldo dos mesmos mecanismos[228].

A este respeito, é importante antecipar, por exemplo, o receio do comprador de não receber os produtos conforme o prometido pelo *Web site*.

A atividade do *e-commerce* é normalmente realizada com o comprador pagando antes do recebimento da mercadoria. Tal situação leva, constantemente, a certa desconfiança sobre a entrega do produto, ou se chegará com defeitos[229]. Em caso de não recebimento, as primeiras indagações que surgem são: onde

---

[227] *Vide* GARCIA JÚNIOR, Armando. *Contratos via Internet.* São Paulo: Aduaneiras, 2001, p. 15 e ss. *Vide* PINTO MONTEIRO, António. *A Responsabilidade Civil na Negociação Informática.* In: Direito da Sociedade da Informação, Coimbra: Coimbra Ed., Volume I, 1999, p. 229/240. *Vide* BASSO, Maristela, ALMEIDA, Guilherme Assis de. *A inclusão legal na economia digital.* In: TORQUATO, Cid.(Org.) *E-dicas: desvirtualizando a nova economia.* São Paulo: Usina do Livro, 2002, p. 81/92.

[228] Em princípio, convidamos à leitura de PINTO MONTEIRO, António. *A Responsabilidade Civil na Negociação Informática.* In: Direito da Sociedade da Informação, Coimbra: Coimbra Ed., Volume I, 1999, p. 229 e ss. *Vide*, ainda, MARQUES DOS SANTOS, António. *Direito Aplicável aos Contratos celebrados através da Internet e tribunal competente.* In: Direito da Sociedade da Informação, Coimbra: Coimbra Ed., Volume IV, 2003, p. 107/170.

[229] Em atenção a esta discussão, em geral, *Vide* ROMUALDI, Giuliana. *La tutela del Cyber consumer: la risoluzione stragiudiziale delle controversie per via elettronica. La prospettiva italiana. in* MINOTTI, Daniele. *Diritto e Società dell'informazione. Riflessioni su informatica giuridica e Diritto dell'informatica.* Milano: Nyberg, 2005, p. 105/114. *Cfr.* NATIONAL WHITE COLLAR CRIME CENTER. 2009 Internet Crime Report. Glen Allen: National White Collar Crime Center, 2010, p. 05. *Vide* SCHMID, Beat, STANOEVSKA-SLABEVA, Katarina, TSCHAMMER, Volker. *Towards the E-Society: E-commerce, E-business, and E-government.* Boston: Kluwer Academic Publishers, 2001. *Vide* KESAN, Jay, GALLO, Andres. *Why are the United States and the European Union failing to regulate the internet efficiently? Going beyond the bottom-up and top-down alternatives.* Springer Netherlands. European Journal of Law and Economics, Volume 21, Number 3, 2006, p. 246 e ss. *Vide* ORGANISATION FOR ECONOMIC COOPERATION AND DEVELOPMENT. *Resolving E-commerce Disputes Online: Asking the Right Questions about ADR.* Paris: OECD publishing, nº 63, 2002, p. 01/07.

II. A TRIBUTAÇÃO DO COMÉRCIO ELETRÓNICO

devemos reclamar? Qual o Direito a ser utilizado? Que Tribunal devemos acionar? E se o *Web site* for sediado no estrangeiro? E se não conseguirmos definir sua localidade física exata?

Ainda neste diapasão, o assunto de extravios ou defeitos relativamente aos produtos negociados e comprados em linha, pode até parecer inofensivo, mas se levarmos em consideração, traçando um paralelo, as estatísticas de desvios propositais ou involuntários do destino de objetos e malas de viagem nos aeroportos e correios, podemos visualizar que o assunto, em linha, merece respeito em nível internacional[230].

Neste mesmo contexto, a inserção de dados do cartão de crédito nas transações pela Internet deixa uma parcela dos potenciais compradores de fora, devido a natural disposição pessimista e o receio de terem suas informações furtadas e utilizadas indevidamente.

Na mesma linha, as práticas de Internet *banking* oferecem riscos evidentes de invasão, furtos de senhas, e os famosos *phishings*. Como já antecipado, estas mensagens também procuram instalar programas no computador do destinatário, que permitam acessar estas informações privilegiadas[231].

Acresce, que em virtude da digitalização das páginas na Internet, os *Web sites* de bancos e entidades gestoras de fundos podem ser clonados, levando o usuário a inserir dados (senhas) em páginas falsas. Ao obter essas informações, os falsários acessam a página oficial do banco e efetuam transferências financeiras.

Em verdade, o acesso às páginas falsas normalmente ocorre quando o usuário utiliza ligações (em outros sítios ou *e-mails*) para aceder à página do banco.

A situação é tão alarmante que os bancos precisam constantemente alertar seus clientes sobre essa falsidade informática[232].

Devemos notar, que os falsários e trapaceiros podem estar localizados em qualquer lugar do planeta, e mesmo assim conseguir perpetrar tais práticas, de maneira rápida, transnacional[233], e de forma pulverizada (para milhões de usuários, em centenas de países).

---

[230] *Cfr.* NATIONAL WHITE COLLAR CRIME CENTER. 2009 Internet Crime Report. Glen Allen: National White Collar Crime Center, 2010, p. 05 e ss. *Vide* CHAIKIN, David. *Network investigations of cyber attacks: the limits of digital evidence.* Springer Netherlands. Crime, Law and Social Change, Volume 46, Numbers 4-5, 2006, p. 239/256.

[231] Os *phishings* traduzem-se pelas tentativas de se conseguir informações sigilosas como senhas e dados bancários, por meio de falsas mensagens de *e-mail*, cujo intuito é atrair o internauta e dele conseguir as referidas informações. *Vide* WALL, David. *Hunting, Shooting and Phishing: New Cybercrime Challenges for Cybercanadians in the 21 st Century.* London: The British Library Board, 2008, p. 20.

[232] *Banco Espírito Santo, Disponível em: www.bes.pt, Acesso em: 22.04.2010.*

[233] Devemos salientar, desde já, que as referências ao adjetivo "transnacional" tem, para nós em relação à Internet e ao Comércio Eletrónico, o mesmo significado e resultado prático que "inter-

A TRIBUTAÇÃO DO COMÉRCIO ELETRÓNICO NOS EUA E NA UE

E as transferências internacionais são feitas diretamente pela própria Internet, sem qualquer restrição bancária, chegando ao destino (se europeu, p. exemplo) no mesmo dia, ou no dia seguinte[234].

Por outro lado, a disponibilidade *full time,* e de qualquer lugar, das empresas e trabalhadores no Comércio Eletrónico, sob o ponto de vista dos empregados destas empresas, pode apresentar questões negativas, como destacam NIE e ERBRING (2000) e CARACUEL (2006)[235].

Para os autores, na medida em que a utilização da Internet aumenta, as pessoas gastam menos tempo com os amigos, com a família, e passam mais tempo a trabalhar para seus empregadores em casa, sem compensação das horas despendidas nos escritórios[236].

Em outras palavras, o que se verifica é que a empresa passa a fazer parte da vida familiar do empregado, tendo em vista que este não "se desliga" da Internet, permanecendo em constante ligação com as atividades da empresa.

Atualmente, com as novas utilizações da Internet, como referido acima por NIE e ERBRING, poderão levar a novos conflitos trabalhistas[237].

Em derradeiro, no presente tópico de nosso trabalho, serve para constatar que a comercialização de produtos ilegais (como fármacos restritos, drogas, por exemplo), a promoção de jogos em linha (em países onde os mesmos são proi-

---

nacional", ainda que considerando as sutis diferenças entre elas, como muito bem levantado por LIMA PINHEIRO, Luís. *Direito Internacional Privado.* Coimbra: Almedina, Volume 1, 2008, p. 37.

[234] *Cfr.* Society for Worldwide Interbank Financial Telecommunication-SWIFT, Disponível em http://www.swift.com, Acesso em: 20.04.2010.

[235] *Cfr.* CARACUEL, Manuel. *Aspectos generales de La influencia de las nuevas tecnologias sobre las relaciones laborales. in:* PENADÉS, Javier Plaza. *Cuestiones actuales de derecho y tecnologías de la información y la comunicación.* Navarra: Arazandi, 2006, p. 321 e ss. *Vide, ainda,* GARCIA JÚNIOR, Armando. *Contratos via Internet.* São Paulo: Aduaneiras, 2001, p. 103/106.

[236] *Cfr.* NIE, Norman, ERBRING, Lutz. *Internet and Society-A Preliminary Report.* Stanford Institute for the Quantitative Study of Society, Stanford University, February 17, 2000, p. 16.

[237] Nesta temática, *Vide* o **CASO** no Tribunal da Relação do Porto, Secção Social, Acórdão de 4 Fevereiro 2002, Processo 1.443/2001, Relator Manuel Joaquim Sousa Peixoto, que considerou como justa a causa, e lícito o despedimento da trabalhadora que, exercendo funções de secretária do gerente, copiou seis disquetes de trabalhos por ela realizados e guardou-as num saco de artigos pessoais, fazendo-as suas, com os documentos nelas gravados. Por outro lado, é por demais oportuno, nesse contexto, trazer a tona o que antecipou FERREIRA (1994) sobre a precarização dos vínculos laborais e a flexibilização e desregulamentação do mercado de trabalho. *Vide* FERREIRA, António Casimiro. *O Estado e a Resolução dos Conflitos de Trabalho.* Revista Crítica de Ciências Sociais, nº 39, Maio, 1994. *Vide,* ainda, FERREIRA, António Casimiro. *Trabalho procura Justiça – Os Tribunais de Trabalho na Sociedade Portuguesa.* Coimbra: Almedina, 2005.

II. A TRIBUTAÇÃO DO COMÉRCIO ELETRÓNICO

bidos), e o televisionamento não autorizado via Internet de canais a cabo, são muito comuns pela Internet[238].

Ao utilizar as qualidades da Internet, e o natural distanciamento proporcionado, os ilícitos são facilitados.

O oferecimento de práticas que em alguns Estados não são permitidas, com a Internet passam a ser acessíveis, isto porque os autores estão sediados em outros países.

De outra perspectiva, não são apenas os vendedores que procuram ofertar seus produtos ilícitos. Na verdade, os clientes interessados nestas práticas passam a utilizar-se destes serviços, que em seus países são proibidos ou mais restritos. Estamos a referir, *in exemplis*, aos incapazes em atividades contratuais. Ainda, os menores na aquisição de produtos ou serviços cujo acesso é mais restrito fisicamente.

Por fim, devemos considerar, que em qualquer das hipóteses acima mencionadas, legislações podem ser violadas, Direitos podem ser agredidos, e casos podem ser endereçados aos Tribunais, em circunstâncias internacionais desafiadoras.

3. Síntese Tópica

Por necessário dizer a guisa de conclusão, que existe uma relação profunda entre as ferramentas de comunicação digitais *online* e as transformações em nossas relações sociais.

É neste sentido que, também, podemos sustentar que a utilização da Internet tem apresentado repercussões jurídicas, articuladas com as diversas formas de interação levantadas no Primeiro Capítulo.

Importante aqui se realçar, que as consequências destas mudanças e repercussões são enormes para o futuro das nossas sociedades, cada vez mais digitais.

Em verdade, procuramos evidenciar até o momento que as características e finalidades da Internet, como ferramentas de comunicação digital, constituem-se como pressupostos paradigmáticos das transformações em nossas relações sociais e jurídicas.

A relevância da presente conclusão existe principalmente em relação aos novos desafios jurídicos que se colocam.

Com efeito, insta relembrar que casos proliferam nos Tribunais do mundo todo, envolvendo um número crescente de pessoas, que é proporcionalmente aumentado na medida em que são incrementadas as finalidades através da Internet.

---

[238] *Vide* ZITTRAIN, Jonathan. *The Future of the Internet – And How to Stop It*. London: Yale University Press, 2008, 103 e ss.

Seja pelo simples acesso a *Web sites*, seja pela utilização do correio eletrónico, pelas redes sociais, ou pelo Comércio Eletrónico, a verdade é clara: o Direito passa a ser cada vez mais relevante para a Internet, assim como a Internet demonstra-se cada vez mais importante para o estudo do Direito.

Em suma, na teoria, pode parecer fácil definir: é crime burlar na Internet! Perfeito. Na prática, então, como localizar o criminoso oriundo de um país diferente? Sem a ajuda e cooperação necessárias? E a seguir, como julgá-lo? Por conseguinte, como executar a decisão?

Em decorrência, então, nós temos um desafio dobrado: tratar das antigas problemáticas em uma nova rede, e cuidar das novas problemáticas em uma nova rede.

Secção II
O Direito Tributário Face à Internet
e ao Comércio Eletrónico

1. Introdução

Entre muitos outros problemas que as novas tecnologias refletem na área do Direito, foi em relação ao Direito Tributário[239] que nos centramos. Efetivamente, a tributação do Comércio Eletrónico é a tributação de uma nova forma de fazer negócios.

A tributação é uma forma de regulação. Em seu desenrolar histórico, verificamos que todas as vezes nas quais se descobre um novo produto, desenvolve-se uma nova indústria, uma nova forma de organização social ou um novo conceito económico de rendimento e riqueza, alguém, no uso do poder tributário governamental, aparece com uma forma de tributá-lo.

Todo pesquisador ou estudioso do Direito Tributário alguma vez já ouviu a célebre frase de Benjamin Franklin, para quem *"neste mundo nada está garantido senão a morte e os impostos"*. No entanto, com a Internet esta última assertiva talvez não seja tão certa assim.

Com efeito, ao mesmo tempo em que os países se sentem atraídos pela nova fonte de receitas tributárias, proporcionada pela Internet e pelo Comércio Eletrónico, os antigos métodos não têm resistido, nem alcançado efetivamente tais transações.

---

[239] Por vezes, falamos em Direito Tributário no mesmo sentido de Direito Fiscal. *Vide* CASALTA NABAIS, José. *Direito Fiscal*. Coimbra: Almedina, 2000, p. 29 e ss. *Vide* LEITE DE CAMPOS, Diogo, LEITE DE CAMPOS, Mônica Horta Neves. *Direito Tributário*. Coimbra: Almedina, 2000.

A TRIBUTAÇÃO DO COMÉRCIO ELETRÓNICO NOS EUA E NA UE

Até o presente momento, o Comércio Eletrónico é tributado utilizando regras que não foram escritas para atingir os diferenciados aspectos introduzidos pela Internet.

Por todo o mundo, os sistemas tributários têm constantemente sofrido alterações para resolver os diversos desafios, bem como as próprias falhas descobertas por contribuintes não dispostos ao pagamento de tributos.

Com a Internet, o impacto destas falhas tem sido potencializado e ampliado. Neste sentido, é que TOWNSEND, CARPENTER & MCCLELLAN (1993) já alertavam, àquele tempo, para esta problemática[240]. Pois, vejamos:

2. Novas Empresas Mundiais

A Internet provocou o surgimento de inúmeras empresas emergentes, produtos novos, bem como mudanças na maneira como os bens e serviços são produzidos e entregues aos consumidores por todo o mundo.

De facto, os operadores de *Web sites* das empresas abraçaram o conceito de que a criação de um único sítio iria expor o seu conteúdo a toda a população conectada à rede, não importando onde o usuário estivesse situado geograficamente[241].

Na mesma linha, muitos negócios têm baseado suas decisões no aproveitamento das virtualidades que são oferecidas pelas novas tecnologias, sendo a principal delas o carácter mundial do Comércio Eletrónico[242].

Com efeito, os contactos negociais, bem como os contratos, passam a ser feitos de forma cada vez mais internacional.

Em verdade, segundo um prisma apenas crítico a respeito, e conforme já disposto no Capítulo inicial deste estudo, pela primeira vez na história das civilizações, um cidadão comum ou uma pequena empresa pode, facilmente e a um custo muito baixo, não só ter acesso a informações, produtos, bens e serviços, localizados nos mais distantes pontos do globo, como também criar, gerenciar e distribuir estes mesmos produtos em larga escala, em âmbito mundial, algo que somente uma grande empresa poderia fazer, usando os meios de comunicação convencionais[243].

---

[240] TOWNSEND, William D., CARPENTER, Raymond P., MCCLELLAN. ´Cybertaxation´: Current Trends in the Taxation of Telecommunications and Computer Informations Services. State Tax Notes, November 15, 1993.

[241] A respeito, Vide TODD, Paul. E-commerce Law. Oxon: Routledge-Cavendish, 2006, p. 19 e ss. Vide SEFFAR, Karim, BENYEKHLEF, Karim. Commerce Électronique et Normativités Alternatives. University of Ottawa Law & Technology Journal, Volume 03, nº 02, 2006, p. 371.

[242] Vide KRAEMER, Kenneth, DEDRICK, Jason, MELVILLE, Nigel, ZHU, Kevin. Global E-Commerce: impacts of national environment and policy. Cambridge: Cambridge University Press, 2006, p. 47.

[243] Cfr. CHAFFEY, Dave. E-business and e-commerce management: strategy, implementation and practice. Harlow: Prentice Hall/Financial Times, 2007, p. 04. Vide GIOVANNETTI, Emanuele, KAGAMI,

II. A TRIBUTAÇÃO DO COMÉRCIO ELETRÓNICO

As empresas virtuais, mesmo quando estão claramente sediadas em um país, têm como objetivos evidentes conquistar mercados e consumidores em todo o globo, estabelecendo relações jurídico internacionais mais facilmente.

Como destaca LEITE DE CAMPOS (1998), o Comércio Eletrónico pela Internet envolve todo o planeta, sobrepondo-se aos mercados tradicionais[244].

Realmente, e como já destacado anteriormente, o *e-commerce* proporciona o alcance global de uma empresa, que pode, em pouco tempo, receber pedidos provenientes de todas as partes do mundo.

Logo, o Comércio Eletrónico em sua vertente internacional, pode aproximar relações com os consumidores distantes, estender a companhia a limites inimagináveis, e atingir novos mercados exteriores[245].

Neste desenrolar, com o Comércio Eletrónico, surgiu, em complemento, um novo tipo de companhia, as novas empresas mundiais[246]. Realmente, ficou muito mais fácil, para uma pequena empresa, promover seus produtos e serviços, com potenciais consumidores por todo o mundo. Todos os compradores podem acessar o *Web site* de uma empresa, mesmo que seja oriunda de outro país[247].

Por conseguinte, empresas pequenas, ou grandes sociedades podem conduzir seus negócios em um país onde não possuem um estabelecimento físico, comunicando-se com seus compradores apenas através dos meios eletrónicos.

O maior exemplo de tais qualidades é a Amazon. De facto, a empresa tem consumidores no mundo todo, apenas por meio de contactos digitais.

A referida sociedade inicialmente comercializava livros pela Internet, e hodiernamente vende aparelhos eletrónicos, computadores, e inúmeros outros produtos, tendo se transformado em um verdadeiro centro comercial global em linha.

Outras renomadas empresas, ilustrativamente, também fazem parte do Comércio Eletrónico, como a DELL (www.dell.com), iQVC (http://www.iqvc.com), eBay (www.ebay.com), drugstore (http://international.drugstore.com/default.

Mitsuhiro, TSUJI, Masatsugu. *The Internet Revolution: a Global perspective.* Cambridge: Cambridge University Press, 2003, p. 23.

[244] *Cfr.* LEITE DE CAMPOS, Diogo. *A Internet e o Princípio da Territorialidade dos Impostos.* Lisboa: Revista da Ordem dos Advogados, ano 58, 1998, p. 641.

[245] *Vide* KRAEMER, Kenneth, DEDRICK, Jason, MELVILLE, Nigel, ZHU, Kevin. *Global E-Commerce: impacts of national environment and policy.* Cambridge: Cambridge University Press, 2006, p. 14.

[246] *Cfr.* HARDESTY, David E. *Electronic Commerce – Taxation and Planning.* Boston: Warren, Gorhan and Lamont, 1999, p. 1-6/7.

[247] *Vide* WAELDE, Charlotte. *Article 3, ECD: Internal Market Clause, International Private Law, Consumers and the Net...*In: EDWARDS, Lilian. *The New Legal Framework For E-commerce In Europe.* Portland: Hart Publishing, 2005, p. 04. *Vide* FRIEDMAN, Thomas L. *The World is Flat.* New York: Farrar, Straus and Giroux, 2005, p. 341.

asp), Target (www.target.com), Walmart (www.walmart.com), e Bestbuy (www.bestbuy.com)[248].

O ponto fulcral que se apresenta é que a empresa pode escolher com maior facilidade onde quer estabelecer sua sede virtual, e consequentemente onde deseja ser tributada.

Com efeito, não há barreiras e as regulações tributárias tradicionais não foram escritas com estas novas empresas mundiais em mente[249].

O número crescente de empresas que realizam tais atividades promete igualmente trazer novos e numerosos litígios, bem como promover o chamamento dos países a responder às indagações, em nível regulatório.

Em alinhamento ao ponto levantado, tem sido a atitude da **Amazon**. De facto, a Amazon.co.**uk**, considerada o maior retalhista em linha de todo o Reino Unido, promoveu vendas no valor de mais de 7 Bilhões de libras nos últimos 3 anos, mas não recolheu impostos sobre o rendimento relativamente a estas receitas no Reino Unido. Aliás, nem sequer é registada como corporação nesta localidade. Sua sede é no Luxemburgo.

Por estes motivos, está a ser investigada pelos serviços fiscais do Reino Unido, especialmente após o ano de 2006, ocasião em que a propriedade do negócio foi transferida para uma empresa luxemburguesa.

Ademais, diversos outros países, como Estados Unidos da América, China, Alemanha e Japão, estão investigando as transações da corporação, com a clara intenção de auferir receitas tributárias da companhia *online*[250].

Neste ponto, LEITE DE CAMPOS (1998) ressalta que as telecomunicações aproximaram prestadores de serviços e consumidores, elencando que a rapidez e indetectabilidade das transações eletrónicas são susceptíveis de criar novas

---

[248] *Vide* DELL www.dell.com, iQVC http://www.iqvc.com, eBay www.ebay.com, drugstore http://international.drugstore.com/default.asp, Target www.target.com, Walmart www.walmart.com, Bestbuy www.bestbuy.com, bem como a própria Amazon www.amazon.com. Acessos em 10.05.2010.

[249] Todas as diversas novas formas de transação, onde o objetivo é a redução dos preços normais, numa escala global, leva-nos a relembrar os princípios do livre comércio, que agora, com a Internet, possui possibilidades reais, devido à desterritorialização que provoca, e o acesso simultâneo às diversas "ofertas e procuras". Em nenhum outro momento da história esta possibilidade foi tão real, como agora, com as potencialidades do Comércio Eletrónico direto e internacional, e a capacidade da Internet em gerar diferentes mecanismos de formação de preços. *Vide* GURRY, Francis. *Internet Governance and Intellectual Property Rights*. In: KLEINWÄCHTER, Wolfgang, DORIA, Avri. *Internet Governance Forum (IGF). The First Two Years*. Paris: UNESCO, 2010, p. 20.

[250] *Cfr.* THE GUARDIAN. *Amazon: £7bn sales, no UK corporation tax*. London: Disponível em: http://www.guardian.co.uk/technology/2012/apr/04/amazon-british-operation-corporation-tax?INTCMP=SRCH , Acesso em: 27.07.2012.

II. A TRIBUTAÇÃO DO COMÉRCIO ELETRÓNICO

possibilidades, *"acrescentando-se a isto a dificuldade de associar as actividades em tempo real com localizações físicas precisas das partes"*[251].

Como decorrência, então, verificamos que a facilitação que proporciona a Internet quanto à deslocalização de consumidores e vendedores no Comércio Eletrónico torna as regras **territoriais** obsoletas[252].

Isto se depreende, também, porque mesmo que a legislação de determinado local decida por tributar certas atividades comerciais realizadas pela Internet, imaginemos o caso da empresa vendedora simplesmente alterar seu local de estabelecimento (servidor de hospedagem) para outro sem regulação sobre o tema, ou no estrangeiro[253]. Para os compradores, é perfeitamente possível acessar novamente o estabelecimento. Pela arquitetura da Internet, os acessos não dependem da geografia, como restou claro pela atitude da Amazon em relação ao Reino Unido.

Nesta esfera, aliás, o caso da Amazon representa outras milhares de empresas que preferem utilizar servidores de hospedagem longínquos para obterem vantagens fiscais, ou de ausência de regulação.

A utilização, em muitos casos, de um servidor estrangeiro pode esquivar uma empresa do poder regulatório de seu país natal (*in exemplis,* com intenções de assegurar uma regulação menos rigorosa, com taxas tributárias menores, entre outros).

Muitas companhias não possuem seu próprio servidor, compartilhando este com outras empresas. Em alguns casos, uma companhia independente é quem possui e opera o servidor para a empresa. É a chamada *hosting company,* que pode ser local ou internacional. A localização do servidor não afeta os negócios da empresa, sendo que o *Web site* pode ser programado e operado de qualquer lugar do mundo.

Neste espaço, típico exemplo são os *Web sites* de apostas em linha, como o Bwin (sujeitos à legislação de Gibraltar), o BetClic (Leis de Malta), o sportingbet (regras de Alderney, Malta ou Antigua e Barbados), o 888sport (escolheu a

---

[251] *Cfr.* Leite de Campos, Diogo. *A Internet e o Princípio da Territorialidade dos Impostos.* Lisboa: Revista da Ordem dos Advogados, ano 58, 1998, p. 640 e 642.

[252] *Vide* Seffar, Karim, Benyekhlef, Karim. *Commerce Électronique et Normativités Alternatives.* University of Ottawa Law & Technology Journal, Volume 03, nº 02, 2006, p. 355.

[253] Um outro aspecto, exclusivo da Internet, é a facilidade em se operar com um servidor Internet, mesmo que longínquo. O servidor hospeda a *home page* que, *in casu,* comporta a empresa. Este servidor pode estar localizado em qualquer lugar, sem que isto afete a performance ou operação da empresa. Algumas vezes, o servidor pode estar localizado em outra cidade, ou outro país, que não o da empresa.

legislação de Gibraltar), e o Victor Chandler International (submete-se às leis de Gibraltar)[254].

Na mesma linha de raciocínio, FRYDMAN, HENNEBEL e LEWKOWICZ (2008) afirmam que os fornecedores são efetivamente atores globais, enquanto que os governos têm limites geográficos na capacidade de utilização de suas legislações[255].

Conforme o caso, poderíamos considerar aqui, que a localização das atividades de uma empresa é uma preocupação na definição regulatória fiscal. Para fins legais, a localização das atividades pode determinar que país tem o poder de tributar. Em outras palavras "onde" a empresa está de facto[256].

Para MURPHY (2012), reescrever as regras fiscais para evitar arranjos como estes usados pela Amazon.co.uk seria uma tarefa enorme, ao que completa nestas palavras: *"The key issue is, what is sold here and what is sold 'into' here? The answer is to deem distance sellers [as] resident in the UK with regard to their sales made here. That would be a big issue to take on."* [257]

Nesta linha, esta incerteza quanto à localização da empresa ou do servidor que a hospeda traz efeitos na tributação em outro Estado-Membro ou em outro país. Dessa forma, utilizar um servidor de outro Estado-Membro ou outro país *pode ou não* estabelecer um nexo naquele estado ou país, deixando incerta a passividade tributária daquela empresa[258].

---

[254] *Cfr.* BetClic- http://pt.betclic.com/home.aspx , Sportingbet- http://pt.sportingbet.com/t/info/rules/rules.aspx, Bwin-https://www.bwin.com/pt/sportsbook.aspx?zoneid=48808, 888sport-http://www.888sport.com/bet?lang=en, Victor Chandler International- http://www.victorchandler.com/vcbet/en-gb/site_help/terms_conditions.

[255] *Cfr.* FRYDMAN, B., HENNEBEL, L., LEWKOWICZ, G. *Public strategies for Internet Co-Regulation in the United States, Europe and China.* In BROUSSEAU, E., MARZOUKI, M. and MÉADEL, C. *Governance, Regulations and Powers on the Internet.* Cambridge: Cambridge University Press, 2008, p. 10. *Vide* NYE, Joseph S. *Soft Power. The means to sucess in world politics.* New York: Public Affairs, 2004, p. 31/32.

[256] Sobre a nacionalidade das pessoas coletivas, como explica MACHADO, os diferentes critérios passam *"pelo local do pacto social de constituição, da sede, do exercício da actividade, da nacionalidade dos accionistas maioritários".* *Cfr.* MACHADO, Jónatas E. M. *Direito Internacional. Do Paradigma Clássico ao Pós-11 de Setembro.* Coimbra: Coimbra Ed., 2006. p. 191. Sobre a problemática nos assuntos da Internet, *Vide* GURRY, Francis. *Internet Governance and Intellectual Property Rights.* In: KLEINWÄCHTER, Wolfgang, DORIA, Avri. *Internet Governance Forum (IGF). The First Two Years.* Paris: UNESCO, 2010, p. 20. *Vide* KOHL, Uta. *Jurisdiction and the Internet. Regulatory Competence over Online Activity.* Cambridge: Cambridge University Press, 2007, p. 06 e ss. *Vide* DIAS PEREIRA, Alexandre Libório. *Law & Internet: Regulatory Issues of Electronic Commerce.* Coimbra: 2002/2003, p. 112.

[257] *Cfr.* THE GUARDIAN. *Amazon: £7bn sales, no UK corporation tax.* London: Disponível em: http://www.guardian.co.uk/technology/2012/apr/04/amazon-british-operation-corporation-tax?INTCMP=SRCH , Acesso em: 27.07.2012.

[258] *Cfr.* HARDESTY, David E. *Electronic Commerce – Taxation and Planning.* Boston: Warren, Gorhan and Lamont, 1999, p. 1-7. *Cfr.* PEHA, Jon M., STRAUSS, Robert P. *A Primer on Changing Information Technology and the Fisc.* National Tax Journal, Volume L, Nº 3, September, 1997, p. 616/617.

3. Anonimato

Para a transferência de dados entre dois computadores em rede, como já observado, é necessária a adequação dos protocolos TCP/IP. No entanto, estes protocolos não revelam nada sobre o usuário da Internet e muito pouco, ou nada, sobre os dados que estão sendo transferidos. Além disso, o IP é um endereço digital que, dessa maneira, pode ser alterado facilmente. Não nos diz, *sempre*, **quem** enviou os dados, de **onde** os dados são provenientes, **para onde** os dados são remetidos, qual o **motivo** do envio dos dados e que **espécie** de **dados** são[259].

Sob o ponto de vista das autoridades tributárias, estes dados são fundamentais. Enquanto no mundo real o anonimato tem que ser criado, no ciberespaço ele é determinado, faz parte de sua arquitectura. Na Internet, pode-se revelar apenas um endereço, mas que não tenha necessariamente nenhuma relação, a mais, com e sobre você[260].

Esta ausência de identificação reduz sensivelmente a regulação tributária no ciberespaço. Se um país quer tributar uma atividade comercial, a Internet somente dificulta este objetivo. Tanto dados (mercadorias ou serviços) como contribuintes não são identificados neste espaço, digital. A tarefa mais árdua seria identificar alguém, como revelam as palavras de LESSIG (1999): *"On the Internet it is both easy to hide that you are a dog and hard to prove that you are not"*[261].

Em prosseguimento, os vendedores têm consumidores dos quais se sabe muito pouco, o que é agravado pelo uso de *electronic money* ou *digital cash,* não ficando rastos sobre a identidade do usuário, sendo um paraíso para a lavagem de dinheiro, dentre outros crimes fiscais e financeiros[262].

---

[259] Neste sentido a afirmação de LESSIG (1999): *"You can use the Net anonymously. You could build a (ro)bot to use the Net. No one need know your name, and there is no easy way to verify your age, your sex, or where you live. The Net knows only as much as you choose to tell, and it cannot even verify that information."* Cfr. LESSIG, Lawrence. *Code and Other Laws of Cyberspace.* New York: Basic Books, 1999, p. 28.

[260] Cfr. ADAMS, Sally. *Danger: Internet Taxes Ahead.* Taxes, The Tax Magazine, CCH Incorporated, Vol. 75, nº 09, September, 1997, p. 500. *Cfr.* DELTA, George B., MATSUURA, Jeffrey H. *Law of The Internet.* New York: Aspen Law & Business, 2000, p. 10-22/23. *Cfr.* BOURGEOIS, Pierre J., BLANCHETTE, Luc. *Income_taxes.ca.com: The Internet, Electronic Commerce, and Taxes-Some Reflections: Part I.* Canadian Tax Journal, Volume 45, Issue Number 5, 1997, p. 1133.

[261] *Cfr.* LESSIG, Lawrence. *Code and Other Laws of Cyberspace.* New York: Basic Books, 1999, p. 33. *Vide* FOX, Willian F., MURRAY, Matthew N. *The Sales Tax and Electronic Commerce: So What's New?* National Tax Journal, Volume L, Nº 3, September, 1997.

[262] *Cfr.* ADAMS, Sally, *Danger: Internet Taxes Ahead".* Taxes, The Tax Magazine, CCH Incorporated, Vol. 75, nº 09, September, 1997, p. 499/500. *Cfr.* PEHA, Jon M., STRAUSS, Robert P. *A Primer on Changing Information Technology and the Fisc.* National Tax Journal, Volume L, Nº 3, September, 1997, p. 613. *Vide* OECD. *Electronic Commerce: The Challenges to Tax Authorities and Taxpayers. in* Rivista di Diritto Finanziario e Scienza delle Finanze, LVII, 2, I, 1998, p. 244/249.

Sob o ponto de vista tributário, o anonimato causa dois impactos. Em primeiro lugar, as empresas, tendo pouca ou nenhuma informação sobre os consumidores, ficarão em dificuldade, no momento de preencher os formulários fiscais.

Os sistemas tributários, norte-americano e europeu, baseiam, geralmente, sua tributação sobre as empresas no critério de **localização** e **identificação** dos consumidores. No caso de impostos sobre vendas e impostos sobre o rendimento, geralmente, os vendedores são potencialmente tributados somente nas vendas para residentes de um Estado-Membro. Para devidamente obedecer às regras tributárias, os vendedores precisam saber a residência de seus consumidores, que podem estar localizados em outro Estado-Membro ou em outro país[263].

Para dificultar, cabe registar-se que, em muitos casos, a informação sobre os compradores é desnecessária para completar as transações eletrónicas, como, por exemplo, nas vendas de produtos digitais ou serviços. Nestes casos, o vendedor não precisa saber a identidade do consumidor para completar as operações, permanecendo, estes, anónimos. Com isso, os vendedores talvez não obtenham todas as informações necessárias para preencher os formulários tributários.

Neste sentido, já apontava ADAMS (1997) a dificuldade na obediência tributária para identificar a fonte ou destino das transações eletrónicas, pela irrelevância no *e-commerce* em se localizar o estabelecimento do vendedor em uma operação [264].

Um segundo efeito fiscal seria que alguns vendedores podem tirar vantagens deste anonimato de compradores para evadir pagamentos tributários. E isto seria possível nas vendas digitais de produtos ou serviços, em que não são necessárias informações a respeito dos compradores para completar as operações[265].

Por outro lado, existem maneiras de facilitar a determinação e identificação de pessoas, para certificar-se serem estas autorizadas a adentrar bases de dados,

---

[263] *Cfr.* HARDESTY, David E. *Electronic Commerce – Taxation and Planning.* Boston: Warren, Gorhan and Lamont, 1999, p. 1-8. *Cfr.* BRADFORD, David F., *Commentary – Electronic Commerce and Fundamental Tax Reform.* Tax Law Review, Volume 52, Number Four, Symposium on Internet Taxation, New York University School of Law, Summer, 1997, p. 562. *Vide* HELLERSTEIN, Walter. *Transaction Taxes and Electronic Commerce: Designing State Taxes That Work in an Interstate Environment.* National Tax Journal, Volume L, Nº 3, September, 1997.

[264] *Cfr* ADAMS, Sally, *Danger: Internet Taxes Ahead".* Taxes, The Tax Magazine, CCH Incorporated, Vol. 75, nº 09, September, 1997, p. 498.

[265] *Cfr.* SHAKOW, David J. *Commentary – Taxing Nothings: Intangibles on the Internet.* Tax Law Review, Volume 52, Number Four, Symposium on Internet Taxation, New York University School of Law, Summer, 1997, p. 576. *Cfr.* HARDESTY, David E. *Electronic Commerce – Taxation and Planning.* Boston: Warren, Gorhan and Lamont, 1999, p. 1-8. *Cfr.* HELLERSTEIN, Walter, HOUGHTON, Kendall L. *State Taxation of Electronic Commerce: Perspectives on Proposal for Change and Their Constitutionality.* Brigham Young University Law Review, Volume 2000, Number 1, 2000, p. 12.

II. A TRIBUTAÇÃO DO COMÉRCIO ELETRÓNICO

servidores, trocar documentos, mercadorias e serviços, como passwords, criptografia e assinatura digital. Mas, estas mesmas ferramentas, paradoxalmente tornam ainda mais difícil a fiscalização, por parte das administrações tributárias, com objectivos fiscais.

Com efeito, no caso das *passwords*, a combinação do nome de usuário, com a senha, verificará que alguém, com identificação somente pelo próprio consumidor, está autorizado a utilizar o sistema *online*. Dessa maneira, a autoridade tributária fica, desde já, obstaculizada para controlar dados que poderiam trazer informações fiscais.

No mesmo sentido, a criptografia. Se, por um lado, esta ferramenta representa um importante utensílio para a segurança no Comércio Eletrónico, pode significar uma liberdade tributária para os usuários da Internet. Ela pode transformar-nos em anónimos e criar novas modalidades de crimes tributários. Por um lado, oferece confidencialidade nas comunicações, tornando-as secretas, e, por outro, torna a identificação, de dados e de pessoas, impossível para as fiscalizações tributárias[266].

Em outras palavras, a encriptação serve para tirar suas palavras dos olhos de outras pessoas. A comunicação encriptada cria uma linguagem privada entre os usuários. Usada para aumentar o poder de privacidade, ela pode aumentar o poder de burlar a administração tributária, ou ainda, de dificultar o seu trabalho. De facto, muitos contribuintes já têm, ou podem vir a adquirir, uma forte tecnologia de encriptação.

A seu turno, a estenografia é também utilizada para proteção dos dados, com o objetivo de escondê-los. Esta técnica de ocultação torna ainda mais árdua a tarefa afecta à fiscalização de dados[267]. Com esta tecnologia, a administração tri-

---

[266] Para DIAS PEREIRA (1999), *"Por seu turno, a cifragem permite conservar os dados e a comunicação confidenciais. Nessa medida, desempenham uma função de confidencialidade dos dados...Com efeito, a cifragem consiste na transformação de dados numa forma ilegível para quem não tenha uma chave de decifragem, sendo utilizados algoritmos criptográficos com vista à transformação de texto simples em dados cifrados. Ao processo de transformação dos dados de novo em texto simples chama-se decifragem."* Cfr. DIAS PEREIRA, Alexandre Libório. *Comércio Electrónico na Sociedade da Informação: Da Segurança Técnica à Confiança Jurídica.* Coimbra: Almedina, 1999, p. 19 e 21. Ainda, neste contexto, por exemplo, o *Netscape's secure socket layer* (SSL), protocolo que utiliza duas diferentes chaves técnicas de encriptação, simétricas e assimétricas, é utilizado para trocar informações na Internet, sendo utilizado, *verbi gratia*, no envio de números de cartões de crédito pela *Net*. Cfr. PEHA, Jon M., STRAUSS, Robert P. *A Primer on Changing Information Technology and the Fisc.* National Tax Journal, Volume L, Nº 3, September, 1997, p. 614.

[267] Novamente, DIAS PEREIRA (1999) explica-nos: *"A estenografia tem por objectivo esconder os dados desejados secretos noutros dados, em termos de ninguém poder sequer detectar a sua existência, ao invés da criptografia, que permite que as mensagens sejam detectadas, intersectadas ou alteradas, sem porém violar certas premissas de segurança garantidas por um sistema criptográfico. Criptografia e estenografia constituem, por-*

butária sequer pode detectar sua existência, tornando o poder de tributar impossível.

A seu turno, da mesma forma que não temos sistemas que possam nos dizer, fielmente, sobre os usuários, não há sistema que permita obter informações sobre os dados na rede, com o intuito de verificar quais produtos estão sendo comercializados e, assim, tributá-los.

Alguns motores de busca já nos informam sobre dados que estão sendo transacionados, mas sem uma forma consistente de se saber quais são eles. As figuras aparecem na tela dos computadores e são acusadas pelos sistemas, que por sua vez não nos informam se são uma foto de família ou sobre uma mercadoria que está sendo oferecida e comercializada. Dessa forma, o acesso a estes dados, com fins tributários, permanece difícil[268].

Neste passo, mister se faz trazer a precursora proposta de CORDELL & IDE (1997), de considerar uma *bit tax*. Com argumentos económicos e sociais, os autores acreditavam que a tributação deveria dar-se por um contador de *bits*[269]. No entanto, como supra exposto, uma arquitetura voltada para implantar um sistema deste tipo poderia resultar em medir absolutamente nada, face à inexatidão sobre o quê está a ser tributado[270].

4. Produtos Digitais
O facto de poder se vender produtos em formato digital é outra característica particular do Comércio Eletrónico.

Software, músicas, vídeos e livros podem ser enviados eletronicamente.

A problemática, neste ponto, está na questão de não haver uma harmonização nas informações sobre produtos digitais. A descrição destes produtos é

---

tanto, métodos tecnológicos complementares, pois que, se a estenografia não substitui os sistemas de cifragem, já torna mais difícil a abertura dos dados." Cfr. DIAS PEREIRA, Alexandre Libório. *Comércio Electrónico na Sociedade da Informação: Da Segurança Técnica à Confiança Jurídica*. Coimbra: Almedina, 1999, p. 23.

[268] Cfr. ADAMS, Sally. *Danger: Internet Taxes Ahead*. Taxes, The Tax Magazine, CCH Incorporated, Vol. 75, nº 09, September, 1997, p. 500.

[269] O Bit é o dígito binário. Unidade elementar de informação que pode adotar dois valores ou estados distintos: um ou zero. Na notação binária, unidade de dados. O bit é o menor dos elementos de uma linguagem binária de máquina, representado por um ponto magnetizado em uma superfície de registro ou gravação magnéticos ou por um elemento magnetizado num dispositivo de armazenamento. A carga elétrica, positiva ou negativa, que cria o magnetismo é o fator que ajuda a determinar se o bit representa um 1 ou um 0. *Cfr*. Dicionário de Informática Inglês-Português/ /Sociedade dos Usuários de Computadores e Equipamentos Subsidiários, Livros Técnicos e Científicos Ed., 1985.

[270] Cfr. CORDELL, Arthur, IDE, T. Ran. *The New Wealth of Nations: Taxing Cyberspace*. Toronto: Between the lines, 1997. *Vide* SHAKOW, David J. *Commentary – Taxing Nothings: Intangibles on the Internet*. Tax Law Review, Volume 52, Number Four, Symposium on Internet Taxation, New York University School of Law, Summer, 1997, p. 577/579.

II. A TRIBUTAÇÃO DO COMÉRCIO ELETRÓNICO

muito importante para a internacionalidade de impostos sobre o rendimento, sobre venda, uso e serviços, de impostos estaduais sobre o rendimento (nos Estados Unidos da América), bem como do Imposto sobre o Valor Acrescentado (IVA), na União Europeia.

Na tributação internacional, a descrição da venda de produtos digitais, onde são discriminados os produtos, *royalties,* serviços ou a venda de intangíveis, determina o país onde a venda será tributada[271].

Nos Estados Unidos da América, em seus Estados federados, o imposto sobre vendas e consumo normalmente incide somente para produtos tangíveis e determinados serviços, não havendo um acordo sobre se os produtos digitais são tangíveis ou não[272].

Por sua vez, nos países que adoptam o IVA, ou outro imposto equivalente sobre bens e serviços, a discriminação de produtos digitais, tanto como bens ou serviços, determina se estas vendas são tributadas e qual é o país que tem o direito a recolher tributos. Com alíquotas variadas de país para país, na União Europeia, esta determinação da venda é extremamente importante[273].

Outro ponto importante reveste-se na dificuldade criada para a fiscalização destas transações, tendo em vista a problemática de se poder enviar diretamente para o comprador, sem intermediários e sem constituição física dos produtos.

Tal situação torna árdua, para as administrações tributárias, a tarefa afecta à fiscalização e recolhimento dos tributos.

5. Patrimónios Digitais

Muitas empresas deste novo meio são compostas nada mais do que por *softwares,* dados e novas ideias, e, por isso mesmo, o seu valor de mercado, nas bolsas de valores, usualmente não refletem o seu valor "patrimonial". Estas companhias virtuais são constituídas primordialmente por bens digitais.

Desta forma, ilustrativamente, a correta discriminação fiscal sobre o desenvolvimento de custos e deduções de um *Web site,* assim como a tributação de

---

[271] *Cfr.* HARDESTY, David E. *Electronic Commerce – Taxation and Planning.* Boston: Warren, Gorhan and Lamont, 1999, p. 1-8/9. *Vide* HELLERSTEIN, Walter. *Transaction Taxes and Electronic Commerce: Designing State Taxes That Work in an Interstate Environment.* National Tax Journal, Volume L, Nº 3, September, 1997.

[272] *Cfr.* ADAMS, Sally. *Danger: Internet Taxes Ahead.* Táxes, The Tax Magazine, CCH Incorporated, Vol. 75, nº 09, September, 1997, p. 502.

[273] *Cfr.* SHAKOW, David J. *Commentary – Taxing Nothings: Intangibles on the Internet.* Tax Law Review, Volume 52, Number Four, Symposium on Internet Taxation, New York University School of Law, Summer, 1997, p. 575. *Cfr.* HARDESTY, David E. *Electronic Commerce – Taxation and Planning.* Boston: Warren, Gorhan and Lamont, 1999, p.1-9.

compras e vendas de empresas eletrónicas, dependem, em grande parte, das regras tributárias em relação aos bens intangíveis[274].

No entanto, as regras que são aplicadas hoje foram escritas por volta de 1960 e, de facto, estão longe da realidade dos *Web sites*, constituídos por *softwares*, gráficos, sons, vídeo, informação, conhecimento e conteúdos em dados digitais. Efetivamente, é difícil determinar-se onde o custo e a dedução de um elemento começa e o outro termina[275].

Via de consequência, as aquisições de uma companhia digital são, em grande parte, bens intangíveis, que poderiam ser deduzidos de transações tributáveis. Da mesma forma, a transferência de bens intangíveis, de direitos autorais (*domain names*), patentes, segredos industriais, informações, conhecimento e *know--how* para outras companhias eletrónicas, bem como a disposição e oscilação das ações destas empresas, colocam em questão as administrações tributárias em admitir deduções de difícil determinação e que antes não eram possíveis. Ainda, é possível que empresas digitais sejam adquiridas livres do pagamento de tributos[276].

Ademais, o valor que algumas destas empresas têm atingido (na cas dos Bilhões de Euros) comprovam a importância temática.

6. Segurança do *Web Site* e os *Firewalls*

De facto, uma das preocupações das companhias digitais é em relação à grande exposição a que ficam sujeitas perante a Internet. No momento atual de desenvolvimento tecnológico, o histórico das transações, dados dos consumidores e informações internas da empresa (*intranets*) ficam constantemente expostos

---

[274] *Cfr.* HARDESTY, David E. *Electronic Commerce – Taxation and Planning*. Boston: Warren, Gorhan and Lamont, 1999, p.1-9. *Cfr.* KARLIN, Michael J.A. *Pochet Switching-The Taxation of Electronic Commerce*. Fiftieth Annual Tax Institute, Volume 1, The Law School University of Southern California, 1998, p. 9-8/9.

[275] *Cfr.* ADAMS, Sally. *Danger: Internet Taxes Ahead*. Taxes, The Tax Magazine, CCH Incorporated, Vol. 75, nº 09, September, 1997, p. 502. *Cfr.* MORSE, Edward A. *State Taxation of Internet Commerce: Something New Under the Sun?* Creighton Law Review, Volume 30, Nº 4, June, 1997, p. 1133 e ss. *Cfr.* DELTA, George B., MATSUURA, Jeffrey H. *Law of The Internet*. New York: Aspen Law & Business, 2000, p. 10-19.

[276] *Cfr.* HARDESTY, David E., *"Electronic Commerce – Taxation and Planning"*, Warren, Gorhan and Lamont, United States of America, 1999, p. 8-2/35. *Cfr.* WEINER, Joann M., *"Discussion of Papers on Telecommunications Taxation"*, National Tax Journal, Volume L, Nº 3, September, 1997, p. 626. *Cfr.* KARLIN, Michael J.A., *"Pochet Switching-The Taxation of Electronic Commerce"*, Fiftieth Annual Tax Institute, Volume 1, The Law School University of Southern California, 1998, p. 9-17/20. *Vide* TEIXEIRA DE ABREU, Miguel, *"Efeitos Fiscais da utilização da Internet em sede de Impostos sobre o Rendimento"*, Fiscalidade nº 02, Revista de Direito e Gestão Fiscal, Edição do Instituto Superior de Gestão, Abril, 2000, p. 31/32.

II. A TRIBUTAÇÃO DO COMÉRCIO ELETRÓNICO

ao risco de serem revelados a pessoas não autorizadas, ou com intenções de sabotagem.

Neste passo, as empresas ficam no dilema de permanecerem acessíveis aos consumidores, mas também com os perigos de acessos não autorizados. Para resolver este problema, foi desenvolvida uma ferramenta tecnológica conhecida por *firewalls*, cujo objetivo é manter uma barreira total entre a Internet e os dados internos da companhia. Basicamente, os *firewalls* isolam a rede *intranet* (interna) da Internet[277].

Neste contexto, então, estariam os organismos de administração tributária impossibilitados tecnicamente de averiguar as empresas digitais, ao mesmo tempo em que não podem interditar o comércio para dentro ou fora de suas fronteiras físicas, em razão do limitado controlo face ao *e-commerce*, de natureza desterritorializada[278].

Dessa forma, o desejo dos consumidores por privacidade, com os limites das autoridades tributárias no que concerne a respeitar a confidencialidade das transações, aliados ao desenvolvimento tecnológico e ao uso de dinheiro digital, levam a um futuro de relativo anonimato das operações eletrónicas.

Por conseguinte, tais dificuldades fizeram o Ministério das Finanças dos E.U.A. divulgar um relatório intitulado de *"Selected Tax Policy Implications of Global Electronic Commerce"*, onde as transações anónimas e o uso de dinheiro anónimo são apontados como os principais problemas para a obediência, na tributação do *e-commerce*[279].

Se, por um lado, os vendedores desejam privacidade em suas transações, inclusive para seus clientes, ainda precisam adequar tais desejos à necessidade de preencherem seus formulários tributários em conformidade com as exigências das autoridades fiscais.

De facto, os organismos responsáveis pela fiscalização tributária objetivam acessar um volume maior de informações do ciberespaço, mas dependem da boa vontade dos seus contribuintes em fornecer tais dados.

7. Dinheiro Digital

O dinheiro digital, ou *electronic money*, é considerado como um dos problemas especiais que envolvem a tributação do Comércio Eletrónico, visto que pode ser usado de modo seguro e conveniente em quantias maiores, se comparado

---

[277] Cfr. HARDESTY, David E. *Electronic Commerce – Taxation and Planning*. Boston: Warren, Gorhan and Lamont, 1999, p. 4-10/11.

[278] Cfr. MCINTYRE, Michael J. *Taxing Electronic Commerce Fairly and Efficiently*. Tax Law Review, Volume 52, Number Four, Summer, 1997, p. 628/629.

[279] Vide DEPARTAMENT OF THE TREASURY. *Selected Tax Policy Implications of Global Electronic Commerce*. U.S. Departament of Treasury, Office of Tax Policy, Nov., 1996, capítulo 8.

A TRIBUTAÇÃO DO COMÉRCIO ELETRÓNICO NOS EUA E NA UE

com o dinheiro expresso em cédulas; pode ser movimentado por todo o mundo instantaneamente e não deixa rasto, em comparação com outros recursos, como os cartões de crédito, cédulas e cheques.

Na verdade, o termo *electronic money* engloba uma variedade de mecanismos de pagamento, onde destacam-se os *smart money card* pré-pagos[280]. Utilizando-se este mecanismo, não há maneira segura de se saber como este dinheiro eletrónico será usado, nem por bancos, nem pelos governantes[281].

O principal problema do uso do dinheiro digital, sob a óptica fiscal, reside no anonimato do usuário. As técnicas desenvolvidas, no combate de evasão fiscal, no mundo do dinheiro em cédulas, pouco efetivas são no potencial de evasão proporcionado pelo dinheiro digital.

Com efeito, este dinheiro é facilmente transportado por todo o mundo, facilitando que pessoas ou empresas possam enviar grandes quantias para fora do país, assim removendo estes fundos do alcance governamental.

O dinheiro não necessita ser enviado para um banco estrangeiro, bastando ser transferido para um computador no estrangeiro, fora do conhecimento das autoridades tributárias. Estas, por sua vez, deparam-se com enormes dificuldades para avaliar as contas dos contribuintes, conforme os relatórios do Ministério das Finanças dos E.U.A., que ainda aponta que mais de 90% das transações financeiras são agora conduzidas eletronicamente[282].

Como bem antecipou LEITE DE CAMPOS (1998), *"O fenómeno que tenho vindo a mencionar tem tido impacto, porém, no Direito Tributário e, especialmente, quanto ao princípio da territorialidade...O mercado de capitais constituiu-se à escala mundial dada a facilidade de conhecer, em segundos, quotações, movimentos e rendimentos em qualquer praça ou bolsa do mundo. E os capitais circulam, já não em papel ou em metal, mas nas vibrações da energia, procurando as aplicações mais rendosas."* [283].

Para agravar ainda mais esta situação, o uso de tecnologias de encriptação, quando utilizadas fora dos domínios bancários, promove o desaparecimento do dinheiro dos olhos das administrações tributárias, tornando-se imperceptível e com potencial evasivo.

---

[280] *Cfr.* BENTLEY, Duncan, QUIRK, Patrick. *A Proposal for Electronic Transactions Tax Collection in the Context of Tax-Driven Reform of Banking Laws.* Journal of International Banking Law, Volume 14, Issue 10, October, 1999. p. 328/330.

[281] *Cfr.* HARDESTY, David E. *Electronic Commerce – Taxation and Planning.* Boston: Warren, Gorhan and Lamont, 1999, p. 6-4. *Cfr.* DELTA, George B., MATSUURA, Jeffrey H. *Law of The Internet.* New York: Aspen Law & Business, 2000, p. 10-20.

[282] *Cfr.* DEPARTAMENT OF THE TREASURY. *Selected Tax Policy Implications of Global Electronic Commerce.* U.S. Departament of Treasury, Office of Tax Policy, Nov., 1996, capítulo 8.3.2.

[283] *Cfr.* LEITE DE CAMPOS, Diogo. *A Internet e o Princípio da Territorialidade dos Impostos.* Lisboa: Revista da Ordem dos Advogados, Ano 58, Julho, 1998, p. 639.

Da mesma forma, nos países que adoptam o segredo bancário, as quantias podem ser enviadas para eles sem que se saiba a procedência, desviando-se do pagamento de tributos em seu país de origem.

Mesmo que não se queira evadir ao pagamento de tributos, a tarefa de lançamento, por parte do poder tributante, poderá não ocorrer, face à dificuldade em se rastearem as operações.

Por último, há de se registar que uma transação eletrónica quase sempre envolve uma transferência monetária, tornando este problema de suma importância fiscal[284].

8. A Internacionalidade Desterritorializada da Internet e do Comércio Eletrónico

A facilitação que proporciona a Internet quanto à localização de consumidores e vendedores no Comércio Eletrónico torna as regras tributárias locais obsoletas.

O comportamento para o não-recolhimento de tributos pode tornar-se irregulável. Mesmo que a legislação de determinado local decida pela tributação das atividades comerciais realizadas pela Internet, imaginemos o caso da empresa vendedora simplesmente alterar seu local de estabelecimento para outro não tributável, conforme exemplificado pela Amazon. Para os compradores, é perfeitamente possível acessar este novo estabelecimento.

Ainda, que este novo local decida por tributar as atividades comerciais eletrónicas, novamente, o *site* comercial pode mudar-se para as Ilhas Cayman, *v.g.*, sem prejudicar o acesso de seus clientes, pois estes seriam redirecionados para o novo domínio e dificultariam, ainda mais, a tributação destas atividades. Os contribuintes que desejarem ignorar os governos podem comercializar através de governos *off-shore*. Pela arquitetura da Internet, não importando onde o servidor esteja, os acessos não dependem mais da geografia [285].

---

[284] *Cfr.* BENTLEY, Duncan, QUIRK, Patrick. *A Proposal for Electronic Transactions Tax Collection in the Context of Tax-Driven Reform of Banking Laws.* Journal of International Banking Law, Volume 14, Issue 10, October, 1999, p. 330/332. *Cfr.* VANDERHOFF, Anna M. *The Tax Man Cometh: A Realistic View of the Taxation of Internet Commerce.* Capital University Law Review, Vol. 27, Number 4, 1999, p. 955/956. *Cfr.* DELTA, George B., MATSUURA, Jeffrey H. *Law of The Internet.* New York: Aspen Law & Business, 2000, p. 10-20/22. *Cfr.* GUERREIRO, Tiago Caiado. *O IVA no Comércio Electrónico.* Lisboa: Tribuna, Diário de Notícias, 31 de julho de 2000, p. 08. *Vide* ALTAMIRANO, Alejandro C. *La tributación Directa ante el Comercio Electrónico y La Fiscalización de las Operaciones Desarroladas a través de Internet.* Lisboa: Ciência e Técnica Fiscal, Boletim da Direção Geral dos Impostos, Ministério das Finanças, nº 397, Janeiro-Março, 2000, p. 32/33.

[285] *Cfr.* LESSIG, Lawrence. *Code and Other Laws of Cyberspace.* New York: Basic Books, 1999, p. 54.

Com efeito, uma qualidade fundamental de um país soberano é a capacidade do seu governo de exercer seu poder, ou seja, a capacidade de definir (legislar), interpretar (julgar) e aplicar (executar) o Direito, em todo o território do país[286].

A regulação é uma forma de poder[287]. Historicamente, verificamos que na maioria das vezes nas quais se descobre um novo produto, desenvolve-se uma nova indústria, uma inovadora forma de organização social, ou um novo conceito sócioeconómico de rendimento e riqueza, alguém, no uso da competência legislativa, procura uma forma de regulá-lo[288].

Neste espaço nacional então, os Estados detêm a exclusividade na edição do Direito positivo, em especial nos aspectos tributários[289].

Por outro lado, as atividades na Internet são frequentemente separadas do tradicional espaço geográfico, sendo desterritorializadas, o que levanta, também, problemáticas sobre os limites de aplicação legislativa, bem como que parte[290] da Internet um Estado tem o Direito de tratar como estando sob a sua autoridade.

---

[286] Para GOMES CANOTILHO (2009), a soberania no plano interno é traduzida pelo monopólio de edição do Direito positivo pelo Estado, e no monopólio de coação física legítima para impor a efetividade das suas regulações e comandos. *Cfr.* GOMES CANOTILHO, J. J. *Direito Constitucional e Teoria da Constituição.* Coimbra: Almedina, 7ª Edição, 6ª Reimpressão, 2009, p. 90. *Vide,* também, MACHADO, Jónatas E. M. *Direito Internacional. Do Paradigma Clássico ao Pós-11 de Setembro.* Coimbra: Coimbra Ed., 2006. p. 183, 192/193.

[287] A presente parte desta obra é baseada em nossa Tese: FREIRE E ALMEIDA, Daniel. *Um Tribunal Internacional para a Internet.* Coimbra: Faculdade de Direito da Universidade de Coimbra, 2012, p. 207 e ss.

[288] *Vide* LEITE DE CAMPOS, Diogo. *O Sistema Tributário no Estado dos Cidadãos.* Coimbra: Almedina, 2006, p. 07 e ss. Vale também, novamente, mencionar aqui as palavras de Faria Costa, assim escritas: "*Nesta perspectiva dir-se-á que também aqui se cumpriu aquela regra ou axioma de desenvolvimento resolutivo dos problemas que as relações humanas suscitam. De facto, a informática, enquanto fenómeno social, trouxe específicos problemas ao tecido social. Começou, pois, por ser um problema social. Porém, rapidamente se fizeram sentir, com êxito, os apelos da própria sociedade para que aqueles específicos problemas, desencadeados pela informática, fossem solucionados, isto é, regulamentados, pela juridicidade.*" *Cfr.* FARIA COSTA, José de. *Algumas Reflexões sobre o Estatuto Dogmático do chamado "Direito Penal Informático".* Revista Jurídica da Universidade Moderna, Ano I, nº 01, 1998, p. 58.

[289] Neste ponto, o objetivo é o de referir-se às fontes constitucionalmente elencadas, como o Direito Internacional e Comunitário (art. 8), os actos normativos (art. 112), as Leis da Assembleia da República (art. 161, 164, 165), os Decretos-Leis (art. 198). Contudo, a vontade das partes traduzidas pelos contratos exceua nossa afirmação acima, embora estejam igualmente regulados pelas mesmas fontes acima dispostas. *Cfr.* GOMES CANOTILHO, J. J. *Direito Constitucional e Teoria da Constituição.* Coimbra: Almedina, 7ª Edição, 6ª Reimpressão, 2009, p. 90.

[290] Isto porque as atividades realizadas através da Internet não são normalmente delimitadas territorialmente. *Cfr.* CERF, Vinton. *The Scope of Internet Governance. In:* KLEINWÄCHTER, Wolfgang, DORIA, Avri. *Internet Governance Forum (IGF). The First Two Years.* Paris: UNESCO, 2010, p. 55/56. *Vide* POLANSKI, Paul Przemyslaw. *The Internationalization of Internet Law. In:* KLABBERS,

II. A TRIBUTAÇÃO DO COMÉRCIO ELETRÓNICO

Em verdade, se existe uma área que extrapola *naturalmente* os limites geográficos, esta é a Internet[291].

Nesta linha, e em particular na Internet, as pessoas estão interligadas virtualmente, não importando a distância, bem como a localização física das partes envolvidas. A separação, em termos práticos, é de apenas um *click*.

Por outro lado, é da essência do Estado exercer seu poder soberano sobre um território[292].

Os regramentos emanados caracterizam-se, precisamente, pelo facto de suas esferas territoriais possuírem um âmbito de aplicação limitado[293].

A seu turno, as múltiplas atividades realizadas através da Internet são por inerência transnacionais, desterritorializadas, apresentando complexidades sobre a aplicação dos regramentos nacionais. No aspecto fiscal, estes desafios são fundamentais[294].

Aliás, os avanços tecnológicos apresentam, através das inúmeras atividades proporcionadas pela Internet, significativas interações com interferências infindáveis sobre indivíduos distantes fisicamente, mas ligados virtualmente.

É nesta linha de raciocínio então, que ao tomarmos as iniciativas legislativas tributárias de um país (qualquer) que possam resvalar na área da Internet, podemos verificar um interesse estatal em fazer aplicar tais normas para os atos e para as pessoas localizadas em seu espaço nacional.

Jan, SELLERS, Mortimer. *The Internationalization of Law and Legal Education*. Helsinki & Baltimore: Springer, IUS GENTIUM COMPARATIVE PERSPECTIVES ON LAW AND JUSTICE, 2008, p. 191/210.

[291] Neste contexto, podemos também considerar a área ambiental. Sobre este assunto, mais precisamente o Direito Ambiental, convidamos à leitura de ARAGÃO, Maria Alexandra de Sousa. *O Princípio do Nível Elevado de Protecção e a Renovação Ecológica do Direito do Ambiente e dos Resíduos*. Coimbra: Almedina, 2006. *Vide*, também, ARAGÃO, Maria Alexandra de Sousa. *Direito Constitucional do Ambiente da União Europeia*. in: GOMES CANOTILHO, J. J., LEITE, José Rubens Morato. *Direito Constitucional Ambiental Brasileiro*. São Paulo: Saraiva, 2ª edição, 2008, p. 12/56.

[292] Para BARBAS HOMEM (2003), historicamente a Jurisdição traduz-se pelo poder de dizer o Direito, no qual se inclui o poder de fazer as leis e de as aplicar aos casos controversos, sendo inerente a um território. *Cfr.* BARBAS HOMEM, António Pedro. *História das Relações Internacionais. O Direito e as concepções Políticas na Idade Moderna*. Coimbra: Almedina, 2003, p. 320.

[293] *Cfr.* KELSEN, Hans. *Teoria Geral do Direito e do Estado*. São Paulo: Martins Fontes, 2000, p. 299/300. *(Tradução do original KELSEN, Hans. *General Theory of Law and State*. Russel & Russel, 1961). *Vide* BATISTA MACHADO, J. *Lições de Direito Internacional Privado*. Coimbra: Almedina, 2002, p. 09. *Vide* FERRER CORREIA, A. *Lições de Direito Internacional Privado I*. Coimbra: Almedina, 2000, p. 16.

[294] *Vide* POLANSKI, Paul Przemyslaw. *The Internationalization of Internet Law. In*: KLABBERS, Jan, SELLERS, Mortimer. *The Internationalization of Law and Legal Education*. Helsinki & Baltimore: Springer, IUS GENTIUM COMPARATIVE PERSPECTIVES ON LAW AND JUSTICE, 2008, p. 191/210.

Por conseguinte, diversos (milhões) de outros atos e pessoas estariam fora do contexto efetivo destas legislações fiscais, mesmo relacionando-se com pessoas e empresas nacionais através da Internet[295].

Em outras palavras, os limites no âmbito de aplicação das regulações tributárias são enfrentados por qualquer país.

Mais especificamente, algumas qualidades básicas da Internet vêm oferecendo resistência natural à aplicação da legislação nacional nas atividades realizadas através da rede mundial de computadores, como a **globalidade** da Internet, as **comunicações eletrónicas internacionais** e o **Comércio Eletrónico multinacional**[296].

A natureza **global** da Internet, com certeza, foi uma das características idealizadas pelos seus criadores[297]. De facto, a rede foi desenvolvida sem um ponto central[298], com o intuito de evitar que a destruição deste pudesse paralisá-la.

Assim, o surgimento de diversos outros pontos de conexão, que se equivaliam, poderia ocorrer a partir de qualquer lugar, conectando-se aos que já estavam ligados à rede[299].

Nesta linha, a Internet é o condutor e transmissor das "rodovias da informação", constituindo-se como formidável veículo de comunicação. Em resumo, ao extremo, a Internet é composta de uma infraestrutura partilhada, que "fala" a mesma linguagem informática, ligando computadores e outros dispositivos móveis em todo o mundo[300].

---

[295] Neste contexto, ENGEL (2002) afirma que o Estado-nação já não possui um incontestado monopólio da regulamentação. Para o autor, o Governo ainda tem os seus poderes soberanos, mas não pode utilizá-los independentemente da esperada ação de outros governos. *Cfr.* ENGEL, Christoph. *The Role of Law in the Governance of the Internet.* Bonn: Max-Planck-Projektgruppe Recht der Gemeinschaftsgüter, 2002, p. 09.

[296] A Internet, como se sabe, é também compreendida como "Rede mundial de computadores".

[297] *Cfr.* ZITTRAIN, Jonathan. *Be careful what you ask for. Reconciling a Global Internet and Local Law. in:* THIERER, Adam, CREWS, Clyde Wayne. *Who rules the net?: Internet Governance and Jurisdiction.* Washington: Cato Institute, 2003, p. 13.

[298] Em 1957, Dwinght Eisenhower, então presidente dos E.U.A., sentindo a necessidade de criar uma forma mais eficiente e segura de comunicação entre o exército nas bases militares norte-americanas, criou a "Advanced Research Projects Agency" (ARPA) culminando, já em 1969, na interligação das máquinas da ARPANET, formando a rede que originaria a Internet. Inicialmente, a primeira comunicação entre computadores foi estabelecida por quatro pontos: Universidade da Califórnia-Santa Bárbara, UCLA, SRI Internacional e Universidade de Utah, em uma rede onde não havia a necessidade de um comando central e todos os pontos se equivaliam.

[299] *Cfr.* BALLARINO, Tito. *Internet Nel Mondo Della Legge.* Padova: Casa Editrice Dott. Antonio Milani, 1998, p. 19.

[300] *Cfr.* OLIVIER, Hance. *Business et Droit d'Internet.* London: Best of Editions, 1996, p. 37/39. *Vide* SMITH, Graham, BOARDMAN, Ruth. *Internet Law and Regulation.* London: Sweet & Maxwell, 2007, p. 05/15.

II. A TRIBUTAÇÃO DO COMÉRCIO ELETRÓNICO

Em virtude da diversificação de aparelhos que podem realizar uma conexão à Internet, da pulverização destas fontes, bem como da digitalização de seus conteúdos, a Internet pode ser qualificada como adimensional. Ademais, tal grandeza não é limitada pelas fronteiras dos Estados.

No mesmo sentido, a Internet apresenta outra característica distinta: sua ubiquidade[301]. Em outras palavras, ela está em todos os países[302] ao mesmo tempo.

Com efeito, a globalidade caracteriza a rede mundial de computadores.

Neste contexto, pois, o Direito Tributário nacional, e a utilização deste mesmo Direito em julgamentos e investigações, está sendo desafiado pelas novas tecnologias.

As fontes de juridicidade, ao estabelecerem regras e medidas, prescrevem formas e procedimentos com referências nacionais, locais. Contudo, a Internet é internacional, e novas problemáticas e riscos estão surgindo neste espaço[303].

Nesta linha, TIMOFEEVA (2006) assevera que o zelo regulador dos países está a aumentar, mas existem vários fatores que complicam esta tarefa. Para a autora, o mais indubitável é a globalidade da rede[304].

Em conformidade, DIAS PEREIRA (2008) discorre que a dimensão transnacional da Internet provoca o questionamento sobre qual é o papel do Direito[305] na configuração normativa deste espaço[306].

Neste diapasão, em substância, de merecido destaque é a opinião de BECK (2002), para quem o *fordismo* e a política *keynesiana* se fundavam nas fronteiras do Estado-nação, quer dizer, no entendimento de uma política e sociedades nacionais, e de seu potencial regulador. Contudo, na sociedade de risco esta

---

[301] Como já referido, o fenómeno que temos vindo a exaltar é muitíssimo mais amplo que o surgido na era do rádio e da televisão, onde ao menos as fontes reprodutoras são estáticas e conhecidas, o que não é comparável à multiplicação e pulverização dessas fontes através da Internet. *Vide* TSELENTIS, Georgios, *et al. Towards the Future Internet. Emerging Trends from European Research.* Berlin: IOS, 2010, p. IX. *Cfr.* INTERNATIONAL TELECOMMUNICATION UNION-ITU. *Digital. life.* Genebra: ITU, 2006, p. 22.

[302] Podemos, também, dizer que a Internet conecta embarcações no alto mar, e liga-se à estação espacial internacional, bem como dispositivos móveis que podem ser transportados de país para país, levantando-se questionamentos acerca da jurisdição.

[303] *Vide* DRAETTA, Ugo. *Internet et Commerce Électronique en Droit International des affaires.* Paris: Forum Européen de la Communication, 2003, p. 51 e 55.

[304] *Cfr.* TIMOFEEVA, Yulia A. *Establishing Legal Order in the Digital World: Local Laws and Internet Content Regulation.* Journal of International Commercial Law, Volume 1, Issue 1, 2006, p. 41.

[305] Tal questionamento se dá, também, porque as inovadoras formas de comunicação e contratualização internacionais proporcionadas pela Internet levantam limites de aplicabilidade às legislações emanadas nacionalmente.

[306] *Cfr.* DIAS PEREIRA, Alexandre Libório. *Direitos de Autor e Liberdade de Informação.* Coimbra: Almedina, 2008, p. 321.

A TRIBUTAÇÃO DO COMÉRCIO ELETRÓNICO NOS EUA E NA UE

imagem de ordem desaparece, e é substituída pela compulsão para situar-se e afirmar-se no mercado mundial e na sociedade de risco global[307].

De facto, se pensarmos nos atuais riscos a que estamos expostos (terrorismo global, aquecimento global, gripes em escala global, crises financeiras internacionais, entre outros), a sentença acima é corroborada.

Neste desenrolar, com o constante desenvolvimento tecnológico e na medida em que novas necessidades aparecem aos usuários da rede mundial de computadores, é natural que novos conflitos surjam, e que antigos sejam potencializados também na Internet[308].

Por conseguinte, o Estado, garantidor natural da edição do Direito positivo é chamado para responder às novas indagações que se colocam, em especial na seara tributária.

Dentro do contexto levantado, novamente BECK (2003) assevera que a principal conclusão que pode ser tirada é que a distinção de espaço e horizonte que caracterizaram a primeira modernidade estão a tornar-se mitos. Para o referido autor, o mundo da primeira modernidade era nacional. Havia uma clara distinção entre interior e exterior, entre nacional e estrangeiro. Naquele mundo, o Estado-nação era a referência da ordem, a política era nacional, a cultura era nacional, o território era nacional. Nacional e internacional, segundo BECK, eram dois lados de um espaço independente. Contudo, agora, quando analisamos o mundo de uma perspectiva transnacional, é óbvio que está cada vez mais difícil distinguir o nacional do internacional (ponto também compartilhado por CASSESE, 2008, e CASTELLS, 2003). Em arremate importante para nosso estudo, BECK assevera que as partes definidoras do espaço nacional estão se tornando desnacionalizadas. Cada vez mais as atitudes das pessoas estão ultrapassando as fronteiras, e essas realidades desafiam os pensamentos modernos[309].

---

[307] Cfr. BECK, Ulrich. La Sociedade del Riesgo Global. Madrid: Siglo XXI de España, 2002, p. 180 (Tradução do original BECK, Ulrich. World Risk Society. Cambridge: Polity Press, 1999).

[308] Com a utilização da Internet, os problemas decorrentes de danos online se intensificaram em paralelo com as diversas pessoas que se sentem prejudicadas na rede. Por um lado, indivíduos com queixa de difamação ou fraude se unem a empresas preocupadas com ciberespeculações, ou disputas por nome de domínio, entre muitos outros problemas.

[309] Cfr. BECK, Ulrich, SZNAIDER, Natan, WINTER, Rainer. Global America?: the cultural consequences of globalization. Liverpool: Liverpool University Press, 2003, p. 26/28. Cfr. CASSESE, Sabino. Regulation, Adjudication and Dispute Resolution Beyond the State. Heidelberg: Max-Planck-Institut für ausländisches öffentliches Recht und Völkerrecht, Fall, 2008, p. 34. Cfr. CASTELLS, Manuel. A Era da Informação: Economia, Sociedade e Cultura. (O Poder da Identidade-Volume II). Lisboa: Fundação Calouste Gulbenkian, 2003, p. 72/82 e 433. Vide SASSEN, Saskia. When National Territory is Home to the Global: Old Borders to Novel Borderings. London: Routledge. New Political Economy, Volume 10, nº 4, 2005, p. 523/541.

II. A TRIBUTAÇÃO DO COMÉRCIO ELETRÓNICO

A Internet é o melhor exemplo para tais considerações.

Uma perspectiva transnacional[310] significa que as pessoas quando formulam a sua própria noção de identidade, ou se relacionam pela Internet, estão a referir-se, cada vez mais, e também, a outros contextos que não somente o do Estado-nação[311].

Nesse passo, ZITTRAIN (2003) explica que a Internet global, funcionando com base em protocolos de comunicação abertos, denota que os utilizadores podem ignorar a sua própria localização física, e também a de qualquer pessoa com quem trocam informações ou contratualizam[312].

Esse traço marcante da Internet levanta a problemática a respeito do exercício do poder regulatório fiscal do Estado, na medida em que as relações das pessoas não dependem da localização geográfica, atravessando a integridade física de territórios soberanos[313].

Assim, em uma época em que o controlo tradicional do Estado sofre profundas transformações, as identidades culturais locais em várias partes do mundo estão a passar por reviravoltas poderosas. O Estado, enquanto fonte geradora de identidade e regulação, está a perder a sua importância em muitas regiões, à medida que mudanças sociais nos planos regional e global enfraquecem o sentimento de pertença, exclusiva, das pessoas face aos Estados em que vivem[314].

---

[310] Devemos salientar, novamente, que as referências ao adjetivo "transnacional" tem, para nós em relação à Internet e ao Comércio Eletrónico, o mesmo significado e resultado prático que "internacional", ainda que considerando as sutis diferenças entre elas, como muito bem levantado por LIMA PINHEIRO, Luís. *Direito Internacional Privado*. Coimbra: Almedina, Volume 1, 2008, p. 37.

[311] Neste sentido, a Constituição da República Portuguesa, por exemplo, enaltece em seu artigo 7º, nº 5, que " *5. Portugal empenha-se no reforço da identidade europeia e no fortalecimento da acção dos Estados europeus a favor da democracia, da paz, do progresso económico e da justiça nas relações entre os povos.*" Neste diapasão, em 2009, em Portugal, um conhecido partido político utilizou um *slogan* para procurar incrementar seus votos nas eleições europeias, nos seguintes termos: "Nós Europeus"... *Vide* DREZNER, Daniel. *All politics is global: explaining international regulatory regimes*. Princeton: Princeton University Press, 2007, p. 29. *Vide* HUNTINGTON, Samuel P. *The Clash of Civilizations and the Remaking of World Order*. New York: Simon & Schuster, 2003, p. 43.

[312] *Cfr.* ZITTRAIN, Jonathan. *Be careful what you ask for. Reconciling a Global Internet and Local Law*. In: THIERER, Adam, CREWS, Clyde Wayne. *Who rules the net?: Internet Governance and Jurisdiction*. Washington: Cato Institute, 2003, p. 13.

[313] *Vide* DREZNER, Daniel. *All politics is global: explaining international regulatory regimes*. Princeton: Princeton University Press, 2007, p. 26.

[314] *Cfr.* GIDDENS, Anthony. *Sociologia*. Lisboa: Fundação Calouste Gulbenkian, 2008, p. 56/57. *Vide* HUNTINGTON, Samuel P. *The Clash of Civilizations and the Remaking of World Order*. New York: Simon & Schuster, 2003, p. 40 e ss. *Cfr.* CASTELLS, Manuel. *A Era da Informação: Economia, Sociedade e Cultura. (O Poder da Identidade-Volume II)*. Lisboa: Fundação Calouste Gulbenkian, 2003, p. 72/82.

A dicotomia entre a Internet/global e a Lei/nacional-local, leva os governos e julgadores a refletirem sobre os limites do seu alcance jurídico em relação ao comércio longínquo, mas que pela Internet está a provocar reflexos locais[315].

Hodiernamente, *in exemplis*, um importante **CASO** agita as discussões em torno desta temática em Portugal.

Trata-se do imbróglio envolvendo a LIGA PORTUGUESA DE FUTEBOL PROFISSIONAL E A BETANDWIN INTERNATIONAL (*BWIN*), em relação ao Departamento de Jogos da Santa Casa da Misericórdia de Lisboa.

Neste momento vale referir que a Betandwin, conhecido *Web site* de apostas *online*, antes sediado na Áustria, **questiona** em Tribunal a **aplicação da legislação** portuguesa que confere à Santa Casa o direito exclusivo de organizar e de explorar lotarias, bem como apostas mútuas em todo o território nacional, inclusive na Internet. A *questio* continua *sub judice*, contudo, de forma desafiadora, qualquer pessoa que deseje realizar apostas no citado sítio consegue fazê-lo a partir da Internet, inclusive estando em Portugal, no www.bwin.com[316].

Em outras palavras, a legislação está a ser ignorada. Consequentemente, a capacidade portuguesa em tributar estas mesmas apostas é nula.

Neste dilema, os países são assim forçados a limitar a sua legislação, quando -uma intervenção regulatória afeta partes fora do Estado, e que estejam operando no âmbito de outras regras do jogo. Para ZITTRAIN (2003), isto pode ser

---

[315] *Cfr.* ZITTRAIN, Jonathan. *Be careful what you ask for. Reconciling a Global Internet and Local Law.* In: THIERER, Adam, CREWS, Clyde Wayne. *Who rules the net?: Internet Governance and Jurisdiction.* Washington: Cato Institute, 2003, p. 18. HOLLAND, H. Brian. *The Failure of the Rule of Law in Cyberspace? Reorienting the Normative Debate on Borders and Territorial Sovereignty.* John Marshall Journal of Computer & Information Law, Volume 24, 2005, p. 4 e ss. *Vide* BIEGEL, Stuart. *Beyond Our Control?: Confronting the Limits of Our Legal System in the Age of Cyberspace.* Cambridge: MIT Press, 2003, p. 101.

[316] Para informações sobre o caso convidamos à leitura em: TRIBUNAL DE JUSTIÇA DAS COMUNIDADES EUROPEIAS. Disponível em: *http://curia.europa.eu/jurisp/cgi-bin/form.pl?lang=PT&S ubmit=rechercher&numaff=C-42/07* , Acesso em: 14.05.2009. Note-se que, mais recentemente, a Betandwin alterou seus registos para Gibraltar, conforme os termos de serviço de seu *Web site* na Internet, nestas palavras: *"Escolha da lei/local de desempenho/propriedade intelectual 1-As relações legais entre os clientes e a empresa estão sujeitas à Lei de Gibraltar, à excepção das leis de referência do Direito privado internacional. O local para o desempenho de todas as obrigações decorrentes destas apostas e jogos, bem como as obrigações decorrentes dos respectivos valores das apostas, é Gibraltar. Quaisquer disputas que ocorram relacionadas com apostas efectuadas por clientes estão – na medida em que tal for legalmente permitido – sujeitas à jurisdição dos tribunais com jurisdição local sobre Gibraltar."* *Cfr.* Bwin, disponível em: https:// help.bwin.com/General/Legal/general_tac.aspx, Acesso em: 07.04.2010. Sobre a problemática em questão, contudo no espaço norte-americano, *Vide* MORSE, Edward. *The Internet gambling conundrum: Extraterritorial impacts of U.S. laws on Internet businesses.* Computer Law & Security Report, Volume 23, Issue 6, 2007, p. 529/536.

II. A TRIBUTAÇÃO DO COMÉRCIO ELETRÓNICO

doutrinariamente inconsistente, mas é perfeitamente compreensível, na prática, pela ausência evidente de uma estrutura jurídica global unificadora[317].

O que é diferente agora, nas palavras de Cox (2004), é que as alterações que estas novas tecnologias trazem estão a ser vislumbradas em nível internacional e supranacional, e isto tem implicações importantes para a soberania nacional e independência[318].

Acrescente-se, que o número de situações internacionais, oriundas de relações digitais, com interferências locais, é tão numerosa que não encontra paralelo em nenhum outro momento da história.

Na opinião basilar de KELSEN (2000), a limitação da esfera das medidas coercitivas corresponde a dizer que elas têm de ser instituídas apenas para esse território, e executadas dentro dele. Em verdade, não é impossível que determinada regulação seja prescrita objetivando atingir eventos também localizados em outros países, mas para o autor tais normas seriam antijurídicas. O fundamento de tais conclusões, para KELSEN, é o Direito Internacional, ao determinar como a validade das normas jurídicas nacionais está restrita a certo espaço, bem como quais são as fronteiras deste espaço[319].

Na Internet, quando os utilizadores encontram caminhos altamente regulados, logo surgem métodos criativos e inovadores a burlar qualquer regulação.

Aliás, importante assinalar, que outras diversas utilidades da Internet como as comunicações digitais, também se aproveitam dessa qualidade global da rede, perfazendo um ambiente de difícil regulação e aplicação nacional.

Nuclearmente, as principais comunicações realizadas na Internet são feitas através do correio eletrónico, das mensagens instantâneas, e das redes de relacionamento digitais, conforme já levantado no primeiro Capítulo deste estudo.

Inicialmente, o correio eletrónico configura-se no serviço de comunicação mais básico que a Internet proporciona. Sua simplicidade, comodidade, rapidez, e baixo custo, permitem estabelecer comunicações por todo o mundo. Tudo isso, podendo ser acompanhado de som, imagens, vídeos e gráficos[320].

---

[317] *Cfr.* ZITTRAIN, Jonathan. *Be careful what you ask for. Reconciling a Global Internet and Local Law.* In: THIERER, Adam, CREWS, Clyde Wayne. *Who rules the net?: Internet Governance and Jurisdiction.* Washington: Cato Institute, 2003, p. 20/21.

[318] *Cfr.* Cox, Noel. *The Extraterritorial Enforcement of Consumer Legislation and the Challenge of the Internet.* Edinburgh Law Review, Volume 8, nº 1, 2004, p. 03.

[319] *Cfr.* KELSEN, Hans. *Teoria Geral do Direito e do Estado.* São Paulo: Martins Fontes, 2000, p. 300/301. (Tradução do original KELSEN, Hans. *General Theory of Law and State.* Russel & Russel, 1961).

[320] Por ser um conjunto de várias redes interconectadas, que por sua vez agrega uma quantidade de computadores de diferentes procedências, fabricantes, e distintos sistemas operacionais, é que

A TRIBUTAÇÃO DO COMÉRCIO ELETRÓNICO NOS EUA E NA UE

Contudo, os dados e mensagens trocados por *e-mail* devem permanecer armazenados e posteriormente fornecidos[321] pelos provedores de conteúdo, para que, eventualmente, possam ser utilizados como prova de determinada conduta criminosa em Tribunal, em especial aquelas relacionadas a compras e vendas pela Internet, e que deveriam ser tributadas.

Entretanto, se tais provedores estiverem localizados no exterior, a indagação que se faz é: uma Lei nacional poderia constranger provedores de conteúdo localizados em outros países a fornecer tais dados?

Exemplos como o Yahoo! (que utiliza a legislação do estado da California-EUA)[322], o Hotmail (agora Outlook, que submete-se às leis do estado de Washington-EUA, Cingapura ou Luxemburgo, conforme a localidade acionada)[323], o

Engenheiros e Técnicos ligados à Internet, desenvolveram um conjunto de regras similares, que pudessem ser reconhecidas por outros sistemas, oriundos de países diferentes, sem necessidade de interrupção da rede. A este desenvolvimento deu-se o nome de *Simple Mail Transport Protocol-SMTP*, permitindo, assim, a transferência do correio eletrónico por diferentes sistemas e países. Dessa forma, um conjunto de tarefas invisíveis que se desenrola através do SMTP garantem o transporte eficiente do *e-mail* entre os *hosts* internacionais. *Vide* MARTÍNEZ LÓPEZ, Francisco, HUERTAS, Paula, CARRIÓN, Rodrigo, SILVERA, José. *Internet para Investigadores: Relación y Localización de Recursos en la red para Investigadores y Universitarios.* Huelva: Servicio de Publicaciones de la Universidad de Huelva, 1998, p. 20/22. *Vide* WERNE, Jens. *E-Commerce.co.uk – Local Rules in a Global Net. Online Business Transactions and the Applicability of Traditional English Contract Law Rules.* International Journal of Communications Law and Policy, Issue 6, Winter, 2001, p. 01.

[321] Neste ponto, vale mencionar que o acesso aos conteúdos deveria, em nosso entender, ser apenas disponibilizado às autoridades judiciais, por sua determinação em decorrência de um processo judicial. Ainda, a proteção destes dados, até o referido momento, deve ser de responsabilidade dos provedores. *Vide*, neste contexto, a DIRETIVA 2002/58/CE DO PARLAMENTO EUROPEU E DO CONSELHO, de 12 de Julho de 2002, relativa ao tratamento de dados pessoais e à protecção da privacidade no sector das comunicações eletrónicas (DIRETIVA "Privacidade e Comunicações Eletrónicas"), transposta em Portugal pela Lei nº 41/2004, de 18 de Agosto. *Vide* artigo 25 e seguintes da "Convention on Cybercrime". Disponível em: http://www.conventions.coe.int/Treaty/Commun/QueVoulezVous.asp?NT=185&CM=8&DF=07/04/2010&CL=GER . Acesso em: 01.06.2010.

[322] Os termos de serviço do Yahoo!, submetem eventuais litígios ou práticas à legislação do Estado da California, nestes termos: "*Choice of Law and Forum. You and Yahoo! each agree that the TOS and the relationship between the parties shall be governed by the laws of the State of California without regard to its conflict of law provisions and that any and all claims, causes of action or disputes (regardless of theory) arising out of or relating to the TOS, or the relationship between you and Yahoo!, shall be brought exclusively in the courts located in the county of Santa Clara, California or the U.S. District Court for the Northern District of California. You and Yahoo! agree to submit to the personal jurisdiction of the courts located within the county of Santa Clara, California or the Northern District of California, and agree to waive any and all objections to the exercise of jurisdiction over the parties by such courts and to venue in such courts.*". Disponível em: http://info.yahoo.com/legal/us/yahoo/utos/utos-173.html , Acesso em: 19.05.2009.

[323] Interessante, neste contexto, a determinação da escolha da lei e do local para a resolução de contendas com a empresa Microsoft (detentora do Hotmail). Isto porque, a referida sociedade

II. A TRIBUTAÇÃO DO COMÉRCIO ELETRÓNICO

Gmail (que segue as leis do estado da Califórnia-EUA)[324], entre outros, estariam somente ligados as suas respectivas legislações[325], embora possuam usuários, ou interessados na utilização judicial de seus dados digitais, oriundos de diferentes partes do mundo.

Em outras palavras, estes provedores estariam vinculados às regras constantes em seus respectivos termos de serviço[326].

Devemos acrescentar, em consonância com as afirmações de LESSIG (2006), que a regulação no espaço da Internet significa a capacidade do governo para regulamentar o comportamento de seus cidadãos, enquanto utilizadores da Internet. Mas a arquitetura do ciberespaço tornou a vida neste contexto menos regulável tributariamente em nível nacional[327].

Analisando os exemplos acima, podemos afirmar que cada vez mais as sociedades escolhem as leis às quais gostariam de se submeter. Embora isso já viesse a ser praticado anteriormente, a Internet proporciona a qualquer um realizar a mesma escolha.

---

destina diferentes localidades, em conformidade ao local que a pessoa singular ou coletiva está situada. Contudo, isto é realizado em blocos, por exemplo: aqueles situados na Região da América do Norte e do Sul, Índia e China estão firmando um contrato submetido às leis do estado de Washington-EUA; os situados no Japão e no Pacífico asiático, submeter-se-ão às leis de Cingapura; e os situados na Europa, Oriente Médio e África, estão firmando um contrato com a Microsoft Luxembourg. Assim, para àqueles situados em Portugal, *in casu*, as leis do governo de Luxemburgo regerão a interpretação do contrato e serão aplicáveis às reclamações de violação deste, independentemente dos princípios de conflito de leis. Muito interessante também, é que para todas as outras reivindicações, incluindo as relativas às leis de proteção ao consumidor, leis de concorrência desleal, e em delito, estarão sujeitas às leis do país para o qual a Microsoft fornecer o serviço. Por fim, a Microsoft alerta que as partes *"concordam de forma irrevogável com a jurisdição e o foro exclusivos dos tribunais de Luxemburgo, para todas as contendas que surgirem ou estiverem relacionadas a este contrato."*. Disponível em: http://help.live.com/help.aspx?project=tou&mkt=pt-br , Acesso em: 19.05.2009.

[324] A seu turno, o Gmail, serviço gerido pelo Google, estipula em seus termos de serviço, que a legislação da Califórnia deverá regular as questões resultantes da utilização do *e-mail*, nestas palavras: *"20.7 Os Termos, e o relacionamento entre o usuário e o Google conforme os Termos, serão regidos pelas leis do Estado da Califórnia, independentemente do conflito de cláusulas legais. O usuário e o Google concordam em submeter à exclusiva jurisdição dos tribunais localizados no condado de Santa Clara, Califórnia, a resolução de quaisquer questões legais resultantes dos Termos. Não obstante o referido, o usuário concorda que o Google poderá ainda apresentar medidas injuntivas (ou de tipo equivalente de compensação legal urgente) em qualquer jurisdição."*. Disponível em: http://www.google.com/accounts/TOS?hl=pt-BR , Acesso em: 1410.2009.

[325] *Vide* KROES, Quinten. *E-Business Law of the European Union*. The Hague: Kluwer Law International, 2003, p. 17.

[326] Os termos de serviço são cláusulas contratuais gerais disponibilizadas aos usuários no momento em que procedem à sua inscrição junto ao serviço de correio eletrónico na Internet. No caso do Yahoo!, Hotmail e Gmail, *vide* notas anteriores.

[327] *Cfr.* LESSIG, Lawrence. *Code. Version 2.0*. New York: Basic Books, 2006, p. 23.

Isso porque um usuário português, por exemplo, ao escolher um provedor de correio eletrónico que obedece leis de outro país, está ao mesmo tempo manifestando, ainda que despretensiosamente, seu desejo de utilizar as leis estrangeiras em suas relações de *e-mail*.

Se admitirmos que ações judiciais podem solicitar provas armazenadas nestes provedores estrangeiros, estamos a concluir que pode ser impossível que tais sociedades eletrónicas sigam os ditames de Portugal, ou qualquer outro país que não os escolhidos pela empresa da Internet.

Tais assertivas nos levam a concordar que a lógica tradicional de que as leis nacionais devem ser cumpridas, não são tão verdade nos tempos da Internet.

Por sua vez, as comunicações instantâneas são feitas através do diálogo entre os usuários, de forma simultânea, sendo que no momento em que é estabelecida a conexão, a tela divide-se em duas ou mais partes. Como já destacado neste trabalho, tudo isso com a possibilidade de acessórios como as minicâmaras e microfones, tornando as comunicações distantes tanto audíveis como visuais.

Vale mencionar novamente, nesta linha de ideias, que as comunicações também são realizadas por chamadas diretas e gratuitas com outros usuários, videochamadas, mensagens instantâneas, chamadas para telefones fixos e para telemóveis (com cobrança de tarifas), e ainda mensagens de texto para telemóveis. Essas condições de comunicação, aliás, tornam os contextos de interação pela Internet universais, imediatos, simultâneos e incrivelmente rápidos.

Para tudo isso, os programas Messenger (agora Skype – Windows Live Messenger, da Microsoft Corporation – que escolheu a legislação fiscal de Washington-EUA, de Cingapura ou de Luxemburgo)[328] e o Skype (que submete-se às normas fiscais de Luxemburgo)[329], são os mais usados atualmente.

A partir do exposto, até aqui, concluímos que apesar da globalidade e da multiplicidade de pessoas adeptas a estes serviços, esperam-se enormes dificul-

---

[328] Novamente, vale mencionar que a determinação da escolha da lei e do local para a resolução de contendas com a empresa Microsoft (detentora do Messenger) destina diferentes localidades, em conformidade ao local que a pessoa singular ou coletiva está situada, nestes termos: aqueles situados na Região da América do Norte e do Sul, Índia e China estão firmando um contrato submetido às leis do Estado de Washington-EUA; os situados no Japão e no Pacífico asiático, submeter-se-ão às leis de Cingapura; e os situados na Europa, Oriente Médio e África, estão firmando um contrato com a Microsoft Luxembourg. Disponível em: http://help.live.com/help.aspx?project=tou&mkt=pt-br, Acesso em: 19.05.2009.

[329] O serviço denominado Skype, não obstante fornecer para todo o mundo suas utilidades, determina a subordinação de suas atividades às leis de Luxemburgo, nestas palavras: *"20.5 Applicable Law and Competent Court: The Terms of Service shall be governed by and interpreted in accordance with the laws of Luxembourg and shall be subject to the jurisdiction of the courts of the district of Luxembourg.".* Disponível em: http://www.skype.com/intl/en/legal/terms/voip/ , Acesso em: 19.05.2009

II. A TRIBUTAÇÃO DO COMÉRCIO ELETRÓNICO

dades na obtenção de informações judiciais importantes[330] relativas aos usuários, bem como tributar estas mesmas práticas, tendo em vista esses serviços serem oferecidos por empresas sediadas num Estado diferente (dependendo de onde se está localizado), sem representação nos Estados onde operam naturalmente, e submetidas às leis constantes em seus respectivos termos de serviço[331].

Em outras palavras, os Estados nacionais estão a ser naturalmente desafiados na aplicação de suas respectivas legislações nacionais ao se depararem com os termos de serviço definidos pelos *Web sites* de relacionamento, bem como pelos provedores de correio eletrónico.

Na mesma ordem de ideias, encontram-se as redes de relacionamento digitais.

Na perspectiva de RUSTAD e LAMBERT (2009), os *Social network Web sites* representam um novo paradigma na história da Internet. Conforme salientam os autores, o desenvolvimento do correio eletrónico levou os usuários às mensagens instantâneas, que por sua vez levaram para as redes de relacionamento digitais, como o Facebook, e o surgimento de portais gerados pelos próprios utilizadores, como o YouTube[332].

De facto, hodiernamente, muitos de nós passamos mais tempo usando estes novos serviços da Internet, conectando amigos nas redes sociais como o Orkut (em arquivo desde 2014, que utilizava a legislação da Califórnia-EUA)[333], o MySpace (que escolheu as leis do estado de New York-EUA)[334], o Facebook,

---

[330] Aqui compreendidas aquelas informações necessárias à composição de ações judiciais.

[331] Os termos de serviço são cláusulas contratuais gerais disponibilizadas aos usuários no momento em que procedem à sua inscrição junto ao serviço de comunicação instantânea na Internet. No caso do Skype, podem ser visualizados na parte inferior direita do *Web site* www.skype.com ("Informações legais"). A seu turno, o Messenger disponibilizava seus termos de serviço no canto inferior esquerdo de seu Web site http://www.msn.com ("Legal"). *Vide*, também, notas anteriores.

[332] *Cfr.* RUSTAD, Michael, LAMBERT, Thomas. *Internet Law in a Nutshell.* Suffolk University Law School, Legal Studies Research Paper Series, nº 09/05, 2009, p. 28/29.

[333] O Orkut é outro serviço gerido pelo Google, que estipula em seus termos de serviço, que a legislação californiana deverá regular as questões resultantes da utilização desta rede social, nestes termos: *"20.7 Os Termos, e o relacionamento entre o usuário e o Google conforme os Termos, serão regidos pelas leis do Estado da Califórnia, independentemente do conflito de cláusulas legais. O usuário e o Google concordam em submeter à exclusiva jurisdição dos tribunais localizados no condado de Santa Clara, Califórnia, a resolução de quaisquer questões legais resultantes dos Termos. Não obstante o referido, o usuário concorda que o Google poderá ainda apresentar medidas injuntivas (ou de tipo equivalente de compensação legal urgente) em qualquer jurisdição."*. Disponível em: http://www.google.com/accounts/TOS?hl=pt-BR, Acesso em: 1410.2009.

[334] O MySpace elege o estado norte-americano de New York como local regulador de eventuais litígios, conforme seu termo de serviço: *"15. Litígios. O Contrato será regido e interpretado de acordo com as leis do Estado de Nova York, sem considerar as normas de conflitos. O Utilizador e a MySpace compro-*

A TRIBUTAÇÃO DO COMÉRCIO ELETRÓNICO NOS EUA E NA UE

que possui mais de 1 Bilhão de usuários espalhados pelo mundo (mas que submete-se às leis da Califórnia-EUA)[335], o Twitter (que, igualmente, escolheu a legislação da Califórnia-EUA), o PlentyOfFish (utiliza-se da legislação do Canada)[336], gerindo e compartilhando perfis, bem como nossas coleções de fotos em *Web sites* como Flickr (leis da Califórnia-EUA)[337] e Photobucket (este escolheu a legislação de New York-EUA)[338].

metem-se a ficar sujeitos à jurisdição exclusiva dos tribunais localizados no Estado de Nova York para resolver qualquer litígio resultante do Contrato ou dos Serviços MySpace.". Disponível em: http://www.myspace.com/index.cfm?fuseaction=misc.terms, Acesso em: 15.04.2009.

[335] A seu turno, o Facebook determina a regulação oriunda do estado norte-americano da California para governar os litígios eventualmente ocorrentes, de acordo com estas palavras: *"1. You will resolve any claim, cause of action or dispute ("claim") you have with us arising out of or relating to this Statement or Facebook in a state or federal court located in Santa Clara County. The laws of the State of California will govern this Statement, as well as any claim that might arise between you and us, without regard to conflict of law provisions. You agree to submit to the personal jurisdiction of the courts located in Santa Clara County, California for the purpose of litigating all such claims.".* Disponível em: http://www.facebook.com/terms.php?ref=pf, Acesso em: 22.04.2009. Para as estatísticas do Facebook, *vide* Socialbakers, disponível em: http://www.socialbakers.com/countries/continents/ , Acesso em 08.03.2013.

[336] Diferentemente dos demais *Web sites* de relacionamento citados, o PlentyOfFish é regulado pela legislação canadiana, nos seguintes termos: *"This Agreement represents the entire agreement between you and Plentyoffish regarding the use of our services and supersedes any other agreement or understanding on the subject matter. This Agreement, your rights and obligations, and all actions contemplated by this Agreement shall be governed by the laws of the Province of British Columbia, Canada. As a condition of using Plentyoffish.com's services, each user agrees that any and all disputes and causes of action arising out of or connected with Plentyoffish.com, shall be resolved through arbitration, with such arbitration to be held in Vancouver, British Columbia, Canada.".* Disponível em: http://www.plentyoffish.com/terms.aspx , Acesso em: 12.04.2009.

[337] O Flickr, utiliza-se dos termos de serviço do Yahoo!, corporação que realiza sua gestão, submetendo-se à legislação do estado da California-EUA, de acordo com estes termos: *"Choice of Law and Forum. You and Yahoo! each agree that the TOS and the relationship between the parties shall be governed by the laws of the State of California without regard to its conflict of law provisions and that any and all claims, causes of action or disputes (regardless of theory) arising out of or relating to the TOS, or the relationship between you and Yahoo!, shall be brought exclusively in the courts located in the county of Santa Clara, California or the U.S. District Court for the Northern District of California. You and Yahoo! agree to submit to the personal jurisdiction of the courts located within the county of Santa Clara, California or the Northern District of California, and agree to waive any and all objections to the exercise of jurisdiction over the parties by such courts and to venue in such courts.".* Disponível em: http://info.yahoo.com/legal/us/yahoo/utos/utos-173.html, Acesso em: 10.05.2009.

[338] Já o Photobucket, escolheu a legislação do estado de New York, nos Estados Unidos, para regular seus eventuais litígios, assim definidos: *"Disputes. The Agreement shall be governed by, and construed in accordance with, the laws of the State of New York, without regard to its conflict of law provisions. You and Photobucket agree to submit to the exclusive jurisdiction of the courts located within the State of New York to resolve any dispute arising out of the Agreement or the Photobucket Services...".* Disponível em: http://photobucket.com/terms, Acesso em: 16.05.2009.

II. A TRIBUTAÇÃO DO COMÉRCIO ELETRÓNICO

Ou ainda, assistindo vídeos no YouTube (legislação da Califórnia-EUA)[339].

Em concentração a estas utilidades, podemos dizer que o estado norte-americano da Califórnia tem sido o mais utilizado pelas empresas na regulação das redes de relacionamento digitais, através dos termos de serviço disponibilizados pelo Facebook, Orkut, Twitter, Flickr e YouTube.

Consequentemente, somente estas localidades (por exemplo a da Califórnia) possuem competência para tributar as atividades realizadas nas redes sociais. Pelo valor que estas empresas têm atingido, podemos vislumbrar que, de facto, os prejuízos fiscais são evidentes aos países que possuem usuários conectados a estes serviços.

Em arremate oportuno, esta primazia californiana coloca os poderes regulatórios de qualquer outra parte do mundo em situação de notório descontrolo[340].

---

[339] O YouTube, maior *Web site* do mundo que disponibiliza vídeos na Internet, definiu a California como fonte reguladora de suas atividades, através de seus termos de serviço: *"You agree that: (i) the YouTube Website shall be deemed solely based in California; and (ii) the YouTube Website shall be deemed a passive website that does not give rise to personal jurisdiction over YouTube, either specific or general, in jurisdictions other than California. These Terms of Service shall be governed by the internal substantive laws of the State of California, without respect to its conflict of laws principles. Any claim or dispute between you and YouTube that arises in whole or in part from your use of the YouTube Website shall be decided exclusively by a court of competent jurisdiction located in Santa Clara County, California. These Terms of Service, together with the Privacy Notice at http://www.youtube.com/t/privacy and any other legal notices published by YouTube on the Website, shall constitute the entire agreement between you and YouTube concerning the YouTube Website. If any provision of these Terms of Service is deemed invalid by a court of competent jurisdiction, the invalidity of such provision shall not affect the validity of the remaining provisions of these Terms of Service, which shall remain in full force and effect. No waiver of any term of this these Terms of Service shall be deemed a further or continuing waiver of such term or any other term, and YouTube's failure to assert any right or provision under these Terms of Service shall not constitute a waiver of such right or provision. YouTube reserves the right to amend these Terms of Service at any time and without notice, and it is your responsibility to review these Terms of Service for any changes. Your use of the YouTube Website following any amendment of these Terms of Service will signify your assent to and acceptance of its revised terms. YOU AND YOUTUBE AGREE THAT ANY CAUSE OF ACTION ARISING OUT OF OR RELATED TO THE YOUTUBE WEBSITE MUST COMMENCE WITHIN ONE (1) YEAR AFTER THE CAUSE OF ACTION ACCRUES. OTHERWISE, SUCH CAUSE OF ACTION IS PERMANENTLY BARRED."*. Disponível em: http://www.youtube.com/t/terms, Acesso em: 17.02.2010. Neste contexto do presente trabalho, *Vide* DEPARTMENT FOR COMMUNITIES AND LOCAL GOVERNMENT. *Online Social Networks-Research Report*. London: Clicks and Links, 2008, p. 06 e ss. *Vide, também*, RENNINGER, Ann, SHUMAR, Wesley. *Building virtual communities: learning and change in cyberspace*. Cambridge: Cambridge University Press, 2002. *Vide Web sites* citados em: http://www.myspace.com, http://www.facebook.com, http://www.flickr.com, http://www.plentyoffish.com, http://twitter.com, http://www.orkut.com , http://www.photobucket.com , http://www.youtube.com.

[340] Neste contexto, não podemos deixar de referir que o descontrolo advém da internacionalidade, constante, das comunicações eletrónicas transnacionais.

Em outras palavras, leva os governos e Tribunais estrangeiros (*in casu*, não californianos) a refletirem sobre os limites do seu alcance jurídico em relação a todas as atividades realizadas nas redes de relacionamento digitais, na utilização dos correios eletrónicos, e das mensagens instantâneas.

Contudo, seus usuários estão espalhados pelo mundo todo.

Neste contexto comercial, BECK (2002) muito bem adverte aqueles que procuram interpretar a dinâmica da economia da informação a partir do ponto de vista do antigo paradigma laboral, pois, para o referido autor, estes subestimam seu potencial autenticamente revolucionário, constituído pela possibilidade de comunicação direta *online* entre diversos tipos de atividade, desde a produção até a distribuição. A consequência para BECK é a dissolução do antigo paradigma territorializado da sociedade industrial, ponto igualmente antecipado por LEITE DE CAMPOS (1998)[341].

De facto, a moderação legislativa que trata igualmente as atividades comerciais do "mundo real" com as realizadas através da Internet e do comércio *online*, num primeiro momento pode parecer como correta, adequada. No entanto, tratar as duas atividades do mesmo modo é deixar esvaziada a letra da lei, e esta tornar-se em muitos casos *incumprível* em linha, sem efeito[342].

Conforme vimos, a capacidade dos governos em regular o comportamento no Comércio Eletrónico, foi alterada, pois os compradores e vendedores podem estar localizados em qualquer lugar no "mundo real" .

Atualmente, há um espaço virtual, onde as pessoas interagem, onde as pessoas comercializam. Alguns governos são mais fortemente reguladores que outros e as empresas já podem escolher, com maior facilidade, a qual deles querem se submeter (ou não se submeter a nenhum)[343].

---

[341] *Cfr.* BECK, Ulrich. *La Sociedade del Riesgo Global.* Madrid: Siglo XXI de España, 2002, p. 180 (Tradução do original BECK, Ulrich. *World Risk Society.* Cambridge: Polity Press, 1999). *Cfr.* LEITE DE CAMPOS, Diogo. *A Internet e o Princípio da Territorialidade dos Impostos.* Lisboa: Revista da Ordem dos Advogados, ano 58, 1998, p. 642.

[342] *Vide* KOMAITIS, Konstantinos. *Aristotle, Europe and Internet Governance.* Pacific McGeorge Global Business & Development Law Journal, Volume 21, Nº 1, 2008, p. 02. *Cfr.* TIMOFEEVA, Yulia A. *Establishing Legal Order in the Digital World: Local Laws and Internet Content Regulation.* Journal of International Commercial Law, Volume 1, Issue 1, 2006, p. 41. *Vide* SANCHES, Matt C. *The Web Difference: A Legal and Normative Rationale Against Liability for Online Reproduction of third-party Defamatory Content.* Harvard Journal of Law & Technology, Volume 22, Number 1, 2008, p. 319. Em uma perspectiva mais conservadora, *Vide* SCHMAHL, Stefanie. *Zwischenstaatliche Kompetenzabgrenzung im Cyberspace.* Archiv des Völkerrechts, Volume 47, Number 3, September 2009, p. 284/327.

[343] Neste sentido, JOHNSON e POST (1996) afirmam: *"The rise of an electronic medium that disregards geographical boundaries throws the law into disarray by creating entirely new phenomena that need to become the subject of clear legal rules but cannot be governed, satisfactorily, by any current territorially based sove-*

II. A TRIBUTAÇÃO DO COMÉRCIO ELETRÓNICO

Essencialmente, o relacionamento comercial passando a ser mundial, torna as propostas locais e iniciais ultrapassadas, face à revolução na sociedade da informação globalizada. Em outras palavras, a possibilidade de legislar não diz respeito apenas ao que ocorre dentro do país, tornando-se também uma questão comunitária, internacional, e, no caso da Internet e do Comércio Eletrónico, mundial[344].

Neste mesmo sentido é que STANFIELD (1998), já antecipava a necessidade dos operadores do Direito em aperfeiçoarem seus conhecimentos sobre o Direito no Comércio Eletrónico, tendo em vista o crescente número de pessoas que utilizam a tecnologia e conduzem seus negócios na Internet, ocasionando, por conseguinte, reflexos jurídicos para a sociedade[345].

De facto, o Comércio Eletrónico já engloba uma grande variedade de problemas legais, *in casu* tributários, que possuem suas peculiaridades, tendo, com exceção da entrega física de produtos, a tendência de incluir todos os aspectos de uma transação comercial, desde ordens, contratos, pagamentos, marketing, até a entrega eletrónica e telemática, de bens e serviços[346].

Em particular, a localização das atividades da empresa é uma preocupação no Comércio Eletrónico. Para fins fiscais, a localização das atividades pode determinar que Estado-Membro ou que país tem o poder de tributar os rendimentos de uma empresa virtual. Da mesma forma, a localização do comprador realça a dificuldade na determinação do poder tributário apto a coletar os tributos, e nem sempre a presença física do comprador será passível de conhecimento[347].

Neste passo, vale repetir aquilo que LEITE DE CAMPOS (1998) antecipou, de que as telecomunicações aproximaram prestadores de serviços e consumidores.

---

reign". Cfr. JOHNSON, David, POST, David. *Law and Borders-The Rise of Law in Cyberspace.* Stanford Law Review, Volume 48, nº 05, 1996, p. 1375. *Vide* LEITE DE CAMPOS, Diogo. *O Novo Contrato Social: Dos Impostos às Contribuições.* Lisboa: Separata da Revista da Ordem dos Advogados, ano 65, III, 2005, p. 649/662.

[344] *Vide* CALLIESS, Gralf-Peter, HOFFMANN, Hermann. *Judicial Services for Global Commerce – Made in Germany?* German Law Journal, Volume 10, nº 02, 2009, p. 118.

[345] *Cfr.* STANFIELD, Allisson. *Dinosaurs to Dynamos: Has the Law reached its Technological Age? Electronic Commerce: Legal Issues for the Information Age.* The University of New South Wales Law Journal, Volume 21, nº 02, 1998, p. 530.

[346] *Vide* KUBOTA, Takashi. *Cyberlaw for Global E-Business: Finance, Payment, and Dispute Resolution.* Hershey: Information Science Reference, 2008, p. 01 e ss.

[347] *Cfr.* HARRIS, Mark A. *Advising the CyberBusiness: Apllying Fundamental Tax Concepts to Internet Sales.* Taxes, The Tax Magazine, CCH Incorporated, Vol. 74, nº 12, December, 1996, p. 718. *Cfr.* ADAMS, Sally. *Danger: Internet Taxes Ahead",* Taxes, The Tax Magazine, CCH Incorporated, Vol. 75, nº 09, September, 1997, p. 497/498. *Cfr.* MINES, Paul. *Commentary – Conversing With Professor Hellerstein: Electronic Commerce and Nexus Propel Sales and Use Tax Reform.* Tax Law Review, Volume 52, Number Four, Symposium on Internet Taxation, New York University School of Law, Summer, 1997, p. 588 e ss.

Ademais, a rapidez, anonimato e indetectabilidade das transações eletrónicas são susceptíveis de criar novas possibilidades de evasão fiscal, *"acrescentando-se a isto a dificuldade de associar as actividades em tempo real com localizações físicas precisas das partes."*[348].

A habilidade dos governos em regular o comportamento, no Comércio Eletrónico, foi alterada, pois o comportamento de compradores e vendedores pode estar localizado em qualquer lugar na Internet.

Agora, há um espaço virtual, onde as pessoas interagem, onde as pessoas comercializam. Alguns governos são mais regulados que outros e as pessoas já podem escolher a qual deles querem se submeter[349]. Isto nos remete para outra característica da tributação do Comércio Eletrónico, qual seja, a soberania.

9. Soberania Territorial X Mobilidade

De início, devemos mencionar que o princípio da territorialidade é originalmente derivado de um pressuposto de absoluto poder **soberano** sobre os limites territoriais do Estado.

Tradicionalmente, o exercício da soberania é baseado, sobretudo, no conceito de território. Uma nação tem competência para exigir o que é, bem como o que não é, boa conduta, dentro de sua base geográfica[350].

Ainda, tem competência para fazer cumprir essas prescrições contra agentes cuja conduta ilegal tenha ocorrido no seu território. Em termos gerais, este conceito de competência é seguido do princípio básico de que uma entidade soberana tem a autoridade legal para exercer controlo dentro do seu território, com exclusão de outros Estados, autoridade para governar nesse território, e autoridade para aplicar a legislação[351].

---

[348] *Cfr.* Leite de Campos, Diogo. *A Internet e o Princípio da Territorialidade dos Impostos.* Lisboa: Revista da Ordem dos Advogados, Ano 58, Julho, 1998, p. 640 e 642.

[349] Neste sentido, Johnson & Post afirmam: *"The rise of an electronic medium that disregards geographical boundaries throws the law into disarray by creating entirely new phenomena that need to become the subject of clear legal rules but cannot be governed, satisfactorily, by any current territorially based sovereign".* *Cfr.* Johnson, David, Post, David. *Law and Borders-The Rise of Law in Cyberspace",* Stanford Law Review, 48, 1996, p.1367, 1375, *in* Lessig, Lawrence. *Code and Other Laws of Cyberspace.* New York: Basic Books, 1999, p. 24.

[350] A presente parte desta obra é baseada em nossa Tese: Freire e Almeida, Daniel. *Um Tribunal Internacional para a Internet.* Coimbra: Faculdade de Direito da Universidade de Coimbra, 2012, p. 136 e ss.

[351] *Cfr.* Brenner, Susan, Koops, Bert-Jaap. *Approaches to Cybercrime Jurisdiction.* Journal of High Technology Law, Volume IV, nº 1, 2004, p. 06. *Vide* Michaels, Ralf. *Territorial Jurisdiction after Territoriality. In:* Slot, Pieter, Bulterman, Mielle. *Globalisation and Jurisdiction.* The Hague: Kluwer Law International, 2004, p. 105 e ss. *Vide* Machado, Jónatas E. M. *Direito Internacional. Do Para-*

II. A TRIBUTAÇÃO DO COMÉRCIO ELETRÓNICO

No século XX, e principalmente no século XXI, a mobilidade permitida pelas novas tecnologias prejudicou alguns dos pressupostos que deram origem ao modelo tradicional de jurisdição territorial. Com efeito, tornou-se muito mais fácil para alguém cometer um ato criminoso em outro país sem que este autor tenha saído de seu próprio local de origem[352].

Contudo, este contexto parece não provisionar poder ao Estado para o comando de atividades na Internet, tendo em vista que muitas delas ocorrem transnacionalmente, com a participação de agentes estrangeiros, sem contactos tangíveis com o país[353].

Importa mencionar, como muito bem salienta GOMES CANOTILHO (2009), que o território constitui um ponto de referência do agir estatal, com grande relevância jurídica e política. Em discurso perfeito, *in casu*, GOMES CANOTILHO diz que *"quanto mais o direito estiver supranacionalizado ou internacionalizado tanto menos o território constituirá as margens do mundo jurídico soberano"*. Com efeito, complementa o autor, que *"as modernas tecnologias há muito que deixaram de bater nas barreiras dos territórios estatais."*[354]

Por sua vez, RUNDLE e BIRDLING (2008) argumentam que a sociedade já está tão integrada internacionalmente que a relação entre um Estado e os cidadãos já não é hierárquica, tendo em vista a queda de sua jurisdição territorial no ciberespaço[355].

---

digma Clássico ao Pós-11 de Setembro. Coimbra: Coimbra Ed., 2006. p. 192/193. Neste contexto, *Vide* HAASS, Richard. *The Opportunity.* New York: PublicAffairs, 2005, p. 39.

[352] *Cfr.* BRENNER, Susan, KOOPS, Bert-Jaap. *Approaches to Cybercrime Jurisdiction.* Journal of High Technology Law, Volume IV, nº 1, 2004, p. 06. Sobre a jurisdição a ser exercida no domicílio do demandado, *Vide* STONE, Peter. *EU Private International Law: harmonization of Laws.* Cheltenham: Edward Elgar, 2006, p. 45. *Vide* MARQUES DOS SANTOS, António. *Direito Aplicável aos Contratos celebrados através da Internet e tribunal competente.* In: Direito da Sociedade da Informação, Coimbra: Coimbra Ed., Volume IV, 2003, p. 146.

[353] *Cfr.* TIMOFEEVA, Yulia A. *Worldwide Prescriptive Jurisdiction in Internet Content Controversies: A Comparative Analysis.* Connecticut Journal of International Law, Vol. 20, 2005, p. 202. *Cfr.* REIDENBERG, Joel. *States and Internet Enforcement.* University of Ottawa Law & Technology Journal, Vol. 1, nº 213, 2004, p. 215. *Vide* RIMMER, Matthew. *Virtual Countries: Internet Domain Names and Geographical Terms.* Media International Australia incorporating Culture and Policy, nº 106, 2003, p. 134.

[354] *Cfr.* GOMES CANOTILHO, J. J. *Direito Constitucional e Teoria da Constituição.* Coimbra: Almedina, 7ª Edição, 6ª Reimpressão, 2009, p. 1350.

[355] *Cfr.* RUNDLE, Mary, BIRDLING, Malcolm. *Filtering and the International System: A question of Commitment.* In DEIBERT, Ronald, PALFREY, John, ROHOZINSKI, Rafal, ZITTRAIN, Jonathan. *Access denied: the practice and policy of global Internet filtering.* Cambridge: MIT Press, 2008, p. 76. *Vide* também DRAETTA, Ugo. *Internet et Commerce Électronique en Droit International des affaires.* Paris: Forum Européen de la Communication, 2003, p. 48.

A TRIBUTAÇÃO DO COMÉRCIO ELETRÓNICO NOS EUA E NA UE

Em consonância, como destaca RASMUSSEN (2007), a Internet foi idealizada para permitir às pessoas utilizarem seus computadores em qualquer local. Esta qualidade, pois, confronta necessariamente o exercício do poder soberano nos moldes nacionais[356].

Logo, dentro das referidas análises, a facilitação que proporciona a Internet quanto à mobilidade virtual torna as regras de estabelecimento fiscal baseadas no território obsoletas[357].

No já mencionado caso do WIKILEAKS, é importante acrescentar que o *Web site* tem alterado constantemente seus endereços (domínios na Internet) e países de hospedagem com o intuito de fugir às proibições de hospedagem e bloqueios determinadas pelos Estados Unidos da América, Suécia e China. Logo, os interessados em acessar o referido sítio devem digitar www.wikileaks.ch (Suíça), ao invés de www.wikileaks.org (Estados Unidos da América). Em complemento, o Partido Pirata suíço divulgou uma lista com 21 endereços de internet alternativos, através dos quais o WikiLeaks poderia ser acessado[358].

Adicionalmente, neste importante imbróglio, as empresas da Internet também acabaram por *colaborar* com o governo dos Estados Unidos da América. O serviço de pagamentos em linha PayPal, sediado nos Estados Unidos da América, bloqueou as transferências bancárias em benefício do WikiLeaks, justificando que sua política comercial proíbe o uso do serviço de pagamento em linha para encorajar, promover ou facilitar qualquer atividade "ilegal". Do mesmo modo, a Amazon.com cancelou a hospedagem do *Web site*, e a EveryDNS cancelou o registo do domínio www.wikileaks.org [359].

Aliás, é a respeito destes últimos pontos, o **CASO** que trazemos a seguir, envolvendo novamente o WikiLeaks: BANK JULIUS BAER & CO., A SWISS ENTITY; AND JULIUS BAER BANK AND TRUST CO., A CAYMAN ISLAND ENTITY, V. WIKILEAKS, AND DYNADOT, LLC, A CALIFORNIA LIMITED LIABILITY COMPANY. United States District Court – Northern District of California-San Francisco Division – 2008.

Fundamentalmente, neste caso, a decisão do Tribunal californiano determinou a retirada da Internet do *Web site* WikiLeaks, dedicado à publicação anónima de documentos e denúncias de corrupção, escândalos políticos e similares. O pedido foi solicitado via Tribunal pelo banco Julius Baer, com sede na Suíça, e filial nas Ilhas Cayman.

---

[356] *Cfr.* RASMUSSEN, Terje. *Techno-politics, Internet Governance and some challenges facing the Internet.* Oxford Internet Institute, Research Report 15, 2007, p. 10.

[357] *Vide* HAASS, Richard. *The Opportunity.* New York: PublicAffairs, 2005, p. 40.

[358] *Cfr.* WikiLeaks. www.wikileaks.ch, Acesso em 10.12.2010.

[359] *Vide* Amazon em www.amazon.com. *Vide* PayPal em www.paypal.com. *Vide* EveryDNS em www.everydns.com.

II. A TRIBUTAÇÃO DO COMÉRCIO ELETRÓNICO

O processo originou-se pela publicação, no *Web site* Wikileaks.org, de artigos e documentos que supostamente comprovariam que o banco auxiliava seus clientes a "lavar" dinheiro e a esconder património.

Entretanto, o principal demandado não foi o *Web site* WikiLeaks, mas seu provedor de DNS[360], Dynadot, a quem foi determinada a remoção integral do *site*, assim como o bloqueio do nome de domínio "wikileaks.org", com o intuito de impedir sua transferência para outros provedores ou servidores.

Naquela ocasião, a decisão judicial[361], porém, apenas limitou o acesso ao conteúdo no *Web site:* http://www.wikileaks.org.

Contudo, o conteúdo do mesmo continuava acessível[362] através de outros *sites,* em outros países: http://88.80.13.160/wiki/Wikileaks, http://wikileaks.be, http://www.wikileaks.cx , http://88.80.13.160/wiki/Clouds_on_the_Cayman_tax_heaven.

Os referidos casos, demonstram a necessidade dos Estados em admitir o papel desestabilizador da Internet como um meio sem fronteiras, e que mantém as suas atividades soberanas dentro de razoáveis limites geográficos.

É por demais oportuno, a guisa de conclusão nesta parte, trazermos a elogiosa opinião de GOMES CANOTILHO (2009), nestes termos: "*A globalização das comunicações e informações e a expansão mundial de unidades organizativas internacionais (organizações não governamentais), privadas ou públicas (mas não estatais), deslocam o papel obsidiante do "actor estatal", tornando as fronteiras cada vez mais irrelevantes e a interdependência política e económica cada vez mais estruturante*"[363].

Nesta linha de raciocínio, devemos observar que durante a nossa história a vida era geograficamente baseada em um Estado, localizado em um espaço físico determinado, com sua soberania presumida, e os cidadãos a participar social e politicamente nestes espaços, com direitos e deveres.

Com estes contornos, essencialmente, um Estado soberano é identificado classicamente nas palavras de REZEK (2008), quando o seu governo não é subordinado a qualquer autoridade, não reconhece nenhum poder maior de que

---

[360] O DNS (*Domain Name Server*) permite nomear os endereços da Internet, normalmente representados por números. O DNS traduz o endereço na rede que conhecemos, exemplo www.lawinter.com, em um endereço de protocolo da Internet (números) que o computador é capaz de reconhecer.

[361] A Decisão Judicial completa pode acessada em: www.lawinter.com/caso15tese.pdf, Acesso em 15.02.2010 .

[362] O conteúdo continuava acessível até Outubro de 2010. Em Dezembro de 2010, durante o caso envolvendo o serviço diplomático dos Estados Unidos da América, passou a ser acessado em www.wikileaks.ch.

[363] *Cfr.* GOMES CANOTILHO, J. J. *Direito Constitucional e Teoria da Constituição.* Coimbra: Almedina, 7ª Edição, 6ª Reimpressão, 2009, p. 1369.

dependam a expressão e o exercício de suas competências, e só se coloca de acordo com outros entes semelhantes na edificação da ordem internacional a partir da premissa de que aí vai um esforço horizontal e igualitário de coordenação no interesse coletivo internacional. De acordo com o conceito clássico, a soberania é atributo fundamental do Estado, e o faz titular de competências que não são ilimitadas, mas que nenhuma outra entidade as possui superiores[364].

Em outras palavras, a qualidade de poder soberano significa, para o país, o exercício de um poder supremo no plano interno e um poder independente em nível internacional. Internamente, a soberania é representada por um poder político de comando, sobre os cidadãos nacionais, em um território[365].

Fundamentalmente, a soberania é o exercício do poder de um Estado no espaço de suas fronteiras. Neste espaço, os Estados detém a exclusividade na edição do Direito positivo, e o domínio de constranger os ali reunidos *"para impor a efetividade das suas regulações e dos seus comandos"*[366]. Assim, o Estado exerce sem qualquer concorrência a plenitude de suas funções judiciais.

Por outro lado, nas palavras de GOMES CANOTILHO (2009) estamos hoje mergulhados em uma sociedade técnica, informativa e de risco, e as angústias constitucionais se dão, em parte, pelos fenómenos das autoestradas da informação[367].

De facto, a natureza global da Internet, bem como seu alcance global, proporcionado por uma arquitetura mundial, apresenta uma série de complexidades jurisdicionais para qualquer país que deseje exercer seu poder soberano normalmente.

Para RUNDLE (2005), os países procuram manter a soberania sobre algumas áreas da Internet, mas devem admitir a necessidade de cooperar e compartilhar o poder com outras nações[368].

---

[364] *Cfr.* REZEK, José Francisco. *Direito Internacional Público.* São Paulo: Saraiva, 2008, p. 224. *Vide* MACHADO, Jónatas E. M. *Direito Internacional. Do Paradigma Clássico ao Pós-11 de Setembro.* Coimbra: Coimbra Ed., 2006. p. 183, e 213 e ss. *Vide* PEREIRA, André Gonçalves, QUADROS, Fausto de. *Manual de Direito Internacional Público.* Coimbra: Almedina, 2009, p. 34.

[365] *Vide* CITRON, Danielle Keats. *Minimum Contacts in a Borderless World: Voice over Internet Protocol and the Coming Implosion of Personal Jurisdiction Theory.* University of California, Davis Law Review, Volume 39, nº 4, 2006, p. 1501 e ss. *Vide* CASELLA, Paulo Borba, ACCIOLY, Hildebrando, NASCIMENTO E SILVA, G. E. do. *Manual de Direito Internacional Público.* São Paulo: Saraiva, 2008, p. 280, e 301/302.

[366] *Cfr.* GOMES CANOTILHO, J. J. *Direito Constitucional e Teoria da Constituição.* Coimbra: Almedina, 7ª Edição, 6ª Reimpressão, 2009, p. 90.

[367] *Cfr.* GOMES CANOTILHO, J. J. *Direito Constitucional e Teoria da Constituição.* Coimbra: Almedina, 7ª Edição, 6ª Reimpressão, 2009, p. 27.

[368] *Cfr.* RUNDLE, Mary. *Beyond Internet Governance: The Emerging International Framework for Governing the Networked World.* Harvard Law School, Berkman Center Research Publication nº 2005-16, 2005, p. 01.

II. A TRIBUTAÇÃO DO COMÉRCIO ELETRÓNICO

Sob os referidos ângulos, a importância destes novos fenómenos eletrónicos passa uma nova tarefa ao Estado Constitucional Democrático de Direito, no sentido de assimilar novos exercícios limitados de soberania.

Para MARQUES DOS SANTOS (2003), *"Está aqui em causa, a meu ver, a defesa de uma ordem pública verdadeiramente internacional, que transcende as fronteiras políticas dos Estados.."*[369]

É sob tal prisma questionador, então, que as referidas situações demonstram que o exercício do Poder Soberano na Internet é uma problemática desafiadora.

Não obstante o que acabamos de ilustrar, a comunicação instantânea de quantidades maciças de informação tem criado a impressão de que existe um lugar chamado «ciberespaço», uma terra sem fronteiras, onde todos os povos do mundo podem ser interligados como se fossem moradores da mesma localidade[370].

Como decorrência, pois, isto nos leva a reflexionar, mais criticamente, sobre a soberania no ciberespaço. Para LESSIG (2006) o ciberespaço é um lugar. As pessoas interagem lá. Submetem-se a todo o tipo de experiências, tal como na vida real. Tais experiências não são somente isoladas, são em grupos, em comunidades, com estranhos, com pessoas que gostam ou não, nacionais ou estrangeiros[371].

De facto, os internautas estão em todos os lugares, em um computador em casa, no trabalho, nos cibercafés, nos laboratórios de computadores das universidades. Por igual, as pessoas vivem lá e aqui, simultaneamente. A rede mundial de computadores trouxe-nos esta mudança. Aliás, a Internet configurou este espaço internacional. Quando as pessoas acessam a Internet, elas passam a estar, ao mesmo tempo, no espaço real (nacional) e no ciberespaço (mundo virtual-internacional), trazendo consequências sobre a qual soberania tributária estariam elas submetendo-se[372].

---

[369] *Vide* MARQUES DOS SANTOS, António. *Direito Aplicável aos Contratos celebrados através da Internet e tribunal competente. In:* Direito da Sociedade da Informação, Coimbra: Coimbra Ed., Volume IV, 2003, p. 137.

[370] *Cfr.* ABELSON, Harold, LEDEEN, K, LEWIS, Harry. *Blown to Bits: your life, liberty, and happiness after the Digital explosion.* Boston: Addison-Wesley, 2008, p. 13. *Vide* GREWLICH, Klaus. *Conflict and good Governance in "Cyberspace" – Multi-level and Multi-actor Constitutionalisation. In:* MESTMAECKER, Ernst-Joachim, ENGEL, C. *Law and Economics of International Telecommunications.* Baden-Baden: Nomos, 2000, p. 237/238. *Vide* NYE, Joseph S. *Soft Power. The means to sucess in world politics.* New York: Public Affairs, 2004, p. 31.

[371] *Cfr.* LESSIG, Lawrence. *Code. Version 2.0.* New York: Basic Books, 2006, p. 298. *Vide*, também, CASTELLS, Manuel. *A Era da Informação: Economia, Sociedade e Cultura. (O Poder da Identidade – Volume II).* Lisboa: Fundação Calouste Gulbenkian, 2003, p. 72/82.

[372] *Vide* COHEN, Julie. *Cyberspace As/And Space.* Columbia Law Review, Volume 107, nº 1, 2007, p. 210 e ss. *Cfr.* LESSIG, Lawrence. *Code. Version 2.0.* New York: Basic Books, 2006, p. 298. *Vide*, ainda, SECOND LIFE em http://secondlife.com/?v=1.1 , Acesso em 11.02.2010.

Nesta linha de raciocínio, com a Internet ninguém vive apenas no ciberespaço, as pessoas estão no ciberespaço e no espaço físico ao mesmo tempo, sempre. Consequentemente, os cidadãos acreditam terem direitos e deveres neste novo espaço, na medida em que afetem suas vidas, como tais[373].

Em prosseguimento, nós podemos ter uma ideia do poder da soberania para pautar o comportamento dos cidadãos, mas nossa noção é expressiva, absoluta, somente quando nós estamos num contexto de regulação ou em uma particular área de controlo. O poder estatal deve ser absoluto, mas se a localidade não suporta comando, constrangimento, como na Internet, o poder efetivo do Estado, de forma singular, é mínimo[374].

Acresce, em outras palavras, que não existe nada mais internacional do que a Internet, e os Estados nacionais, originalmente territoriais, estão sendo desafiados no exercício de seu poder soberano neste espaço virtual.

Em continuidade, pois, nós operadores do Direito temos o desejo de saber onde as pessoas estão, quais regras serão aplicadas, qual o Poder competente para os casos. A resposta é dupla: qualquer que seja o momento em que a pessoa está no ciberespaço, ela também está aqui, no mundo real. Qualquer que seja o momento no qual a pessoa está sujeita aos constrangimentos do ciberespaço, ela também estará sujeita ao Poder do espaço real. Nós estamos sempre nos dois lugares[375].

Ocorre que o "lugar" do ciberespaço é Mundial.

Adicionalmente, o número de pessoas que estabelecem relações jurídicas internacionais é infinitamente maior que em momentos anteriores na história. E as legislações, e modos de constrangimento, foram escritas baseadas nestes momentos passados, onde era mais simples a localização e controlo sobre estes sujeitos.

Em termos práticos e acima de tudo, não é claro aquilo que constitui a definição do exercício fiscal em casos multinacionais como os trazidos pela Internet: é o local do ato, o país de residência do autor, do demandado, a sede dos negócios, do registo, a localização do efeito, ou a nacionalidade do proprietário do computador? Ou todos estes de uma vez?

A este respeito, é importante, antes de mais nada, indicar o constante esforço internacional para que os países apliquem regras que determinem o Direito de

---

[373] *Vide* KOMAITIS, Konstantinos. *Aristotle, Europe and Internet Governance.* Pacific McGeorge Global Business & Development Law Journal, Volume 21, nº 1, 2008, p. 2. *Cfr.* LESSIG, Lawrence. *Code and Other Laws of Cyberspace.* New York: Basic Books, 1999, p. 200.

[374] *Vide* HAASS, Richard. *The Opportunity.* New York: PublicAffairs, 2005, p. 40. *Cfr.* LESSIG, Lawrence. *Code and Other Laws of Cyberspace.* New York: Basic Books, 1999, p. 189.

[375] *Cfr.* LESSIG, Lawrence. *Code. Version 2.0.* New York: Basic Books, 2006, p. 298.

II. A TRIBUTAÇÃO DO COMÉRCIO ELETRÓNICO

um mesmo país a certas situações, e igualmente normas que definam com maior precisão a competência internacional[376].

Entre os referidos esforços internacionais podemos citar os trabalhos levados a cabo, em seus respectivos segmentos, pela Conferência de Haia de Direito Internacional Privado (HCCH), a Comissão das Nações Unidas para o Direito Comercial Internacional (UNCITRAL), o Instituto Internacional para a Unificação do Direito Privado (UNIDROIT), e os Regulamentos emanados em âmbito Europeu[377].

Neste particular, em atenção à tarefa desempenhada pelas entidades internacionais, CALLIESS (2006) assume a posição de que os resultados não foram os desejados. Para o ilustre autor alemão, a evolução dos mercados e o Direito continuam fora de sincronia. Mesmo com o aumento do comércio internacional no século XXI, as negociações levadas a cabo na Haia para reconhecimento e execução de Sentenças, por exemplo, falhou (*Convention on the Recognition and Enforcement of Judgements*). Ademais, e *in casu*, o impacto das normas de defesa do consumidor sobre as leis de contratos nacionais, desde o final dos anos 1960, foi tal, que a escolha da lei como meio importante para garantir a segurança jurídica nas transações internacionais tornou-se mais difícil, ao grau de ter se tornado completamente impossível. Em arremate, o autor discorre não ser exagero afirmar que um quadro legal para as operações internacionais nas últimas décadas não melhorou, tendo, sim, piorado[378].

Isto porque, não constitui tarefa das mais simples determinar, e encontrar a localidade física das partes envolvidas, quando nos deparamos com litígios oriundos da Internet e do Comércio Eletrónico internacional, conforme afirmam LEITE DE CAMPOS (1998), KOHL (2007), MARQUES DOS SANTOS (2003), LIMA PINHEIRO (2003), CHAIKIN (2006), entre outros[379].

---

[376] *Vide* SCHMAHL, Stefanie. *Zwischenstaatliche Kompetenzabgrenzung im Cyberspace*. Archiv des Völkerrechts, Volume 47, Number 3, September 2009 , p. 284/327.

[377] *Vide* CALLIESS, Gralf-Peter. *Online Dispute Resolution: Consumer Redress in a Global Market Place*. German Law Journal, Volume 07, nº 08, 2006, p. 659.

[378] *Cfr.* CALLIESS, Gralf-Peter. *Online Dispute Resolution: Consumer Redress in a Global Market Place*. German Law Journal, Volume 07, nº 08, 2006, p. 658/659.

[379] *Cfr.* LEITE DE CAMPOS, Diogo. *A Internet e o Princípio da Territorialidade dos Impostos*. Lisboa: Revista da Ordem dos Advogados, ano 58, 1998, p. 640. *Cfr.* MARQUES DOS SANTOS, António. *Direito Aplicável aos Contratos celebrados através da Internet e tribunal competente*. In: Direito da Sociedade da Informação, Coimbra: Coimbra Ed., Volume IV, 2003, p. 121, 146 e 153. *Cfr.* KOHL, Uta. *Jurisdiction and the Internet. Regulatory Competence over Online Activity*. Cambridge: Cambridge University Press, 2007, p. 01 e ss. *Cfr.* LIMA PINHEIRO, Luís. *Competência Internacional em matéria de Litígios relativos à Internet*. In: Direito da Sociedade da Informação, Coimbra: Coimbra Ed., Volume IV, 2003, p. 174. *Vide* CHAIKIN, David. *Network investigations of cyber attacks: the limits of digital evidence*. Springer Netherlands. Crime, Law and Social Change, Volume 46, Numbers 4-5, 2006, p. 239/256.

Se por um lado as pessoas procuram certeza e segurança em suas atividades em linha, de outro os governos procuram formas de exercer sua soberania.

Nesta linha de observação, TINNEVELT e MERTENS (2009) afirmam que essas transformações do nosso sistema global têm um efeito importante sobre a nossa compreensão de soberania, não podendo mais esta ser vista como inalienável e indivisível, definitivamente[380].

Em decorrência de casos como os antes levantados, o problema para o Direito é sobre como funcionar corriqueiramente o exercício do Poder Soberano de duas ou mais comunidades ao mesmo tempo, como aplicar preceitos ao sujeito que está em dois ou mais lugares simultaneamente, ou que realiza atividades naturalmente transnacionais pela Internet[381].

Em síntese a respeito, os Estados Unidos e da União Europeia se encontram em uma posição semelhante: em cada uma dessas áreas geográficas o Direito não endereça claramente os casos envolvendo a Internet em searas multinacionais, bem como são encontradas dificuldades no exercício fiscal devido à limitação territorial de suas respectivas jurisdições[382].

Assim, cada um tem procurado lutar para adaptar o seu Direito estabelecido, com o desafio de que, na sua maioria, essas legislações foram desenvolvidas em um momento histórico anterior, sem levar em conta a Internet[383].

Vide MOURA VICENTE, Dário. *Problemática Internacional da Sociedade da Informação (Direito Internacional Privado)*. Coimbra: Almedina, 2005, p. 21/22. Neste ponto, deve ser derradeiramente mencionado, que as empresas e pessoas conseguem, também, estabelecer seus endereços eletrônicos com sufixos que, na prática, não são seus países reais. Ou seja, uma sociedade europeia consegue comprar um domínio norte-americano (".us"), e uma empresa norte americana pode adquirir um endereço europeu (".eu"), sem maiores formalidades. Logo, afasta-se a tentativa de relacionar em todos os casos, o sufixo com a localidade física precisa das partes.

[380] *Cfr.* TINNEVELT, Ronald, MERTENS, Thomas. *The World State: A Forbidding Nightmare of Tyranny? Habermas on the Institutional Implications of Moral Cosmopolitanism*. German Law Journal, Volume 10, nº 01, 2009, p. 70.

[381] *Vide* SVANTESSON, Dan Jerker. *Borders on, or border around – the future of the Internet*. Bond University, 2006, p. 381. *Vide* LESSIG, Lawrence. *Code. Version 2.0.* New York: Basic Books, 2006, p. 299. *Vide* RIMMER, Matthew. *Virtual Countries: Internet Domain Names and Geographical Terms*. Media International Australia incorporating Culture and Policy, nº 106, 2003, p. 134.

[382] *Vide* KESAN, Jay, GALLO, Andres. *Why are the United States and the European Union failing to regulate the internet efficiently? Going beyond the bottom-up and top-down alternatives*. Springer Netherlands. European Journal of Law and Economics, Volume 21, Number 3, 2006, p. 237/266. *Vide* BORCHERS, Patrick Joseph. *Tort and Contract Jurisdiction via the Internet: The 'Minimum Contacts' Test and the Brussels Regulation Compared*. Netherlands International Law Review, Volume 50, Issue 03, 2003, p. 401/418.

[383] *Vide* CALLIESS, Gralf-Peter, HOFFMANN, Hermann. *Judicial Services for Global Commerce – Made in Germany?* German Law Journal, Volume 10, nº 02, 2009, p. 115/116. *Cfr.* FREER, Richard D. *American and European Approaches to Personal Jurisdiction Based Upon Internet Activity*. Emory University

II. A TRIBUTAÇÃO DO COMÉRCIO ELETRÓNICO

O debate torna-se cada vez mais acirrado quando vários cidadãos interagem pela Internet em diferentes lugares, ao mesmo tempo, e um destes lugares não admite outra soberania.

Neste sentido, a indagação que se faz é: que tipo de objetivos e justificativas podem ser mais nobres para determinar que um país deve exercer seu Poder Soberano e outros não, ou que tipo de soberania existe no ciberespaço? Isto é algo inovador, que não tem respostas satisfatórias nas legislações, anteriores, por todo o mundo. Por conseguinte, a solução para estes problemas não advirá, por patente, da resposta de que tudo é igual à antes. Exigirá uma reflexão para além disso, com cuidado, conforme antecipou muito bem LEITE DE CAMPOS (1998)[384].

Estes são alguns dos desafios a que estamos sujeitos. Esta pluralidade traduz-se em uma grande problemática, pois os conflitos comunitários ou internacionais com que nós estávamos nos deparando e as saídas legais, para tais conflitos, eram designadas para resolver problemas entre instituições e organizações tradicionais, regras para grandes empresas com grandes empresas, empresas com governos, não para milhares de cidadãos ao mesmo tempo, espalhados pelo mundo todo (como uma pessoa singular)[385].

Ainda, na medida em que as pessoas forem utilizando cada vez mais a Internet para conduzirem seus negócios ou atividades sociais, o problema tende a aumentar[386].

School of Law, Research Paper nº 07-15, 2007, p. 10/11. *Cfr.* GURRY, Francis. *Internet Governance and Intellectual Property Rights. In*: KLEINWÄCHTER, Wolfgang, DORIA, Avri. *Internet Governance Forum (IGF). The First Two Years.* Paris: UNESCO, 2010, p. 20.

[384] *Cfr.* LEITE DE CAMPOS, Diogo. *A Internet e o Princípio da Territorialidade dos Impostos.* Lisboa: Revista da Ordem dos Advogados, ano 58, 1998, p. 640. *Vide* PARÉ, Daniel. *Internet governance in transition: who is the master of this domain?* Lanham: Rowman & Littlefield, 2003, p. 07 e ss. *Cfr.* LESSIG, Lawrence. *Code. Version 2.0.* New York: Basic Books, 2006, p. 302. *Vide* KESAN, Jay, GALLO, Andres. *Why are the United States and the European Union failing to regulate the internet efficiently? Going beyond the bottom-up and top-down alternatives.* Springer Netherlands. European Journal of Law and Economics, Volume 21, Number 3, 2006, p. 237/266.

[385] *Cfr.* LESSIG, Lawrence. *Code. Version 2.0.* New York: Basic Books, 2006, p. 301.

[386] *Cfr.* KOHL, Uta. *Jurisdiction and the Internet. Regulatory Competence over Online Activity.* Cambridge: Cambridge University Press, 2007, p. 06. No mesmo sentido, *Vide* Hörnle, Julia. *Cross-border Internet Dispute Resolution.* Cambridge: Cambridge University Press, 2009, p. 26 e ss. Apesar de não tratar do estabelecimento de normas adicionais de Direito Internacional Privado e de não abranger a jurisdição dos Tribunais (artigo 4º), a DIRETIVA 2000/31/CE DO PARLAMENTO EUROPEU E DO CONSELHO, incentiva, através de seu artigo 17º, a Resolução extrajudicial de litígios, em caso de desacordo entre o prestador de um serviço da sociedade da informação e o destinatário desse serviço, inclusive através de meios eletrónicos adequados. Ainda, em seu artigo 18º, determina aos Estados-Membros da União Europeia que os países assegurem que as ações judiciais disponíveis em Direito nacional permitam a rápida adoção de medidas. Vale mencionar, que no contexto português o Decreto-Lei n.º 7/2004, de 7 de Janeirohttp://www.anacom.pt/render.

A Internet, de facto, trouxe um aumento gigantesco de contactos e contratos em nível internacional.

Neste passo, as regras de tratados internacionais, para suprir conflitos entre soberanias, eram feitas para satisfazerem conflitos entre partes que corriqueiramente fazem negócios internacionais, como empresas que comercializam em dois países diferentes ou pessoas que frequentemente viajam entre dois países. Estas empresas, facilmente localizáveis (Coca Cola, por exemplo) ou pessoas (artistas e atletas, *in exemplis*) podiam condicionar seu comportamento ao limite das regras, escassas, no meio em que viviam, e adequando as leis aos seus objetivos[387].

Destaque, no particular, que os órgãos tributários pareciam lidar bem com um ou outro caso apenas. Não com milhares, como pode ocorrer agora com a Internet.

Em arremate pertinente, LESSIG (2006) argumenta que as soberanias de espaço real estariam perdidas se tentassem exercer seu controlo na Internet[388].

Mas, tal situação é potencializada pela Internet e pelo Comércio Eletrónico, onde qualquer um pode ser multinacional, sem ter relação tangível com o país.

Assim, se o conteúdo da Internet recai dentro de uma preocupação especial ao país, como a fiscal por exemplo, a sua acessibilidade fornece por si só um *link* suficiente para "justificar" o exercício soberano do país.

Aí a questão agitaria os interesses financeiros dos países, que procurariam atrair a competência para seus respectivos Estados[389].

Como se sabe, a Internet, em contraste com as autoestradas e linhas férreas, não é um sistema construído fisicamente dentro de determinado país, e sob um

---

jsp?contentId=159160, instrumento normativo que transpôs para o ordenamento jurídico nacional a referida DIRETIVA,http://www.anacom.pt/render.jsp?contentId=101352 designou a ICP – Autoridade Nacional de Comunicações (ICP-ANACOM) como entidade de supervisão central na área do Comércio Eletrónico, função que cumula com a de autoridade reguladora nacional das comunicações eletrónicas e dos serviços postais. *Cfr.* DIRETIVA 2000/31/CE DO PARLAMENTO EUROPEU E DO CONSELHO, de 8 de Junho de 2000, relativa a certos aspectos legais dos serviços da sociedade de informação, em especial do comércio eletrónico, no mercado interno, transposta em Portugal pelo Decreto Lei nº 07/2004, de 7 de Janeiro.

[387] *Cfr.* LESSIG, Lawrence. *Code and Other Laws of Cyberspace.* New York: Basic Books, 1999, p. 192.

[388] *Cfr.* LESSIG, Lawrence. *Code. Version 2.0.* New York: Basic Books, 2006, p. 304.

[389] *Vide* BUNDESMINISTERIUM DER JUSTIZ. *Law – Made in Germany – Global, Effektiv, Kostengünstig.* Berlin: BDJ, 2009. *Vide* THE LAW SOCIETY OF ENGLAND AND WALES. *England and Wales: The Jurisdiction of choice.* 2007. London: The Law Society, 2007. *Cfr.* CALLIESS, Gralf-Peter, HOFFMANN, Hermann. *Judicial Services for Global Commerce – Made in Germany?* German Law Journal, Volume 10, nº 02, 2009, p. 116. Sobre a nacionalidade de pessoas coletivas, *Vide* MACHADO, Jónatas E. M. *Direito Internacional. Do Paradigma Clássico ao Pós-11 de Setembro.* Coimbra: Coimbra Ed., 2006. p. 190 e ss.

II. A TRIBUTAÇÃO DO COMÉRCIO ELETRÓNICO

controlo direto de um governo. A maior parte de seus componentes essenciais como base de dados, códigos de *software*, processadores e servidores são portáteis e digitalizados. Podem ser movidos facilmente, distantes apenas por *clicks* do "mouse".

Aproveitando-se dessa digitalização das informações, companhias como American Express, IBM, Google e General Motors tem transferido suas operações computadorizadas para países como a Índia, a China, ou países com baixa tributação.

Mas, igualmente, isso está sendo realizado por pequenas empresas, que colocam suas estruturas em locais *offshore*. Na medida em que as facilidades de transferência vão sendo facilitadas pela digitalização de suas infraestruturas comerciais, não é difícil pensar que as companhias passem a transferir seus bens para jurisdições onde possam funcionar com custos, responsabilidades, e regulação menores[390].

Contudo, os governos (países) acreditam possuir capacidade para fiscalizar o comportamento das pessoas, com o intuito de auferir receitas e prestar serviços públicos, posteriormente. Entretanto, a Internet possibilita-nos "mudar" de "domicílio", na medida em que as regras forem mais ou menos satisfatórias para os nossos negócios[391].

Por outro lado, tais características novas colocam questionamentos sobre a segurança nacional e ainda sobre a soberania sobre tais companhias. Perguntas como: se os países estão confortáveis com a ideia de facilidade de transferência para outras jurisdições? Os países confiam nos governos estrangeiros, alguns deles instáveis e não amigos, para salvaguardar seus próprios interesses, proteger os interesses de suas companhias, e o modo de vida de seus cidadãos?

Nesta perspectiva, os governos na medida em que forem mais ou menos repressivos, aumentando ou criando novos regramentos, tornam-se competidores[392]. A corroborar com esse raciocínio, podemos mencionar que, com a Inter-

---

[390] *Cfr.* CARR, Nicholas G. *The Big Switch: Rewiring the World, from Edison to Google.* New York: Norton & Company, 2008, p. 180/181. *Vide* GREWLICH, Klaus. *Conflict and good Governance in "Cyberspace" – Multi-level and Multi-actor Constitutionalisation. In:* MESTMAECKER, Ernst-Joachim, ENGEL, C. *Law and Economics of International Telecommunications.* Baden-Baden: Nomos, 2000, p. 238. *Vide* BURK, Dan. *Jurisdiction in a World Without Borders.* Virginia Journal of Law and Technology, Spring, 1997, p. 1526. *Vide* GUTTAG, Eric. *When Offshore Activities Become Infringing: Applying §271 to Activities that "Straddle" Territorial Borders.* Richmond Journal of Law & Technology, Volume XIV, Issue 1, 2007, p. 1 e ss.

[391] *Cfr.* FREIRE E ALMEIDA, Daniel. *A Tributação do Comércio Electrónico nos Estados Unidos da América e na União Europeia.* Coimbra: Faculdade de Direito da Universidade de Coimbra, 2002, p. 81.

[392] *Vide* Bundesministerium der Justiz. *Law – Made in Germany – Global, Effektiv, Kostengünstig.* Berlin: BDJ, 2009. *Vide* THE LAW SOCIETY OF ENGLAND AND WALES. *England and Wales: The jurisdiction of choice.* 2007. London: The Law Society, 2007. *Cfr.* CALLIESS, Gralf-Peter, HOFFMANN,

A TRIBUTAÇÃO DO COMÉRCIO ELETRÓNICO NOS EUA E NA UE

net, é mais fácil para a empresa optar por um regime judicial ou outro, ou, ainda, burlar a Lei, para atingir seu objetivo, com menor custo e constrangimento.

No mundo real, como é mais problemático e custoso o curso de tais mudanças, os governos conseguem manter suas regras e atingir alguns de seus objetivos. No ciberespaço, as mudanças não são assim tão difíceis. Pode-se possuir um provedor de hospedagem de dados em seu país, ou alistar-se em um servidor de outro país para o qual nunca se foi antes. Isto é absolutamente possível e fácil.

Dois segmentos do mundo da Internet ilustram esta problemática. Inicialmente podemos citar o dos *Web sites* de apostas em linha.

Segmento antes reservado para uma única sociedade nacional, a área de jogos, casino, poker, e apostas, foi revolucionada pela invasão dos *sites* de apostas, acessíveis a todos, de qualquer lugar.

Desde o Bwin (sujeito à jurisdição dos Tribunais de Gibraltar), o BetClic (Licença da Autoridade de Jogo e Lotaria de Malta), o sportingbet (Alderney, Malta ou Antigua e Barbados), o 888sport (Gibraltar), o bet365 (Inglaterra), EUROBET (Inglaterra e Wales), unibet (Malta), o centrebet (Reino Unido, Austrália e Antilhas Holandesas), até o Victor Chandler International (Gibraltar), estão disponíveis para jogos em linha, poker, casino e apostas em diversos segmentos e esportes[393].

Do ponto de vista jurídico, a constituição e busca por jurisdições como Malta, Gibraltar ou Antigua e Barbados, não só buscam menor tributação, como também uma regulação judicial menos restritiva.

Mesmo nos casos da jurisdição inglesa, sob a óptica de Portugal e do Brasil, por exemplo, tais condições confrontam diretamente suas respectivas soberanias, pois ambas permitem jogos e apostas a uma única entidade (Portugal- Santa Casa da Misericórdia de Lisboa, Brasil- Caixa Econômica Federal).

Hermann. *Judicial Services for Global Commerce – Made in Germany?* German Law Journal, Volume 10, nº 02, 2009, p. 116. Sobre este ponto, vale citar o exemplo da tribo Kahnawá:ke, situada no leste do Canada. A tribo, soberana em relação ao Canada, oferece liberdade total para a hospedagem de *Web sites* de apostas em linha, com vistas a arrecadar receitas tributárias por um lado, e oferecer condições livres de apostas e jogos de poker em linha, de outro. *Cfr.* MOHAWK COUNCIL OF KAHNAWÁ:KE. *Kahnawá:ke Gaming Law.* Disponível em: http://www.kahnawake.com/council/docs/GamingLaw.pdf , Acesso em: 14.12.2010.

[393] *Cfr.* BetClic- http://pt.betclic.com/home.aspx, Sportingbet- http://pt.sportingbet.com/t/info/rules/rules.aspx Unibet- https://pt.unibet.com/cms/termsconditions.do?tcType=main, Bwin--https://www.bwin.com/pt/sportsbook.aspx?zoneid=48808, Centrebet-http://centrebet.com/cust?action=GoAdmin&content=Contact, 888sport- http://www.888sport.com/bet?lang=en, Victor Chandler International- http://www.victorchandler.com/vcbet/en-gb/site_help/terms_conditions, EUROBET- http://www.eurobet.com/l/help/navigation/terms_frameset.html, bet365-http://www.bet365.com/home/defaulthmr.asp?popmembers=5020&isb=0&lng=22. Acessos em: 11.10.2010.

II. A TRIBUTAÇÃO DO COMÉRCIO ELETRÓNICO

Em síntese e como se observa claramente, os apostadores conseguem não só aceder aos *Web sites* acima, como apostar livremente, mesmo situados em Portugal ou no Brasil[394].

Ainda em conformidade com o alisado, é o recente enredo confuso entre o Google e a República Popular da China.

Como se sabe, a China promove muitas restrições à liberdade de expressão e procura fazer o mesmo na internet. Qualquer *Web site* chinês que procure expressar ideias que ameacem a governabilidade sofre bloqueios, por meio de um sistema conhecido por "Great Firewall", também apelidado de "Golden Shield" (Escudo Dourado). Por meio deste sistema informático, o governo monitora fóruns *online*, *sites* de notícias, e *blogs*, retirando-os do ar ou restringindo seu funcionamento na China.

Com o mesmo foco restritivo, o governo enviava dezenas e dezenas de endereços da Internet para serem "apagados" dos registos do Google. Assim, um usuário da China que promovesse uma busca no Google, não encontraria certos sítios.

O desgaste progressivo a que fora submetido o Google, ao cumprir estas "ordens" do governo chinês, levou a sociedade da Internet a encerrar seus trabalhos na China, e a oferecer o mesmo serviço, sem restrições, para toda a China, através de seu *Web site* sediado em Hong Kong[395].

Logo, é possível acessar o **Google** na **China** digitando o mesmo endereço anterior: www.google.cn , e ser automaticamente redirecionado ao Google em Hong Kong (http://www.google.com.hk)[396].

Note-se, que na China é desnecessário ao poder estatal "demandar" judicialmente para constranger uma pessoa ou sociedade. Logo, constantemente o governo chinês emitia ordens aos gestores do Google com vistas à retirada de páginas que levassem a conteúdos considerados sensíveis aos "interesses" chineses[397].

---

[394] Conforme já levantado, o mesmo ocorre em relação à tribo Kahnawá:ke, situada no leste do Canada. A tribo, soberana em relação ao Canada, oferece liberdade total para a hospedagem de *Web sites* de apostas em linha, com vistas a arrecadar receitas tributárias por um lado, e oferecer condições livres de apostas e jogos de poker em linha, de outro. *Cfr.* MOHAWK COUNCIL OF KAHNAWÁ:KE. *Kahnawá:ke Gaming Law.* Disponível em: http://www.kahnawake.com/council/docs/GamingLaw.pdf , Acesso em: 14.12.2010.

[395] Para visualizar estatísticas oficiais sobre o cumprimento, ou não, por parte do Google de ordens governamentais ou judiciais, país a pais, convidamos à leitura de GOOGLE. *Government requests.* Disponível em: http://www.google.com/governmentrequests/, Acesso em: 10.05.2010.

[396] *Cfr.* Google. Disponível em: www.google.cn, e http://www.google.com.hk, Acesso em: 07.04.2010.

[397] *Cfr.* GOOGLE. *Government requests.* Disponível em: http://www.google.com/governmentrequests/ , Acessado em: 10.05.2010.

Verifique-se ainda, que por razões tributárias, qualquer companhia poderá alterar seu local, do mesmo modo que o Google.

Neste ponto, vale, então, citar o exemplo da tribo Kahnawá:ke, situada no leste do Canada. A tribo, soberana em relação ao Canada, oferece liberdade total para a hospedagem de *Web sites* de apostas em linha, com vistas a arrecadar receitas tributárias por um lado, e oferecer condições livres de apostas e jogos de poker em linha, de outro[398].

Devido a este aumento nas situações que antes eram exceções, hoje os governos e outras organizações, das quais provem regras, são competidores no mercado. Isto tem alterado o conceito de Poder Soberano em relação às empresas e os governos no ciberespaço[399].

Um mundo de voluntários e opções, onde as regras e os poderes não são compulsórios, mas escolhidos. Um mundo, onde o poder soberano do Estado está minimizado, fazendo com que estes passem a competir por "súbditos"[400].

Por decorrência, passaremos, a seguir, a analisar o regramento concernente à tributação eletrónica nos Estados Unidos da América.

---

[398] *Cfr.* MOHAWK COUNCIL OF KAHNAWÁ:KE. *Kahnawá:ke Gaming Law*. Disponível em: http://www.kahnawake.com/council/docs/GamingLaw.pdf , Acesso em: 14.12.2010.

[399] *Vide* DOLATA, Ulrich. *The Transformative Capacity of New Technologies. How Innovations Affect Sectoral Change: Conceptual Considerations*. Köln: Max-Planck-Institut für Gesellschaftsforschung, 2008, p. 09 e ss.

[400] *Cfr.* CALLIESS, Gralf-Peter, HOFFMANN, Hermann. *Judicial Services for Global Commerce – Made in Germany?* German Law Journal, Volume 10, nº 02, 2009, p. 116. *Cfr.* LESSIG, Lawrence. *Code and Other Laws of Cyberspace*. New York: Basic Books, 1999, p. 202.

Capítulo III
A Tributação do Comércio Eletrónico nos Estados Unidos da América

1. Introdução

Nos Estados Unidos da América ocorre o maior volume de transações em linha do mundo. A Internet já é considerada como essencial para a economia norte--americana.

Mesmo sendo, potencialmente, uma grande fonte de receitas fiscais, a produção legislativa ativa, no contexto tributário, está parcialmente suspensa desde Outubro de 1998, quando então o Congresso norte-americano aprovou o *"Internet Tax Freedom Act"*. *In limine*, o ITFA proibiu a imposição de novos tributos para o acesso à Internet, bem como tributos discriminatórios para o Comércio Eletrónico.

Contudo, mesmo havendo uma moratória tributária para o *e-commerce*, a discussão científica em torno do assunto tem sido de máxima relevância, bem como a organização de grupos governamentais que elaboram e discutem novas propostas, face ao complexo problema que se coloca.

Da mesma maneira, a interpretação dos princípios externados pelos grupos governamentais tem sido alvo de importantes estudos, os quais procuramos trazer à tona neste trabalho. Por conseguinte, passamos a analisar as principais características implicantes com o tema, nos Estados Unidos da América.

Secção I
O Internet Tax Freedom Act

1. Internet Tax Freedom Act

O *Internet Tax Freedom Act* entrou em vigor em 1 de Outubro de 1998 e vigorou, conforme instituído, e com suas diversas prorrogações até 11 de Dezembro de 2014.

Inicialmente, cumpre destacar que o *Internet Tax Freedom Act* disciplinou o tratamento tributário de três formas principais: barrou a imposição de novos tributos para o acesso à Internet; impediu a instituição de tributos discriminatórios à Internet e impediu tributação múltipla à Internet.

Primeiramente, o ITFA isentou o serviço de acesso à Internet da tributação Estadual e Local. Isto impede que os Estados norte-americanos tributem os serviços que permitem o acesso do usuário à Internet, seu conteúdo, informações, correio eletrónico e outros serviços sobre a Internet, que são disponibilizados pelos provedores (América Online, por exemplo).

Entretanto, manteve aqueles impostos já instituídos pelos Estados antes de 1 de Outubro de 1998 (incluídos Connecticut, Iowa, Nebraska, New México, North Dakota, Ohio, South Dakota, South Carolina, Tennessee, Texas, Wisconsin, e o Distrito de Columbia).

Por conseguinte, proibiu novos tributos sobre o acesso à Internet. Esta provisão fora designada para preservar o direito prévio dos Estados-Membros que já tributavam o acesso à Internet [401].

---

[401] *Cfr.* HELLERSTEIN, Walter. *Internet Tax Freedom Act Limits State's Power to Tax Internet Acess and Electronic Commerce.* Journal of Taxation, Volume 90, nº 01, January, 1999, p. 06. *Vide* DELTA, George B., MATSUURA, Jeffrey H. *Law of The* Internet. New York: Aspen Law & Business, 2000,

III. A TRIBUTAÇÃO DO COMÉRCIO ELETRÓNICO NOS ESTADOS UNIDOS DA AMÉRICA

Em continuidade, uma segunda exceção a esta isenção é aplicada para as companhias que concedem acesso para empresas que utilizam material proibido para menores, ao menos que este acesso seja filtrado através de *softwares* desenvolvidos para esta tarefa.

Mas, por outro lado, há Estados-Membros que impõem *Sales tax* aos *e-mails*, por utilizarem interpretação extensiva das regras relativas à imposição de tributos sobre os serviços de telecomunicações. E, se os *e-mails* são tributados, são também os serviços de informações (*newsletter*) dos vários jornais digitais, criando dificuldades na classificação e separação de uma simples transmissão, de um serviço[402].

Em prosseguimento, o ITFA proibiu tributos discriminatórios em relação ao Comércio Eletrónico, entendendo-se por esta regra que não serão admitidos impostos que não sejam instituídos sobre outras formas comerciais. Da mesma maneira, as alíquotas também não podem variar para o *e-commerce*. Tais previsões incluem qualquer transacção conduzida através da Internet, como venda, aluguel, licenças, oferta ou envio de produtos, bens, serviços ou informação[403].

Em adição, incluem-se no ITFA provisões estabelecendo que os Estados não podem lançar tributos (*Sales e Use Tax*) em relação a vendedores de outros Estados que não possuam nexo no Estado tributante. No caso, para estabelecer o nexo é necessária a presença física do vendedor. Ainda, se apenas o acesso ao *Web site* é possível, tal facto não constitui nexo, para fins tributários naquele Estado[404].

De outra parte, destaca-se, que o ITFA estabeleceu que os vendedores só são obrigados a colectar imposto de venda se os produtos são enviados para um Estado onde o vendedor possui estabelecimento físico (uma loja ou outra presença física).

De seu turno, aos compradores é suposto que paguem o imposto voluntariamente (contrariando, ironicamente, a origem da expressão, advinda de "im-

---

p. 10-25/26. *Cfr.* Murphy, Aaron G. *Will Surfing the Web Subject One to Transient Tax Jurisdiction? Why we Need a Uniform Federal Sales Tax on Internet Commerce.* Seattle University Law Review, Volume 22, Number 4, Spring, 1999, p. 1189.

[402] *Cfr.* Delta, George B., Matsuura, Jeffrey H. *Law of The Internet.* New York: Aspen Law & Business, 2000, p. 10-26.

[403] *Cfr.* Forst, David L. *Old and New Issues in the Taxation of Electronic Commerce.* The Legal and Policy Framework for Global Electronic Commerce: A Progress Report, Berkeley Technology Law Journal, Volume 14, Number 2, Spring, 1999, p. 716/717. *Cfr.* Hellerstein, Walter. *Internet Tax Freedom Act Limits State's Power to Tax Internet Acess and Electronic Commerce.* Journal of Taxation, Volume 90, nº 01, January, 1999, p. 06.

[404] *Cfr.* Adams, Sally. *Danger: Internet Taxes Ahead.* Taxes, The Tax Magazine, CCH Incorporated, Vol. 75, nº 09, September, 1997, p. 505.

posição"), mas pouquíssimos o fazem, fazendo da Internet uma zona livre de tributos.

A esse respeito, em substância, de merecido destaque é a opinião basilar de FORST (1999), ao considerar que as empresas continuarão a interpretar as regras concernentes à tributação eletrónica com o intuito de tirar vantagens, e os poderes tributários estaduais e locais deverão perder receitas fiscais valorosas[405].

Em alinhamento, de facto, o *déficit* fiscal norte-americano vem aumentando nos últimos anos, sendo explicitado pela recente crise económica enfrentada pelos Estados Unidos da América desde 2008.

Em prosseguimento, o ITFA barrou a imposição de múltiplos tributos sobre o Comércio Eletrónico. Dessa regra, extrai-se que não é permitida a imposição de um mesmo tributo por dois Estados diferentes sobre a mesma hipótese de incidência tributária, denominada, em alguns ordenamentos, de dupla ou bi tributação.

Primordial relatar que, após a decisão da Suprema Corte dos Estados Unidos (*Quill Corp. v. North Dakota*), o Congresso tem o poder de estabelecer legislação de impostos de venda e uso dos Estados em vendas longínquas, incluindo-se vendas eletrónicas[406]. Neste ponto, a posição de MCKEOWN (2000) é de que deixar ao Congresso a faculdade de proibir impostos de venda na Internet, retirando dos Estados e poderes locais o controlo de suas próprias políticas tributárias, viola um princípio fundamental do federalismo norte-americano[407].

Em complemento, outra importante parte do ITFA foi o estabelecimento de uma comissão, denominada *Advisory Commission on Electronic Commerce*, que estuda tributação Local, Estadual e Internacional, submetendo ao Congresso suas recomendações. Esta comissão examina pontos como a simplificação, barreiras,

---

[405] *Cfr.* FORST, David L. *Old and New Issues in the Taxation of Electronic Commerce.* The Legal and Policy Framework for Global Electronic Commerce: A Progress Report, Berkeley Technology Law Journal, Volume 14, Number 2, Spring, 1999, p. 719. *Vide* HELLERSTEIN, Walter. *Internet Tax Freedom Act Limits State's Power to Tax Internet Acess and Electronic Commerce.* Journal of Taxation, Volume 90, nº 01, January, 1999, p. 07/08.

[406] *Cfr.* ADAMS, Sally. *Danger: Internet Taxes Ahead.* Taxes, The Tax Magazine, CCH Incorporated, Vol. 75, nº 09, September, 1997, p. 503. *Cfr.* KIRSNER, Marvin. *Taxes, Tariffs, and Other Regulatory Barriers to Electronic Commerce.* Panel VII, Symposium – Responding to the Legal Obstacles to Electronic Commerce in Latin America, Arizona Journal of International and Comparative Law, Volume 17, Number 1, Winter, 2000, p. 192/193. *Cfr.* WAY, Kashi M. *State and Local Sales Tax on Internet Commerce: Developing a Neutral and Efficient Framework.* Virginia Tax Review, Volume 19, Number 1, Summer, 1999, p. 120/121.

[407] *Cfr.* MCKEOWN, Rich. *Questioning the Viability of the Sales Tax: Can It Be Simplified to Create a Level Playing Field?* Brigham Young University Law Review, Number 1, 2000, p. 168/169. *Vide* BLUM, David C. *State and Local Taxing Authorities: Taking more than their Fair Share of the Electronic Information Age.* The John Marshall Journal of Computer & Information Law, Volume XIV, Number 3, Spring, 1996, p. 493/522.

III. A TRIBUTAÇÃO DO COMÉRCIO ELETRÓNICO NOS ESTADOS UNIDOS DA AMÉRICA

discriminação, internacionalidade, constitucionalidade, privacidade, soberania e efeitos da tributação[408].

Neste desenrolar, o Congresso dos Estados Unidos da América tem continuamente renovado o ITFA. **Em 2001, 2004 e 2007 o ITFA foi prorrogado** com alterações mínimas, que tão somente ilustravam novas definições trazidas pela evolução da Internet, e destacavam o panorama revolucionário da rede mundial de computadores.

As referidas extensões do ITFA levaram ao sentimento de que, em verdade, tratava-se de uma "moratória permanente" de tributos na Internet. Em princípio, estas prorrogações seriam revisadas até Dezembro de 2014.

Contudo, o que de fato ocorreu foi a aprovação de um Projeto de Lei (15.07.2014), pela United States House of Representatives que torna o ITFA permanente (o projeto encontra-se no Senado dos EUA para apreciação).

Por conseguinte, o novo **PERMANENT INTERNET TAX FREEDOM ACT** (H.R. 3086; 113th Congress) barra a imposição de novos tributos para o acesso à Internet; impede a instituição de tributos discriminatórios à Internet e impede tributação múltipla à Internet[409].

Do exposto, até o momento, infere-se que esta "moratória permanente" consiste em uma *vacatio,* que possibilita aprofundar as discussões técnicas e científicas sobre a inovadora temática, e servir de referência para outras partes no mundo.

Tudo, pois, para a melhor formulação de um sistema que seja eficaz e que possa responder às diversas indagações promovidas pelo *e-commerce,* como sua internacionalidade, desterritorialidade e digitalização[410].

A esse propósito, muito bem adiantou LEITE DE CAMPOS (1998), nestas palavras: *"Numa primeira impressão, o jurista teria tendência para responder que a Internet nada mais é do que uma técnica dos contratos à distância; que as sociedades e as pessoas sin-*

---

[408] *Cfr.* GRIFFITH, Thomas. *The History, Purpose, and Procedures of the Advisory Commission on Electronic Commerce.* Brigham Young University Law Review, Volume 2000, Number 1, p. 155/163. *Cfr.* MCKEOWN, Rich. *Questioning the Viability of the Sales Tax: Can It Be Simplified to Create a Level Playing Field?* Brigham Young University Law Review, Number 1, 2000, p. 178/180. *Cfr.* WAY, Kashi M. *State and Local Sales Tax on Internet Commerce: Developing a Neutral and Efficient Framework.* Virginia Tax Review, Volume 19, Number 1, Summer, 1999, p. 120. *Cfr.* HELLERSTEIN, Walter. *Internet Tax Freedom Act Limits State´s Power to Tax Internet Acess and Electronic Commerce.* Journal of Taxation, Volume 90, nº 01, January, 1999, p. 10.

[409] Para acompanhar o andamento do referido projeto, convidamos ao acesso de: https://www.congress.gov/bill/113th-congress/house-bill/3086 ou ainda em: https://www.govtrack.us/congress/bills/113/hr3086 , Acessos em 10.12.2014.

[410] *Cfr.* LEITE DE CAMPOS, Diogo. *A Internet e o Princípio da Territorialidade dos Impostos.* Lisboa: Revista da Ordem dos Advogados, ano 58, 1998, p. 637/643.

*gulares continuarão a ter as suas sedes e as suas residências; que as mercadorias continuarão a circular pelos meios de transporte já existentes; que o Direito tem instrumentos de resposta a todos estes problemas. **Numa análise mais aprofundada, a resposta do jurista já terá de ser mais cautelosa.***"[411]

Com isso, o governo procura encontrar soluções que garantam um maior controle sobre o Comércio Eletrónico na Internet[412].

Igualmente, a controvérsia ganha força quando se observa que uma substancial fonte de receitas dos Estados deixa de ser arrecadada.

Em qualquer momento da história, os países sempre conviveram com a preocupação de garantir a arrecadação e, para isso, desenvolveram e aperfeiçoaram, constantemente, os modelos e sistemas de controle.

Entretanto, com o advento da Internet uma eficaz arrecadação de tributos encontra-se ameaçada, prejudicando os sistemas fiscais de tal forma que pode fazer com que os governos não consigam atender às legítimas necessidades de seus cidadãos por serviços públicos.

Como podemos observar atualmente, a preocupação sobre o *déficit* dos Estados Unidos ganha força, e a Internet poderia estar contribuindo para o aumento registrado.

A temática, já prevista e analisada por LEITE DE CAMPOS (1998), e abordada por FREIRE E ALMEIDA (2002), começa a ser constatada, na prática, pelo governo dos Estados Unidos da América, que acumula um recuo de arrecadação de US$ 56 Bilhões no período de 6 anos, somente nas atividades *online*[413].

Contudo, na compatibilização entre as receitas oriundas do Comércio Eletrónico, e o privilégio concedido aos contribuintes de não serem tributados nas transações pela Internet, preferimos está última, qual seja a não tributação.

Não se trata de negar a imposição tributante neste segmento digital, mas, sim, conceder um privilégio necessário, para que se possa ultrapassar estes momentos de crise económica internacional, e, ao mesmo tempo, incentivar a inovação gerada pela utilização maciça das virtualidades proporcionadas pela Internet.

Sendo assim, veremos como constitui-se o sistema tributário dos Estados Unidos da América, e sua capacidade de adequação e inovação face ao Comércio Eletrónico, não se afastando da meta traçada neste trabalho.

---

[411] *Cfr.* LEITE DE CAMPOS, Diogo. *A Internet e o Princípio da Territorialidade dos Impostos.* Lisboa: Revista da Ordem dos Advogados, ano 58, 1998, p. 640.

[412] *Cfr. H.R.3086 - Permanent Internet Tax Freedom Act,* Disponível em: https://www.congress.gov/bill/113th-congress/house-bill/3086 , Acesso em: 05.12.2014.

[413] *Cfr.* LEITE DE CAMPOS, Diogo. *A Internet e o Princípio da Territorialidade dos Impostos.* Lisboa: Revista da Ordem dos Advogados, ano 58, 1998, p. 637/643. *Cfr.* FREIRE E ALMEIDA, Daniel. *A Tributação do Comércio Electrónico nos Estados Unidos da América e na União Europeia.* Coimbra: Faculdade de Direito da Universidade de Coimbra, 2002.

Secção II
Sales e *Use Tax* nos Estados Unidos da América

1. Breve Histórico

Por primeiro, deve-se salientar, que para o consumidor, o imposto de venda ou de uso é adicionado ao valor da mercadoria, de forma simples. Contudo, para a empresa que está efetuando a venda, o sistema de tributação impõe várias obrigações.

Deveras, antigamente, o comerciante deveria apenas pagar nos pontos de venda o percentual devido pela transação. Mais tarde, o Estado impôs outra obrigação: a de submeter dados relativos à venda para confirmar se a operação transcorreu corretamente. Posteriormente, vieram os formulários tributários de declaração, classificação das mercadorias, as facturas, tudo, sim, a ficar mais complexo, consumindo tempo e dinheiro dos comerciantes[414].

Mais à frente, em 1930, porém, os norte-americanos descobriram que poderiam deixar de pagar o imposto de venda, caso comprassem suas mercadorias de outro Estado. Em resposta, 46 Estados que colectavam impostos de venda, então impuseram impostos de uso. Os contribuintes deveriam calcular e recolher este imposto, assim como as empresas, no comércio *business to business (B2B)*, deveriam pagar normalmente, estando sujeitas a fiscalização.

2. Imposto de Venda e Imposto de Uso *(Sales and Use Tax)*

Mais recentemente, um importante e controvertido ponto, em relação ao sistema tributário dos Estados Unidos, corresponde à capacidade de seus Estados

---

[414] *Vide* SWINDLE, Orson. *The Taxation of E-Commerce*. Montana Law Review, Volume 61, Number 1, Winter, 2000, p. 08.

em estipular impostos de venda e uso ao *e-commerce*. Relembramos que, após a decisão da Suprema Corte dos Estados Unidos (*Quill Corp. v. North Dakota*), o Congresso tem o poder de estabelecer legislação de impostos de venda e uso dos Estados em vendas longínquas, incluindo-se vendas eletrónicas.

Apenas ilustrando, se fosse permitido que os Estados fizessem uso deste poder tributário, sob as regras actuais, o Comércio Eletrónico estaria face a 30.000 jurisdições estaduais e locais. As alíquotas variam entre 3% e 8% [415].

De seu turno, no **imposto de venda** (*Sales Tax*), a alíquota (percentual) devida incide sobre o valor bruto da venda, sendo colectada do consumidor final pelo *Web site* que estiver realizando a venda, recaindo sobre esta a responsabilidade de recolher o imposto às autoridades estaduais tributárias, onde a venda é efetuada e no momento desta.

Já o **imposto de uso** (*Use Tax*) é considerado como um imposto compensador, cobrado do comprador que adquire produtos de um vendedor de outro Estado. Tal imposto é utilizado para colocar os vendedores locais em igualdade com os vendedores de outro Estado, que estão isentos do imposto de venda, e para evitar a perda de receitas dos Estados. É devido pelo consumidor pelo uso, armazenamento ou consumo de produtos tangíveis, ou por serviços, quando o imposto de venda não é cobrado em determinada transação.

Como resultado, este imposto é cobrado, complementarmente, junto ao consumidor nas compras de fora do Estado, naqueles negócios onde o imposto de venda não fora colectado. Todos os Estados que possuem o imposto de venda têm o imposto de uso complementar [416].

---

[415] *Cfr.* ADAMS, Sally. *Danger: Internet Taxes Ahead*. Taxes, The Tax Magazine, CCH Incorporated, Vol. 75, nº 09, September, 1997, p. 497. *Cfr.* SWINDLE, Orson. *The Taxation of E-Commerce*. Montana Law Review, Volume 61, Number 1, Winter, 2000, p. 06/07. *Cfr.* MINES, Paul. *Commentary – Conversing With Professor Hellerstein: Electronic Commerce and Nexus Propel Sales and Use Tax Reform*. Tax Law Review, Volume 52, Number Four, Symposium on Internet Taxation, New York University School of Law, Summer, 1997, p. 583. *Cfr.* FOX, Willian F., MURRAY, Matthew N. *The Sales Tax and Electronic Commerce: So What's New?* National Tax Journal, Volume L, Nº 3, September, 1997. *Cfr.* HELLERSTEIN, Walter. *Transaction Taxes and Electronic Commerce: Designing State Taxes That Work in an Interstate Environment*. National Tax Journal, Volume L, Nº 3, September, 1997, p. 600/602. *Cfr.* GRAY, Charles P. Jr. *The Constitutionality of Federal Preemption of State Taxation of Internet Transactions*. Sant Louis University Public Law Review, Volume XVII, Nº 2, 1998, p. 452. *Cfr.* HELLERSTEIN, Walter. *State and Local Taxation of Electronic Commerce: Reflections on the Emerging Issues*. University of Miami Law Review, Volume 52, Number 3, April, 1998, p. 720/721.

[416] *Cfr.* VANDERHOFF, Anna M. *The Tax Man Cometh: A Realistic View of the Taxation of Internet Commerce*. Capital University Law Review, Vol. 27, Number 4, 1999, p. 939. *Cfr.* ADAMS, Sally. *Danger: Internet Taxes Ahead*. Taxes, The Tax Magazine, CCH Incorporated, Vol. 75, nº 09, September, 1997, p. 497. *Cfr.* GRAY, Charles P. Jr. *The Constitutionality of Federal Preemption of State Taxation of Internet Transactions*. Sant Louis University Public Law Review, Volume XVII, Nº 2, 1998, p. 452.

III. A TRIBUTAÇÃO DO COMÉRCIO ELETRÓNICO NOS ESTADOS UNIDOS DA AMÉRICA

Assim, caso o vendedor não seja obrigado a pagar imposto de venda naquele Estado, segundo as regras locais, o consumidor deve, ele próprio, pagar sobre o imposto de uso daquele Estado, sendo que este procedimento acaba por ser mais desrespeitado, em virtude da quantia ser pequena, a ponto de não ser verificado, ou mesmo fiscalizado, seu pagamento.

Para aumentar as receitas e encorajar os contribuintes voluntários, alguns Estados têm oferecido vantagens, como programas de amnistia para fraudadores, linhas de crédito e campanhas informativas, entre outras[417].

3. Vendas para fora do Estado

Em conformidade com as regras tributárias, uma empresa (*Web site*), que possui uma presença física (*substancial nexus*[418]) no Estado, é requisitada para colectar imposto de venda nas vendas naquele Estado. Tal assertiva demonstra a vantagem que as empresas digitais conseguem sobre as companhias físicas, tendo em vista a dificuldade em se provar a presença física no Estado[419].

Em vendas eletrónicas para fora do Estado, segundo o ITFA, não haverá incidência tributária.

Alguns requisitos podem determinar a presença física (*nexus*) no Estado, sendo, entre eles, uma propriedade ou empregados no Estado, aluguel, estande

---

Cfr. OWEN, Sandi. *State Sales & Use Tax on Internet Transactions.* Federal Communications Law Journal, Volume 51, Number 1, December, 1998, p. 247/248.

[417] *Cfr.* HARDESTY, David E. *Electronic Commerce – Taxation and Planning.* Boston: Warren, Gorhan and Lamont, 1999, p. 14-6/8. *Cfr.* ADAMS, Sally. *Danger: Internet Taxes Ahead.* Taxes, The Tax Magazine, CCH Incorporated, Vol. 75, nº 09, September, 1997, p. 499. *Cfr.* EADS, James R., GOLDEN, David F. *E-Commerce Taxation Issues for Online Businesses.* Georgia Bar Journal, Volume 5, Number 4, February, 2000, p. 17. *Cfr.* MURPHY, Aaron G. *Will Surfing the Web Subject One to Transient Tax Jurisdiction? Why we Need a Uniform Federal Sales Tax on Internet Commerce.* Seattle University Law Review, Volume 22, Number 4, Spring, 1999, p. 1188.

[418] Nas palavras de ADAMS, *in verbis*: *"Nexus means that there is suficient connection with the taxing state for that state to apply its Sales or use tax or to impose a use tax collection duty. The sales tax is a destination base tax, and when the buyer and seller reside in different jurisdictions, a nexus problem may surface".* *Cfr.* ADAMS, Sally. *Danger: Internet Taxes Ahead.* Taxes, The Tax Magazine, CCH Incorporated, Vol. 75, nº 09, September, 1997, p. 503.

[419] *Cfr.* COLLIER, Dennis, ROSNER, Monroe. *Challenges to the Sales Tax from Emerging Information Technologies.* National Tax Association, Proceedings, Eighty-Eighth Annual Conference, San Diego, California, 1995, p. 242. *Cfr.* HARRIS, Mark A. *Advising the CyberBusiness: Apllying Fundamental Tax Concepts to Internet Sales.* Taxes, The Tax Magazine, CCH Incorporated, Vol. 74, nº 12, December, 1996, p. 718. *Cfr.* MINES, Paul. *Commentary – Conversing With Professor Hellerstein: Electronic Commerce and Nexus Propel Sales and Use Tax Reform.* Tax Law Review, Volume 52, Number Four, Symposium on Internet Taxation, New York University School of Law, Summer, 1997, p. 588 e ss. *Cfr.* Fox, Willian F., MURRAY, Matthew N. *The Sales Tax and Electronic Commerce: So What's New?* National Tax Journal, Volume L, Nº 3, September, 1997.

A TRIBUTAÇÃO DO COMÉRCIO ELETRÓNICO NOS EUA E NA UE

para demonstração, operadores e vendedores no Estado, ponto de presença do *site* no Estado, uso de linhas telefónicas, equipamentos no Estado, bem como licenças de *software* no Estado[420].

Como se demonstra, um dos requisitos para se determinar o imposto de vendas é a localização da atividade comercial, que se torna difícil de ser aplicada às transações na Internet que não possuem endereço geográfico definido.

Com efeito, o aparecimento do *e-commerce* provocou uma erosão no sistema de tributação, através da base tributária (*tax base*) do contribuinte, em razão da dificuldade de localização e pela facilidade de mobilização que o mercado eletrónico possibilita[421].

Basilarmente, para MCLURE (1997), o imposto de vendas Estadual, designado para tributar as vendas de mercadorias manufacturadas, não pode facilmente adequar-se ao Comércio Eletrónico, que possibilita o envio de produtos digitais e serviços. Neste mesmo sentido já era a posição de Fox (1997), que desde então propõe uma reforma no sistema de receitas dos Estados Unidos da América[422].

É neste contexto que EADS & GOLDEN (2000) afirmam serem os impostos de venda os que mais preocupam os Estados para a manutenção de receitas destinadas à prestação de serviços públicos face ao *e-commerce*[423].

Neste passo, um ponto controvertido refere-se à acessibilidade de um *Web site* em um Estado causar ou não nexo para o efeito de impostos. Para o ITFA, os Estados não devem colectar impostos, se somente a habilidade de acessar o *site* de um vendedor distante é considerada como factor para determinar a obrigação do vendedor em recolher impostos[424].

---

[420] *Cfr.* NEBERGALL, Mark. *The Taxation of E-Commerce.* Montana Law Review, Volume 61, Number 1, Winter, 2000, p. 13. *Cfr.* OWEN, Sandi. *State Sales & Use Tax on Internet Transactions.* Federal Communications Law Journal, Volume 51, Number 1, December, 1998, p. 251.

[421] *Cfr.* VANDERHOFF, Anna M. *The Tax Man Cometh: A Realistic View of the Taxation of Internet Commerce.* Capital University Law Review, Vol. 27, Number 4, 1999, p. 955. *Cfr.* ADAMS, Sally. *Danger: Internet Taxes Ahead.* Taxes, The Tax Magazine, CCH Incorporated, Vol. 75, nº 09, September, 1997, p. 497/498. *Cfr.* OWEN, Sandi. *State Sales & Use Tax on Internet Transactions.* Federal Communications Law Journal, Volume 51, Number 1, December, 1998, p. 250. *Cfr.* FLEMING, J. Clifton Jr. *Electronic Commerce and the State and Federal Tax Bases.* Brigham Young University Law Review, Volume 2000, Number 1, p. 1.

[422] *Cfr.* MCLURE, Charles E. Jr. *Electronic Commerce, State Sales Taxation, and Intergovernmental Fiscal Relations.* National Tax Journal, Volume L, Nº 4, December, 1997. *Cfr.* Fox, William F. *Reengineering State and Local Revenues Structures for The New Economy.* National Tax Association – Proceedings, November, 1997.

[423] *Cfr.* EADS, James R., GOLDEN, David F. *E-Commerce Taxation Issues for Online Businesses.* Georgia Bar Journal, Volume 5, Number 4, February, 2000, p. 16.

[424] *Cfr.* CONGRESS, HOUSE *Internet Tax Freedom Act.* 105th Cong., 2d Sess., tit. XI, par. 1104(2)(B) (i), Oct. 1, 1998.

III. A TRIBUTAÇÃO DO COMÉRCIO ELETRÓNICO NOS ESTADOS UNIDOS DA AMÉRICA

Verifica-se, ainda, a problemática envolvendo as diferentes alíquotas aplicadas nos Estados e Municípios, que, com a Internet, amplia as dificuldades, pela natural facilidade em se modificar o poder tributante. Há crescentes dificuldades na determinação correta da alíquota na transação, tendo-se em vista as milhares e diferentes jurisdições estaduais e municipais nos Estados Unidos da América[425].

4. Produtos e Serviços da Internet sujeitos à Tributação

Por primeiro, podemos dizer, que muitos Estados norte-americanos tributam somente as vendas de produtos tangíveis e certo número de serviços. Poucos Estados tributam todas as vendas, estando entre estes o Hawaii[426].

A tributação de um produto ou serviço vendido através da Internet é a mesma de um vendido de outra forma, mas alerta-se para o facto de que alguns produtos somente são vendidos pela Internet. Além disso, não há uniformidade estadual sobre a determinação dos bens e serviços que são tributados, bem como das obrigações tributárias acessórias, como registo, declarações, isenções, certificados, entre outros[427].

A seu turno, o ITFA proibiu a instituição de tributos discriminatórios ao *e-commerce*. Assim, não devem incidir sobre o Comércio Eletrónico tributos que não sejam impostos às transações por outros meios, bem como as alíquotas dos impostos conhecidos não podem sofrer majoração em relação ao Comércio Eletrónico[428].

Neste contexto, um *software* pode ser vendido e enviado eletronicamente, criando um grande problema na determinação e classificação para a tributação do produto. A este tempo, vídeos, livros, músicas e jogos também fazem parte do *e-commerce*, colocando as regras tributárias convencionais um *terabyte* além da tributação comum.

Há, no momento, controvérsia e confusão para aplicação das regras do imposto de vendas para os programas enviados *online*. Os Estados não estão se

---

[425] Cfr. HELLERSTEIN, Walter, HOUGHTON, Kendall L. *State Taxation of Electronic Commerce: Perspectives on Proposal for Change and Their Constitutionality.* Brigham Young University Law Review, Volume 2000, Number 1, 2000, p. 13 e 26/28.

[426] Hawaii Rev. Stat. par. 237-13. A seu turno, os contribuintes acreditam que todos os produtos tangíveis são tributados. Contudo, os Estados possuem listas determinando quais são isentos de tributos. Dessa forma, os contribuintes devem consultar cada código tributário estadual para determinar os produtos excetuados da incidência tributária.

[427] Cfr. MATTSON, Robert N. *The Sales and Use Tax Dilemma: Multiple Taxation.* University of Miami Law Review, Volume 52, Number 3, April, 1998, p. 728/730. Cfr. HELLERSTEIN, Walter, HOUGHTON, Kendall L. *State Taxation of Electronic Commerce: Perspectives on Proposal for Change and Their Constitutionality.* Brigham Young University Law Review, Volume 2000, Number 1, 2000, p. 14.

[428] Cfr. CONGRESS, HOUSE *Internet Tax Freedom Act.* 105th Cong., par. 1101(a)(2) e par. 104(2).

A TRIBUTAÇÃO DO COMÉRCIO ELETRÓNICO NOS EUA E NA UE

movendo no mesmo passo para solucionar este problema. Há 16 Estados com regras específicas para os programas enviados em linha, sendo que sete não cobram impostos, gerando uma grande dificuldade para o vendedor cumprir as regras tributárias de cada Estado, especificamente. Pode parecer que as regras destinadas aos *softwares* são aplicadas aos demais produtos em linha, os produtos digitais e serviços. No entanto, as regras não se aplicam aos outros produtos digitais ou serviços[429].

Por sua vez, os **provedores de serviços** Internet (ISPs) e os operadores de *e-mail* trabalham em um ambiente de incerteza em relação aos tributos. Isto ocasiona, por consequência, não façam parte esses serviços, ora dispostos, das listas de serviços contempladas pelos impostos de vendas e uso da maioria dos Estados. Muitos destes apenas aproximaram-se do tema, sem, no entanto, concretamente, estabelecerem regras.

Para resolver os conflitos, o *Internet Tax Freedom Act* (ITFA) isentou o acesso à Internet de tributação Local (Município) e Estadual, mas com exceções. A isenção aplica-se aos impostos que não entraram em vigência antes de 1 de Outubro de 1998, significando que os impostos já em vigor podem ser cobrados, mas nenhum novo tributo poderá ser instituído. Poucos Estados respeitaram esta data e impuseram novos tributos, revestindo-se, então, em um privilégio aos contribuintes nos Estados Unidos da América [430].

Uma outra exceção diz respeito à utilização de conteúdo proibido para menores, que recebe tributação, só evitada caso o provedor disponibilize aos usuários programas que filtrem o conteúdo considerado impróprio[431].

Quanto ao **conteúdo *online*,** como jornais, revistas, serviços de busca, jogos, informações para compras e outros dados, que na sua maioria são conteúdos livres de pagamentos, suportados por publicidade, resta a dúvida sobre se estes dados são produtos ou serviços. Para uniformizar tais regras, evitando que cada Estado exerça seu poder tributário a seu modo, é que, para o ITFA, estes conteúdos fazem parte do acesso à Internet, sendo, desta forma, não-tributáveis as tarifas sobre os conteúdos *online*.

---

[429] *Cfr.* ADAMS, Sally. *Danger: Internet Taxes Ahead.* Taxes, The Tax Magazine, CCH Incorporated, Vol. 75, nº 09, September, 1997, p. 502. Os Estados que não cobram impostos sobre programas enviados em linha são: California, Kentucky, Massachusetts, Missouri, South Carolina, Vermont e Virginia. *Cfr.* HARDESTY, David E. *Electronic Commerce – Taxation and Planning.* Boston: Warren, Gorhan and Lamont, 1999, p. 14-44/47. *Cfr.* INTERNAL REVENEU SERVICE, TD 8785, Oct. 1, 1998. *Cfr.* DELTA, George B., MATSUURA, Jeffrey H. *Law of The Internet.* New York: Aspen Law & Business, New York, 2000, p. 10-13 e 28/29.

[430] *Cfr.* CONGRESS, HOUSE *Internet Tax Freedom Act,* par. 1101(a)(1). A isenção iniciou-se em 1 de Outubro de 1998 e, estende-se até até 1 de Novembro de 2014.

[431] *Cfr.* CONGRESS, HOUSE *Internet Tax Freedom Act,* par. 1101(e)(1) e (f)(1).

III. A TRIBUTAÇÃO DO COMÉRCIO ELETRÓNICO NOS ESTADOS UNIDOS DA AMÉRICA

A seu turno, sobre a **publicidade *online*,** muitos Estados não a tributam, outros isentam as receitas relativas às vendas de publicidade e alguns não mencionam esta atividade em seus códigos. Entre os Estados que tributam esta atividade estão o Distrito de Columbia, Hawaii, New Mexico e Washington. As regras concernentes à tributação do *digital marketing* são utilizadas por analogia às regras para a publicidade convencional, o que não é admitido, *in exemplis,* por ordenamentos que exigem estrita e expressa legalidade para toda atuação estatal tributante[432].

---

[432] Para um estudo detalhado de todos os Estados-Membros norte-americanos, convidamos à leitura de HARDESTY, David E. *Electronic Commerce – Taxation and Planning.* Boston: Warren, Gorhan and Lamont, 1999, p. 17-1/171. *Cfr.* DELTA, George B., MATSUURA, Jeffrey H. *Law of The Internet.* New York: Aspen Law & Business, 2000, p. 10-29.

Secção III
A Tributação Internacional nos Estados Unidos da América

1. Aspectos Gerais

Nos Estados Unidos da América, com o crescimento do número de companhias engajadas no Comércio Eletrónico, onde não há diferenças técnicas entre vender um produto para um consumidor de New York ou de Paris, já começam a surgir problemas tributários neste comércio internacional.

A primeira questão a ser apontada é em relação à diferença na tributação de uma transação eletrónica e uma transação convencional. Na comercialização convencional, os produtos passam por verificações alfandegárias, estão sujeitos a obrigações de importação, bem como o exportador de tais produtos sujeita-se à tributação no país estrangeiro. Tudo isso, em conformidade com regras disciplinadas há décadas[433].

No entanto, o Comércio Eletrónico apresenta diferenças[434], que inicialmente, são: 1) produtos e serviços exclusivos do *e-commerce;* 2) característica de serem enviados eletronicamente; 3) habilidade em operar uma companhia, mesmo que longínqua.

---

[433] *Cfr.* SWEET, John K. *Formulating International Tax Laws in the Age of Electronic Commerce: The Possible Ascendancy of Residence-Based Taxation in an Era of Eroding Traditional Income Tax Principles.* University of Pennsylvania Law Review, Volume 146, nº 6, August, 1998, p. 1953.

[434] *Cfr.* ROLL, Michael E. *Taxes, Tariffs, and Other Regulatory Barriers to Electronic Commerce.* Panel VII, Symposium – Responding to the Legal Obstacles to Electronic Commerce in Latin America, Arizona Journal of International and Comparative Law, Volume 17, Number 1, Winter, p. 189.

Se, por um lado, é possível enviar produtos, como *softwares,* dos Estados Unidos para compradores por todo o mundo, receber pagamentos pela Internet, estabelecer contas bancárias em países distantes, operando a empresa de servidores localizados em outros países, de outro, as regras tributárias não abrangem estes tipos de transações. Os governos por todo o mundo estão "engatinhando" na produção legislativa neste campo controverso, sendo que uma produção e harmonização a respeito far-se-á necessária [435].

2. Aproximação Geral na Tributação do *e-commerce*

Devido à pouca especificidade legislativa diretamente afectas ao Comércio Eletrónico internacional, o contribuinte tem geralmente adaptado as transações eletrónicas entre as regras existentes de tributação internacional. Contudo, há aspectos de incerteza que carecem de legislação e de uma devida perspectiva digital.

Nos Estados Unidos da América, a tributação de transações internacionais é baseada na residência de compradores e vendedores, nas fontes de rendimento e no tipo de rendimentos. O *e-commerce,* no entanto, desafia a aplicação destas noções em muitos e exclusivos aspectos. É inicial, ainda, o desenvolvimento de regras a serem aplicadas na determinação da residência, fonte e tipo de recursos, nas características provenientes do *e-commerce.* Em alguns casos, é impossível saber a localização tanto do comprador como do vendedor, bem como a natureza dos rendimentos resultantes de vendas de produtos e serviços digitais. Por igual, tem se revelado incerto determinar-se a existência de uma companhia que conduz seus negócios a partir de um servidor longínquo[436].

3. Impacto do Anonimato e a Determinação da Residência

A equivalência, na tributação internacional, de empresas convencionais com empresas digitais, em que tal tributação depende da residência dos contribuintes e da fonte dos recursos, fica prejudicada, visto que, na Internet, estas

---

[435] *Cfr.* HARDESTY, David E. *Electronic Commerce – Taxation and Planning.* Boston: Warren, Gorhan and Lamont, 1999, p.10-2.

[436] *Vide* KUNTZ, Joel, PERONI, Robert. *U.S. International Taxation.* Warren, Gorhan and Lamont, Vol. 1, United States of America, 1996. *Cfr.* FORST, David L. *Old and New Issues in the Taxation of Electronic Commerce.* The Legal and Policy Framework for Global Electronic Commerce: A Progress Report, Berkeley Technology Law Journal, Volume 14, Number 2, Spring, 1999, p. 712. *Cfr.* KARLIN, Michael J.A. *Pochet Switching-The Taxation of Electronic Commerce.* Fiftieth Annual Tax Institute, Volume 1, The Law School University of Southern California, 1998, p. 9-4. *Cfr.* EADS, James R., GOLDEN, David F. *E-Commerce Taxation Issues for Online Businesses.* Georgia Bar Journal, Volume 5, Number 4, February, 2000, p. 15. *Cfr.* DELTA, George B., MATSUURA, Jeffrey H. *Law of The Internet.* New York: Aspen Law & Business, 2000, p. 10-3/4.

A TRIBUTAÇÃO DO COMÉRCIO ELETRÓNICO NOS EUA E NA UE

determinações de localização de compradores e vendedores são difíceis, face ao ambiente sem fronteiras do *cyberspace*.

Da mesma forma, a utilização de dinheiro anónimo provoca as mesmas preocupações, fazendo com que o The U.S. Treasury os qualificasse como um dos mais importantes dilemas da tributação do *e-commerce*[437].

Conforme a velocidade das transações for se incrementando, principalmente com a "banda larga"[438], o volume de negociações envolvendo músicas, vídeos, livros, *softwares*, tende a aumentar a tal ponto que os problemas tributários do *e-commerce* trarão diminuição de receitas aos poderes tributantes, devido à substituição exponencial das transações convencionais pelas digitais.

Com efeito, como já explanado, o vendedor não necessita saber a localização física dos compradores, não precisa arquivar estas vendas, tornando a obediência aos formulários fiscais um tanto difícil. A título exemplificativo, uma empresa que negocia para determinados países estando sujeita a recolher tributos, talvez deva pagar impostos sobre o rendimento de vendas digitais. No momento em que for calcular o montante devido, é necessário saber o total de vendas para aqueles países, discriminadamente. Falhando na determinação exata da localização dos compradores, a empresa calculará incorretamente, podendo, depois, ser penalizada.

Outro factor advém da indeterminação do número de unidades vendidas eletronicamente. De facto, um *software*, um livro, uma música, podem ser usados para reproduzir um ou um milhão de cópias, sendo que ou o vendedor reporta o número de cópias vendidas, ou não há maneira de o *Internal Revenue Service*, no caso dos E.U.A., contabilizar o número correto.

---

[437] *Vide* DEPARTAMENT OF THE TREASURY. *Selected Tax Policy Implications of Global Electronic Commerce.* U.S. Departament of Treasury, Office of Tax Policy, Nov., 1996. *Cfr.* KARLIN, Michael J.A. *Pochet Switching-The Taxation of Electronic Commerce.* Fiftieth Annual Tax Institute, Volume 1, The Law School University of Southern California, 1998, p. 9-14 e ss. *Cfr.* KARLIN, Michael J.A. *Pochet Switching-The Taxation of Electronic Commerce.* Fiftieth Annual Tax Institute, Volume 1, The Law School University of Southern California, 1998, p. 9-16. *Cfr.* THORPE, Kyrie E. *International Taxation of Electronic Commerce: Is The Internet age Rendering the Concept of Permanent Establishment Obsolete?* Emory International Law Review, Volume 11, Fall, 1997, p. 651. *Cfr.* SCHAEFER, Barrett. *International Taxation of Electronic Commerce Income: A Proposal to Utilize Software Agents for Source-Based Taxation.* Santa Clara Computer and High Technology Law Journal, Santa Clara University School of Law, Volume 16, Number 1, November, 1999, p. 113/114. *Cfr.* EADS, James R., GOLDEN, David F. *E-Commerce Taxation Issues for Online Businesses.* Georgia Bar Journal, Volume 5, Number 4, February, 2000, p. 15. *Cfr.* DELTA, George B., MATSUURA, Jeffrey H. *Law of The Internet.* New York: Aspen Law & Business, 2000, p. 10-3/5.

[438] A banda larga propicia o aumento na velocidade de transmissão de informações. Importa ressaltar que as novas redes já adoptam a tecnologia DWDM (*Dense Wavelenght Division Multiplexing*), que pode multiplicar a capacidade de cada fibra ótica em dezenas de números.

III. A TRIBUTAÇÃO DO COMÉRCIO ELETRÓNICO NOS ESTADOS UNIDOS DA AMÉRICA

Em prosseguimento, a combinação do anonimato dos compradores, tanto na identificação como na localização, com a dificuldade em rastear o dinheiro utilizado e a habilidade em se vender um número ilimitado de cópias, resulta em um potencial risco de não declaração das vendas, intencional ou não. A não--intencional pode ocorrer pelos motivos supra mencionados, onde haveria dificuldade em obedecer às ordenações fiscais do U.S. Treasury, pela própria impossibilidade na obtenção de todas as informações necessárias. Por outro lado, mesmo que a companhia optasse por informar e recolher os tributos devidos, ficam as perguntas: Quais são os tributos devidos? Quem é o poder tributário competente?

4. Classificação dos Produtos Digitais

Os produtos digitais são exclusivos do *e-commerce*. Por este motivo, as regras tributárias internacionais ainda não se encontram em conformidade com estas características. Na tributação internacional, a hipótese de incidência tributária depende da classificação e definição dos produtos comercializados, sendo que há, nos Estados Unidos, decisões que não classificam os produtos digitais como mercadorias e, portanto, não são sujeitos aos tributos alfandegários tradicionais[439].

Em conformidade, ROLL (2000) defende, preferir, não justificar a não tributação do Comércio Eletrónico por motivos de crescimento do *e-commerce*, mas por demonstrar as razões que justificam, em confronto com as regras, que os produtos digitais não devem sofrer tributação.

5. Atividades Conduzidas por um Servidor Móvel – Operação Distante de um Servidor

Uma companhia é normalmente tributada nas vendas feitas para um país estrangeiro somente se ela está registada como uma comerciante ou indústria naquele país, ou quando um tratado tributário é aplicado, se a companhia tem um estabelecimento permanente, como um escritório, naquele país.

Estas são as regras aplicadas para uma empresa estrangeira e para estrangeiros não residentes que estão a vender para consumidores nos Estados Unidos da América. Disposições similares também são aplicadas para vendas de com-

---

[439] *Cfr.* ROLL, Michael E. *Taxes, Tariffs, and Other Regulatory Barriers to Electronic Commerce.* Panel VII, Symposium – Responding to the Legal Obstacles to Electronic Commerce in Latin America, Arizona Journal of International and Comparative Law, Volume 17, Number 1, Winter, p. 189/190. *Vide* HELLERSTEIN, Walter. *Transaction Taxes and Electronic Commerce: Designing State Taxes That Work in an Interstate Environment.* National Tax Journal, Volume L, Nº 3, September, 1997. *Cfr.* KARLIN, Michael J.A., *"Pochet Switching-The Taxation of Electronic Commerce"*, Fiftieth Annual Tax Institute, Volume 1, The Law School University of Southern California, 1998, p. 9-16/17.

panhias dos Estados Unidos para residentes da maioria dos parceiros comerciais norte-americanos.

No entanto, a determinação exata de que uma empresa está apenas conduzindo negócios em um país ou se está permanentemente estabelecida no país é difícil, quando os negócios são operados a partir da Internet (servidor longínquo).

Neste passo, HARDESTY (1999) já exemplificava, naquele tempo, que, se um servidor está localizado em um país, mas é operado de um outro país, talvez signifique que a companhia esteja situada no país em que está localizada. Isto é especialmente correto se significantes serviços são proporcionados para contribuintes no país em que esteja localizado o servidor. Por outro lado, os servidores podem mover-se facilmente (até um *Ipad* pode ser usado como um servidor). Um contribuinte pode não ter elementos para saber a localização física de um servidor que hospeda uma companhia digital. Esta mobilidade pode tornar a localização de um servidor sem sentido, com repercussões tributárias evidentes[440].

6. Posição do Governo dos Estados Unidos da América para os Problemas da Tributação do Comércio Eletrónico

Como já dissertado, fundamentalmente, a Internet tem levantado vários problemas para as leis tributárias internacionais. Alguns problemas são únicos da Internet e outros são já existentes, porém ampliados pela Internet. Muitos destes problemas são analisados em um importante relatório do Ministério das Finanças dos Estados Unidos, denominado *"Selected Tax Policy Implications of Global Electronic Commerce"*. Tal relatório indica haver mais questões do que respostas. O U.S. Treasury reporta um vasto leque de regras na tributação internacional do *e-commerce*, incluindo a Internet e a venda internacional de *softwares*[441].

Inicialmente, uma aproximação geral feita pelo governo federal norte-americano consiste em tributar as transações na Internet sob as regras existentes. O U.S. Treasury acredita que a Internet deva ser tratada de forma neutra, na análise da tributação das transações, seguindo um princípio de neutralidade, onde não seriam criados novos e adicionais tributos, e que o sistema tributário trate

---

[440] *Cfr.* HARDESTY, David E., *"Electronic Commerce – Taxation and Planning"*, Warren, Gorhan and Lamont, United States of America, 1999, p. 10-6. *Cfr.* SCHAEFER, Barrett, "International Taxation of Electronic Commerce Income: A Proposal to Utilize Software Agents for Source-Based Taxation", Santa Clara Computer and High Technology Law Journal, Santa Clara University School of Law, Volume 16, Number 1, November, 1999, p. 123.

[441] *Cfr.* DEPARTAMENT OF THE TREASURY. *Selected Tax Policy Implications of Global Electronic Commerce.* U.S. Departament of Treasury, Office of Tax Policy, Nov., 1996.

III. A TRIBUTAÇÃO DO COMÉRCIO ELETRÓNICO NOS ESTADOS UNIDOS DA AMÉRICA

da mesma forma os rendimentos provenientes do Comércio Eletrónico e do comércio tradicional[442].

Por igual, o U.S. Treasury reconhece que os conceitos tributários correntes, tais como o da determinação de uma companhia ser norte-americana, o de estabelecimento permanente e da fonte dos rendimentos, foram desenvolvidos **em uma diferente era tecnológica**.

No entanto, o vector da neutralidade entre o comércio tradicional ou físico e o *e-commerce* requer que os princípios tributários sejam adaptados para o Comércio Eletrónico, levando em conta a ausência de fronteiras do ciberespaço. Para o U.S. Treasury, uma vantagem em adaptar os princípios existentes, adicionados ao tratamento igualitário, é que facilitaria uma adequação internacional, por se traduzir, a maioria dos países, em poderes tributantes baseados em princípios tributários comuns[443].

Nesta mesma linha, alguns autores, *in exemplis* GLICKLICH, LEVINE, GOLDBERG e BRODY, também entendem que a Internet seria melhormente tributada sob as leis existentes do que sob uma nova gama de normas jurídicas[444].

Apesar do conceito de neutralidade exposto pelo U.S. Treasury e de muitos autores acompanharem esta linha, isto não é, na prática, possível. Apesar de muitos aspectos das transações digitais serem parecidos com os de outras

---

[442] *Cfr.* BLOOM, Alan S., GIUSTI, Robert S. *International Tax Implications of Electronic Commerce on Outbound Transactions.* International Tax Journal, Volume 23, Number 4, Fall, 1997, p. 48. *Cfr.* DEPARTAMENT OF THE TREASURY. *Selected Tax Policy Implications of Global Electronic Commerce.* U.S. Departament of Treasury, Office of Tax Policy, Nov., 1996, Executive Summary.

[443] *Cfr.* DEPARTAMENT OF THE TREASURY. *Selected Tax Policy Implications of Global Electronic Commerce.* U.S. Departament of Treasury, Office of Tax Policy, Nov., 1996, parágrafo 7.1.1. *Cfr.* BLOOM, Alan S., GIUSTI, Robert S. *International Tax Implications of Electronic Commerce on Outbound Transactions.* International Tax Journal, Volume 23, Number 4, Fall, 1997, p. 47/48. *Cfr.* PREBUT, David S. *State and Local Taxation of Electronic Commerce: The Forging of Cyberspace Tax Policy.* Rutgers Computer and Technology Law Journal, Volume 24, Number 2, 1998, p. 358 e ss. *Cfr.* COCKFIELD, Arthur J. *Balancing National Interests in the Taxation of Electronic Commerce Business Profits.* Tulane Law Review, Volume 74, Number 1, November, 1999, p. 164. *Cfr.* KARLIN, Michael J.A. *Pochet Switching-The Taxation of Electronic Commerce.* Fiftieth Annual Tax Institute, Volume 1, The Law School University of Southern California, 1998, p. 9-24/26. *Cfr.* WAY, Kashi M. *State and Local Sales Tax on Internet Commerce: Developing a Neutral and Efficient Framework.* Virginia Tax Review, Volume 19, Number 1, Summer, 1999, p. 125 e ss. *Vide* MORRISON, Fred L. *Sex, Lies, and Taxes: New Internet Law in the United States.* Berlin: Jahrbuch Für Internationales Recht, Duncher & Humblot, Volume 41, 1998, p. 84/100.

[444] Neste sentido a afirmação de GLICKLICH, LEVINE, GOLDBERG & BRODY, nestas palavras: *"Preserving the existing body of international tax rules to reach predictable solutions in this era of rapidly changing technology should be viewed favorably",* GLICKLICH, LEVINE, GOLDBERG & BRODY. *Electronic Services: Suggesting a ManMachine Distinction.* J. Tax'n, Aug., 1997.

A TRIBUTAÇÃO DO COMÉRCIO ELETRÓNICO NOS EUA E NA UE

transações, há importantes diferenças, como os produtos digitais[445], serviços baseados na Internet[446] e o anonimato nas transações[447].

Neste mesmo sentido, BLOOM & GIUSTI (1997) já afirmavam que, devido aos princípios tributários serem baseados, em parte, na classificação e fonte dos rendimentos, na Internet é incerto determinar-se que produto ou que serviço está a ser enviado, bem como para onde, requerendo um reexame de como os princípios podem ser adaptados e aplicados ao *e-commerce*[448].

---

[445] Muitas transações no Comércio Eletrónico são feitas com produtos digitais, que são aqueles que podem ser enviados usando a Internet. Para o *Internal Revenue Service*, na Secção 861, o *software* que é enviado eletronicamente recebe o mesmo tratamento que as transações que enviam o *software* fisicamente. A questão que fica é, se esta regra deve ser aplicada para todos os produtos digitais, como vídeos, músicas, revistas, jornais, livros, e outros produtos digitais que são enviados aos milhares, internacionalmente, e que seriam uma fonte de receita tributária para os governos. Regras especiais devem ser escritas para classificar e tributar a venda desses produtos, pois, principalmente para os Estados-Membros norte-americanos é de primordial importância para os impostos sobre o rendimento, de vendas e de uso. *Cfr.* HARDESTY, David E. *Electronic Commerce – Taxation and Planning*. Boston: Warren, Gorhan and Lamont, 1999, p. 10-7.

[446] A prestação de serviços sob as leis tributárias internacionais dos Estados Unidos da América são geralmente tributadas onde eles são realizados. As vendas de serviços baseados na Internet possuem dois especiais problemas. O primeiro é a descrição das fontes de receita destes serviços, a sua caracterização. As cotas para o uso de uma enciclopédia *online* seriam fontes de rendimento ou fontes de direito de autor? E sobre a preparação tributária *online*, onde o processo todo é automatizado? Mesmo assumindo que as cotas sejam identificadas como serviços, de onde as fontes provém? Seriam provenientes da localização do servidor? Ou da localização da qual é operado o servidor? Isto altera e torna difícil a aplicação de eventuais tratados internacionais tributários de que faça parte os Estados Unidos da América. Para exemplificar a situação exposta, HARDESTY (1999) discorre: *"Foreign WebCo operates an online research database that is considered a service under de international tax rules. Foreign WebCo is a Cayman Islands corporation, and the server is located in the Cayman Islands. All programming of the server and maintenance of the databases is done in the United States."* *Cfr.* HARDESTY, David E. *Electronic Commerce – Taxation and Planning*. Boston: Warren, Gorhan and Lamont, 1999, p. 10-8.

[447] Como já escrito, com a venda de produtos digitais, os contribuintes têm a oportunidade de efetuar as transações completamente anónimos. Por sua vez, os compradores podem usar dinheiro digital não rasteado para comprar produtos digitais, e sua localização poderá nunca ser descoberta. No entanto, para os vendedores norte-americanos, o *Internal Revenue Service* requer que os mesmos informem a localização dos compradores. Mas, a mesma imposição não pode ser facilmente dirigida para os vendedores estrangeiros. Um volume substancial de comércio pode envolver compradores norte-americanos com dinheiro digital não rasteado, potencializando uma economia informal internacional.

[448] Em complementação afirmam: *"Certain tax concepts such as permanent establishment, wich were developed for the physical world, may not be relevant for conducting electronic commerce. There are practical issues involving the measurement and allocation of income if a permanent establishment exists, and a functional analysis may be more controversial where certain activities are not "visible"."* *Cfr.* BLOOM, Alan S., GIUSTI, Robert S. *International Tax Implications of Electronic Commerce on Outbound Transactions.* International Tax Journal, Volume 23, Number 4, Fall, 1997, p. 48/49.

III. A TRIBUTAÇÃO DO COMÉRCIO ELETRÓNICO NOS ESTADOS UNIDOS DA AMÉRICA

A seu turno, através da Internet, uma companhia pode operar inteiramente seus negócios de um servidor longínquo. Por exemplo, uma empresa estrangeira pode operar por um servidor situado nos Estados Unidos, sem precisar sair de seu país. Dessa maneira, se o *Web site* vender produtos digitais ou prestar serviços, todo o processo pode estar contido no servidor. Neste caso, o servidor situado nos E.U.A. age como um último vendedor, que não precisa de nenhuma presença física para armazenar produtos ou colectar receitas, visto que o dinheiro das transações daquele *Web site* pode ser transferido automaticamente para qualquer banco no mundo. Tal problema é admitido pelo U.S. Treasury, pois não há precedentes para aplicar as regras para determinação de uma companhia ser norte-americana, ou um estabelecimento permanente para servidores *Web*[449]. Dessa forma, descaracteriza-se, desde já, a tentativa de utilizarem-se princípios que não se adaptam ao Comércio Eletrónico.

Aliás, neste ponto, é oportuno relembrar a atitude da **Amazon** no Reino Unido. Com efeito, a Amazon.co.**uk**, promoveu vendas no valor de mais de 7 Bilhões de libras nos últimos 3 anos, mas não recolheu impostos sobre o rendimento relativamente a estas receitas no Reino Unido, pois estava "sediada" no Luxemburgo, atuando à distância, pela Internet.

O que de facto devemos admitir é que a Amazon apenas vem se utilizando das virtualidades da Internet para diminuir a incidência tributária sobre suas transações.

Por estes motivos, está a ser investigada pelos serviços fiscais do Reino Unido, especialmente após o ano de 2006, ocasião em que a propriedade do negócio foi transferida para uma empresa luxemburguesa.

Ademais, diversos outros países, como Estados Unidos da América, China, Alemanha e Japão, estão investigando as transações da corporação, com a clara intenção de auferir receitas tributárias da companhia *online*[450].

Estes problemas, apontados nos tópicos anteriores, são apenas alguns dos que dificultam a aplicação das regras existentes para tributação internacional nos Estados Unidos. Nesta linha, as regras existentes não estão adequadas para resolver os problemas tributários das empresas digitais, sendo que novas regras devem ser escritas para suprir e resolver as lacunas que se vislumbram[451].

---

[449] *Cfr.* HARDESTY, David E. *Electronic Commerce – Taxation and Planning.* Boston: Warren, Gorhan and Lamont, 1999, p. 10-9. *Cfr.* THORPE, Kyrie E. *International Taxation of Electronic Commerce: Is The Internet age Rendering the Concept of Permanent Establishment Obsolete?* Emory International Law Review, Volume 11, Fall, 1997, p. 655/656.

[450] *Cfr.* THE GUARDIAN. *Amazon: £7bn sales, no UK corporation tax.* London: Disponível em: http://www.guardian.co.uk/technology/2012/apr/04/amazon-british-operation-corporation-tax?INTCMP=SRCH , Acesso em: 27.07.2012.

[451] *Cfr.* SWEET, John K. *Formulating International Tax Laws in the Age of Electronic Commerce: The Possible Ascendancy of Residence-Based Taxation in an Era of Eroding Traditional Income Tax Principles.* Uni-

A TRIBUTAÇÃO DO COMÉRCIO ELETRÓNICO NOS EUA E NA UE

Neste prumo, a afirmação de DELTA e MATSUURA (2000), nestes termos: *"In cyberspace, however, it is often difficult – if not impossible – to use traditional sourcing concepts and the concept of a U.S. trade or business may lose their vitality and be made obsolete by electronic commerce"* [452].

A principal dificuldade, pois, em desenvolver-se um regime de tributação para o Comércio Eletrónico advém do facto de que a Internet é ainda uma nova modalidade de comunicação e de comércio, cujas ramificações ainda não são percebidas integralmente pelas nações, que permanecem receosas pela possibilidade de perderem, ainda mais, receitas tributárias, caso modifiquem suas legislações[453].

7. Transações Internacionais

Os cidadãos norte-americanos, residentes, companhias nacionais e outros contribuintes são tributados nos Estados Unidos por seus rendimentos internacionais. Transações internacionais dos contribuintes norte-americanos são tributadas nos Estados Unidos, independente de serem executadas eletronicamente, usando a Internet ou outro canal convencional[454].

Os contribuintes, então, estão sujeitos a sofrer tributação nos Estados Unidos sobre todas as transações de exportação, ao mesmo tempo em que também são tributadas aquelas transações nos países estrangeiros.

Reconhecendo que há um pesado encargo para os contribuintes é que a lei tributária concede um crédito em relação à tributação norte-americana, para certos tributos pagos nos países estrangeiros. Ainda, para aqueles que trabalham no estrangeiro e estão sujeitos à tributação naquele país no qual prestam seu lavor, a lei tributária concede uma exclusão de uma porção do imposto sobre o rendimento, durante o tempo pelo qual está o contribuinte a trabalhar no estrangeiro[455].

---

versity of Pennsylvania Law Review, Volume 146, nº 6, August, 1998, p. 1971/1972. *Vide* OECD, *Electronic Commerce: The Challenges to Tax Authorities and Taxpayers, in* Rivista di Diritto Finanziario e Scienza delle Finanze, LVII, 2, I, 1998, p. 254/256.

[452] *Cfr.* DELTA, George B., MATSUURA, Jeffrey H. *Law of The Internet.* New York: Aspen Law & Business, New York, 2000, p. 10-9.

[453] *Cfr.* FORST, David L. *Old and New Issues in the Taxation of Electronic Commerce.* The Legal and Policy Framework for Global Electronic Commerce: A Progress Report, Berkeley Technology Law Journal, Volume 14, Number 2, Spring, 1999, p. 711.

[454] *Cfr.* TREASURY REGULATIONS, par. 1.1-1(b). (*"In general, all citizens of the U.S., wherever resident, and all resident alien individuals are liable to the income taxes imposed by the Code whether the income is received from sources within or without the U.S."*). TREASURY REGULATIONS, par. 1.11-1(a). *Cfr.* KARLIN, Michael J.A. *Pochet Switching-The Taxation of Electronic Commerce.* Fiftieth Annual Tax Institute, Volume 1, The Law School University of Southern California, 1998, p. 9-5.

[455] *Cfr.* INTERNAL REVENUE SERVICE, par. 901(a), 911(a)(1), 911(b)(2)(A). *Cfr.* SCHAEFER, Barrett. *International Taxation of Electronic Commerce Income: A Proposal to Utilize Software Agents for*

III. A TRIBUTAÇÃO DO COMÉRCIO ELETRÓNICO NOS ESTADOS UNIDOS DA AMÉRICA

A estabelecer sobre as transações internacionais estão as previsões dos tratados internacionais tributários entre os Estados Unidos e outros países. O objetivo destes tratados é o de eliminar a dupla tributação de rendimentos, através da disposição de regras que determinam qual país pode tributar certas transações e concedendo reduções de alíquotas para certos tipos de rendimentos[456].

8. Tributação de Rendimentos Estrangeiros

Os cidadãos norte-americanos, os residentes, bem como as companhias nacionais são tributadas em seus rendimentos internacionais [457]. Sendo assim, se uma empresa norte-americana aufere rendimentos provenientes de Portugal, Itália ou França, será tributada pelos Estados Unidos, no tocante àqueles rendimentos, não importando se estes países também tributam os mesmos rendimentos. No entanto, se a companhia norte-americana é tributada no país estrangeiro, ela receberá um crédito tributário contra a tributação norte-americana, em razão do imposto sobre o rendimento recolhido.

A seu turno, um cidadão norte-americano permanece sujeito passivo tributário nos Estados Unidos sobre seus rendimentos internacionais, mesmo que também seja um residente em outro país. Por exemplo, um cidadão norte-americano expatriado, vivendo na Alemanha por vários anos, é ainda sujeito passivo tributário nos Estado Unidos.

O assunto é tão enredado, que, recentemente, o cofundador do Facebook, Eduardo Saverin, resolveu por "bem" renunciar à nacionalidade norte-americana, com o objetivo claro de diminuir seus recolhimentos tributários naquele país. Com a abertura de capital do Facebook, o interessado pagaria um valor vul-

---

Source-Based Taxation. Santa Clara Computer and High Technology Law Journal, Santa Clara University School of Law, Volume 16, Number 1, November, 1999, p. 122.

[456] *Cfr.* SWEET, John K. *Formulating International Tax Laws in the Age of Electronic Commerce: The Possible Ascendancy of Residence-Based Taxation in an Era of Eroding Traditional Income Tax Principles.* University of Pennsylvania Law Review, Volume 146, nº 6, August, 1998, p. 1954/1955. *Cfr.* HELLERSTEIN, Walter. *Transaction Taxes and Electronic Commerce: Designing State Taxes That Work in an Interstate Environment.* National Tax Journal, Volume L, Nº 3, September, 1997. *Cfr.* COCKFIELD, Arthur J. *Balancing National Interests in the Taxation of Electronic Commerce Business Profits.* Tulane Law Review, Volume 74, Number 1, November, 1999, p. 141/144. *Cfr.* EADS, James R., GOLDEN, David F. *E-Commerce Taxation Issues for Online Businesses.* Georgia Bar Journal, Volume 5, Number 4, February, 2000, p. 15. *Cfr.* DELTA, George B., MATSUURA, Jeffrey H. *Law of The Internet.* New York: Aspen Law & Business, 2000, p. 10-5.

[457] *Cfr.* Internal Revenue Service, par. 901 (a). *Cfr.* KARLIN, Michael J.A., *"Pochet Switching-The Taxation of Electronic Commerce",* Fiftieth Annual Tax Institute, Volume 1, The Law School University of Southern California, 1998, p. 9-5.

toso em impostos, caso ainda fosse considerado norte-americano. Atualmente, Saverin reside em Singapura[458].

Em prosseguimento, as companhias norte-americanas são tributadas nos Estados Unidos independentemente do lugar de suas operações. Mesmo um alemão, que se torna residente nos Estados Unidos, sofre tributação de seus rendimentos internacionais nos E.U.A.. Dessa forma, uma eventual venda de bens situados na Alemanha, efetuada por aquele residente, será tributada nos E.U.A., além de podendo o ser na Alemanha também.

A este tempo, tomemos o seguinte exemplo: uma companhia digital norte-americana, que promove vendas por todo o mundo, sem possuir estoques ou armazéns. As vendas são exclusivas através da Internet. Os produtos são enviados diretamente aos compradores, usando as vias normais de transporte, com produtores e distribuidores não relatados. Uma grande parte das vendas ocorre na União Europeia. Esta empresa será tributada nos Estados Unidos, por suas vendas para a União Europeia?

As companhias norte-americanas são tributadas nos Estados Unidos, por seus rendimentos internacionais[459]. Em consequência, todas as vendas para a União Europeia são tributadas nos E.U.A.. Embora, por vezes, estas vendas sejam tributadas na União Europeia também. Assumindo as mesmas informações do exemplo anterior, acrescente-se que esta empresa mantém um escritório em Paris, pelo qual os empregados operam um servidor francês e mantém a companhia com um *Web site* em língua francesa. Pergunta: A empresa norte-americana é tributada na França pelas vendas originadas da França e, se assim, podem estes créditos tributários ser aplicados para reduzir a tributação norte-americana nas vendas para a França?

Como solução, a empresa norte-americana está provavelmente sujeita aos impostos sobre o rendimento tanto nos E.U.A. como na França. No entanto, pagando impostos na França, a empresa adquirirá um crédito tributário internacional contra o pagamento de tributo nos E.U.A.. Os Estados Unidos e a França celebraram, em agosto de 1994, um tratado em matéria tributária, que entrou

---

[458] *Vide* ABC NEWS NETWORK. *Facebook IPO: Eduardo Saverin Defends Citizenship Move.* Disponível em: http://abcnews.go.com/blogs/business/2012/05/facebook-ipo-eduardo-saverin-defends--citizenship-move/ , Acesso em: 28.07.2012.

[459] Inicialmente, a determinação da fonte dos rendimentos é importante por várias razões, para as leis de tributação internacional dos Estados Unidos da América. Diferentes tipos de rendimentos possuem diferentes tipos de regras. Da mesma maneira, a classificação da transação, como uma venda de propriedade, serviço e direito de autor, tem efeito quanto a como e onde será a transação tributada. *Cfr.* SWEET, John K. *Formulating International Tax Laws in the Age of Electronic Commerce: The Possible Ascendancy of Residence-Based Taxation in an Era of Eroding Traditional Income Tax Principles.* University of Pennsylvania Law Review, Volume 146, n° 6, August, 1998, p. 1955/1956.

III. A TRIBUTAÇÃO DO COMÉRCIO ELETRÓNICO NOS ESTADOS UNIDOS DA AMÉRICA

em vigor em 30 de Dezembro de 1995. No entanto, restaria a dúvida sobre se o conteúdo deste tratado aplica-se ao *e-commerce*, para o quê se adianta não seja o caso[460].

9. Serviços Baseados na Internet

Geralmente, os rendimentos de serviços são tributados onde os serviços são executados. Este princípio é aceito internacionalmente[461]. A Internet, contudo, dificulta a aplicação deste tradicional princípio, pois o serviço pode ser feito por um norte-americano para um consumidor em outro país. Com a Internet, há divergência entre o local do provedor do serviço e o do consumidor, complicando a determinação sobre qual jurisdição reclamará a tributação.

Neste passo, muitos *Web sites* incluem conteúdos livres de tarifas e são suportados por propaganda, como o Facebook, o Google, entre muitos outros. De forma semelhante, alguns *sites* incluem jornais *online*, revistas, bases de dados informativas e serviços de busca, entre outros serviços.

De seu lado, a distinção entre vendas e serviços é importante e feita por diversas razões, incluindo métodos de contabilidade, determinação da fonte de rendimentos, aplicação de regras específicas com fins tributários, o que, na Internet, permanece dificultado pela diferenciação não ser tarefa fácil[462].

---

[460] A seu turno, para uma informação mais detalhada sobre as regras para créditos tributários internacionais, *Vide* KUNTZ, Joel, PERONI, Robert. *U.S. International Taxation*. Warren, Gorhan and Lamont, Vol. 1, United States of America, 1996.

[461] *Cfr.* TREASURY REGULATIONS, par. 1.863-3(c)(1)(i)(A). *Cfr.* SWEET, John K. *Formulating International Tax Laws in the Age of Electronic Commerce: The Possible Ascendancy of Residence-Based Taxation in an Era of Eroding Traditional Income Tax Principles*. University of Pennsylvania Law Review, Volume 146, nº 6, August, 1998, p. 1968. *Cfr.* DELTA, George B., MATSUURA, Jeffrey H. *Law of The Internet*. New York: Aspen Law & Business, New York, 2000, p. 10-18.

462 Neste sentido, colocamos o seguinte caso: um *Web site* dos Estados Unidos, baseado na Califórnia, é uma requisitada página de serviços de busca. Esta empresa possui como principal fonte de renda as utilizações de propaganda. Tem empregados na Califórnia, Itália e Japão, sendo mantido escritórios nestes lugares. Esta empresa oferece serviços de busca nas línguas inglesa, japonesa, francesa, italiana e alemã. A empresa oferece acesso regional nestes países, com intuito de permitir propagandas regionais, sendo acessada por audiências regionais. Pergunta: Quanto dos rendimentos são rendimentos norte-americanos, tributados nos Estados Unidos? A Internet é possível ser acessada de qualquer parte do mundo, por qualquer um. Portanto, uma propaganda na Internet assume características de transmissão, sendo assim, utilizadas regras de transmissão de propagandas para se tributar os rendimentos. Por conseguinte, a fonte dos rendimentos de uma propaganda transmitida é a do país onde o serviço de propaganda é executado ou de onde a transmissão provém. Assumindo que as regras de transmissão de propaganda são aplicadas para as empresas de propaganda na Internet, é necessário que verifiquemos onde os serviços são executados para determinarmos a fonte dos recursos de um *Web site* com recursos de propagandas. Neste caso, é preciso considerar qual a propaganda que aparece no estrangeiro, e caracterizá-la como

Secção IV
A Tributação dos *Softwares*

1. Tipo e Fonte das Transações de *Softwares*

Alguns tipos de rendimentos, como os resultantes de transações eletrónicas de produtos digitais e serviços, são novos, e ainda não estão sendo incluídos nas legislações nacionais nem nas internacionais, no que compete à tributação. A pedra de toque, neste contexto, é como determinar a classificação deste rendimento. Dessa caracterização de onde provém a fonte do rendimento determina-se qual o país com o Direito para tributar aquele rendimento, bem como se este rendimento é ou não tributado [463].

As companhias de *Softwares* colocam problemas especiais no comércio internacional, pois seus produtos podem ser vendidos pela Internet (*download*) ou pelos meios convencionais. Esta característica de se vender em linha resulta em confusão sobre o que está a ser vendido. Os *Softwares* são vendidos geralmente sob acordos de licença, sendo que os compradores recebem uma cópia do produto com uma licença limitando o uso daquele *software*.

---

fonte de recursos estrangeira. *Cfr.* BLOOM, Alan S., GIUSTI, Robert S. *International Tax Implications of Electronic Commerce on Outbound Transactions.* International Tax Journal, Volume 23, Number 4, Fall, 1997, p. 59/60. *Cfr.* SWEET, John K. *Formulating International Tax Laws in the Age of Electronic Commerce: The Possible Ascendancy of Residence-Based Taxation in an Era of Eroding Traditional Income Tax Principles.* University of Pennsylvania Law Review, Volume 146, nº 6, August, 1998, p. 1970/1971. *Cfr.* MCLAUGHLIN, Matthew G. *The Internet Tax Freedom Act: Congress Takes a Byte Out of the Net.* Catholic University Law Review, Volume 48, Number 1, Fall, 1998, p. 228/230.

[463] *Vide* MAGUIRE, Ned, MATTSON, Bob, ULLMAN, Harold, PERKINS, Michael. *Characterisation and Source of Income.* Tax Planning International–E-Commerce, Oct., 1998, p. 16/21. *Cfr.* NEBERGALL, Mark. *The Taxation of E-Commerce.* Montana Law Review, Volume 61, Number 1, Winter, 2000, p. 14.

III. A TRIBUTAÇÃO DO COMÉRCIO ELETRÓNICO NOS ESTADOS UNIDOS DA AMÉRICA

Assim, urge se indague sobre o que está a ser transacionado: Os rendimentos são resultado de uma venda ou da permissão de uso do produto, com rendimentos resultantes de direito de autor??[464].

2. Regulação para Transações Internacionais de *Softwares*

Os programas de computadores (*softwares*) constituem-se em um dos mais importantes produtos do *e-commerce*. Com efeito, os regulamentos do *Internal Revenue Service* dos Estados Unidos são importantes para determinar a fonte dos rendimentos envolvendo *softwares*[465]. Segundo estes regulamentos, as transações envolvendo *softwares* podem ser classificadas em seis tipos:

– Transferência de um direito autoral de um programa de computador;

A fonte de recurso, neste caso, será a do país de residência do vendedor [Internal Revenue Code (IRC) par. 865(d)(1)(B)].

– Transferência de uma cópia de um programa de computador.

Neste caso, a negociação, para chegar ao final, não necessita de dados concernentes à localização do comprador, o que dificulta para apuração quanto à fonte de rendimento e possível uso de créditos tributários.

---

[464] Para o *Internal Revenue Service* dos Estados Unidos, se a transação não coloca um limite temporal para uso do adquirente, então trata-se de uma venda. Mas, se é limitado o uso para 1 ano ou outro limite temporal, é caracterizado como um aluguel ou permissão de uso. *Cfr.* KARLIN, Michael J.A. *Pochet Switching-The Taxation of Electronic Commerce.* Fiftieth Annual Tax Institute, Volume 1, The Law School University of Southern California, 1998, p. 9-29/31.

[465] Importante ressaltar, que ao contrário dos Estados Unidos, muitos países ainda estão apenas iniciando o estabelecimento de regras para a tributação de transações através da Internet. Por sua vez, a OCDE estabeleceu posição parecida com o *Internal Revenue Service* dos Estados Unidos, tratando a transação de um *software* como a venda de um produto. Por outro lado, para a União Europeia, a transmissão eletrónica de *softwares* deve ser tratada como serviço para efeitos de Imposto sobre o Valor Acrescentado (I.V.A.). Esta posição cria uma certa insegurança pela controvérsia entre ser um serviço ou uma venda, se confrontada com a posição norte-americana bem como a posição tomada pela OCDE, podendo ainda, resultar em uma dupla tributação. *Vide* TREASURY REGULATIONS, par. 1.861-18 et seq.. *Cfr.* BLOOM, Alan S., GIUSTI, Robert S. *International Tax Implications of Electronic Commerce on Outbound Transactions.* International Tax Journal, Volume 23, Number 4, Fall, 1997, p. 50/51. *Cfr.* SWEET, John K. *Formulating International Tax Laws in the Age of Electronic Commerce: The Possible Ascendancy of Residence-Based Taxation in an Era of Eroding Traditional Income Tax Principles.* University of Pennsylvania Law Review, Volume 146, nº 6, August, 1998, p. 1956/1960. *Cfr.* COMMITTEE ON FINANCIAL AFFAIRS OF THE OECD. *Electronic Commerce: The Challenges to Tax Authorities and Taxpayers,* Nov., 1997. *Cfr.* PREBUT, David S. *State and Local Taxation of Electronic Commerce: The Forging of Cyberspace Tax Policy.* Rutgers Computer and Technology Law Journal, Volume 24, Number 2, 1998, p. 379. *Cfr.* KARLIN, Michael J.A. *Pochet Switching--The Taxation of Electronic Commerce.* Fiftieth Annual Tax Institute, Volume 1, The Law School University of Southern California, 1998, p. 9-31/34.

Tal informação é difícil de ser confirmada, mesmo a pedido do vendedor norte-americano, além de envolver aspectos da privacidade do comprador.

– A prestação de serviços para o desenvolvimento ou modificação de um programa de computador;

Neste caso, a fonte de recursos será a de onde os serviços são executados [IRC par. 861 (a)(3), 862 (a)(3); Treasury Regulations, par. 1.861-4(a)(1), 1862--1(a)(l)(iii)].

– A prestação de *know-how* relacionado a técnicas de programação [Treasury Regulations, par. 1.861-18(b)];

Neste caso, a fonte é o lugar onde a propriedade é usada. A prestação de *know-how* toma lugar quando há uma transferência de informação relacionada a técnicas de programação.

Neste ponto, dada incerteza pode existir na caracterização e diferenciação entre um serviço e a prestação de *Know-how*, visto que a transferência de *Know-how* terá como fonte o país de residência do contribuinte, enquanto a prestação de serviços terá como fonte o lugar onde os serviços são executados.

Alem disso, o contribuinte norte-americano pode incorrer em uma situação onde o país estrangeiro caracterize a atividade como um serviço, tributado naquele país, e os Estados Unidos estabelecem que a atividade é de transferência de *Know-how* com fonte de rendimentos nos Estados Unidos, provocando uma situação de dupla tributação sem benefícios de creditamento destes pagamentos como créditos tributários estrangeiros, no tocante à legislação norte-americana.

– Aluguel de um programa de computador [Treasury Regulations, par. 1.861-18(f)(2)];

Neste caso, a fonte de recurso será a de onde o programa está sendo usado [IRC par. 861 (a)(4), par. 862(a)(4)].

– Licença de direito autoral de um programa de computador [Treasury Regulations, par. 1.861-18(f)(1)].

A fonte de recurso, neste caso, será a do país de residência do vendedor [IRC par. 865(d)(1)(B)], pois, segundo jurisprudência dos Estados Unidos, a licença de direito autoral de um programa de computador é considerada como rendimento de direito autoral [466].

---

[466] *Cfr.* Comm'r v. Wodehouse, 337 US 369 (1949) e Misbourne Pictures, Ltd. et al. v. james W. Johnson, 189 F2d 774 (2d Cir. 1951).

3. Alcance dos Regulamentos para Todos os Produtos Digitais

Por sua vez, os regulamentos do *Internal Revenue Service* dos Estados Unidos dispõem regras para a classificação de transações envolvendo *softwares*, rejeitando-se o alcance destes regulamentos para incluir todas as transações digitais.

Para o IRS, podem ser considerados, nos regulamentos que disciplinarem todas as transações digitais, alguns princípios utilizados para os *softwares*[467].

Realmente, a recusa do IRS em não expandir os regulamentos para os produtos digitais talvez encontre respaldo no facto de que os programas de computador fazem com que a máquina execute uma função, sendo diferente de produtos digitais, como um livro ou base de dados, onde o computador apenas lê estes produtos.

No entanto, esta não expansão de regras para os produtos digitais, coloca os vendedores de livros eletrónicos, música e vídeos com um problema em caracterizar as transações internacionais e, por conseguinte, com dificuldades para calcular o montante a ser pago, e em favor de qual poder tributário[468].

4. Alcance dos Regulamentos em Relação aos Tratados Internacionais

O *Internal Revenue Service* dos Estados Unidos preferiu não clarificar como aplicar os regulamentos na determinação das consequências de transações de programas de computador em relação aos tratados internacionais. Sobre este tema o IRS discorreu que os regulamentos são para aplicar e interpretar os tratados dos quais façam parte os Estados Unidos e que os termos não definidos no tratado são definidos com referência às leis nacionais[469].

Neste contexto, se o tratamento da transação não é coberto pelo tratado, é preciso consultar os regulamentos. No entanto, outros países signatários de tratados com os Estados Unidos podem não seguir os regulamentos e, como consequência, o contribuinte norte-americano pode encontrar-se sujeito à dupla tributação, por seguir os referidos regulamentos.

---

[467] *Cfr.* SWEET, John K. *Formulating International Tax Laws in the Age of Electronic Commerce: The Possible Ascendancy of Residence-Based Taxation in an Era of Eroding Traditional Income Tax Principles.* University of Pennsylvania Law Review, Volume 146, nº 6, August, 1998, p. 1959/1960. *Cfr.* DELTA, George B., MATSUURA, Jeffrey H. *Law of The Internet.* New York: Aspen Law & Business, 2000, p. 10-13.

[468] *Cfr.* BLOOM, Alan S., GIUSTI, Robert S. *International Tax Implications of Electronic Commerce on Outbound Transactions.* International Tax Journal, Volume 23, Number 4, Fall, 1997, p. 50/52.

[469] *Vide* BLOOM, Alan S., GIUSTI, Robert S. *International Tax Implications of Electronic Commerce on Outbound Transactions.* International Tax Journal, Volume 23, Number 4, Fall, 1997, p. 52/53. *Cfr.* RABY, Burguess. *Taxes, Tariffs, and Other Regulatory Barriers to Electronic Commerce.* Panel VII, Symposium – Responding to the Legal Obstacles to Electronic Commerce in Latin America, Arizona Journal of International and Comparative Law, Volume 17, Number 1, Winter, 2000, p. 194/195.

Secção V
Operações de Importação (Nacionais)
nos Estados Unidos da América

1. Tributação quando não há presença nos Estados Unidos
Não havendo atividades nos Estados Unidos, as empresas não estarão sujeitas
à tributação sobre os rendimentos. A empresa estrangeira, realizando vendas
pela Internet para os Estados Unidos, não havendo contacto além do realizado
através da Internet, resultará em uma não-tributação nas vendas realizadas para
consumidores dos Estados Unidos. Portanto, não havendo presença permanente, física, nos E.U.A., não haverá incidência tributária.

Contudo, há dificuldade em se determinar quando uma empresa estrangeira
ocupa presença nos Estados Unidos, como dispõe o US Treasury, nesta palavras:
*"The dificulties in determining whether a foreign person is engaged in a trade or business
in the U.S. may be a reason to consider replacing the Code´s U.S. trade or business concept
with the permanent establishment concept found in both U.S. tax treaties and the domestic
laws of many of our trading partners"*[470].

2. Estabelecimento permanente nos Estados Unidos
Havendo um estabelecimento permanente nos Estados Unidos, a empresa
estrangeira estará potencialmente sujeita à incidência tributária sobre quaisquer rendimentos provenientes daquele estabelecimento, estando submetida à
aplicação das alíquotas daquela jurisdição[471].

---

[470] *Cfr.* DEPARTAMENT OF THE TREASURY. *Selected Tax Policy Implications of Global Electronic
Commerce.* U.S. Departament of Treasury, Office of Tax Policy, Nov., 1996.
[471] *Cfr.* BLOOM, Alan S., GIUSTI, Robert S. *International Tax Implications of Electronic Commerce on Outbound Transactions.* International Tax Journal, Volume 23, Number 4, Fall, 1997, p. 52/53. *Cfr.* Co-

III. A TRIBUTAÇÃO DO COMÉRCIO ELETRÓNICO NOS ESTADOS UNIDOS DA AMÉRICA

As empresas estrangeiras, atuantes nos Estados Unidos, são tributadas da mesma maneira que as empresas contribuintes norte-americanas e possuem os mesmos direitos a créditos tributários daquelas. As companhias estrangeiras estão ainda sujeitas a uma alíquota de 30% sobre o lucro gerado por sua filial nos Estados Unidos (*branch profit tax*), salvo em razão de tratados tributários, que excepcionem tal incidência[472].

Por outro lado, como bem antecipado por FORST (1997) e SWEET (1998), sob as regras existentes, as empresas virtuais devem tomar a posição de não se sujeitarem à tributação nos regimes que requerem a presença física, como os Estados Unidos, pois as transações eletrónicas não necessitam de uma conexão física com a jurisdição tributante[473].

É, no mesmo sentido, a afirmação de DELTA & MATSUURA (2000), *in verbis*: *"...persons engaged in electronic commerce may often not have a permanent establishment in the United States because they do not have a fixes place of business here."* [474]

No entanto, primordial relatar-se a decisão anterior proferida pela Suprema Corte Tributária da Alemanha, que reconheceu estabelecimento permanente para uma empresa estrangeira que possuía apenas computadores, substituindo pessoas, operados pela Internet. Tal decisão inovou no conceito de estabelecimento permanente, pois não havia presença humana[475].

CKFIELD, Arthur J. *Balancing National Interests in the Taxation of Electronic Commerce Business Profits.* Tulane Law Review, Volume 74, Number 1, November, 1999, p. 154. *Cfr.* EADS, James R., GOLDEN, David F. *E-Commerce Taxation Issues for Online Businesses.* Georgia Bar Journal, Volume 5, Number 4, February, 2000, p. 15/16. *Cfr.* DELTA, George B., MATSUURA, Jeffrey H. *Law of The Internet.* New York: Aspen Law & Business, 2000, p. 10-6/8.

[472] Alertamos para o facto de que alguns tipos de estabelecimentos (presença) não são considerados como um estabelecimento permanente. Como exemplo podemos citar o caso de um *Web site* da Inglaterra que venda livros para consumidores norte-americanos, sendo que tal empresa possui um armazém em New York, para diminuir o tempo e o custo das entregas. Tal armazém não é considerado um estabelecimento que resulte na incidência tributária ora discutida, por força do artigo 5º do tratado de impostos sobre o rendimento, entre Estados Unidos e Inglaterra. *Vide* KUNTZ, Joel, PERONI, Robert. *U.S. International Taxation.* Warren, Gorhan and Lamont, Vol. 1, United States of America, 1996, C 1.04[1]. *Cfr.* DELTA, George B., MATSUURA, Jeffrey H. *Law of The Internet.* New York: Aspen Law & Business, 2000, p. 10-5. *Vide* OECD. *Clarification on the Application of the Permanent Establishment Definition in E-Commerce: Changes to the Commentary on the Model Tax Convention on Article 5.* Committee on Fiscal Affairs, December, 2000.

[473] *Cfr.* FORST, David L. *The Continuing Vitality of Source Based Taxation in the Electronic Age.* 15 Tax Notes Int'l, 1997, p. 1455, 1467/1471. *Cfr.* SWEET, John K. *Formulating International Tax Laws in the Age of Electronic Commerce: The Possible Ascendancy of Residence-Based Taxation in an Era of Eroding Traditional Income Tax Principles.* University of Pennsylvania Law Review, Volume 146, nº 6, August, 1998, p. 1982/1983.

[474] *Cfr.* Delta, George B., MATSUURA, Jeffrey H. *Law of The Internet.* New York, Aspen Law & Business, 2000, p. 10-10.

[475] *Vide* BUNDESFINANZHOF (BFH) II R 12/92, "Betriebs-Berater", 52 (1997), p. 138. *Vide* FRIEDRICH, E.F. Hey. *German Court Rules Remote-Controlled Pipeline Constitutes a PE.* 14 Tax Notes

3. Representantes

Por sua vez, se a empresa estrangeira possuir agentes representantes nos Estados Unidos, haverá grande possibilidade de que aquela companhia seja tributada nas vendas originadas dos Estados Unidos.

Por outro lado, se o agente representante for independente, provavelmente a empresa estrangeira não estará sujeita à tributação[476].

4. Fonte de Propagandas

Ocorre, no ciberespaço, que uma empresa estrangeira opere seu *Web site* em algum país estrangeiro, mas receba recursos publicitários de propagandas dos Estados Unidos, para atrair visitantes dos E.U.A., por ser acessível, também, neste país. Esta empresa estaria realizando negócios nos E.U.A.? Estaria sujeita, então, aos impostos sobre o rendimento nos Estados Unidos?

Normalmente, uma empresa, que não tenha contactos nos Estados Unidos, não estaria conduzindo negócios naquele país, além de que os serviços estariam sendo executados no país estrangeiro, portanto não sujeitas ao tratamento tributário norte-americano [477].

5. Localização do Servidor

Há, ainda, incerteza quanto aos efeitos de uma empresa estrangeira utilizar um servidor norte-americano e tal atividade resultar na tributação desta empresa.

Pela facilidade de mobilidade de um servidor, a localização é considerada irrelevante, pois, se a presença nos Estados Unidos resultar em um tratamento

---

Int'l 651. *Cfr.* BOURGEOIS, Pierre J., BLANCHETTE, Luc. *Income_taxes.ca.com: The Internet, Electronic Commerce, and Taxes-Some Reflections: Part 2.* Canadian Tax Journal, Volume 45, Issue Number 6, 1997, p. 1387.

[476] *Cfr.* SWEET, John K. *Formulating International Tax Laws in the Age of Electronic Commerce: The Possible Ascendancy of Residence-Based Taxation in an Era of Eroding Traditional Income Tax Principles.* University of Pennsylvania Law Review, Volume 146, nº 6, August, 1998, p. 1980/1981. *Vide* KUNTZ, Joel, PERONI, Robert, *"U.S. International Taxation"*, Warren, Gorhan and Lamont, United States of America, Vol. 2, 1996, C1.04[4][a]. *Cfr.* Treasury Regulations p. 1.864-7(d)(1) e (2). *Cfr.* PEHA, Jon M., STRAUSS, Robert P., *"A Primer on Changing Information Technology and the Fisc",* National Tax Journal, Volume L, Nº 3, September, 1997, p. 618. *Cfr.* COCKFIELD, Arthur J., *"Balancing National Interests in the Taxation of Electronic Commerce Business Profits",* Tulane Law Review, Volume 74, Number 1, November, 1999, p. 155/157. *Vide* SCHAEFER, Barrett, *"International Taxation of Electronic Commerce Income: A Proposal to Utilize Software Agents for Source-Based Taxation",* Santa Clara Computer and High Technology Law Journal, Santa Clara University School of Law, Volume 16, Number 1, November, 1999, p. 113/114. *Vide* DELTA, George B., MATSUURA, Jeffrey H., *"Law of The Internet",* Aspen Law & Business, New York, 2000, p. 10-10/11.

[477] *Cfr.* KARLIN, Michael J.A. *Pochet Switching-The Taxation of Electronic Commerce.* Fiftieth Annual Tax Institute, Volume 1, The Law School University of Southern California, 1998, p. 9-27/28.

III. A TRIBUTAÇÃO DO COMÉRCIO ELETRÓNICO NOS ESTADOS UNIDOS DA AMÉRICA

tributário, o operador pode mover o servidor para um país que ofereça tratamento mais benéfico.

Os servidores podem estar localizados em qualquer lugar do mundo, sendo indiferente sua situação espacial, fazendo com que o U.S. Treasury tomasse a posição de ignorar, inicialmente, a localização do servidor[478].

6. Rendimentos sobre Serviços

Serviços tradicionais, como os financeiros, consultas e publicações podem ser enviados pela Internet. A Internet estende as fronteiras destes serviços, sendo utilizada por profissionais em todo o mundo.

Da mesma forma que possui características comuns com as usadas no mundo real, estes serviços têm aspectos diferenciados na Internet, que os tornam difíceis de aplicação face às regras tributárias tradicionais.

Os serviços de propaganda, por exemplo, são fontes consideráveis de importantes *Web sites,* como o Facebook, e o Google, *v.g..*

Muitos *sites* estrangeiros também sustentam-se desta forma. Mas, para efeitos de tributação, nos Estados Unidos, o local de execução é que determina a localização das fontes de rendimentos desta propaganda, sendo assim não-tributável nos E.U.A., caso a empresa esteja executando o serviço em outro país [479].

A seu turno, serviços médicos, serviços de investimento, advocatícios e de consultoria são serviços que envolvem trabalho, ou ainda a utilização de maquinário, produzindo incerteza sobre o local de sua performance, visto que, na Internet, o operador está em um lugar e o equipamento está em outro.

Agrava-se ainda o problema quando os operadores e o equipamento (servidores, domínio do *Web site)* estão em países diferentes. Em consequência, não é claro como determinar o lugar de execução do serviço, resultando em uma incerteza sobre quais regras serão aplicadas em relação à tributação, requerendo um novo contexto de legislação para atingir esta nova situação[480].

---

[478] *Cfr.* DEPARTAMENT OF THE TREASURY. *Selected Tax Policy Implications of Global Electronic Commerce.* U.S. Departament of Treasury, Office of Tax Policy, Nov., 1996, par. 7.2.3.1. *Cfr.* BLOOM, Alan S., GIUSTI, Robert S. *International Tax Implications of Electronic Commerce on Outbound Transactions.* International Tax Journal, Volume 23, Number 4, Fall, 1997, p. 48/49. *Cfr.* COCKFIELD, Arthur J. *Balancing National Interests in the Taxation of Electronic Commerce Business Profits",* Tulane Law Review, Volume 74, Number 1, November, 1999, p. 157/159.

[479] *Vide* KUNTZ, Joel, PERONI, Robert. *U.S. International Taxation",* Warren, Gorhan and Lamont, United States of America, Vol. 1, 1996, A2.03[6]. *Cfr.* KARLIN, Michael J.A. *Pochet Switching-The Taxation of Electronic Commerce.* Fiftieth Annual Tax Institute, Volume 1, The Law School University of Southern California, 1998, p. 9-27/28.

[480] *Cfr.* HARDESTY, David E. *Electronic Commerce – Taxation and Planning.* Boston: Warren, Gorhan and Lamont, 1999, p. 12-46/47.

Por sua vez, há serviços que podem ser totalmente automatizados por um *Web site*. Tal situação cria dificuldades na classificação de certos serviços. Serviços automatizados são aqueles onde não há direta interação de pessoas além do usuário, tomando, o programa (*software*), o lugar do serviço executado por um humano[481]. Estes serviços são utilizados, usualmente nos E.U.A., no caso de declarações de impostos de rendimentos, sendo que, se forem executados por um *site* estrangeiro, não sofrerá incidência tributária.

No entanto, a discussão toma relevo ao se analisar se a utilização do programa que organiza a declaração é um serviço ou um aluguel de uso do programa, pois o tratamento tributário é diferente para cada atividade. O aluguel do programa sofre uma incidência tributária de 30%, sobre os rendimentos, enquanto que o serviço não é tributado, se executado no exterior. Ainda, pela localização do vendedor não ser necessária para completar a transação, a localização de performance dos serviços ficará prejudicada pelo mundo relativamente anónimo da Internet.

7. Venda de *Softwares* para os Estados Unidos

As companhias que vendem internacionalmente *softwares* deparam-se com problemas especiais, quando seus produtos utilizam a Internet como meio de serem entregues, por sua capacidade de confundir sobre o que está a ser vendido. Os programas são vendidos sob acordos de licença. Estas licenças contribuem para a confusão sobre o que está a ser adquirido. O rendimento, por exemplo, poderá advir de uma venda do produto ou de um pagamento de direito de autor (*royalty*), este último tributado no país onde o programa é usado[482].

Para o U.S. Treasury, a venda eletrónica de programas é tributada da mesma forma que o envio físico do *software*, sendo utilizadas as regras de estabelecimento permanente nos Estados Unidos, para sofrer incidência ou não.

8. Venda de Produtos Digitais

Havendo a transação de produtos em formato digital, como fotos, livros e músicas, novas regras são necessárias. Qualquer tipo de informação que possa ser convertida para o formato digital pode, por consequência, ser transmitida eletronicamente,

As vendas de intangíveis têm como fonte a residência do vendedor. Mas, cada tipo de produto possui um tratamento tributário diferente. Para HAR-

---

[481] *Cfr.* SWEET, John K. *Formulating International Tax Laws in the Age of Electronic Commerce: The Possible Ascendancy of Residence-Based Taxation in an Era of Eroding Traditional Income Tax Principles*. University of Pennsylvania Law Review, Volume 146, nº 6, August, 1998, p. 1974/1977.

[482] *Cfr.* COCKFIELD, Arthur J. *Balancing National Interests in the Taxation of Electronic Commerce Business Profits*. Tulane Law Review, Volume 74, Number 1, November, 1999, p. 160/162.

III. A TRIBUTAÇÃO DO COMÉRCIO ELETRÓNICO NOS ESTADOS UNIDOS DA AMÉRICA

DESTY (1999), as regras existentes para produtos digitais são mera substituição das regras convencionais envolvendo produtos tangíveis, sendo que as vendas de direitos autorais e serviços, não foram feitas para facilitar ao contribuinte a distinção destas atividades na Internet. Para o autor, a natureza da venda não é imediatamente evidente no mundo digital, devendo o contribuinte utilizar-se dos regulamentos para *softwares* como um guia para a classificação das atividades em linha [483].

De facto, o desenvolvimento tecnológico requer uma reavaliação dos princípios existentes para a classificação de rendimentos, pois tornou-se simples a digitalização e transmissão da informação, além do quê pode ser reproduzida *ad infinitum*.

[483] *Cfr.* HARDESTY, David E. *Electronic Commerce – Taxation and Planning*. Boston: Warren, Gorhan and Lamont, 1999, p. 12-59/61.

Secção VI
Debate e Análise Sobre a Tributação
do Comércio Eletrónico nos Estados Unidos da América

1. Debate sobre a Tributação do Comércio Eletrónico nos Estados Unidos da América

A tributação do Comércio Eletrónico nos Estados Unidos da América era tratada, até pouco tempo atrás, como um negócio que deveria ser protegido pelas políticas governamentais, algo como um projecto na incubadora.

Mas, agora com a explosão de consumo digital, o debate tem se caracterizado pelo apelo dos comerciantes físicos para que as vantagens tributárias oferecidas às *dotcom* terminem.

Neste sentido, os governos locais e estaduais estão deixando de arrecadar bilhões de dólares, somente nas atividades *online*, podendo significar futuras dificuldades no oferecimento de serviços públicos esperados pelos cidadãos[484].

Por outro lado, a tributação sempre desencoraja o desenvolvimento de novos negócios. Contudo, há vantagens compensadoras no *e-commerce*, como conveniência, velocidade e facilidade para o uso, sendo difícil, inicialmente, quantifi-

---

[484] *Cfr.* EBERT, KARL *A Taxing Situation.*Ebay Magazine, November, 2000, p. 25. *Cfr.* ADAMS, Sally. *Danger: Internet Taxes Ahead.* Taxes, The Tax Magazine, CCH Incorporated, Vol. 75, nº 09, September, 1997, p. 500. *Cfr.* GRAY, Charles P. Jr. *The Constitutionality of Federal Preemption of State Taxation of Internet Transactions.* Sant Louis University Public Law Review, Volume XVII, Nº 2, 1998, p. 451. *Vide* KATZ, Stanley I. *International Taxation of Electronic Commerce: Evolution Not Revolution.* Tax Law Review, Volume 52, Number Four, Summer, 1997, p. 655/672. *Cfr.* MCLAUGHLIN, Matthew G. *The Internet Tax Freedom Act: Congress Takes a Byte Out of the Net.* Catholic University Law Review, Volume 48, Number 1, Fall, 1998, p. 211/212.

III. A TRIBUTAÇÃO DO COMÉRCIO ELETRÓNICO NOS ESTADOS UNIDOS DA AMÉRICA

car a diminuição deste negócio face à fiscalidade[485]. Estima-se que a aplicação de impostos de venda sobre o Comércio Eletrónico reduziria em 25% o número de compradores em linha. Estudos também constatam que se gastaria 30% a mais com a tributação[486].

Não podemos esquecer, que, neste momento de crise internacional, torna--se fundamental a manutenção deste privilégio nos Estados Unidos da América, com benefícios para encorajar e manter novos investimentos no setor.

Em verdade, a fixação de impostos, locais e Estaduais, sobre as transações através da Internet nos Estados Unidos pode barrar os pequenos e médios vendedores digitais e fazer os futuros comerciantes desistirem de adentrar intensivamente ao mercado *online*.

Na prática, devemos destacar que seria particularmente oneroso, nos Estados Unidos, para retalhistas que vendem em muitos Estados estarem sujeitos a potenciais conflitos entre regimes tributários severos e distintos[487].

Uma das razões para o ITFA promover uma "moratória permanente" na tributação do Comércio Eletrónico é o reconhecimento de que uma tributação equivocada poderia trazer sérios efeitos neste complexo contexto tecnológico, fazendo com que os legisladores estejam hesitantes em fazer algo que proíba novas práticas no *e-commerce*.

Dentro do referido contexto, torna-se oportuno, pois, que se aproveite a oportunidade para examinar os desafios da Internet, simplificando e melhorando o sistema de impostos de venda nos Estados Unidos da América[488].

No mesmo passo, a imposição de tributos sobre a Internet é mais do que um debate filosófico e ideológico, podendo trazer efeitos ao desenvolvimento económico, na criação de empregos, de riquezas e prosperidade.

---

[485] *Cfr.* RABY, Burguess. *Taxes, Tariffs, and Other Regulatory Barriers to Electronic Commerce.* Panel VII, Symposium–Responding to the Legal Obstacles to Electronic Commerce in Latin America, Arizona Journal of International and Comparative Law, Volume 17, Number 1, Winter, 2000, p. 183. No mesmo sentido, *Cfr.* JOHNSON, Bruce R. *The Taxation of E-Commerce.* Montana Law Review, Volume 61, Number 1, Winter, 2000, p. 24.

[486] *Cfr.* GOOLSBEE, Austan. *In a World Without Borders: The Impact of Taxes on Internet Commerce.* National Bureau of Economic Research, Inc., Working Paper Series – 6863, December, 1998. *Cfr.* GOOLSBEE, Austan, ZITTRAIN, Jonathan. *Evaluating the Costs and Benefits of Taxing Internet Commerce.* National Tax Journal, Volume LII, Nº 3, September, 1999.

[487] *Cfr.* JOHNSON, Thomas O., *"Taxes, Tariffs, and Other Regulatory Barriers to Electronic Commerce"*, Panel VII, Symposium – Responding to the Legal Obstacles to Electronic Commerce in Latin America, Arizona Journal of International and Comparative Law, Volume 17, Number 1, Winter, 2000, p. 187.

[488] *Cfr.* MCKEOWN, Rich, *"Questioning the Viability of the Sales Tax: Can It Be Simplified to Create a Level Playing Field?"*, Brigham Young University Law Review, Number 1, 2000, p. 166/168.

As consequências económicas das atitudes governamentais serão profundas e sérias. Observe-se, que a Internet traz uma vantagem competitiva e comparativa para os Estados Unidos, sendo que a imposição tributária traria efeitos críticos em um momento de necessidade de desenvolvimento como este.

Além disso, um entrave seria harmonizar as 30.000 jurisdições tributárias pelo país, ao se tributar a Internet, ponto compartilhado por MCKIRAHAN (2012)[489].

A seu turno, CHRISTENSEN (2000) analisa a questão da fiscalidade com três diferentes perspectivas. Na situação das empresas, em que o vendedor quer proporcionar um menor custo aos compradores, com a menor intrusão possível do governo, os custos, para colectar impostos sobre vendas, são extremamente altos. Só para a declaração nos formulários tributários em todos os Estados (para *Sales e Use Tax)*, a empresa Franklin Covey, *verbi gratia*, gastou mais de $ 500,000. Já sob a óptica dos consumidores, estes preferem os menores preços, com os menores custos na transação e, segundo o autor, realizam esforços para evitar o pagamento de tributos. Quanto aos Estados, estes simplesmente querem as receitas. Inovadoras, políticas e filosóficas justificativas são criadas para a instituição de novas espécies tributárias, sendo que, ao final, os retalhistas devem colectar e remeter as receitas para as autoridades tributárias, sem nenhum suporte estatal. Só pelo facto de estabelecerem alíquotas diferenciadas de Estado para Estado, aumentam o custo dos formulários de declarações em 2/3, suportado pelas empresas[490].

Por conseguinte, a moratória tributária sobre a Internet, nos Estados Unidos da América, permite aos Estados norte-americanos uma reavaliação em seus sistemas tributários de impostos de venda e uso, com vistas a uma futura tributação, no entanto devidamente adaptada ao Comércio Eletrónico[491].

2. Síntese Tópica e Análise Crítica

A instituição do *Internet Tax Freedom Act,* disciplinando e impedindo a imposição de novos tributos para o acesso à Internet, bem como a tributação múltipla e discriminatória em relação ao *e-commerce*, reflete o momento de avaliação por que passa a atividade tributante *online* nos Estados Unidos da América.

---

[489] Cfr. MCKIRAHAN, *Scott. Cfr.* National Internet Sales Tax Coming Soon! Disponível em: http://storecoach.com/blog/national-internet-sales-tax-coming-soon/ , Acesso em: 29.07.2012. *O mesmo ponto foi antecipado por* SWINDLE, Orson. *The Taxation of E-Commerce.* Montana Law Review, Volume 61, Number 1, Winter, 2000, p. 6/7 e 12.

[490] *Cfr.* CHRISTENSEN, Val John. *Leveling the Playing Field: A Business Perspective on Taxing E-Commerce.* Brigham Young University Law Review, Volume 2000, Number 1, p. 139/153.

[491] *Vide* MCLURE, Charles E. Jr., *"Rethinking State and Local Reliance on the Retail Sales Tax: Should We Fix the Sales or Discard It?",* Brigham Young University Law Review, Number 1, 2000, p. 96.

III. A TRIBUTAÇÃO DO COMÉRCIO ELETRÓNICO NOS ESTADOS UNIDOS DA AMÉRICA

Com efeito, o Comércio Eletrónico tem merecido um tratamento privilegiado naquele espaço territorial, justificado, em parte, pelo potencial económico que se apresenta.

Além disso, percebe-se o paradigma complexo e dinâmico deste segmento, com características internacionais, que provocaram a excepcionalidade de um princípio fundamental do federalismo norte-americano, qual seja, a autonomia dos Estados-Membros em controlar suas próprias políticas tributárias.

De facto, a medida vem a calhar, pois não existe nada mais internacional e móvel do que a Internet. As iniciativas devem assumir um carácter, no mínimo, federal, ao nível da União, pois o poder tributante não pode, dentro de seu próprio limite de competências, encontrar outro concorrente, no mesmo plano.

Neste contexto, os Estados Unidos possuem trinta mil jurisdições diferentes, espalhadas em seus municípios e Estados-Membros. A seu turno, os poderes tributários deparam-se com os atributos exclusivos da Internet, de mobilidade, desterritorialidade e instantaneidade. Assim, as medidas devem evitar a repartição de competências tributárias a fim de se diminuir a concorrência natural, entre os componentes da federação, provocada pelo *e-commerce.*

De facto, a discussão merece, naquele contexto, a atenção da *Advisory Commission on Electronic Commerce,* que vem examinando os inúmeros pontos conflitantes que se colocam.

A permanência da moratória de tributos para a Internet, por exemplo, reflete bem a dificuldade na formulação de um sistema que responda às diversas indagações promovidas pelo Comércio Eletrónico.

Dentre estas investigações, a virtualidade da empresa digital desafia a aplicação do conceito de presença física (*nexus*) para a adequação das normas de impostos de vendas à diferenciada hipótese de incidência tributária *online.* De facto, as receitas fiscais ficarão prejudicadas, pois, além disso, o ITFA impede que os Estados-Membros colectem impostos, se somente a habilidade de acessar o *site* de um vendedor distante é considerada como factor para determinar a obrigação do contributário ao recolhimento. No entanto, se, por um lado, esta medida prejudica o poder tributante, de outro é de justificativa prática, pois, não fosse assim, todas as empresas no mundo todo deveriam recolher impostos de vendas nos E.U.A., em virtude de sua acessibilidade constante naquele país.

Em importante complemento, há, pelo ITFA, proibição de tributos e percentuais discriminatórios ao *e-commerce,* o que beneficia os produtos e serviços exclusivos da Internet. Por outro lado, as regras aplicadas para os programas enviados em linha não se aplicam aos demais produtos digitais e serviços, o que aumenta a confusão e aplicação das normas, por parte dos contribuintes.

Em continuidade, verifica-se uma adaptação das regras tributárias internacionais aos domínios do Comércio Eletrónico. Entretanto, os princípios norte-americanos de residência dos compradores e vendedores, fontes e tipo de rendimentos não encontram adequação às características provenientes do *e-commerce*. De facto, em alguns casos, é impossível a localização dos sujeitos tributários, bem como a natureza dos rendimentos e a caracterização das fontes envolvidas. Por igual, até mesmo a verificação destas fontes fica prejudicada, face aos novos instrumentos de ocultação, como a estenografia, a criptografia e o dinheiro digital.

O cumprimento e a fiscalização das obrigações tributárias ficam fortemente desafiados. Até mesmo o voluntário lançamento do contribuinte é prejudicado pela impossibilidade na obtenção de todas as informações necessárias.

Este ambiente de incerteza é confirmado pelo próprio relatório do Ministério das Finanças dos E.U.A. (*Select Tax Policy Implications of Global Electronic Commerce*), que reporta haver mais questões do que respostas.

Em prosseguimento, este relatório acaba por tratar a Internet de forma neutra, defendendo a adequação dos princípios e tratados tributários ao Comércio Eletrónico. No entanto, os aspectos diferenciados da Internet, como os produtos digitais, os serviços baseados na Internet, a distinção, confusa, entre vendas e serviços e o anonimato clamam por novas alternativas. A Internet traz novos e inéditos problemas que não encontram respostas nas soluções pretéritas, disponibilizadas pelos Estados à manutenção de suas receitas.

Por outro lado, a sistemática tributária norte-americana ao colocar em posição desigual, pelas vantagens oferecidas, contribuintes físicos e virtuais, começa a receber apelos contrários. No entanto, mesmo podendo significar uma violação ao princípio da igualdade e uma diminuição de receitas, acreditamos que esta moratória vem a calhar. O Comércio Eletrónico deve ganhar incentivos e servir como impulsionador económico. O estímulo tributário à atividade comercial virtual traz novos empregos, maior movimentação financeira e não barra prematuramente este novo segmento. Este excepcionamento temporário do princípio da igualdade justifica-se pelo desbravamento de uma atividade promissora em termos de crescimento. Os Estados Unidos da América caminham neste contexto de liberdade e incentivo. Assim é que, mesmo nas áreas de comércio tradicional, as recentes medidas legislativas primam pela diminuição da carga tributária como pressuposto para o aquecimento económico.

No mesmo sentido, os conflitos e desafios colocados pelo *e-commerce* refletem as dificuldades de um novo sistema tributário. A todo instante, novas descobertas mudam os rumos da atividade comercial, obrigando os legisladores à constante atualização.

Portanto, a continuidade da moratória permite uma reavaliação, por parte dos poderes tributantes dos E.U.A., em sua atividade fiscal, com vistas a formular políticas eficazes e estimuladoras das novas e futurísticas relações.

III. A TRIBUTAÇÃO DO COMÉRCIO ELETRÓNICO NOS ESTADOS UNIDOS DA AMÉRICA

É dentro deste contexto, de análise sobre os principais itens implicantes com o tema nos Estados Unidos da América, que passamos a vislumbrar o tratamento dispensado à tributação do Comércio Eletrónico na União Europeia.

Capítulo IV
A Tributação do Comércio Eletrónico
na União Europeia

1. Introdução

De facto, a tributação do Comércio Eletrónico não é um problema circunscrito apenas aos Estados Unidos da América. Na União Europeia, a questão tributária tem despertado o interesse na perspectiva de iniciativas, orientações e DIRETIVAs que objetivam dominar o ambiente virtual propiciado pela Internet e pelo Comércio Eletrónico[492]. Dessa forma, é sobre estas produções, ao plano Europeu, que procuraremos enfocar nossa análise.

---

[492] *Vide* MAYER, Franz C. *Europe and the Internet: The Old World and the New Medium.* European Journal of International Law, Oxford University Press, Volume 11, Number 1, March, 2000, p. 149/169.

Secção I
A Tributação Eletrónica na União Europeia

1. Uma Iniciativa Europeia para o Comércio Eletrónico

Com efeito, o referido tema suscitou preocupação neste espaço territorial, já no início de 1997, na "Comunicação da Comissão ao Conselho, ao Parlamento Europeu, ao Comité Económico e Social e ao Comité das Regiões", intitulado *"Uma Iniciativa Europeia para o Comércio Eletrónico"*.

Naquele tema, destacava-se, primeiramente, que para o desenvolvimento do Comércio Eletrónico seria fundamental que os sistemas fiscais proporcionassem segurança jurídica e neutralidade fiscal. A mencionada segurança visava à transparência, claridade e previsibilidade das obrigações fiscais, dentro, pois, de um ambiente neutro, no qual estas novas atividades (C.E.) não estariam sujeitas a encargos que a colocariam em desvantagem, em relação ao comércio realizado de forma tradicional[493].

De facto, o estabelecimento de uma legislação que não resultasse em dúvidas ao sistema fiscal eletrónico poderia contribuir para o desenvolvimento do Comércio Eletrónico, sem deixar o contribuinte desorientado sobre quais seriam suas obrigações fiscais neste novo ambiente. Por outro lado, a igualdade

---

[493] *Cfr.* COMISSÃO DAS COMUNIDADES EUROPEIAS. *Uma Iniciativa Europeia para o Comércio Eletrónico*. COM(97) 157 Final, Bruxelas, 16.04.1997, p. 26. Da mesma forma, *Vide* COMISSIONE EUROPEA. *Un'Iniziativa Europea in Materia di Commercio Electtronico, in* Rivista di Diritto Finanziario e Scienza delle Finanze, LVII, 2, I, 1998, p. 280/313. *Cfr.* CHAN, Clayton W. *Taxation of Global E-Commerce on the Internet: The Underlying Issues and Proposed Plans.* Minnesota Journal of Global Trade, Volume 9, Issue 1, Winter, 2000, p. 242/243. *Vide* MECKLENBURG, Keith-Stuart von. *Internet Taxation – The Legal Issues of Internet Taxation.* Computer Law & Security Report, Volume 15, nº 04, 1999, p. 230.

IV. A TRIBUTAÇÃO DO COMÉRCIO ELETRÓNICO NA UNIÃO EUROPEIA

das duas formas de comércio, a eletrónica e a tradicional, visava a descaracterizar a competição que já era verificada em alguns sectores[494].

Como se depreende, a Comissão Europeia e os Estados Unidos da América estão de acordo quanto à necessidade de assegurar um quadro fiscal claro e neutro no Comércio Eletrónico e objetivar garantir o desenvolvimento deste novo segmento [495].

Realmente, já nesta Comunicação, a Comissão alertava para a potencial velocidade, ausência de rasto e para o anonimato das transações realizadas eletronicamente, que poderiam resultar em novas possibilidades de fraude e evasão fiscal. Tais preocupações visavam a alertar para a continuidade das receitas governamentais, tão ameaçadas face ao problema que se coloca.

Com efeito, além da rapidez que a Internet proporciona, os protocolos pouco revelam sobre o usuário, bem como dos dados que estão sendo transferidos, ampliando a potencialidade de desvio fiscal, resultando na diminuição das receitas, que visam a assegurar a prestação de serviços públicos. Para as autoridades fiscais, estes dados podem ser fundamentais[496].

---

[494] *Vide* ADAMS, Sally. *Danger: Internet Taxes Ahead*. Taxes, The Tax Magazine, CCH Incorporated, Vol. 75, nº 09, September, 1997, p. 501. *Vide* LESSIG, Lawrence. *Code and Other Laws of Cyberspace*. New York: Basic Books, 1999, p. 27. *Vide* HELLERSTEIN, Walter. *Transaction Taxes and Electronic Commerce: Designing State Taxes That Work in an Interstate Environment*. National Tax Journal, Volume L, Nº 3, September, 1997. *Vide* BENTLEY, Duncan, QUIRK, Patrick. *A Proposal for Electronic Transactions Tax Collection in the Context of Tax-Driven Reform of Banking Laws*. Journal of International Banking Law, Volume 14, Issue 10, October, 1999, p. 330/331. *Vide* PAYNTER, Judy. *The Taxation of E-Commerce*. Montana Law Review, Volume 61, Number 1, Winter, 2000, p. 18/23. *Vide* OWEN, Sandi. *State Sales & Use Tax on Internet Transactions*. Federal Communications Law Journal, Volume 51, Number 1, December, 1998, p. 246. *Vide* EADS, James R., GOLDEN, David F. *E-Commerce Taxation Issues for Online Businesses*. Georgia Bar Journal, Volume 5, Number 4, February, 2000, p. 14.

[495] Da mesma forma, na declaração conjunta União Europeia – Estados Unidos da América, em 5 de Dezembro de 1997, sobre o Comércio Eletrónico, foi aceite que os impostos no *e-commerce*, deveriam ser claros, neutros e não discriminatórios. Nesta declaração, as partes comprometeram-se a esforçar-se por não cobrar qualquer novo tipo de direito à importação sobre os serviços transfronteiras fornecidos por via eletrónica. *Vide* Pergunta Escrita E-1105/98, Jornal Oficial das Comunidades Europeias, (98/C 386/110), 11.12.98. *Cfr.* CASTELO PAULO, Octávio. *Comércio Electrónico e Assinaturas Electrónicas. Implicações Legislativas. Uma Perspectiva Europeia*. 13º. Seminário Internacional de Direito de Informática e Telecomunicações, São Paulo, 25 de Outubro de 1999, p. 09/10.

[496] *Cfr.* LESSIG, Lawrence. *Code and Other Laws of Cyberspace*. New York: Basic Books, 1999, p. 28. *Vide* ADAMS, Sally. *Danger: Internet Taxes Ahead*. Taxes, The Tax Magazine, CCH Incorporated, Vol. 75, nº 09, September, 1997, p. 500. *Vide* DELTA, George B., MATSUURA, Jeffrey H. *Law of The Internet*. New York: Aspen Law & Business, 2000, p. 10-22/23. *Vide* FOX, Willian F., MURRAY, Matthew N. *The Sales Tax and Electronic Commerce: So What's New?* National Tax Journal, Volume L, Nº 3, September, 1997. *Vide* PEHA, Jon M., STRAUSS, Robert P. *A Primer on Changing Information Technology and the Fisc*. National Tax Journal, Volume L, Nº 3, September, 1997, p. 613. *Vide* HARDESTY,

A seu turno, quanto ao Imposto sobre o Valor Acrescentado (I.V.A.), sugestionava-se sobre a necessidade de se analisar o *"eventual impacto do Comércio Eletrónico na actual legislação relativa ao IVA"* em vários aspectos como: definição, controlo e aplicação da Lei, determinar se a actual legislação deve ser adaptada, garantindo ao mesmo tempo a neutralidade fiscal, sem impor encargos excessivos às pequenas empresas. Para HICKEY (2000), a legislação do IVA não está imune ao "vírus" da Internet. Conceitos como o lugar do fornecimento de serviços e a utilização do conceito de estabelecimento físico ficam expostos às mudanças operacionais das companhias virtuais e à facilidade em não se enquadrar nos requisitos legais para imposição do IVA[497].

Efetivamente, a análise sugerida pela Comissão vem a calhar. Os problemas para administração do IVA são potencializados face ao *e-commerce* e, segundo HARDESTY (1999), especialmente quando envolvem serviços e produtos digitais. Para o autor, os produtos digitais (tais como *softwares)* talvez sejam impossíveis de imposição pelo IVA. Neste mesmo sentido, a OCDE analisa que o Comércio Eletrónico direto é um sério desafio para o sistema do IVA, podendo resultar em nenhuma tributação, no que se refere às regras de lugar do fornecimento. Para a OCDE, as novas tecnologias proporcionam que o fornecimento de produtos digitais ou serviços pode ser realizado sem que o vendedor tenha qualquer forma de presença física, tornando as regras inaplicáveis. Por outro lado, o estudo ainda adiciona a preocupação referente ao Comércio Eletrónico indireto, onde, em tese, o envio de produtos continuaria a ser verificado pelas autoridades alfandegárias, momento no qual seriam recolhidos os impostos de importação e consumo (IVA). A OCDE avalia que, com o aumento destes procedimentos questionar-se-ia a habilidade das autoridades em exercer um efetivo controlo destas transações, principalmente no que se refere aos procedimentos

David E. *Electronic Commerce – Taxation and Planning.* Boston: Warren, Gorhan and Lamont, 1999, p. 1-8. *Vide* BRADFORD, David F. *Commentary – Electronic Commerce and Fundamental Tax Reform.* Tax Law Review, Volume 52, Number Four, Symposium on Internet Taxation, New York University School of Law, Summer, 1997, p. 562. *Vide* HELLERSTEIN, Walter. *Transaction Taxes and Electronic Commerce: Designing State Taxes That Work in an Interstate Environment.* National Tax Journal, Volume L, Nº 3, September, 1997. *Vide* SHAKOW, David J. *Commentary – Taxing Nothings: Intangibles on the Internet.* Tax Law Review, Volume 52, Number Four, Symposium on Internet Taxation, New York University School of Law, Summer, 1997, p. 576.

[497] *Cfr.* COMISSÃO DAS COMUNIDADES EUROPEIAS. *Uma Iniciativa Europeia para o Comércio Eletrónico.* COM(97) 157 Final, Bruxelas, 16.04.1997, p. 27. *Cfr.* HICKEY, Julian J. B. *The Fiscal Challenge of E-Commerce.* British Tax Review, Sweet & Maxweel, London, Number 2, 2000, p. 92. No mesmo sentido *Vide* SÉDALLIAN, Valérie. *Droit de L'Internet-Réglementation, Responsabilités, Contracts.* Collection AUI, Association des Utilisateurs d'Internet, Éditions Net Press, France, 1996, p. 233/236.

IV. A TRIBUTAÇÃO DO COMÉRCIO ELETRÓNICO NA UNIÃO EUROPEIA

tributários que os contribuintes teriam que cumprir, mesmo com as dificuldades relacionadas ao anonimato fiscal dos vendedores[498].

Neste desenrolar, a Comissão descartou a possibilidade da utilização de impostos alternativos, nomeadamente o imposto sobre os *bits* transmitidos, por considerar que, devido à sujeição destas atividades estar acobertada pelo IVA, tal medida seria inadequada.

Com efeito, fora proposto por CORDELL & IDE (1997) a aplicação de uma *bit tax*. Com argumentos económicos e sociais, os autores acreditavam que a tributação deveria dar-se por um contador de *bits,* mencionando que a nova riqueza das nações estará fundada em *bits* digitais de informação, pulsando pelas *networks*. No entanto, como já exposto, uma arquitetura voltada para implantar um sistema deste tipo poderia resultar em medir absolutamente nada, face à inexatidão sobre o quê está a ser tributado, tudo aliado à acertada Comunicação da Comissão, de considerar inadequada a sua aplicação[499].

Por outro lado, a territorialidade mereceu referência na Comunicação, pois a evolução comercial e tecnológica sugerem um reexame de seus conceitos, nos sistemas de impostos diretos[500]. De facto, a habilidade dos governos em regular o comportamento, no Comércio Eletrónico, foi alterada, pois o comportamento de compradores e vendedores pode estar localizado em qualquer lugar na Internet.

Com efeito, há um espaço virtual, onde as pessoas interagem, onde as pessoas comercializam. Alguns governos são mais regulados que outros e as pessoas já podem escolher a qual deles querem se submeter[501].

Finalmente, a Comunicação da Comissão culminou, no âmbito fiscal, em relatar a decisão da própria Comissão juntamente com os Estados-Membros em

---

[498] *Cfr.* HARDESTY, David E. *Electronic Commerce – Taxation and Planning.* Boston: Warren, Gorhan and Lamont, 1999, p. 11-67. *Cfr.* OECD. *Electronic Commerce: The Challenges to Tax Authorities and Taxpayers, in* Rivista di Diritto Finanziario e Scienza delle Finanze, LVII, 2, I, 1998, p. 263.

[499] *Cfr.* CORDELL, Arthur, IDE, T. Ran. *The New Wealth of Nations: Taxing Cyberspace.* Toronto: Between the lines, 1997. *Cfr.* SHAKOW, David J., *Commentary – Taxing Nothings: Intangibles on the Internet.* Tax Law Review, Volume 52, Number Four, Symposium on Internet Taxation, New York University School of Law, Summer, 1997, p. 577/579. *Vide* CHAN, Clayton W. *Taxation of Global E-Commerce on the Internet: The Underlying Issues and Proposed Plans.* Minnesota Journal of Global Trade, Volume 9, Issue 1, Winter, 2000, p. 249/250 e 256/258.

[500] *Vide* LEITE DE CAMPOS, Diogo. *A Internet e o Princípio da Territorialidade dos Impostos.* Lisboa: Revista da Ordem dos Advogados, Ano 58, Julho, 1998.

[501] Neste sentido, JOHNSON & POST afirmam: *"The rise of an electronic medium that disregards geographical boundaries throws the law into disarray by creating entirely new phenomena that need to become the subject of clear legal rules but cannot be governed, satisfactorily, by any current territorially based sovereign".* *Cfr.* JOHNSON, David, POST, David. *Law and Borders-The Rise of Law in Cyberspace.* Stanford Law Review, 48, 1996, p. 1367, 1375, *in* LESSIG, Lawrence. *Code and Other Laws of Cyberspace.* New York: Basic Books, 1999, p. 24.

iniciar uma análise do *"impacto e das consequências do comércio eletrónico nos direitos aduaneiros e impostos indiretos"*[502].

Por conseguinte, esta iniciativa só vem a contribuir para o acirramento das discussões em torno da problemática fiscal face ao Comércio Eletrónico, que, por ora, vem sendo apontada como uma preocupação por todo o mundo, com o intuito de verificar quais alterações devem ser feitas nos sistemas fiscais, no sentido de acompanhar as inovações[503].

2. Comércio Eletrónico e Fiscalidade Indireta

Foi acompanhando a Comunicação anterior (*"Uma Iniciativa Europeia para o Comércio Eletrónico"*) que a Comissão das Comunidades Europeias renovou a preocupação pelos desafios que o Comércio Eletrónico coloca no domínio da fiscalidade, *in casu*, indireta, através da "Comunicação da Comissão ao Conselho, ao Parlamento Europeu e ao Comité Económico e Social", denominada *"Comércio Eletrónico e Fiscalidade Indirecta"*.

Nesta referida Comunicação, afirmou-se a crescente evolução dos novos mercados mundiais e sua característica de desconhecimento dos limites geográficos, bem como as dificuldades, cada vez maiores, de se conhecer a localização e identidade das partes nas transações eletrónicas[504].

Em continuidade, a imposição do IVA à entrega de mercadorias e prestação de serviços na União Europeia fora reafirmada pela Comunicação, da mesma forma, às importações de mercadorias pelas empresas e particulares, bem como

---

[502] *Cfr.* COMISSÃO DAS COMUNIDADES EUROPEIAS. *Uma Iniciativa Europeia para o Comércio Eletrónico.* COM(97) 157 Final, Bruxelas, 16.04.1997, p. 27.

[503] *Vide* SÉDALLIAN, Valérie. *Droit de L'Internet- Réglementation, Responsabilités, Contracts.* Collection AUI, Association des Utilisateurs d'Internet, Éditions Net Press, France, 1996, p. 233/236. *Cfr.* EADS, James R., GOLDEN, David F. *E-Commerce Taxation Issues for Online Businesses.* Georgia Bar Journal, Volume 5, Number 4, February, 2000, p. 14. *Cfr.* TROYE, Anne. *Electronic Commerce and invoicing cycle.* Computer Law & Practice, Vol. 11, Number 6, 1995, p. 158. *Cfr.* HICKEY, Julian J. B. *The Fiscal Challenge of E-Commerce.* British Tax Review, Sweet & Maxweel, London, Number 2, 2000, p. 91/105.

[504] *Cfr.* COMISSÃO DAS COMUNIDADES EUROPEIAS. *Uma Iniciativa Europeia para o Comércio Eletrónico.* COM(97) 157 Final, Bruxelas, 16.04.1997, p. 03. Neste sentido, *Cfr.* LEITE DE CAMPOS, Diogo. *A Internet e o Princípio da Territorialidade dos Impostos.* Lisboa: Revista da Ordem dos Advogados, Ano 58, Julho, 1998, p. 642. *Vide* RABY, Burguess. *Taxes, Tariffs, and Other Regulatory Barriers to Electronic Commerce.* Panel VII, Symposium – Responding to the Legal Obstacles to Electronic Commerce in Latin America, Arizona Journal of International and Comparative Law, Volume 17, Number 1, Winter, 2000, p. 183. *Vide* HARDESTY, David E. *Electronic Commerce – Taxation and Planning.* Boston: Warren, Gorhan and Lamont, 1999, p. 1-7. *Vide* PEHA, Jon M., STRAUSS, Robert P. *A Primer on Changing Information Technology and the Fisc.* National Tax Journal, Volume L, Nº 3, September, 1997, p. 616/617. *Vide* LESSIG, Lawrence. *Code and Other Laws of Cyberspace.* New York: Basic Books, 1999, p. 28.

IV. A TRIBUTAÇÃO DO COMÉRCIO ELETRÓNICO NA UNIÃO EUROPEIA

a aquisição, por empresas, da maioria dos serviços fora da União Europeia. A exceção, naquela Comunicação, coube à aquisição, direta, de serviços por particulares na UE, que em geral não era sujeita a IVA. No entanto, residia aí a previsão de desafios às administrações fiscais, na medida que as entregas se tornaram mais rápidas e seguras, levando à crescente demanda e consequentemente à diminuição das receitas fiscais, pela não-sujeição tributária apontada[505].

É de se ressaltar que o principal objetivo da COM (1998) 374 Final consistia em preparar a contribuição da União Europeia e dos Estados-Membros em relação às questões de fiscalidade indireta, debatidas na Conferência Ministerial da OCDE, subordinada ao tema *"Um Mundo sem Fronteiras: concretizar o Potencial do Comércio Eletrónico"*[506].

Para tal fim, a Comissão propôs algumas orientações gerais que, no mesmo sentido, serviram de base para as análises destinadas à adaptação do sistema comunitário do IVA ao Comércio Eletrónico na Europa, as quais elencamos e comentamos, a seguir[507].

---

[505] *Cfr.* COMISSÃO DAS COMUNIDADES EUROPEIAS. *Comércio Eletrónico e Fiscalidade Indirecta.* COM(1998) 374 Final, Bruxelas, 17.06.1998, p. 04. *Vide* CASTELO PAULO, Octávio. *Comércio Electrónico e Assinaturas Electrónicas. Implicações Legislativas. Uma Perspectiva Europeia.* 13º. Seminário Internacional de Direito de Informática e Telecomunicações, São Paulo, 25 de Outubro de 1999, p. 10/11. *Vide* OECD. *Electronic Commerce: The Challenges to Tax Authorities and Taxpayers, in* Rivista di Diritto Finanziario e Scienza delle Finanze, LVII, 2, I, 1998, p. 244/249.

[506] Sobre a Conferência Ministerial da OECD realizada entre 06 e 08 de Outubro de 1998, *Vide* OECD. *A Borderless World – Realising the Potential of Electronic Commerce.* OECD Ministerial Conference, Committee on Fiscal Affairs, October, 1998. *Vide, posteriormente,* OECD. *Implementing the Ottawa Taxation Framework Conditions.* Committee on Fiscal Affairs, June, 2000. *Vide* CATINAT, Michel. *La Politique Européenne de Promotion d'Internet – et quelques Considérations pour la France.* Revue du Marché Commun et de L'Union Européenne, no. 435, Février, 2000, p. 91/93. *Vide* HICKEY, Julian J. B. *The Fiscal Challenge of E-Commerce.* British Tax Review, Sweet & Maxweel, London, Number 2, 2000, p. 102/103. *Vide* MECKLENBURG, Keith-Stuart von. *Internet Taxation – The Legal Issues of Internet Taxation.* Computer Law & Security Report, Volume 15, nº 04, 1999, p. 229 e ss.

[507] Vale destacar a referência feita pela Comissão de que *"continua empenhada na introdução de um sistema comum do IVA assente na tributação na origem e que estabeleça um único país de registo em que o operador pudesse simultaneamente determinar o imposto devido e proceder às deduções relativamente a todas as suas transacções comunitárias sujeitas a IVA." Cfr.* COMISSÃO DAS COMUNIDADES EUROPEIAS. *Comércio Eletrónico e Fiscalidade Indirecta.* COM(1998) 374 Final, Bruxelas, 17.06.1998, p. 05.

Sub-Secção I
Orientações

1. Não serão criados Novos Impostos

Primeiramente, a formulação da não-criação de novos impostos tinha por critério o conceito de que os impostos já existentes deveriam ser aplicados ao Comércio Eletrónico. Assim, o esforço concentrar-se-ia na adaptação dos atuais impostos indiretos, especialmente do IVA, aos desafios colocados pela Internet. Portanto, da mesma forma, não estariam previstos novos impostos ou impostos suplementares.

Lembramos, neste contexto, que, na jurisdição norte-americana, o ITFA proibiu tributos discriminatórios em relação ao Comércio Eletrónico, entendendo-se por esta regra que não serão admitidos impostos que não sejam instituídos sobre outras formas comerciais, tudo pois, alinhado à orientação ora examinada. No entanto, os impostos instituídos para o comércio tradicional, deveriam, antes de outubro de 1998, ter sido instituídos para incidir sobre as transações na Internet, nos E.U.A.[508].

---

[508] No mesmo sentido é o Documento Orientador da Iniciativa Nacional para o Comércio Eletrónico, *"Fiscalidade e Serviços Aduaneiros"*, Diário da República – I Série – B, no. 198, 25 de Agosto de 1999, p. 5758/5759. *Vide* Pergunta Escrita E-2129/98, Jornal Oficial das Comunidades Europeias, (1999/C 96/059), 08.04.1999. *Cfr.* FORST, David L. *Old and New Issues in the Taxation of Electronic Commerce.* The Legal and Policy Framework for Global Electronic Commerce: A Progress Report, Berkeley Technology Law Journal, Volume 14, Number 2, Spring, 1999, p. 716/717. *Cfr* HELLERSTEIN, Walter. *Internet Tax Freedom Act Limits State´s Power to Tax Internet Acess and Electronic Commerce.* Journal of Taxation, Volume 90, nº 01, January, 1999, p. 06. *Vide* GOODGER, Ben. *E-Commerce and its Impact on Pricing.* Computers & Law, Oct/November, 1999, p. 26. *Cfr.* HICKEY, Julian J. B. *The Fiscal Challenge of E-Commerce.* British Tax Review, Sweet & Maxweel, London, Number 2,

IV. A TRIBUTAÇÃO DO COMÉRCIO ELETRÓNICO NA UNIÃO EUROPEIA

2. Consideração das Transmissões Eletrónicas como Serviços

Neste ponto, a Comissão orientou que:

"*2. Uma transacção através da qual um produto é colocado à disposição do destinatário sob forma digital através de uma rede eletrónica, deve ser considerada, para efeitos do IVA, uma prestação de serviços.*"

Dessa forma, entende-se que os produtos encomendados e enviados através da Internet, bem como as transmissões eletrónicas e quaisquer bens incorpóreos fornecidos eletronicamente, são considerados como serviços, para efeitos do IVA comunitário.

Por outro lado, conforme explicou a Comissão, estes produtos distribuídos eletronicamente podem também ser fornecidos através das formas tradicionais, sendo considerados como entrega de bens, como é o caso da distribuição de obras musicais ou cinematográficas, e que podem ser sujeitas a impostos aduaneiros na importação[509].

Dentro deste contexto, a COM (1998) 374 Final, explicou que as transações realizadas na UE, por via eletrónica, e que resultem em um consumo na União, estariam sujeitas ao IVA comunitário, mas as mercadorias fornecidas por um país não comunitário a um cliente na UE garantem a aplicação do IVA independentemente das modalidades da transação. No mesmo sentido, alguns tipos de serviços, prestados a empresas comunitárias provenientes de países não comunitários, estariam sujeitos a IVA. Contudo, os serviços prestados a particulares na UE não seriam sujeitos ao IVA, medida esta justificada, segundo a Comissão, pelo baixo volume destas transações[510].

Como bem relembrou a Comissão, a legislação comunitária do IVA estabelece uma distinção fundamental entre entrega de bens e prestação de serviços[511], o que gerou controvérsias, como veremos.

2000, p. 91. *Vide* GOLLER, Bernd, STOLL, Peter-Tobias. *Electronic Commerce and the Internet.* Berlin: Jahrbuch Für Internationales Recht, Duncher & Humblot, Volume 41, 1998, p. 166/168.

[509] *Cfr.* COMISSÃO DAS COMUNIDADES EUROPEIAS. *Comércio Eletrónico e Fiscalidade Indirecta.* COM(1998) 374 Final, Bruxelas, 17.06.1998, p. 05. *Vide* CASTELO PAULO, Octávio. *Comércio Electrónico e Assinaturas Electrónicas. Implicações Legislativas. Uma Perspectiva Europeia.* 13°. Seminário Internacional de Direito de Informática e Telecomunicações, São Paulo, 25 de Outubro de 1999, p. 10.

[510] *Cfr.* MAGUIRE, Ned. *Taxation of E-Commerce.* The Federal Lawyer, Volume 47, Number Five, June, 2000, p. 29/30. *Cfr.* HICKEY, Julian J. B. *The Fiscal Challenge of E-Commerce.* British Tax Review, Sweet & Maxweel, London, Number 2, 2000, p. 98.

[511] *Cfr.* COMISSÃO DAS COMUNIDADES EUROPEIAS. *Comércio Eletrónico e Fiscalidade Indirecta.* COM(1998) 374 Final, Bruxelas, 17.06.1998, p. 05. *Cfr.* WONG, Etienne, SALEH, David. *When Vat Met the Internet.* Computers & Law, Volume 8, Issue 5, January, 1998, p. 31/34. *Cfr.* SMITH, Graham J.H. *Internet Law and Regulation.* London: FT Law & Tax, 1996, p. 139/140. *Cfr.* CHAN, Clayton W.

A TRIBUTAÇÃO DO COMÉRCIO ELETRÓNICO NOS EUA E NA UE

Inicialmente, a seu turno, a OCDE estabeleceu posição parecida com o *Internal Revenue Service* dos Estados Unidos, tratando a transação de um *software, verbi gratia,* como a venda de um produto. Por outro lado, para a União Europeia, a transmissão eletrónica de *softwares* deveria ser tratada como serviço, para efeitos de Imposto sobre o Valor Acrescentado (I.V.A.). Esta posição criava, em um primeiro momento, uma certa insegurança pela controvérsia entre ser um serviço ou uma venda, se confrontada com a posição norte-americana, bem como com a posição tomada pela OCDE[512].

A regra para se determinar se tanto produtos como serviços são tributados pelo IVA é usualmente a do lugar do fornecedor. Caso o lugar de fornecimento se situe fora de um país com sistema de IVA, geralmente o vendedor não é sujeito a pagar o tributo. No entanto, quando o vendedor não é sujeito passivo tributário, o comprador talvez deva recolher o IVA. Este é o caso de importações fornecidas por um país não comunitário a um cliente da UE, onde os procedimentos normais de importação garantem que o IVA será aplicado independentemente das modalidades da transação[513].

O lugar de fornecimento de bens é o de sua localização, quando designada a ordem de compra pelo comprador, e quando os bens são transportados, o lugar de fornecimento é o de onde o seu transporte começa[514]. Quando o vendedor de

---

Taxation of Global E-Commerce on the Internet: The Underlying Issues and Proposed Plans. Minnesota Journal of Global Trade, Volume 9, Issue 1, Winter, 2000, p. 261.

[512] *Cfr.* COMMITTEE ON FINANCIAL AFFAIRS OF THE OECD. *Electronic Commerce: The Challenges to Tax Authorities and Taxpayers,* Nov., 1997. Vale discorrer, que os Estados Unidos da América tem resistido na adoção de um Imposto sobre o Valor Acrescentado (I.V.A.), mesmo sendo esta espécie tributária, ou uma variação dela, ser adoptada por quase todos os países que fazem parte da OCDE. Neste passo, o aumento de volume das exportações comerciais digitais de companhias norte-americanas para países que adotam o IVA faz com que estas atividades sejam tributadas, sendo em alguns casos com alíquotas superiores a 20%, sendo, pois, necessário o estudo de algumas regras concernentes ao IVA para se determinar a incidência sobre vendedores norte-americanos. Nos Estados Unidos, adota-se o Imposto de Venda (*Sales Tax*) que é colectado sobre o valor da venda, no momento desta. O IVA, por sua vez, é acrescentado em todas as fases da comercialização, desde a produção até o consumo, utilizando-se o método de pagamentos e créditos. Nesta linha, *Vide* SUNLEY, Emil M. *What Can the U.S. Learn from the Tax Systems of Other Countries?* National Tax Association – Tax Institute of America, Proceedings, Washington, DC, 1997, p. 78/89.

[513] *Cfr.* COMISSÃO DAS COMUNIDADES EUROPEIAS. *Comércio Eletrónico e Fiscalidade Indirecta.* COM(1998) 374 Final, Bruxelas, 17.06.1998, p. 05. *Cfr.* SMITH, Graham J.H. *Internet Law and Regulation.* London: FT Law & Tax, 1996, p. 139/144. *Cfr.* HICKEY, Julian J. B. *The Fiscal Challenge of E-Commerce.* British Tax Review, Sweet & Maxweel, London, Number 2, 2000, p. 98/102. *Vide* EDEN, Sandra. *The Taxation of Electronic Commerce, in* EDWARDS, Lílian & WAELDE, Charlotte. *Law and the Internet – Regulating Cyberspace.* Oxford: Hart Publishing, 1997, p. 155.

[514] *Cfr.* HM CUSTOMS AND EXCISE, Notice 700, *The Vat Guide* [London: HM Customs and Excise (Mar., 1996; updated Feb. 1997, May 1997, Apr., 1998)] e *Vide* FEARING, Aubrey, EDWARDS, Tracey,

IV. A TRIBUTAÇÃO DO COMÉRCIO ELETRÓNICO NA UNIÃO EUROPEIA

produtos não está responsável por pagar o tributo, não quer dizer que os bens estão livres do IVA. Os produtos, quando importados, são tributados, sendo o comprador e não o vendedor quem deve recolher o tributo[515].

Já no caso do vendedor de serviços sujeito ao IVA, a regra geral é de que os serviços são tributados no lugar ao qual o fornecedor do serviço pertence. No entanto, como já questionava SMITH (1996), qual é, para os serviços, o lugar a que o fornecedor pertence? Poderia ser respondido que o lugar do fornecedor é aquele onde está estabelecida sua empresa. Mas, no *e-commerce*, pelas razões digitais que o caracterizam, a localização fica prejudicada[516]. Na Inglaterra e em outros países, há exceções para determinados serviços, para os quais o foro de fornecimento é considerado o da localização do consumidor. Entre estas exceções estão os serviços relacionados com a terra, com performance de artes, educação e reparo, serviços de transportes, transferência de direitos, consultas e, geralmente, os fornecedores devem proceder ao registo para incidência de IVA antes de executarem estes serviços. Há, ainda, serviços que são isentos de IVA, tais como serviços bancários e outros serviços financeiros, seguros, serviços hospitalares e médicos, entre outros. Para HICKEY (2000), a dificuldade emerge do Comércio Eletrónico na identificação do lugar de fornecimento de serviços, principalmente no caso em que os computadores (*servers*) operam o fornecimento. Muitos serviços podem ser fornecidos via Internet de fora da União Europeia, com isenção de IVA, como jogos *online*, apostas, serviços bancários, programas de computador, consultas, publicidade e seguros[517].

JAJEH, Edward. *Doing Business in the EU: VAT Implications for US High-Tech Companies*. High-Tech Industry. Tax, Law, Business, Planning, Jan./Feb., 1998, at 15.

[515] *Cfr.* HM CUSTOMS AND EXCISE, Notice 702, *VAT Imports and Warehouse Goods* [London: HM Customs and Excise (Oct., 1995)] par. 2.2.

[516] *Cfr.* SMITH, Graham J.H. *Internet Law and Regulation*. London: FT Law & Tax, 1996, p. 140. *Vide* FERNANDES DE OLIVEIRA, António. *O IVA nas Transacções Internacionais de Comércio Electrónico*. Fiscalidade nº 02, Revista de Direito e Gestão Fiscal, Edição do Instituto Superior de Gestão, Abril, 2000, p. 39/40.

[517] Neste passo, o que deve ser esclarecido, sob as regras dos Estados Unidos, é que o IVA pago pelo vendedor norte-americano, não pode ser usado para efeitos de crédito tributário naquele país, visto ser o IVA um imposto sobre o consumo e não sobre os rendimentos. *Cfr.* HM CUSTOMS AND EXCISE, *Vat Information Sheet 2/97* (Jun., 1997), *Telecomunications Services: Place of Supply*, e *Vide* FEARING, Aubrey, EDWARDS, Tracey, JAJEH, Edward. *Doing Business in the EU: VAT Implications for US High-Tech Companies*. High-Tech Industry. Tax, Law, Business, Planning, Jan./Feb., 1998, at 15. *Cfr.* SMITH, Graham J.H. *Internet Law and Regulation*. London: FT Law & Tax, 1996, p. 138. *Cfr.* WONG, Etienne, SALEH, David. *When Vat Met the Internet*. Computers & Law, Volume eight, Issue 5, January, 1998, p. 31/34. *Cfr.* HICKEY, Julian J. B. *The Fiscal Challenge of E-Commerce*. British Tax Review, Sweet & Maxweel, London, Number 2, 2000, p. 98/99. *Vide* FERNANDES DE OLIVEIRA, António. *O IVA nas Transacções Internacionais de Comércio Electrónico*. Fiscalidade nº 02, Revista de Direito e Gestão Fiscal, Edição do Instituto Superior de Gestão, Abril, 2000, p. 39/40.

Em continuidade, no caso de uma venda envolvendo um *software*, dois casos podem ocorrer. No primeiro, sendo aquele que envolve um *canned software*, que é o programa no formato normal, tal é considerado como um produto, como orientou a Comissão. Neste caso, o lugar do fornecimento é o lugar de onde o produto fora mandado, e o exportador norte-americano, *v.g.*, não deve recolher o IVA, sendo esta tarefa afecta ao consumidor. Por outro lado, aqueles programas feitos especialmente para determinados consumidores são considerados como "serviços" e não um produto. Neste caso, o consumidor-empresa deve recolher o IVA, não sendo este cobrado junto ao consumidor individual [518].

Por outro lado, quando um vendedor repassa um *software* eletronicamente, as implicações para o IVA não são claras. Os bens são tributados no ponto de embarque e os serviços no lugar onde o executor está. Alguns serviços, no entanto, são tributados onde são consumidos. Se o vendedor é uma empresa norte-americana e a transação é caracterizada como uma venda de bens enviada dos Estados Unidos, o vendedor norte-americano não será requisitado para recolher IVA. Por outro lado, o comprador será requisitado para pagar IVA ao receber o produto [519].

Os produtos digitais, tais como *downloaded software*, são um problema para o sistema de IVA, por duas razões. A fronteira entre bens e serviços e o efeito da localização do servidor. Primeiramente, há pouca harmonização na caracterização desses produtos serem bens ou serviços, sob o sistema do IVA. Tanto os bens como os serviços são tributados sob o sistema do IVA, já o lugar onde estes bens são tributados é usualmente diferente para bens e serviços. Outrossim, é muito difícil estar em conformidade quando os produtos não são enviados fisicamente. Por exemplo, quando o *software* é enviado (baixado) de um vendedor norte-americano para um europeu, como pode o pagamento de IVA ser cumprido, assumindo que a venda é sujeita a IVA? O produto não passa pelo serviço alfandegário e o vendedor não está presente na União Europeia[520].

Softwares, músicas, aplicativos para telemóveis, jornais e revistas são regularmente vendidos no formato digital para consumidores através da Internet, sendo que o volume destas transações está a aumentar consideravelmente. Os Estados Unidos, assim como a OCDE e a União Europeia estão debatendo com

---

[518] *Vide* FEARING, Aubrey, EDWARDS, Tracey, JAJEH, Edward. *Doing Business in the EU: VAT Implications for US High-Tech Companies*. High-Tech Industry. Tax, Law, Business, Planning, Jan./Feb., 1998, at 17. *Cfr.* COMISSÃO DAS COMUNIDADES EUROPEIAS. *Comércio Eletrónico e Fiscalidade Indirecta*. COM(1998) 374 Final, Bruxelas, 17.06.1998, p. 05.

[519] *Cfr.* HARDESTY, David E. *Electronic Commerce – Taxation and Planning*. Boston: Warren, Gorhan and Lamont, 1999, p. 11-73. *Cfr.* WONG, Etienne, SALEH, David. *When Vat Met the Internet*. Computers & Law, Volume eight, Issue 5, January, 1998, p. 32/33.

[520] *Cfr.* SMITH, Graham J.H. *Internet Law and Regulation*. London: FT Law & Tax, 1996, p. 139/144.

IV. A TRIBUTAÇÃO DO COMÉRCIO ELETRÓNICO NA UNIÃO EUROPEIA

regras classificatórias de bens que são, ao mesmo tempo, enviados fisicamente e, agora, com a Internet, eletronicamente. A OCDE toma a posição de que a classificação, como produto ou serviço, não deve depender dos meios de distribuição, sendo igualmente esta a posição do U.S. Treasury sobre o envio eletrónico de *softwares* [521].

A seu turno, se a OCDE classifica os produtos digitais como bens, alguns países individualmente têm suas próprias classificações e os inserem como serviços. A Inglaterra classificava o envio eletrónico de produtos como uma transferência de serviços e que o lugar onde estes serviços são tributados é o de ocorrência do consumo [522].

Em continuidade, o maior objetivo, na tributação de serviços onde eles são consumidos, era para capturar IVA nas vendas de provedores estrangeiros. Geralmente, os serviços são tributados onde são executados (se o fornecedor tem um estabelecimento no país). No entanto, provedores estrangeiros não são requisitados para recolher IVA nas vendas de serviços. Provavelmente, estes serviços, quando fornecidos de fora do país, são, na prática, livres de IVA, discriminando as empresas locais. Para resolver este problema, os serviços são sujeitos a tributação onde são consumidos, em vez de onde são executados. Se o consumidor é uma empresa, aquele consumidor deve proceder ao auto recolhimento de IVA, sob o esquema de pagamento no destino[523].

A seu turno, o consumidor singular não precisa e não vai, geralmente, proceder ao recolhimento próprio de IVA, mesmo que os poderes tributários o requisitem para tal tarefa, pela pouca praticidade, pela dificuldade de averiguar-se o montante a ser recolhido, para cada compra de serviços em razão do preenchimento de formulários, entre outros problemas. O tema é similar nos Estados Unidos para os *Use Tax*. Os consumidores norte-americanos são requisitados, em alguns Estados, para auto-proceder ao recolhimento do *Use Tax* com a mesma alíquota da *Sales Tax*, quando nenhuma *Sales Tax* é paga. Por exemplo,

---

[521] *Cfr.* COMMITTEE ON FINANCIAL AFFAIRS OF THE OECD. *Electronic Commerce: The Challenges to Tax Authorities and Taxpayers*, Nov., 1997, par. III, C(b).

[522] A Inglaterra e a OCDE já possuíam a intenção de adicionar os produtos digitais às listas de serviços sujeitos à tributação no lugar de sua execução por objetivos de administração de IVA. *Cfr.* FEARING, Aubrey, EDWARDS, Tracey, JAJEH, Edward. *Doing Business in the EU: VAT Implications for US High-Tech Companies*. High-Tech Industry. Tax, Law, Business, Planning, Jan./Feb., 1998, at 18. *Vide* UNITED KINGDOM'S INLAND REVENUE e HM CUSTOMS AND EXCISE, *Electronic Commerce: UK Policy on Taxation Issues*, Oct. 06, 1998. *Cfr.* WONG, Etienne, SALEH, David. *When Vat Met the Internet*. Computers & Law, Volume eight, Issue 5, January, 1998, p. 32/33. *Cfr.* MAGUIRE, Ned. *Taxation of E-Commerce*. The Federal Lawyer, Volume 47, Number Five, June, 2000, p. 27 e ss.

[523] *Vide* SMITH, Graham J.H. *Internet Law and Regulation*. London: FT Law & Tax, 1996, p. 144. *Cfr.* HICKEY, Julian J. B. *The Fiscal Challenge of E-Commerce*. British Tax Review, Sweet & Maxweel, London, Number 2, 2000, p. 100.

produtos adquiridos pelo correio, de um vendedor de outro Estado ou País, não são ordinariamente sujeitos à *Sales Tax* para o vendedor, e o comprador é suposto de fazer, ele próprio, o preenchimento de formulários e o recolhimento da *Use Tax*. Esta obrigação é, segundo HARDESTY (1999), ignorada pelos contribuintes[524].

Prosseguindo, havendo a comercialização de um produto digitalizado em que o vendedor está localizado fora do país, é o consumidor, e não a empresa vendedora, quem tem a tarefa de contabilizar e recolher o IVA pela importação do produto, sendo impassível, de controlo, tal tarefa. Um vendedor norte-americano de produtos enviados eletronicamente, por não ser obrigado, atenteriomente, ao recolhimento, tinha clara vantagem sobre um vendedor local da UE, assumindo que o país no qual o *software* é considerado como um serviço, sujeito ao IVA. Sendo improvável que o consumidor vá, voluntariamente, recolher o IVA, da mesma forma que ocorre nos E.U.A. com a *Use Tax* (assumindo que o comprador saiba que deve pagar o imposto), o comprador terá uma significante redução tributária se adquirir o *software*, "isento", de um vendedor norte-americano [525].

Um segundo ponto, que dificulta a cobrança de IVA, acontece pelos efeitos da localização do servidor, pois os compradores precisam estar preocupados com a localização de onde o *software* é baixado. A seu turno, para a OCDE, a localização do servidor não deve determinar a incidência tributária, devido ao facto de que o servidor pode mover-se facilmente de um lugar para outro. Por sua vez, na União Europeia, geralmente, uma companhia é requisitada para o registo e recolhimento de IVA, se possuir um estabelecimento no país. Este estabelecimento aproxima-se do conceito de *nexus* do sistema norte-americano. Contudo, enquanto nos Estados Unidos qualquer presença física substancial em um Estado resulta em um nexo para a *Sales e Use Tax*, na União Europeia era necessário focalizar a fonte dos recursos, sendo que se um contribuinte não possuía presença regular em determinado lugar, não possuía um estabelecimento neste (geralmente, os regramentos dos países definem a residência com referência ao critério da sede e da direção efetiva da empresa, em simultâneo)[526]. Dessa forma,

---

[524] *Cfr.* HARDESTY, David E. *Electronic Commerce – Taxation and Planning*. Boston: Warren, Gorhan and Lamont, 1999, p. 11-75. *Vide* KUCHER, Marcel, GÖTTE, Lorenz. *Trust Me – An Empirical Analysis of Taxpayer Honesty*. Finanz Archiv, Neue Folge, Band 55, Heft 3, 1998, p. 429/444.

[525] *Vide* SMITH, Graham J.H. *Internet Law and Regulation*. London: FT Law & Tax, 1996, p. 139/144. *Vide* KUCHER, Marcel, GÖTTE, Lorenz. *Trust Me – An Empirical Analysis of Taxpayer Honesty*. Finanz Archiv, Neue Folge, Band 55, Heft 3, 1998, p. 429/444.

[526] *Cfr.* FREDERIC SUBRA, Jean-Luc. *The Application of French VAT in the Framework of E-Business Transactions*. Tax Planning International-E-Commerce, Oct., 1998, p. 40-42. *Cfr.* TEIXEIRA DE ABREU, Miguel. *Efeitos Fiscais da utilização da Internet em sede de Impostos sobre o Rendimento*. Fiscali-

IV. A TRIBUTAÇÃO DO COMÉRCIO ELETRÓNICO NA UNIÃO EUROPEIA

se um vendedor de músicas, *v.g.*, com vendas substanciais no formato digital, não é tributado na União Europeia, esta deixará de arrecadar uma importância considerável de IVA. Isto se agrava se este vendedor utilizar um servidor de fora da União Europeia. Mas, a seu turno, o recolhimento direto de consumidores é, na visão de HARDESTY (1999), impraticável. Neste mesmo passo, FERNANDES DE OLIVEIRA (2000) considerava, também, impraticável a imposição responsa-bilizatória fiscal aos consumidores particulares finais, pelos riscos de evasão e pela falta de habilidade por parte das administrações fiscais em gerir, fiscalizar e identificar os contribuintes [527].

Finalmente, a exceção, colocada pela Comissão, de que os serviços prestados a particulares na UE não são sujeitos a IVA, merece comentários. Com o aumento dos produtos vendidos em formato digital, ajudados pela banda larga através da Internet, as referidas orientações revelam-se em desconformidade com a rea-lidade que se apresenta.

De facto, estas orientações sobre o IVA, reportadas aos consumidores, deve-riam ser reformuladas, para capturar a perda de receitas destas vendas. Por exemplo, se uma empresa norte-americana vende músicas no formato digital para consumidores na Inglaterra, sob estas regras, a empresa dos E.U.A. não seria tributada na União Europeia e os consumidores também não. Desde que o produto não vá pelos meios tradicionais, o que já não acontece pelo formato digital das músicas, não há maneira prática, pelos poderes tributários, de colec-tar IVA ou acusar o recebimento do consumidor.

Contudo, mesmo que os poderes tributários decidam pela tributação dos produtos digitais, como veremos à frente, os mesmos deverão monitorar as ati-vidades eletrónicas dos vendedores e dos consumidores. Ilustrativamente, suge-riu-se que se determinasse o recolhimento do IVA das empresas, estrangeiras à União Europeia, através das empresas de cartão de crédito e dos bancos. Contu-do, a sugestão foi considerada muito custosa para implementar e potencialmen-te perturbadora do comércio internacional. Além disso, a utilização de dinheiro digital despistaria tais procedimentos[528].

---

dade nº 02, Revista de Direito e Gestão Fiscal, Edição do Instituto Superior de Gestão, Abril, 2000, p. 29.

[527] *Cfr.* HARDESTY, David E. *Electronic Commerce – Taxation and Planning.* Boston: Warren, Gorhan and Lamont, 1999, p. 11-77. *Cfr.* FERNANDES DE OLIVEIRA, António. *O IVA nas Transacções Inter-nacionais de Comércio Electrónico.* Fiscalidade nº 02, Revista de Direito e Gestão Fiscal, Edição do Instituto Superior de Gestão, Abril, 2000, p. 43. *Vide* KUCHER, Marcel, GÖTTE, Lorenz. *Trust Me – An Empirical Analysis of Taxpayer Honesty.* Finanz Archiv, Neue Folge, Band 55, Heft 3, 1998, p. 429/444.

[528] *Cfr.* ROSS, Graeme & SELBY, James. *Beyond Ottawa: How Should Indirect Tax Evolve to Meet the Challenge of E-Commerce?* Tax Planning International-E-Commerce, Oct., 1998, p. 21-24. BENTLEY,

3. Garantir a Neutralidade

Ponto novamente polémico e que, em parte, relaciona-se com a Orientação anterior, diz respeito à garantia de neutralidade que o sistema comunitário do IVA deveria proporcionar em relação a operadores comunitários e não comunitários[529]. Neste sentido, a terceira Orientação preceituava, *in verbis*:

"3. O sistema comunitário do IVA deve garantir que:

• os serviços introduzidos no consumo na União Europeia independentemente de serem ou não prestados por via electrónica, sejam tributados no território da UE, qualquer que seja a sua origem.

• Tais serviços prestados por operadores comunitários e consumidos fora da União Europeia não sejam sujeitos a IVA no território da UE, podendo o correspondente IVA a montante ser passível de dedução.

A orientação supra não afecta as regras a aplicar na União Europeia."

Inicialmente, com o desenvolvimento das técnicas eletrónicas e do atingimento dos objetivos das inúmeras iniciativas europeias para massificar a utilização da Internet, naturalmente já era previsto um aumento considerável do Comércio Eletrónico. Por conseguinte e nesta mesma linha, o consumo privado na União Europeia elevou-se, sendo de se esperar que, também, fornecedores não-comunitários passem a comercializar com consumidores europeus, principalmente através do Comércio Eletrónico direto (*online*)[530].

Duncan, QUIRK, Patrick. *A Proposal for Electronic Transactions Tax Collection in the Context of Tax- -Driven Reform of Banking Laws.* Journal of International Banking Law, Volume 14, Issue 10, October, 1999. p. 328/330. *Cfr.* HARDESTY, David E. *Electronic Commerce – Taxation and Planning.* Boston: Warren, Gorhan and Lamont, 1999, p. 6-4. *Vide* DEPARTAMENT OF THE TREASURY. *Selected Tax Policy Implications of Global Electronic Commerce.* U.S. Departament of Treasury, Office of Tax Policy, Nov., 1996, capítulo 8.3.2. *Vide* ADAMS, Sally. *Danger: Internet Taxes Ahead.* Taxes, The Tax Magazine, CCH Incorporated, Vol. 75, nº 09, September, 1997, p. 500. *Vide* PEHA, Jon M., STRAUSS, Robert P. *A Primer on Changing Information Technology and the Fisc.* National Tax Journal, Volume L, Nº 3, September, 1997, p. 614/616. *Vide* KARLIN, Michael J.A. *Pochet Switching-The Taxation of Electronic Commerce.* Fiftieth Annual Tax Institute, Volume 1, The Law School University of Southern California, 1998, p. 9-17/20. *Vide* VANDERHOFF, Anna M. *The Tax Man Cometh: A Realistic View of the Taxation of Internet Commerce.* Capital University Law Review, Vol. 27, Number 4, 1999, p. 955/956.

[529] *Vide* CATINAT, Michel. *La Politique Européenne de Promotion d'Internet – et quelques Considérations pour la France.* Revue du Marché Commun et de L'Union Européenne, no. 435, Février, 2000, p. 91/93.

[530] *Vide* LA COMMISSION EUROPÉENNE, DG Enterprises. *Innovation & Transfert Technologique – L'innovation se Propage.* Publié Par La Commission Européenne, Programme Innovaion/ PME, ESN, Bruxelles, Mai, 2000. *Vide* COMISSÃO EUROPEIA. *A Sociedade da Informação – A Europa em Movimento.* CECA-CE-CEEA, Bruxelas, Luxemburgo, 1996. *Vide* COMISSÃO EUROPEIA. *Ciências e Tecnologias do Futuro – A Caminho da Europa do Século XXI – A Europa em Movimento,*

IV. A TRIBUTAÇÃO DO COMÉRCIO ELETRÓNICO NA UNIÃO EUROPEIA

Neste passo, a primeira preocupação da Comissão, e também das Administrações tributárias em geral, reveste-se no desafio de conceber mecanismos de tributação destes fornecimentos supra mencionados, em razão da substancial movimentação do Comércio em linha e da não-sujeição ao IVA destes procedimentos (fornecedor não-comunitário ao consumidor privado na UE). De facto, as receitas tributárias tenderiam a diminuir, pelas razões ora expostas[531].

Por outro lado, mas com igual preocupação, a manutenção deste sistema, que isenta indiretamente a empresa não-comunitária, colocava em desigualdade o operador comunitário, pois este já tem de aplicar o IVA aos serviços privados na UE. Dessa forma, é natural e "inteligente", sob o ponto de vista fiscal, que o consumidor privado adquira produtos em linha, provenientes de fornecedores estrangeiros. Igualmente, a continuidade deste sistema trabalhava contra o desenvolvimento das empresas comunitárias, tornando sem efeito a introdução de iniciativas visando ao fomento da atividade eletrónica na União Europeia.

Outra discrepância, contrária ao princípio da neutralidade apontada pela Comissão, e que justifica tal Orientação, diz respeito ao facto de que *"muitos serviços em linha estão sujeitos a imposto no local de origem por força das regras comunitárias"* devendo o IVA *"ser pago por todos os fornecedores comunitários relativamente à globalidade de serviços que prestam aos clientes não-comunitários"*. Contudo, os fornecimentos de países não comunitários à UE não seriam sujeitos a imposto, culminando pois, por constituir uma *"dupla desvantagem concorrencial para as empresas comunitárias"*. De facto, deste ponto se extrai que a orientação facilitava o desenvolvimento de empresas não comunitárias, trazendo vantagens a estas em relação às empresas da UE, contrariando a Orientação proposta pela Comissão e ora relatada[532].

CECA-CE-CEEA, Bruxelas, Luxemburgo, 1994. *Cfr.* COMISSÃO DAS COMUNIDADES EUROPEIAS. *Comércio Eletrónico e Fiscalidade Indirecta.* COM(1998) 374 Final, Bruxelas, 17.06.1998, p. 06.

[531] *Cfr.* Le Gall, Jean-Pierre. *Internet: Cyberfiscalité ou Cyberparadis Fiscal.* Revue de Droit de L'Informatique et des Télecoms, 1998/1, p. 35/43.

[532] *Cfr.* COMISSÃO DAS COMUNIDADES EUROPEIAS. *Comércio Eletrónico e Fiscalidade Indirecta.* COM(1998) 374 Final, Bruxelas, 17.06.1998, p. 06. *Cfr.* Castelo Paulo, Octávio. *Comércio Electrónico e Assinaturas Electrónicas. Implicações Legislativas. Uma Perspectiva Europeia.* 13º. Seminário Internacional de Direito de Informática e Telecomunicações, São Paulo, 25 de Outubro de 1999, p. 11. *Vide* Fernandes de Oliveira, António. *O IVA nas Transacções Internacionais de Comércio Electrónico.* Fiscalidade nº 02, Revista de Direito e Gestão Fiscal, Edição do Instituto Superior de Gestão, Abril, 2000, p. 41.

4. Facilitar o Cumprimento das Obrigações

É neste sentido a Orientação da Comissão, que se resume nestas palavras:

"4. O cumprimento das obrigações por parte de todos os operadores no domínio do comércio eletrónico deve ser o mais fácil e simples possível."

Realmente, avulta primordial que as obrigações fiscais sejam possíveis de cumprimento com o mínimo de encargos. É neste desenrolar que CHRISTENSEN (2000) analisa a questão da fiscalidade sob a perspectiva das empresas, em que o vendedor quer proporcionar um menor custo aos compradores, com a menor intrusão possível do governo, mas que esbarra nos altos custos para cumprir os procedimentos e colectar impostos[533].

Neste passo, toda a economia de custos, visada pelas empresas *dotcom*, não pode ser frustrada pela dificuldade operacional provocada pelo aparato burocrático governamental. Não há duvidas de que fazer negócios pela *Web* é rentável, mas a dificuldade no cumprimento obrigatório tributário pode inviabilizar esta vantagem [534].

Ainda, segundo a Orientação, as regras deverão ser inequívocas. Dessa forma, deve-se evitar a incerteza fiscal. Perguntas como quais transações são tributadas na Internet, que jurisdição faz parte, em qual país ou Estado a venda em linha é realizada, se o vendedor possui nexo com o poder tributário, entre outras, necessitam de respostas dos governos no exercício de seu poder tributante[535].

5. Garantir o Controlo e o Cumprimento da Lei

Outro tema fundamental Orientado pela Comissão, visava dar garantias de que o imposto poderia ser eficazmente controlado. Neste item, a Comissão lembra

---

[533] Como destaca o autor, só para a declaração nos formulários tributários em todos os Estados, nos E.U.A. (para *Sales e Use Tax*) a empresa Franklin Covey, *verbi gratia*, gastou mais de $ 500,000. Quanto aos Estados, estes simplesmente querem as receitas. Inovadoras, políticas e filosóficas justificativas são criadas para a instituição de novas espécies tributárias, sendo que, ao final, os retalhistas devem colectar e remeter as receitas para as autoridades tributárias, sem nenhum suporte estatal. Só pelo facto de estabelecerem alíquotas diferenciadas de Estado para Estado, ou de país para país, aumentam o custo dos formulários de declarações em 2/3, suportado pelas empresas, *Cfr.* CHRISTENSEN, Val John. *Leveling the Playing Field: A Business Perspective on Taxing E-Commerce.* Brigham Young University Law Review, Volume 2000, Number 1, p. 139/153.

[534] *Cfr.* CAMERON, Debra. *Electronic Commerce: The New Business Platform for the Internet.* Charleston: Computer Technology Research Corp., 1997, p. 18.

[535] *Cfr.* BENTLEY, Duncan, QUIRK, Patrick. *A Proposal for Electronic Transactions Tax Collection in the Context of Tax-Driven Reform of Banking Laws.* Journal of International Banking Law, Volume 14, Issue 10, October, 1999, p. 330/331. *Cfr.* PAYNTER, Judy. *The Taxation of E-Commerce.* Montana Law Review, Volume 61, Number 1, Winter, 2000, p. 18/23. *Cfr.* OWEN, Sandi. *State Sales & Use Tax on Internet Transactions.* Federal Communications Law Journal, Volume 51, Number 1, December, 1998, p. 246.

IV. A TRIBUTAÇÃO DO COMÉRCIO ELETRÓNICO NA UNIÃO EUROPEIA

que no caso dos particulares, os mecanismos previstos devem estar de acordo com a legislação comunitária, relativamente à proteção de dados pessoais. Neste sentido, vêm ao encontro nossas afirmações anteriores, em relação ao anonimato, que provocará dificuldades para a própria administração tributária compatibilizar as regras que possuem diferentes fins. Com efeito, a Orientação preceitua que:

> *"5. O sistema fiscal e os seus instrumentos de controlo devem garantir que a tributação seja efectivamente aplicada à prestação de serviços por via eletrónica na União Europeia, tanto às empresas como aos particulares."*

Neste mesmo rumo, a Comissão afirma que deve haver garantias das autoridades fiscais de que o imposto possa ser efetivamente controlado e cobrado de forma eficiente. De facto, há necessidade do desenvolvimento de técnicas efetivas de controlo, sob pena de discriminação em relação àqueles que corretamente recolhem os tributos e cumprem seu *"dever fundamental de pagar impostos"* [536].

Nesta linha, traduz-se em obrigação, por parte das autoridades, a criação de métodos que garantam a correta cobrança fiscal, compatibilizando a necessidade de obtenção de receitas fiscais com a merecida garantia de igualdade entre os contribuintes, não "penalizando", por sua ineficiência, aqueles que corretamente recolhem os impostos. Há de se lembrar, pois, as dificuldades com que se deparam as administrações face à Internet, como a internacionalidade, o anonimato, a multiplicidade de identidades, os produtos digitais, a "desterritorialização", a mobilidade, as barreiras digitais colocadas pelas empresas, o dinheiro digital, tudo a dificultar a agora árdua tarefa afecta ao controlo da atividade fiscal dos contribuintes.

Neste sentido, a Comunicação da Comissão orienta que os mecanismos devem ser compatíveis com as práticas comerciais eletrónicas. Ou seja, a administração tributária deverá modernizar seus procedimentos, objetivando atingir as novas modalidades impostas pelo Comércio Eletrónico[537].

6. Facilitar a Tarefa das Autoridades Fiscais

Para calcular o IVA, os países da União Europeia utilizam o crédito da factura, onde o contribuinte deve computar o IVA em todas as fases da produção e

---

[536] *Vide* CASALTA NABAIS, José. *O Dever Fundamental de Pagar Impostos. Contributo para a Compreensão Constitucional do Estado Fiscal Contemporâneo.* Coimbra, 1998.

[537] Neste mesmo sentido é o pensamento de LE GALL, Jean-Pierre. *Internet: Cyberfiscalité ou Cyberparadis Fiscal.* Revue de Droit de L'Informatique et des Télecoms, 1998/1, p. 35/43. *Vide* GERELLI, Emilio. *IL Fantasma Della Globalizzazione e la Realtà dei Sistemi Tributari Negli Anni 2000.* Rivista di Diritto Finanziario e Scienza Delle Finanze, Milano, Casa Editrice Dott. A. Giuffrè, Anno LVI, nº 4, Dicembre, 1997, p. 449/464.

vendas e creditá-lo até o pagamento do consumidor. Com a Internet, é natural a diminuição das facturas em papéis, sendo substituídas pelos dados digitais (facturas eletrónicas)[538].

A referida Orientação da Comissão visava oferecer aos operadores, que participam do Comércio Eletrónico, meios necessários ao cumprimento das suas obrigações fiscais em matéria de IVA, de forma que as declarações e a contabilidade sejam feitas pela via eletrónica. Da mesma forma, a Orientação era no sentido de que os interesses legítimos dos Estados-Membros seriam salvaguardados *"graças à previsão de instrumentos suficientes de controlo e de prevenção da fraude"*, com igual preocupação em nível internacional[539].

Nesta última parte, infelizmente, só faltou à Comissão dizer como isto seria realizado[540]. Efetivamente, a facilitação do cumprimento das obrigações fiscais é necessidade básica que deve ser proporcionada aos operadores. Contudo, a prevenção à fraude permanece prejudicada. Conforme antes relatado, os instrumentos de encriptação, estenografia, mobilidade, anonimato e barreiras de segurança das empresas tendem a colocar a administração em dificuldades crescentes, no que diz respeito ao combate à fraude fiscal[541].

De facto, naturalmente a Internet e o Comércio Eletrónico dificultam a aplicação prática desta última Orientação.

---

[538] *Vide* TROYE, Anne. *Electronic Commerce and invoicing cycle*. Computer Law & Practice, Vol. 11, Number 6, 1995, p. 158/164.

[539] *Cfr.* COMISSÃO DAS COMUNIDADES EUROPEIAS. *Comércio Eletrónico e Fiscalidade Indirecta*. COM(1998) 374 Final, Bruxelas, 17.06.1998, p. 08.

[540] *Vide* RASMUSSEN, Bo Sandemann. *On the Possibility and Desirability of Taxing E-Commerce*. UNIVERSITY OF AARHUS, DENMARK, 2004, p. 2/36.

[541] Como afirma GUERREIRO, *"Assim sendo, se não se sabe de onde vieram os sinais eletrónicos da compra de um livro digital (se da UE, se dos E.U.A., se das ilhas Belize), nem o que contêm (se estiverem codificados), nem para onde foram, nem quem os pagou, de que meios se pode servir a administração fiscal para exigir o pagamento do IVA?"*, *Cfr.* GUERREIRO, Tiago Caiado. *O IVA no Comércio Electrónico*. Tribuna, Diário de Notícias, 31 de julho de 2000, p. 08. *Cfr.* LE GALL, Jean-Pierre. *Internet: Cyberfiscalité ou Cyberparadis Fiscal*. Revue de Droit de L'Informatique et des Télecoms, 1998/1, p. 35/43. *Vide* CATINAT, Michel. *La Politique Européenne de Promotion d'Internet – et quelques Considérations pour la France*. Revue du Marché Commun et de L'Union Européenne, no. 435, Février, 2000, p. 91. *Cfr.* HARDESTY, David E. *Electronic Commerce – Taxation and Planning*. Boston: Warren, Gorhan and Lamont, 1999, p. 4-10/11. *Vide* MCINTYRE, Michael J. *Taxing Electronic Commerce Fairly and Efficiently*. Tax Law Review, Volume 52, Number Four, Summer, 1997, p. 628/629. *Vide* DEPARTAMENT OF THE TREASURY. *Selected Tax Policy Implications of Global Electronic Commerce*. U.S. Department of Treasury, Office of Tax Policy, Nov., 1996, capítulo 8. *Vide* Documento Orientador da Iniciativa Nacional para o Comércio Eletrónico, *"Fiscalidade e Serviços Aduaneiros"*, Diário da República – I Série – B, no. 198, 25 de Agosto de 1999, p. 5758/5759.

Secção II
O Parecer do Comité Económico E Social

1. Parecer do Comité Económico e Social
A Comissão Europeia decidiu por consultar o Comité Económico e Social sobre a Comunicação antes mencionada, que, por sua vez, designando como relator Vasco Cal, acabou por adotar o parecer a seguir exposto.

Vários pontos foram observados, principiando pelo alinhamento do Comité em relação às posições da Comissão e do Conselho em velar, na organização do Comércio Eletrónico, pela segurança jurídica, pela simplicidade e neutralidade. Na mesma linha, considerou que os impostos vigentes deveriam aplicar-se ao C.E., sem dar lugar à criação de novos impostos [542].

Em prosseguimento, importante ponto mencionado, pelo Parecer ora comentado, diz respeito ao facto de que as operações comerciais por via eletrónica, relativas a bens corpóreos, suscitam os mesmos problemas que o comércio tradicional, mas que, com o aumento do volume destas transações, devido ao Comércio Eletrónico e à utilização de meios de pagamento eletrónicos, "é possível que o fenómeno se agrave". De facto, a Internet e o Comércio Eletrónico, além dos novos problemas que coloca, elevam a gravidade dos antigos, que convivem nas atividades corriqueiras das administrações tributárias[543].

---

[542] *Cfr.* Parecer do Comité Económico e Social sobre a "Comunicação da Comissão ao Conselho, ao Parlamento Europeu e ao Comité Económico e Social *Comércio Eletrónico e Fiscalidade Indirecta*" (98/C 407/49), Jornal Oficial das Comunidades Europeias, 28.12.98., C 407/289, 290.
[543] *Cfr.* LE GALL, Jean-Pierre. *Internet: Cyberfiscalité ou Cyberparadis Fiscal.* Revue de Droit de L'Informatique et des Télecoms, 1998/1, p. 35/43. *Cfr.* MAGUIRE, Ned. *Taxation of E-Commerce.* The Federal Lawyer, Volume 47, Number Five, June, 2000, p. 29. *Vide* ARONOWITZ, A.A., LAAGLAND,

Outrossim, o Comité apontou mais um problema que se colocava ao comprador privado de bens transferidos diretamente por via eletrónica, pelo facto de estar aí ausente tributação. Tal situação colide com o facto de que alguns produtos podem ser enviados fisicamente e, pois, sujeitos a IVA. Nas palavras do Comité, *"A ausência de tributação destes produtos transferidos por via eletrónica gera, pois, uma situação de concorrência falseada entre diferentes vendedores"*. Realmente, o princípio de neutralidade no trato do Comércio Eletrónico estaria aí violado.

Mais à frente, o Comité levantou a questão sobre como poderia ser o sistema de cobrança de IVA quanto aos produtos eletrónicos, elencando várias possibilidades. Primeiramente, colocou que poderia ser cobrado junto ao vendedor, o que esbarra na dificuldade de cobrança nas importações provenientes de terceiros países. Em segundo, opinou que poderia ser junto ao servidor Internet, com o desenvolvimento de programas informáticos que o possibilitassem. Neste tópico, lembramos um aspecto exclusivo da Internet, que é a facilidade em se operar com um servidor Internet, mesmo que longínquo. Este servidor pode estar localizado em qualquer lugar, sem que isto afecte a performance ou operação da empresa. Algumas vezes, o servidor pode estar localizado em outra cidade, ou outro país, que não o da empresa. Como já dito, algumas empresas preferem utilizar servidores longínquos, para obterem vantagens tributárias. A utilização, em certos casos, de um servidor estrangeiro pode esquivar uma empresa do poder tributante de seu país natal[544].

Depois, o Comité sugeriu que a cobrança poderia ser *"junto do transportador, na medida em que o bem transferido electronicamente passa a bem corpóreo e é entregue fisicamente"*. Isto não se aplicaria aos bens enviados em linha. O facto de poder se vender produtos em formato digital é outra característica particular do Comércio Eletrónico. *Softwares*, músicas, vídeos e até livros podem ser enviados eletronicamente, tornando sem efeito geral a sugestão proposta.

Outra parte refere-se à sugestão de cobrança, junto ao banco ou ao organismo financeiro, de cartões de crédito ou débito. No entanto, este tipo de sistema depende de um programa que, por sua vez, depende do conhecimento da localização do consumidor, que pode ser diferente do endereço de cobrança.

D.C.G., PAULIDES, G. *Value-Added Tax Fraud in the European Union*. Amsterdam/New York: Kugler Pub., WODC – Ministry of Justice, 1996.

[544] *Cfr.* RABY, Burguess. *Taxes, Tariffs, and Other Regulatory Barriers to Electronic Commerce*. Panel VII, Symposium – Responding to the Legal Obstacles to Electronic Commerce in Latin America, Arizona Journal of International and Comparative Law, Volume 17, Number 1, Winter, 2000, p. 183. *Cfr.* HARDESTY, David E. *Electronic Commerce – Taxation and Planning*. Boston: Warren, Gorhan and Lamont, 1999, p. 1-7. *Cfr.* PEHA, Jon M., STRAUSS, Robert P. *A Primer on Changing Information Technology and the Fisc*. National Tax Journal, Volume L, Nº 3, September, 1997, p. 616/617.

IV. A TRIBUTAÇÃO DO COMÉRCIO ELETRÓNICO NA UNIÃO EUROPEIA

De facto, é possível que as empresas de cartões de crédito consigam esta informação, mas daí até seu fornecimento isso fatalmente violaria as regras de sigilo[545].

Uma penúltima hipótese, figurada pelo Comité, diz respeito à cobrança junto ao próprio consumidor mediante declaração "de honra" quando da declaração periódica de rendimentos. Esta hipótese, assemelha-se às da própria declaração de rendimentos e que dificilmente teria aplicação prática, já que dependeria da própria iniciativa de lançamento, por parte do contribuinte. No *e-commerce*, pela própria desintermediação que ele provoca, o controle de dados "cruzados" poderia estar prejudicado. Não havendo declaração por parte do vendedor, ou sendo este de um país terceiro, tal regra já perderia sua força efetiva, pois não haveria meios de comprovar-se a realização da atividade tributável.

Por último, a cobrança dar-se-ia *"junto de um organismo comunitário ou internacional independente, que recolheria as verbas cobradas a título de IVA, enviando-as, em seguida, para os países onde residem os respectivos consumidores"*[546].

Compartilhamos da posição de que qualquer medida deveria ultrapassar os limites nacionais. Não existe nada mais internacional do que a Internet, portanto as soluções deveriam ocorrer em uma escala de nível, no mínimo, comunitário. Mas, há necessidade de que sejam apontadas maneiras para que estes princípios se concretizem.

Neste Parecer, o Comité expressou sua opinião admitindo que as soluções que propôs comportam inconvenientes, na medida em que nenhuma está imune a abusos ou fraudes.

Ainda, o Comité sugestionou que, para evitar o problema de concorrência entre o Comércio Eletrónico e o tradicional, a Comunidade poderia renunciar a isentar de IVA qualquer produto ou serviço susceptível de ser entregue eletronicamente, independentemente de sua origem. Depois de um período de três anos, por exemplo, uma nova avaliação deveria ser feita. Esta medida seria oposta à posição norte-americana. Como já explicitado, uma das razões para o ITFA promover uma moratória na tributação do Comércio Eletrónico nos E.U.A. é o reconhecimento de que uma tributação prematura poderia trazer sérios efeitos neste novo e complexo contexto tecnológico, fazendo com que os legisladores estejam hesitantes em fazer algo que proíba o *e-commerce*.

---

[545] *Cfr.* THE ECONOMIST. *Globalization and Tax.* January 29th, 2000, p. 9/11.
[546] *Vide*, neste sentido, ALTAMIRANO, Alejandro C. *La tributación Directa ante el Comercio Eletrónico y La Fiscalización de las Operaciones Desarroladas a través de Internet.* Lisboa: Ciência e Técnica Fiscal, Boletim da Direção – Geral dos Impostos, Ministério das Finanças, nº 397, Janeiro-Março, 2000, p. 17/18. *Vide* CHAN, Clayton W. *Taxation of Global E-Commerce on the Internet: The Underlying Issues and Proposed Plans.* Minnesota Journal of Global Trade, Volume 9, Issue 1, Winter, 2000, p. 262 e ss.

Secção III
O IVA nos Serviços de Telecomunicações e a Proposta de Diretiva do Conselho

1. IVA Aplicável aos Serviços de Telecomunicações

A DIRETIVA 1999/59/ CE, do Conselho, veio a alterar a DIRETIVA 77/388/ /CEE, no que diz respeito ao regime do Imposto sobre o Valor Acrescentado aplicável aos serviços de telecomunicações.

Dois pontos constituem-se como fulcrais na presente DIRETIVA. Por primeiro, aditou-se à DIRETIVA 77/388/CEE que a prestação de serviços de telecomunicações, entre outros entendimentos, inclui a disponibilização do acesso a redes de informação mundiais. Neste ponto, equivale a dizer que a Internet mereceu a inclusão como prestação de serviços, quando é disponibilizado seu acesso.

De facto, a mencionada inclusão provoca algum debate, na medida em que traz à tona a hipótese de estar um provedor de serviços Internet (ISP) prestando um serviço de telecomunicações ou estar disponibilizando o acesso à Internet e aos conteúdos dos *Web sites,* o que apenas envolve o uso da linha telefónica. Sobre isto, para PERKINS (1999), as transações efetuadas eletronicamente não são comparáveis aos serviços "Telecom"[547].

---

[547] *Cfr.* PERKINS, Nancy. *Tributação do Comércio Eletrónico.* Seminário Organizado pela Comissão da União Europeia, Ciência e Técnica Fiscal, Boletim da Direção – Geral dos Impostos, Ministério das Finanças, Lisboa, no. 393, Janeiro-Março, 1999, p. 370. *Vide* EDEN, Sandra. *The Taxation of Electronic Commerce, in* EDWARDS, Lílian & WAELDE, Charlotte. *Law and the Internet – Regulating Cyberspace.* Oxford: Hart Publishing, 1997, p. 160/161.

IV. A TRIBUTAÇÃO DO COMÉRCIO ELETRÓNICO NA UNIÃO EUROPEIA

O efeito tributário de tal regra é que os servidores podem mover-se para jurisdições que não tributam estes procedimentos. Pelo facto da presença física não ser necessária, torna-se possível, então, provisionar-se esta disponibilização a partir de paraísos fiscais. Como já dissertado, algumas empresas preferem utilizar servidores longínquos para obterem vantagens tributárias. A utilização, em certos casos, de um servidor estrangeiro pode esquivar uma empresa do poder tributante de seu país natal [548].

Por último, a alínea b, do número 1, do artigo 21 da DIRETIVA 77/388/CEE, que elenca os devedores do imposto, passou a ter a seguinte redação[549]: "*b) Pelos sujeitos passivos destinatários de serviços referidos no número 2, alínea e), do artigo 9, ou pelos destinatários de serviços referidos nos pontos C, D, E, e F do artigo 28, que estejam registados no país para efeitos do imposto sobre o valor acrescentado, se os serviços forem prestados por um sujeito passivo estabelecido no estrangeiro; todavia, os Estados-Membros podem exigir que o prestador dos serviços seja solidariamente responsável pelo pagamento do imposto.*"[550].

Neste ponto, a principal dificuldade era evitar que os prestadores de serviços se estabelecessem em locais que impediriam a efetiva cobrança do IVA. Isto poderia ser esperado, caso estes prestadores tenham que recolher IVA resultante da aplicação da presente DIRETIVA. Sendo assim, caberia às administrações fiscais a criação de mecanismos eficientes na cobrança do IVA, sob pena de prejudicar aqueles que regularmente recolhem seus impostos, ocasionando indesejável desigualdade [551].

Por outro lado, a atitude impositiva fiscal, na U.E., ia no sentido contrário às próprias iniciativas da União Europeia, de incentivar o acesso às novas tecnologias[552]. Em um período de consolidação destas novas atividades, seria, pois,

---

[548] *Cfr.* RABY, Burguess. *Taxes, Tariffs, and Other Regulatory Barriers to Electronic Commerce.* Panel VII, Symposium – Responding to the Legal Obstacles to Electronic Commerce in Latin America, Arizona Journal of International and Comparative Law, Volume 17, Number 1, Winter, 2000, p. 183. *Vide* SMITH, Graham J.H. *Internet Law and Regulation.* London: FT Law & Tax, 1996, p. 137.

[549] Antiga redação: "*TÍTULO XII-DEVEDORES DO IMPOSTO. Artigo 21º Devedores do imposto perante o Fisco. O imposto sobre o valor acrescentado é devido: 1. No regime interno: ... b) Pelos destinatários dos serviços referidos no n º 2 , alínea e), do artigo 9º, efectuados por um sujeito passivo estabelecido no estrangeiro; todavia, os Estados-membros podem prever que o prestador dos serviços seja solidariamente responsável pelo pagamento do imposto;*"

[550] DIRETIVA 1999/59/CE do Conselho, de 17 de Junho de 1999, que altera a DIRETIVA 77/388//CEE *no que se refere ao regime do imposto sobre o valor acrescentado aplicável aos serviços de telecomunicações,* Jornal Oficial número L 162, de 26.06.1999, p. 0063/64.

[551] *Vide* KUCHER, Marcel, GÖTTE, Lorenz. *Trust Me – An Empirical Analysis of Taxpayer Honesty.* Finanz Archiv, Neue Folge, Band 55, Heft 3, 1998, p. 429/444.

[552] *Vide* LA COMMISSION EUROPÉENNE, DG Enterprises. *Innovation & Transfert Technologique – L'innovation se Propage.* Publié Par La Commission Européenne, Programme Innovaion/PME, ESN,

A TRIBUTAÇÃO DO COMÉRCIO ELETRÓNICO NOS EUA E NA UE

de se repensar se esta imposição não estaria prejudicando o desenvolvimento tecnológico na U.E..

2. Proposta de DIRETIVA do Conselho que altera a DIRETIVA 77/388/ /CEE no que se refere ao Regime do Imposto Sobre o Valor Acrescentado aplicável a Determinados Serviços Prestados por via Eletrónica – *Documento 500PC0349(02)*

A Proposta, sobre a qual faremos considerações, corresponde, dentre todas as outras, à que mereceu maior engajamento e alcance contemplativo sobre a tributação do Comércio Eletrónico na União Europeia.

Iniciou-se, a referida Proposta de DIRETIVA, a expor que a criação de um quadro regulamentar transparente e definido constitui uma condição essencial para estabelecer um clima de confiança, que estimule o desenvolvimento, sendo que as decisões tomadas, em relação ao sistema fiscal, terão uma incidência sobre o grau de concretização das potencialidades do Comércio Eletrónico. Ressalta-se ser essencial que a fiscalidade não constitua um obstáculo ao seu crescimento, devendo, ao contrário, favorecer o ambiente em que este se deve produzir. Reconhece-se que esta é a questão mais importante com que as administrações fiscais se deparam, atualmente[553].

No desenrolar histórico, a Proposta de DIRETIVA do Conselho procedeu a breve análise de alguns documentos, sendo, por primeiro, objeto a Comunicação da Comissão ao Conselho e ao Parlamento Europeu, denominada *"Estratégia destinada a melhorar o funcionamento do sistema do IVA no âmbito do mercado interno"* COM (2000) 349, na qual a Comissão reconheceu a necessidade de modernizar as normas que se destinam a reforçar e a simplificar o regime do IVA. Realmente, a preocupação da Comissão, relatada pela citada Proposta, adequa-se ao Comércio Eletrónico, domínio no qual deve existir um considerável avanço no sentido de alcançar o desenvolvimento e as peculiaridades que o caracterizam.

Bruxelles, Mai, 2000. *Vide* COMISSÃO EUROPEIA. *A Sociedade da Informação* – A Europa em Movimento, CECA-CE-CEEA, Bruxelas, Luxemburgo, 1996. *Vide* COMISSÃO EUROPEIA. *Ciências e Tecnologias do Futuro- A Caminho da Europa do Século XXI* – A Europa em Movimento, CECA- -CE-CEEA, Bruxelas, Luxemburgo, 1994. *Cfr.* COMISSÃO DAS COMUNIDADES EUROPEIAS. *Comércio Eletrónico e Fiscalidade Indirecta.* COM(1998) 374 Final, Bruxelas, 17.06.1998, p. 06.

[553] Neste contexto, importante a afirmação de LEITE DE CAMPOS, *in verbis: "Só espero, e farei o possível nesse sentido, que as medidas a tomar não aumentem a injustiça fiscal e a insegurança dos contribuintes. Continuando a pensar que, também no espaço virtual, mais vale dois contribuintes que não paguem os impostos que devem, do que um contribuinte que seja obrigado a pagar impostos que não deve." Cfr.* LEITE DE CAMPOS, Diogo. *A Internet e o Princípio da Territorialidade dos Impostos.* Lisboa: Revista da Ordem dos Advogados, Ano 58, Julho, 1998, p. 643.

IV. A TRIBUTAÇÃO DO COMÉRCIO ELETRÓNICO NA UNIÃO EUROPEIA

Em continuidade, no tocante ao Relatório Provisório sobre as implicações do Comércio Eletrónico para o IVA e as Alfândegas, discorreu-se que a aplicação aos casos em que os bens materiais são adquiridos por consumidores privados através da via eletrónica e que são entregues por via tradicional é no sentido de que estas vendas são tratadas da mesma forma que qualquer outro tipo de venda à distância[554].

No entanto, confirmou-se que a presente Proposta refere-se à entrega em linha de bens digitais, em especial os que são destinados a consumidores finais, identificados pelo relatório provisório, supra mencionado, como constituindo um potencial problema fiscal. Para a Proposta, trata-se de um novo tipo de transação comercial, que não foi prevista quando da redação da base jurídica existente, sendo provável que os procedimentos de conformidade, de controlo e de execução de que as administrações fiscais atualmente dispõem, já não se adequem a certos casos [555].

Assim, pelo facto de que os sistemas e protocolos, no âmbito dos quais o Comércio Eletrónico se desenvolve, estavam, e continuam a estar, em evolução, colocam-se problemas potenciais a longo prazo às administrações fiscais, havendo o risco de esta evolução desencadear desfavoravelmente para os impostos, caso as autoridades fiscais não adotem medidas.

Ainda, sobre o relatório provisório, afirma-se que a concretização da não criação de novos impostos exigirá a introdução de alterações na estrutura legislativa existente, sendo necessário, também, um certo nível de colaboração internacional[556]. Tal necessidade é, segundo a referida proposta, reconhecida pela Comunicação da Comissão ao Conselho, ao Parlamento Europeu e ao Comité Económico e Social "*Comércio Eletrónico e Fiscalidade Indirecta*" – COM (98) 374 Final.

---

[554] Sendo o regime fiscal aplicável a estas transações desta forma definido: "*os bens adquiridos em países terceiros são tributados aquando da importação, os bens exportados beneficiam da taxa zero e as vendas intracomunitárias de bens estão sujeitas ao regime especial das vendas à distância, quer no Estado-Membro do vendedor, quer no do comprador (o que depende em grande medida do volume de transacções deste tipo efectuadas pelo vendedor).*" Cfr. Proposta de DIRETIVA do Conselho que altera a DIRETIVA 77/388/CEE "no que se refere ao Regime do Imposto Sobre o Valor Acrescentado aplicável a Determinados Serviços Prestados por via Electrónica", Documento 500PC0349(02), Documento enviado em 19.02.2001.

[555] *Vide* BENSOUSSAN, Alain. *Internet aspects juridiques.* Paris: Editions Hermes, 1998, p. 139/146.

[556] Neste sentido, discorre que "*Para garantir uma gestão e uma aplicação eficazes dos impostos, será essencialmente necessário obter um consenso internacional sobre as medidas a adoptar no sentido de evitar a dupla tributação ou a não tributação involuntária, oferecendo ao mesmo tempo às empresas segurança e certeza no que se refere às suas obrigações*", Cfr. Proposta de DIRETIVA do Conselho que altera a DIRETIVA 77/388/CEE "*no que se refere ao Regime do Imposto Sobre o Valor Acrescentado aplicável a Determinados Serviços Prestados por via Electrónica*", Documento 500PC0349(02), Documento enviado em 19.02.2001.

A TRIBUTAÇÃO DO COMÉRCIO ELETRÓNICO NOS EUA E NA UE

Dentro deste quadro, a Proposta ressaltou que o desafio contemporâneo tem se consistido, também, em traduzir os princípios gerais, antes propostos, em medidas práticas e jurídicas susceptíveis de uma aplicação concreta[557].

Mais à frente, sobre o documento de trabalho da Direção-Geral da Fiscalidade e da União Aduaneira, *"Tributação Indirecta e Comércio Eletrónico"*, discorreu-se que o documento esclarece por que motivos é necessário alterar o regime do IVA. Neste passo, explicou-se que, segundo as disposições em vigor, não é cobrado IVA junto aos serviços prestados a clientes estabelecidos na UE, caso o prestador desses serviços se encontre estabelecido num terceiro país.

Esclareceu-se, também, que, embora o mecanismo de incidência no destinatário garanta uma tributação correta da maior parte das transações entre empresas, as disposições ora em vigor não abrangiam todos os serviços que poderiam ser prestados por via eletrónica. Ressaltando que os serviços e os bens incorpóreos constituem uma parte crescente do comércio internacional, esta situação teria de ser retificada. Complementou-se, discorrendo-se *"que as normas em vigor não garantem que os serviços prestados electronicamente possam, em todas as situações, ser exportados à taxa zero, nem que existe uma base jurídica suficiente para aplicar o IVA aos serviços prestados por operadores estrangeiros a consumidores privados da UE, o que constitui, potencialmente, uma grave distorção da concorrência, bem como uma desvantagem competitiva dos prestadores de serviços da UE em relação aos prestadores de serviços de países terceiros."* Sobre este ponto, argumenta-se que esta situação é intolerável, dentro de que a enfocada Proposta objetivava retificar a desigualdade, baseando-se na manutenção da aplicação do mecanismo de incidência no destinatário às transações entre empresas, juntamente com a imposição de uma obrigação de registo aos operadores que efetuam prestações a pessoas que não são sujeitos passivos do imposto estabelecidas na União Europeia.

Neste contexto, da Proposta, coloca-se que as transações entre empresas serão tributadas de acordo com o regime da imposição na esfera do destinatário. Para isso, os prestadores de serviços deverão têr ao seu dispor mecanismos para distinguir os clientes comerciais (sujeitos passivos do imposto) e os consumidores finais (que não são sujeitos passivos do imposto), uma vez que, para poderem tomar uma decisão em matéria de tributação, necessitam saber se o seu cliente está registado para efeitos de IVA. No Comércio Eletrónico, esta informação deve estar disponível no lugar da transação e, por conseguinte, a Comissão deveria empreender as diligências necessárias para garantir a sua disponibilidade em linha[558].

---

[557] Neste sentido, *Vide* OECD. *Electronic Commerce: The Challenges to Tax Authorities and Taxpayers, in* Rivista di Diritto Finanziario e Scienza delle Finanze, LVII, 2, I, 1998, p. 244/249.

[558] Sobre este ponto, a Proposta do Conselho discorre, *in verbis: "Tendo em conta a forma como se efectua actualmente o comércio eletrónico em linha, manifestaram-se algumas preocupações quanto à capacidade de os operadores acederem a este tipo de informação, uma vez que o perfil dos dados objecto de inter-*

IV. A TRIBUTAÇÃO DO COMÉRCIO ELETRÓNICO NA UNIÃO EUROPEIA

Por sua vez, no que se refere às prestações efetuadas a pessoas estabelecidas na Comunidade, que não são sujeitos passivos, não se propôs nenhuma alteração, o que significa que as empresas da UE continuariam a aplicar o IVA no Estado-Membro em que o prestador de serviços se encontra estabelecido[559]. Os prestadores de serviços de países terceiros, que vendam a clientes estabelecidos na Comunidade, deverão, doravante, aplicar impostos na mesma base que um operador da UE que efectue transações comerciais na Comunidade, o que significa que deverão aplicar e declarar o IVA sobre as vendas a consumidores finais na UE. As obrigações administrativas, que incumbem a estes prestadores, segundo a Proposta, serão tão simples e claras quanto possível, sendo previsto um único registo, bem como um limite máximo de registo permitindo excluir os operadores não-comunitários de dimensão muito reduzida, bem como aqueles que só efetuam prestações pontuais na Comunidade[560].

---

câmbio não foi concebido para o efeito. As normas e os níveis de autenticação estão ainda em evolução, sendo prioritário garantir uma maior segurança para efeitos fiscais e uma harmonização das operações. O objectivo consiste em dispor de um indicador verificável, que possa proporcionar uma informação aceitável quanto ao lugar de consumo (que, na terminologia da DIRETIVA, é designado lugar da prestação). Tendo em conta as informações actualmente acessíveis no âmbito de prestações em linha efectuadas a pessoas que não são sujeitos passivos do imposto, a prática comercial normal de pedir um endereço de facturação comprovável via cartão de crédito (com o objectivo de aumentar a segurança e combater a fraude) poderá constituir, de momento, a melhor solução. Para efeitos da imposição, apenas o indicador "país", com exclusão de qualquer outro dado relativo ao cliente, seria necessário ou pertinente. Contudo, é provável que o predomínio dos cartões de crédito como forma de pagamento das transacções em linha se altere à medida que surjam outros sistemas de pagamento. A Comissão continuará a trabalhar, nomeadamente no âmbito da OCDE, na identificação de medidas adequadas e acessíveis para a determinação do lugar da prestação. Tal como para os cartões de crédito, a única informação necessária é a indicação do país de residência ou outra ligação equivalente, o que não deverá constituir um obstáculo à utilização de sistemas de pagamento anónimos." Cfr. Proposta de DIRETIVA do Conselho que altera a DIRETIVA 77/388/CEE "no que se refere ao Regime do Imposto Sobre o Valor Acrescentado aplicável a Determinados Serviços Prestados por via Electrónica", Documento 500PC0349(02), Documento enviado em 19.02.2001.

[559] Conforme previsto no nº 1 do artigo 9º da 6ª DIRETIVA. Relativamente às prestações efetuadas a clientes fora da Comunidade, a proposta prevê uma base jurídica clara no sentido da isenção das prestações eletrónicas do pagamento do IVA.

[560] Inicialmente, a Comissão tinha por objetivo que a presente proposta proporcionasse aos operadores do Comércio Eletrónico um quadro clarificado no qual o prestador de serviços deveria dispor informações consideradas fundamentais, como o estatuto fiscal do cliente, a fim de determinar se este está registado para efeitos de IVA ou se é um consumidor privado; uma decisão relativa à jurisdição competente para fins fiscais, pois se, com base nas informações disponíveis, puder ser razoavelmente determinado que o destinatário se encontra estabelecido fora da Comunidade, não deveria proceder-se à cobrança de qualquer imposto.

Por conseguinte, em um primeiro momento, podemos elencar, objetivamente, alguns pontos, até aqui, levantados pela Proposta:

- *Relativamente a serviços[561] prestados por um operador estabelecido fora da UE a um destinatário estabelecido na UE, o lugar de tributação será na UE, sendo os serviços em questão sujeitos à aplicação do IVA.*

- *Quando estes serviços forem prestados por um operador estabelecido na UE a um destinatário estabelecido fora da UE, o lugar da tributação será aquele em que o destinatário se encontra estabelecido, não se encontrando as prestações de serviços em questão sujeitas à aplicação do IVA da UE.*

- *Caso um operador da UE preste os serviços em questão a um sujeito passivo (isto é, a outra empresa) estabelecido noutro Estado-Membro, o lugar da prestação será aquele em que o destinatário se encontra estabelecido.*

- *Caso o mesmo operador preste os serviços em questão a um particular estabelecido na UE, ou a um sujeito passivo estabelecido no mesmo Estado-Membro, o lugar da prestação será aquele em que o prestador se encontra estabelecido.*

Neste ponto, novamente, insistimos nos desafios provocados pelo *e-commerce*. Sob o ponto de vista das autoridades tributárias, estes dados de registo e identificação podem ser fundamentais. Mas, enquanto no mundo real o anonimato tem que ser criado, no ciberespaço ele é determinado, faz parte de sua arquitetura. Na Internet, de se reafirmar, pode-se revelar apenas um endereço, mas que não tenha necessariamente nenhuma relação a mais, com e sobre você[562].

---

[561] As prestações efetuadas por via eletrónica são prestações de serviços. O seu âmbito de aplicação limita-se às prestações de serviços, quando prestadas por via eletrónica e a título oneroso, a seguir elencadas, abrangendo, ainda a concessão de direitos de utilização de diversos serviços: *"actividades culturais, artísticas, desportivas, científicas, docentes, recreativas ou similares, incluindo as dos organizadores das mesmas, bem como, eventualmente, prestações de serviços acessórias das referidas actividades (primeiro travessão da alínea c) do nº 2 do artigo 9º), o que abrange todas as formas de radiodifusão e outras formas de difusão e distribuição de som e de imagem por via electrónica; software: inclui, nomeadamente, os jogos de computador; tratamento de dados (terceiro travessão da alínea e) do nº 2 do artigo 9º), incluindo expressamente serviços informáticos, tais como a domiciliação de páginas Web, a concepção de sítios Web e serviços similares; prestação de informações."* Pela Proposta, estes serviços devem ser tributados no local em que são consumidos. *Cfr.* Proposta de DIRETIVA do Conselho que altera a DIRETIVA 77/388/ /CEE *"no que se refere ao Regime do Imposto Sobre o Valor Acrescentado aplicável a Determinados Serviços Prestados por via Electrónica",* Documento 500PC0349(02), Documento enviado em 19.02.2001.

[562] Para dificultar, em muitos casos, a informação sobre os compradores é desnecessária para completar as transações eletrónicas, como por exemplo, nas vendas de produtos digitais ou serviços. Nestes casos, o vendedor não precisa saber a identidade do consumidor para completar as operações, permanecendo, estes, anónimos. Com isso, os vendedores talvez não obtenham todas as informações necessárias para preencher os formulários tributários. *Cfr.* LE GALL, Jean-Pierre.

IV. A TRIBUTAÇÃO DO COMÉRCIO ELETRÓNICO NA UNIÃO EUROPEIA

Neste contexto, como entecipado por CREMINS (1999), podemos considerar a tributação do Comércio Eletrónico extremamente complexa, quer em virtude de existirem cerca de 28 possíveis localizações das prestações de serviços, quer em razão da obrigação, para os sujeitos passivos, de efetuarem registos para efeitos de IVA, em múltiplos Estados-Membros, quer, ainda, devido ao facto de existirem diferentes tratamentos e interpretações da legislação, nos diversos Estados-Membros. Em relação à questão da tributação no país de consumo, fica o questionamento sobre quem vai cobrar o imposto e como serão cumpridos os princípios da neutralidade e simplificação na tributação, bem como quanto ao reconhecimento do país de consumo dos serviços[563].

De seu lado, na determinação da alíquota de imposição a aplicar à transação eletrónica, que de acordo com as disposições em vigor, naquele tempo, relativamente às vendas a consumidores estabelecidos na Comunidade, seria a taxa normal do IVA aplicada pelo Estado-Membro no qual o prestador se encontra registado, ampliava-se o risco de aplicação de diferentes alíquotas de imposição a bens e serviços claramente similares.

É neste passo que o problema, já antigo, da harmonização fiscal toma maior relevo através do *e-commerce*. Para LEITE DE CAMPOS (1999), a eliminação das fronteiras fiscais, no sentido de fronteiras aduaneiras, foi um primeiro passo para chegar à maior neutralidade possível da fiscalidade sobre as trocas na comunidade, ressaltando-se que só será possível atingir a liberdade através da harmonização dos impostos indiretos e de um certo número de impostos diretos, de modo que a decisão de investir num dos Estados-Membros não seja determinada por razões fiscais. Para MAGUIRE (2000), os impostos indiretos, como o IVA, continuarão a apresentar desafios para os contribuintes e autoridades tributárias, em face da multiplicidade e variedade de jurisdições, bem como das disparidades regratórias e da imposição de alíquotas[564].

Internet: Cyberfiscalité ou Cyberparadis Fiscal. Revue de Droit de L'Informatique et des Télecoms, 1998/1, p. 35/43. *Cfr.* ADAMS, Sally. *Danger: Internet Taxes Ahead.* Taxes, The Tax Magazine, CCH Incorporated, Vol. 75, nº 09, September, 1997, p. 500. *Cfr.* DELTA, George B., MATSUURA, Jeffrey H. *Law of The Internet.* New York: Aspen Law & Business, 2000, p. 10-22/23. *Vide* ROSS, Graeme. *Tributação do Comércio Electrónico.* Seminário Organizado pela Comissão da União Europeia, Ciência e Técnica Fiscal, Boletim da Direção Geral dos Impostos, Ministério das Finanças, Lisboa, no. 393, Janeiro-Março, 1999, p. 369.

[563] *Cfr.* CREMINS, Denis. *Tributação do Comércio Electrónico.* Seminário Organizado pela Comissão da União Europeia, Ciência e Técnica Fiscal, Boletim da Direção Geral dos Impostos, Ministério das Finanças, Lisboa, no. 393, Janeiro-Março, 1999, p. 369. Neste sentido, *Vide* OECD. *Electronic Commerce: The Challenges to Tax Authorities and Taxpayers, in* Rivista di Diritto Finanziario e Scienza delle Finanze, LVII, 2, I, 1998, p. 263 e ss.

[564] *Cfr.* LEITE DE CAMPOS, Diogo. *A Harmonização Fiscal na C.E.E.* Coimbra: Boletim da Faculdade de Direito, STVDIA IVRIDICA 38, Colloquia – 1, Universidade de Coimbra, Coimbra Ed., 1999,

A TRIBUTAÇÃO DO COMÉRCIO ELETRÓNICO NOS EUA E NA UE

Para além da aplicação e da cobrança do imposto, caberia às empresas efetuar o pagamento à administração fiscal, bem como fornecer-lhe a contabilidade e as declarações necessárias. No que se refere em especial ao Comércio Eletrónico, a r. Proposta define que as administrações fiscais devem adoptar todas as medidas necessárias para permitir a conclusão deste processo por via eletrónica e em linha[565]. Neste sentido, a Proposta explicava que o IVA é, por natureza, um imposto cuja eficácia se baseia na autoliquidação, que por seu turno depende de um certo nível de cumprimento voluntário por parte das empresas, competindo ao operador, na sua qualidade de sujeito passivo, notificar a administração fiscal da sua existência comercial e cobrar, emitir factura, declarar e restituir à referida administração o imposto. A própria Proposta ressaltava que a eficácia desta abordagem, para as administrações fiscais, só poderia ser assegurada baseado-se em uma presunção razoável e realista de que os casos de incumprimento serão detectados e corrigidos e de que serão aplicadas as sanções adequadas. Efetivamente, como o próprio subcomité antifraude da Comissão já verificou, registase a existência de numerosos casos de desrespeito às disposições em matéria de IVA no domínio do comércio tradicional, sendo que o Comércio Eletrónico não deverá constituir uma exceção[566]. Em verdade, o *e-commerce* pode facilitar e ampliar a evasão nas vendas à distância[566].

p. 135/141. *Vide* TERRA, Ben, WATTEL, Peter. *European Tax Law*. London: Kluwer Law International, 2ª ed., 1997, p. 71 e ss. *Cfr.* MAGUIRE, Ned. *Taxation of E-Commerce*. The Federal Lawyer, Volume 47, Number Five, June, 2000, p. 25. *Vide* FERNANDES DE OLIVEIRA, António. *O IVA nas Transacções Internacionais de Comércio Electrónico*. Fiscalidade nº 02, Revista de Direito e Gestão Fiscal, Edição do Instituto Superior de Gestão, Abril, 2000, p. 42. *Vide* HAMDOUNI, Said. *La Communauté Européenne face à L'harmonisation dês Règles Nationales de Procédure Fiscale*. Revue Française de Finances Publiques, L.G.D.J., nº 56, 1996, p. 149/169.

[565] Já no que se refere aos operadores registados para efeitos de IVA, a Proposta esclarece que continuarão a ser aplicadas as obrigações existentes em matéria de prestação de informações. Neste ponto, explica que com a automatização crescente das transações efetuadas através da Internet, será necessário assegurar que o programa utilizado satisfaz normas adequadas em matéria de registo e dos antecedentes das contas, de modo a que o cumprimento possa ser verificado por auditores fiscais. Adiciona, que no caso de prestadores de serviços à distância, o acesso aos registos será certamente mais importante do que a localização física real, devendo compatibilizar as obrigações de prestação de informações com a evolução do Comércio Eletrónico.

[566] Relatório relativo à cooperação administrativa e aos procedimentos de cobrança e fiscalização do IVA – COM(2000)28 final de 28 de janeiro de 2000. *Vide* CATINAT, Michel. *La Politique Européenne de Promotion d'Internet – et quelques Considérations pour la France*. Revue du Marché Commun et de L'Union Européenne, no. 435, Février, 2000, p. 91. *Vide* EDEN, Sandra. *The Taxation of Electronic Commerce, in* EDWARDS, Lílian & WAELDE, Charlotte. *Law and the Internet – Regulating Cyberspace*. Oxford: Hart Publishing, 1997, p. 151/179. *Cfr.* ALTAMIRANO, Alejandro C. *La tributación Directa ante el Comercio Electrónico y La Fiscalización de las Operaciones Desarroladas a través de Internet*. Lisboa: Ciência e Técnica Fiscal, Boletim da Direção – Geral dos Impostos, Ministério das Finanças, nº 397, Janeiro-Março, 2000, p. 35.

IV. A TRIBUTAÇÃO DO COMÉRCIO ELETRÓNICO NA UNIÃO EUROPEIA

Como a própria Proposta sugeriu, em especial no que se refere aos prestadores de serviços à distância, seria necessário desenvolver mecanismos de execução direta aos quais as administrações fiscais pudessem recorrer. É neste passo que as administrações fiscais deverão prever medidas análogas, a fim de identificar e de recuperar as perdas de receitas. Lembramos que a desintermediação, provocada pelas vendas digitais, retira das administrações fiscais alguns procedimentos de retenção e percepção que são importantes colaboradores fiscalizatórios. Os procedimentos de cruzamento de dados ficam prejudicados, tendo em vista a diminuição das partes envolvidas, e o facto de que, na maioria das vezes, o consumidor particular não necessita registar ou declarar seus negócios de pequena monta, mas que, ao final, no conjunto, constituem um relevante desfalque para a arrecadação de receitas tributárias [568].

Em um segundo passo, elencamos as medidas de simplificação da Proposta:

- *No que se refere a prestações efetuadas a clientes comerciais, estes últimos serão responsáveis pelo imposto. Por conseguinte, o registo para efeitos fiscais apenas será necessário caso as prestações se destinem a clientes privados.*

- *O registo não será necessário para os operadores não estabelecidos na UE cujo volume de negócios anual na UE seja inferior a 100 000 euros.*

[567] *Vide* ARONOWITZ, A.A., LAAGLAND, D.C.G., PAULIDES, G. *Value-Added Tax Fraud in the European Union.* Amsterdam/New York: Kugler Pub., WODC – Ministry of Justice, 1996. *Vide* KUCHER, Marcel, GÖTTE, Lorenz. *Trust Me – An Empirical Analysis of Taxpayer Honesty.* Finanz Archiv, Neue Folge, Band 55, Heft 3, 1998, p. 429/444. Especificamente sobre a evasão fiscal e fraude fiscal convidamos à leitura de LEITE DE CAMPOS, Diogo, et al. *Problemas Fundamentais do Direito Tributário.* Vislis Ed., 1999, p. 189/218.

[568] Neste passo, a referida Proposta completa, *in verbis: "A criação dos instrumentos e procedimentos necessários faz parte do processo de maturação do comércio eletrónico e tudo leva a crer que essa iniciativa será coroada de êxito. A evolução actual está a ser impulsionada pela vontade de intervenientes específicos protegerem os seus próprios interesses, mas é provável que se possa aplicar de forma mais geral para fins de regulamentação e de execução. De facto, as sinergias resultantes poderão ser um elemento fundamental para o reforço da confiança e da segurança em matéria de comércio eletrónico. Esta abordagem vem na linha da actividade das administrações fiscais no âmbito do comércio tradicional, onde a sua intervenção protege significativamente os outros interessados dos operadores fraudulentos. A protecção oferecida às empresas legítimas pelos procedimentos de controlo aduaneiro no que se refere à contrafacção e à pirataria constitui um bom exemplo do que se acaba de referir. A Comissão irá incentivar todas as autoridades nacionais da tutela com responsabilidades no cumprimento das normas por parte dos operadores de comércio eletrónico a cooperarem e a procederem ao intercâmbio de informações. A Comissão continuará a trabalhar, juntamente com as administrações fiscais nacionais, para a identificação e criação das medidas necessárias para garantir a segurança. Este objectivo levanta questões que, evidentemente, ultrapassam as fronteiras físicas da UE. Por consequência, a Comissão continuará a contribuir para as actividades de gestão fiscal internacional, que estão a ser desenvolvidas no âmbito da OCDE. Este processo deverá prosseguir em estreita cooperação com outros interessados."* Cfr. Proposta de DIRETIVA do Conselho que altera a DIRETIVA 77/388/CEE *"no que se refere ao Regime do Imposto Sobre o Valor Acrescentado aplicável a Determinados Serviços Prestados por via Electrónica"*, Documento 500PC0349(02), Documento enviado em 19.02.2001.

Neste item, havia a previsão de isenção do pagamento do imposto, relativamente aos operadores estabelecidos em países terceiros cuja única atividade na Comunidade consiste na prestação por via eletrónica de serviços de valor inferior ao limite máximo anual de 100.000 euros. Para a Proposta em pauta, tratava-se de uma medida destinada a simplificar o funcionamento do sistema fiscal e a evitar obstáculos desnecessários ao desenvolvimento do *e-commerce* internacional, em especial no que se refere a empresas de dimensão muito reduzida ou a empresas que apenas efetuam vendas pontuais aos consumidores da UE[569].

Por outro lado, em consequência, seria aplicado unicamente às pessoas cujas prestações excedessem o limite máximo de 100.000 euros, obrigando-se os sujeitos passivos estabelecidos fora da Comunidade e que prestam serviços por via eletrónica a pessoas que não são sujeitos passivos estabelecidas na Comunidade a identificarem-se, para efeitos de IVA no Estado-Membro em que prestam os serviços em questão[570].

Neste passo, o Conselho considerava que seria possível efetuar o registo em um único país, permitindo ao operador cumprir todas as suas obrigações em matéria de Imposto sobre o Valor Acrescentado, da UE, junto a uma única administração fiscal e que a Proposta colocaria em igualdade de condições os operadores da União Europeia e de fora da UE, aquando da prestação de serviços

---

[569] Para a Proposta, *"Esta medida não deverá ter uma incidência significativa sobre as receitas, uma vez que a maioria dos consumidores que efectuam aquisições em linha têm uma tendência clara para dirigir-se a operadores de renome, com credibilidade e confiança já estabelecidas. É também pouco provável que esta medida tenha uma incidência significativa sobre a neutralidade entre as empresas da UE e as empresas de países terceiros. Na maioria dos Estados-Membros, aplicam-se já limites máximos ou medidas equivalentes às empresas de dimensão muito reduzida. Apenas surgirá um problema concreto no caso de um operador da UE não ter a possibilidade de beneficiar do limite máximo no Estado-Membro em que se encontra estabelecido e ser obrigado a assumir a responsabilidade pelo imposto a partir da primeira transacção. Além disso, é difícil identificar cenários reais em que prestadores em linha de pequena dimensão estabelecidos dentro e fora da UE fazem concorrência entre si. Na medida em que o comércio eletrónico entre empresas e consumidores se encontra dominado pelos grandes operadores, esta questão afigura-se ser mais teórica do que prática."* Cfr. Proposta de DIRETIVA do Conselho que altera a DIRETIVA 77/388/CEE *"no que se refere ao Regime do Imposto Sobre o Valor Acrescentado aplicável a Determinados Serviços Prestados por via Electrónica"*, Documento 500PC0349(02), Documento enviado em 19.02.2001.

[570] Neste âmbito, a Proposta completa que além disso, quando em conjunção com as disposições já referidas do nº 1 do artigo 1º, a identificação para efeitos de IVA num Estado-Membro tem por resultado presumir-se que um sujeito passivo estabelecido fora da Comunidade tem um estabelecimento estável na Comunidade e, que, a Comissão iria rever o funcionamento desta medida concreta até ao final de 2003, informando seguidamente o Conselho e apresentado as propostas de alteração que considere necessárias. Cfr. Proposta de DIRETIVA do Conselho que altera a DIRETIVA 77/388/CEE *"no que se refere ao Regime do Imposto Sobre o Valor Acrescentado aplicável a Determinados Serviços Prestados por via Electrónica"*, Documento 500PC0349(02), Documento enviado em 19.02.2001.

IV. A TRIBUTAÇÃO DO COMÉRCIO ELETRÓNICO NA UNIÃO EUROPEIA

a consumidores da União[571]. No entanto, é natural que os prestadores terceiros escolham os países que oferecem as menores alíquotas tributárias, colocando, *in casu*, os próprios Estados-Membros em concorrência[572].

Finalmente, fora proposto, também, a possibilidade de se realizar, por via eletrónica, todos os procedimentos relativos a registo e a declarações fiscais. De facto, esta proposta já era defendida por TROYE (1995) ante as facilidades que ela proporciona aos usuários e provedores[573].

Para o caso do incumprimento das obrigações fiscais, no Comércio Eletrónico, a Proposta levantou que há um conjunto de problemas novos e específicos, e que as administrações fiscais deveriam analisar e solucionar, no mínimo, por respeito aos sujeitos passivos que cumprem as obrigações e efetuam operações legítimas.

Para além do incentivo direto de evitar sanções, os operadores, que cumprem as regras, necessitam da garantia de que não terão de sofrer concorrência predatória ou desleal, por parte de operadores que não obedecem às mesmas obrigações fiscais e exploram a situação em seu proveito.

Dessa forma, pelas características próprias do Comércio Eletrónico, a Proposta levantou que as administrações fiscais, tal como as outras partes interessadas, deveriam planejar as suas ações e reagir em conformidade. Para o Conselho,

---

[571] *Vide* FERNANDES DE OLIVEIRA, António. *O IVA nas Transacções Internacionais de Comércio Eletrónico*. Fiscalidade nº 02, Revista de Direito e Gestão Fiscal, Edição do Instituto Superior de Gestão, Abril, 2000, p. 43/45.

[572] *Cfr.* LEITE DE CAMPOS, Diogo. *A Harmonização Fiscal na C.E.E.* Coimbra: Boletim da Faculdade de Direito, STVDIA IVRIDICA 38, Colloquia – 1, Universidade de Coimbra, Coimbra Ed., 1999, p. 135/141. *Vide* TERRA, Ben, WATTEL, Peter. *European Tax Law*. London: Kluwer Law International, 2ª ed., 1997, p. 71 e ss. *Cfr.* MAGUIRE, Ned. *Taxation of E-Commerce*. The Federal Lawyer, Volume 47, Number Five, June, 2000, p. 25. *Vide* FERNANDES DE OLIVEIRA, António. *O IVA nas Transacções Internacionais de Comércio Electrónico*. Fiscalidade nº 02, Revista de Direito e Gestão Fiscal, Edição do Instituto Superior de Gestão, Abril, 2000, p. 42. *Vide* HAMDOUNI, Said. *La Communauté Européenne face à L'harmonisation dês Règles Nationales de Procédure Fiscale*. Revue Française de Finances Publiques, L.G.D.J., nº 56, 1996, p. 149/169.

[573] *Cfr.* TROYE, Anne. *Electronic Commerce and invoicing cycle.* Computer Law & Practice, Vol. 11, Number 6, 1995, p. 158/164. Com efeito, a este tempo, na alínea "c", do artigo 4º, introduz-se a possibilidade de apresentar declarações fiscais por via eletrónica, com o intuito de facilitar o cumprimento das disposições por parte dos prestadores estabelecidos fora da Comunidade. Esta possibilidade, esclarece a Proposta, não se limita a esta categoria de prestadores. Na alínea "d", do nº 4, é introduzida uma disposição análoga, destinada a permitir a apresentação das declarações contabilísticas ou fiscais anuais por via eletrónica. Na Proposta, a afirmação de que tal como anteriormente, o objetivo desta disposição é facilitar o cumprimento das disposições por parte dos prestadores de serviços fisicamente estabelecidos fora da Comunidade, não se limitando, contudo, a esta categoria de prestadores. *Cfr.* Proposta de DIRETIVA do Conselho que altera a DIRETIVA 77/388/CEE *"no que se refere ao Regime do Imposto Sobre o Valor Acrescentado aplicável a Determinados Serviços Prestados por via Electrónica"*, Documento 500PC0349(02), Documento enviado em 19.02.2001.

A TRIBUTAÇÃO DO COMÉRCIO ELETRÓNICO NOS EUA E NA UE

as disposições gerais aplicáveis à tributação de serviços não refletiam as alterações que se verificaram ao plano do comércio internacional, desde o momento da sua redação inicial.

Ainda, sustentou-se que *"A explosão do comércio de serviços e de bens incorpóreos não pode ser ignorada indefinidamente. O desaparecimento virtual das considerações geográficas, que limitam a prestação destes serviços e a criação de produtos inovadores, evidencia as limitações das disposições existentes."*

Neste passo, a Proposta colocava que as administrações fiscais deveriam manter-se vigilantes, compatibilizando o desenvolvimento do Comércio Eletrónico com a garantia, prioritária, de que os impostos continuariam a ser administrados equitativamente e que as atividades passíveis de tributação não seriam ocultadas, tudo em conformidade com a problemática antes exposta.

Entretanto, tudo isso esbarra em todas as dificuldades já reportadas, que passam pelo anonimato dos contribuintes e das transações por parte das administrações, que deveriam, então, interpretar os registos para, ao final, garantir a aplicação equivalente das atividades e, por fim, tributá-los[574].

---

[574] Neste contexto, *Vide* a Comunicação da Comissão sobre a organização e gestão da Internet, COM (2000) 202 Comunicação da Comissão ao Conselho e ao Parlamento Europeu sobre a Organização e a Gestão da Internet – Questões de Política Internacional e Europeia 1998 – 2000.

Secção IV
A Tributação Direta do Comércio Eletrónico na União Europeia

1. Impostos Diretos

Outras importantes dificuldades são criadas pelo avanço tecnológico em confronto com as atuais regras para impostos diretos. Isto resulta do facto de que um provedor de serviços, na Internet, pode provisionar serviços para usuários (empresas) de um país sem necessariamente possuir qualquer presença naquele país.

As consequências deste facto levam à dificuldade em se recolherem impostos sobre o rendimento das empresas digitais e, ainda, em se determinar a responsabilidade tributária daquelas empresas em um território.

Com efeito, os vendedores podem conduzir seus negócios em um país onde não possuem um estabelecimento físico, comunicando-se com seus compradores apenas através dos meios eletrónicos. Não há barreiras e as leis tributárias, consequentemente, não foram escritas com o intuito de incidirem sobre as atividades destas novas empresas virtuais[575].

---

[575] *Cfr.* SMITH, Graham J.H. *Internet Law and Regulation.* London: FT Law & Tax, 1996, p. 145. *Cfr.* HARDESTY, David E. *Electronic Commerce – Taxation and Planning.* Boston: Warren, Gorhan and Lamont, 1999, p. 1-6/7. *Cfr.* KARLIN, Michael J.A. *Pochet Switching-The Taxation of Electronic Commerce.* Fiftieth Annual Tax Institute, Volume 1, The Law School University of Southern California, 1998, p. 9-37. *Cfr.* THORPE, Kyrie E. *International Taxation of Electronic Commerce: Is The Internet age Rendering the Concept of Permanent Establishment Obsolete?* Emory International Law Review, Volume 11, Fall, 1997, p. 637. *Cfr.* HELLERSTEIN, Walter, HOUGHTON, Kendall L. *State Taxation of Electronic*

Primeiramente, um comerciante não residente na UE é requisitado para recolher tributos, sendo impostos sobre a companhia (*corporation tax*, para as empresas) e impostos sobre o rendimento (*income tax*, para outras pessoas ou indivíduos), determinados para os ganhos comerciais e de capital atribuídos para a filial ou agência que realiza negócios na União. Havendo tratados que evitem a dupla tributação, a empresa, dependendo do país signatário do tratado, será tributada naqueles rendimentos atribuídos para o "estabelecimento permanente" do comerciante na União Europeia.

De acordo com as regras, inclusive modeladas pela OCDE, é necessária alguma forma de estabelecimento físico para constituir um estabelecimento permanente. No entanto, não havendo presença física na UE, fica difícil constituir e adequar este conceito, o que vem ao encontro das características naturais das empresas *dotcom*, de *design*, produção, marketing, envio em linha, novos produtos e serviços, sem escritórios, lojas, depósitos ou ligações para a específica determinação de um estabelecimento físico[576].

Nas palavras de HICKEY (2000), a natureza do Comércio Eletrónico resulta na conclusão de que não há razões para que um comerciante *offshore* deva submeter-se à imposição de impostos diretos na Inglaterra, por exemplo. Há dois problemas práticos que se colocam entre o *e-commerce* e os impostos diretos. Primeiramente, sobre como seria possível identificar quando um não residente está a exercer comércio dentro da Inglaterra, sob a perspectiva dos impostos diretos. Em segundo lugar, a respeito de como seria possível, legalmente, a imposição tributária a um não-residente que não tenha presença física na Inglaterra? Como o autor discorre, precisamente não há respostas solucionadoras para os

---

Commerce: Perspectives on Proposal for Change and Their Constitutionality. Brigham Young University Law Review, Volume 2000, Number 1, 2000, p. 11.

[576] *Cfr.* SMITH, Graham J.H. *Internet Law and Regulation.* London: FT Law & Tax, 1996, p. 145. *Vide* OECD. *Electronic Commerce: The Challenges to Tax Authorities and Taxpayers, in* Rivista di Diritto Finanziario e Scienza delle Finanze, LVII, 2, I, 1998, p. 264 e ss. *Cfr.* MAGUIRE, Ned. *Taxation of E-Commerce.* The Federal Lawyer, Volume 47, Number Five, June, 2000, p. 26 e ss. *Vide* EDEN, Sandra. *The Taxation of Electronic Commerce, in* EDWARDS, Lílian & WAELDE, Charlotte. *Law and the Internet – Regulating Cyberspace.* Oxford: Hart Publishing, 1997, p. 171/178. *Vide* MECKLENBURG, Keith-Stuart von. *Internet Taxation – The Legal Issues of Internet Taxation.* Computer Law & Security Report, Volume 15, nº 04, 1999, p. 230 e ss. *Cfr.* ALTAMIRANO, Alejandro C. *La tributación Directa ante el Comercio Electrónico y La Fiscalización de las Operaciones Desarroladas a través de Internet.* Lisboa: Ciência e Técnica Fiscal, Boletim da Direção – Geral dos Impostos, Ministério das Finanças, nº 397, Janeiro-Março, 2000, p. 48 e ss. *Cfr.* CHAN, Clayton W. *Taxation of Global E-Commerce on the Internet: The Underlying Issues and Proposed Plans.* Minnesota Journal of Global Trade, Volume 9, Issue 1, Winter, 2000, p. 248/249. *Cfr.* LEVENSON, Alan R. *Federal and International Tax Issues Affecting Electronic Commerce.* International Tax Seminar, Texts of Seminar Papers, Montréal, May 28, 1998, p. 250 e ss.

IV. A TRIBUTAÇÃO DO COMÉRCIO ELETRÓNICO NA UNIÃO EUROPEIA

muitos problemas que emergem da relação entre a tributação direta e o Comércio Eletrónico[577].

Vale, pois, relembrar o já citado caso da Amazon. De facto, a Amazon.co.uk promoveu vendas no valor de mais de 7 Bilhões de libras nos últimos 3 anos, mas não recolheu impostos sobre o rendimento relativamente a estas receitas no Reino Unido, pois alterou sua sede para o Luxemburgo[578].

Como decorrência, então, verificamos que a facilitação que proporciona a Internet quanto à deslocalização de consumidores e vendedores no Comércio Eletrónico torna as regras territoriais obsoletas[579].

Com efeito, se, por um lado o Comércio Eletrónico e a Internet propiciam o avanço de atividades internacionais, por outro, as administrações fiscais permanecem limitadas pelos seus territórios, em uma crescente dificuldade em fazer valer seu poder tributante.

Outra dificuldade reveste-se na classificação de determinados rendimentos, que as autoridades objetivam tributar de estrangeiros, pois as regras são diferentes, em se tratando de *royalties*, venda de um bem ou prestação de serviços. Considerando as Convenções de Dupla Tributação, tratando-se da venda de um bem ou da prestação de um serviço, o país de residência o tributará, e, em se cuidando de um *royalty*, o país da fonte poderá tributá-lo. Além da dificuldade da classificação, pelo já apontado facto das divergências entre os países, torna-se complicada a identificação "real" da residência, pela natural mobilidade do *e-commerce*, podendo resultar na igual inaplicabilidade das atuais regras sobre preços de transferência a empresas virtuais de um mesmo grupo[580].

No mesmo âmbito, qualquer imposição tributária às empresas digitais baseadas no *legal establishment* esbarra na mobilidade. Se as alíquotas forem desvantajosas, pouco se pode fazer para impedir a mudança virtual desta companhia para

---

[577] *Cfr.* HICKEY, Julian J. B. *The Fiscal Challenge of E-Commerce.* British Tax Review, Sweet & Maxw-el, London, Number 2, 2000, p. 94.

[578] *Cfr.* THE GUARDIAN. *Amazon: £7bn sales, no UK corporation tax.* London: Disponível em: http://www.guardian.co.uk/technology/2012/apr/04/amazon-british-operation-corporation--tax?INTCMP=SRCH , Acesso em: 27.07.2012.

[579] *Vide* SEFFAR, Karim, BENYEKHLEF, Karim. *Commerce Électronique et Normativités Alternatives.* University of Ottawa Law & Technology Journal, Volume 03, nº 02, 2006, p. 355.

[580] *Cfr.* TEIXEIRA DE ABREU, Miguel. *Efeitos Fiscais da utilização da Internet em sede de Impostos sobre o Rendimento.* Fiscalidade nº 02, Revista de Direito e Gestão Fiscal, Edição do Instituto Superior de Gestão, Abril, 2000, p. 27/29. *Cfr.* BOURGEOIS, Pierre J., BLANCHETTE, Luc. *Income_taxes.ca.com: The Internet, Electronic Commerce, and Taxes-Some Reflections: Part 2.* Canadian Tax Journal, Volume 45, Issue Number 6, 1997, p. 1396 e ss. *Vide* KOHL, Uta. *The Horror-Scope for the Taxation Office: The Internet and its Impact on 'Residence'.* The University of New South Wales Law Journal, Volume 21, Number 2, 1998, p. 436/451.

A TRIBUTAÇÃO DO COMÉRCIO ELETRÓNICO NOS EUA E NA UE

países de baixa tributação. Partindo-se do facto de que não há harmonização fiscal em relação a impostos diretos, a problemática atinge um ponto de concorrência entre os poderes tributários.

De facto, o *e-commerce* desafia a aplicação das tradicionais regras em muitos e exclusivos aspectos. É inicial, ainda, o desenvolvimento de regras a serem aplicadas na determinação da residência, fonte e tipo de recursos, nas características provenientes do *e-commerce* e que possam resultar em uma efetiva imposição tributária direta.

Com efeito, em alguns casos, é impossível saber-se a localização tanto do comprador como do vendedor, bem como a natureza dos rendimentos resultantes de vendas de produtos e serviços digitais. Em complemento, é incerto determinar-se a existência de uma companhia que conduz seus negócios a partir de um servidor longínquo[581].

---

[581] *Vide* KUNTZ, Joel, PERONI, Robert. *U.S. International Taxation.* Warren, Gorhan and Lamont, Vol. 1, United States of America, 1996. *Cfr.* FORST, David L. *Old and New Issues in the Taxation of Electronic Commerce.* The Legal and Policy Framework for Global Electronic Commerce: A Progress Report, Berkeley Technology Law Journal, Volume 14, Number 2, Spring, 1999, p. 712. *Cfr.* KARLIN, Michael J.A. *Pochet Switching-The Taxation of Electronic Commerce.* Fiftieth Annual Tax Institute, Volume 1, The Law School University of Southern California, 1998, p. 9-4. *Cfr.* EADS, James R., GOLDEN, David F. *E-Commerce Taxation Issues for Online Businesses.* Georgia Bar Journal, Volume 5, Number 4, February, 2000, p. 15. *Cfr.* DELTA, George B., MATSUURA, Jeffrey H. *Law of The Internet.* New York: Aspen Law & Business, 2000, p. 10-3/4.

Secção V
O Novo Panorama da Tributação do Comércio Eletrónico na União Europeia

1. Embasamento Legal

Depois de termos discorrido sobre o contexto construtivo e reflexivo da Tributação do Comércio Eletrónico na União Europeia, é hora agora de analisarmos o novo panorama fiscal no espaço europeu.

Como sabemos, o embasamento legislativo da União Europeia sobre o IVA é constituído, principalmente, pelas DIRETIVAs. Este importante instrumento obriga os países, mas permite certa flexibilidade, na forma e nos métodos, aquando de sua transposição para o regime jurídico nacional[582].

Ponto fulcral da legislação é a DIRETIVA 2006/112/CE DO CONSELHO, relativa ao sistema comum do imposto sobre o valor acrescentado. Contudo, vale também referenciar o REGULAMENTO DE EXECUÇÃO (UE) nº 282/2011 DO CONSELHO, que estabelece, e procura esclarecer, as medidas de aplicação da referida DIRETIVA sobre o sistema comum do IVA[583].

Já no âmbito dos serviços eletrónicos, a DIRETIVA 2002/38/CE DO CONSELHO, que entrou em vigor em 1 de julho de 2003, alterou a o regime do IVA,

---

[582] *Cfr.* EUROPEAN COMMISSION. *Existing EU legal framework*. Disponível em: http://ec.europa.eu/taxation_customs/taxation/vat/key_documents/legal_framework/index_en.htm, Acesso em: 31.07.2012.

[583] *Vide* DIRETIVA 2006/112/CE DO CONSELHO, de 28 de Novembro de 2006, relativa ao sistema comum do imposto sobre o valor acrescentado. *Vide* REGULAMENTO DE EXECUÇÃO (UE) nº 282/2011 DO CONSELHO, de 15 de Março de 2011, que estabelece medidas de aplicação da DIRETIVA 2006/112/CE relativa ao sistema comum do imposto sobre o valor acrescentado.

quando aplicável a determinados serviços prestados por via eletrónica. Importante relembrar todos os pontos já destacados sobre a proposta desta DIRETIVA (na Secção III, nº 02 deste Capítulo). A seu turno, a DIRETIVA 2008/8/CE DO CONSELHO, alterou a DIRETIVA 2006/112/CE, no que diz respeito ao lugar das prestações de serviços[584].

2. O IVA sobre os Serviços Eletrónicos

Inicialmente, cabe explicitar aquilo que engloba a expressão "serviços eletrónicos" estabelecida no Anexo II da DIRETIVA 2006/112/CE DO CONSELHO, *in verbis*:

"ANEXO II
LISTA INDICATIVA DOS SERVIÇOS PRESTADOS POR VIA ELETRÓNICA A QUE SE REFERE O ARTIGO 58º E A ALÍNEA K) DO PRIMEIRO PARÁGRAFO DO ARTIGO 59º.
1) Fornecimento de sítios informáticos, domiciliação de páginas Web, manutenção à distância de programas e equipamentos;
2) Fornecimento de programas informáticos e respectiva actualização;
3) Fornecimento de imagens, textos e informações, e disponibilização de bases de dados;
4) Fornecimento de música, filmes e jogos, incluindo jogos de azar e a dinheiro, e de emissões ou manifestações políticas, culturais, artísticas, desportivas, científicas ou de lazer;
5) Prestação de serviços de ensino à distância."[585]

Neste contexto, em específico, as novas regras desobrigam os fornecedores europeus a cobrar o imposto (IVA) nas vendas para fora da União Europeia. O objetivo, *in casu*, seria o de eliminar, aos fornecedores europeus, certa desvantagem competitiva na concorrência com produtos digitais oriundos de outras partes do mundo como Estados Unidos da América, China, Japão, entre outros.

---

[584] *Vide* DIRETIVA 2002/38/CE DO CONSELHO, de 7 de Maio de 2002, que altera, a título tanto definitivo como temporário, a DIRETIVA 77/388/CEE no que se refere ao regime do imposto sobre o valor acrescentado aplicável aos serviços de radiodifusão e televisão e a determinados serviços prestados por via electrónica. Vale destacar neste contexto, igualmente: DIRETIVA 2006/58/ /CE DO CONSELHO, de 27 de Junho de 2006, que altera a DIRETIVA 2002/38/CE no que respeita ao período de aplicação do regime do imposto sobre o valor acrescentado aplicável aos serviços de radiodifusão e televisão e a determinados serviços prestados por via electrónica. *Vide* DIRETIVA 2008/8/CE DO CONSELHO, de 12 de Fevereiro de 2008, que altera a DIRETIVA 2006/112/CE no que diz respeito ao lugar das prestações de serviços.
[585] *Cfr.* DIRETIVA 2006/112/CE DO CONSELHO, de 28 de Novembro de 2006, relativa ao sistema comum do imposto sobre o valor acrescentado.

IV. A TRIBUTAÇÃO DO COMÉRCIO ELETRÓNICO NA UNIÃO EUROPEIA

Como sabemos, anteriormente, as referidas atividades obrigavam a cobrança do IVA[586].

Em angulação oposta, serviços eletrónicos prestados por empresas provenientes de países não pertencentes à União Europeia devem recolher o IVA, como se fossem fornecedores europeus. Com efeito, o regime especial, obriga todos os trâmites burocráticos, bem como o recolhimento do imposto quando fornecem serviços eletrónicos para pessoas que não sejam sujeitos passivos (B2C) e que estejam estabelecidos num Estado-Membro. O IVA é cobrado no Estado-Membro do consumidor (destino), desde Janeiro de 2015[587].

Na mesma linha de raciocínio, mas quando os importadores destes serviços forem as empresas (B2B), o IVA deverá ser recolhido pela empresa importadora sob o regime de autoliquidação (*reverse charge arrangements*)[588].

Por fim, devemos ratificar que as empresas estabelecidas na União Europeia devem recolher o IVA na alíquota de seu país de residência[589].

3. Vendas de Bens pela Internet

Neste ponto, de vendas de produtos pela Internet, as regras são as mesmas aplicadas aos produtos solicitados pelo telefone ou catálogo[590].

Por conseguinte, o princípio da origem é aplicado. Neste sentido, os consumidores particulares devem pagar o IVA no país de aquisição, e não incorrem em encargos adicionais quando retornam ao seu país[591].

Oportunamente, considerando as características próprias da Internet e do Comércio Eletrónico, reiteradamente abordadas nesta obra, é que devemos mencionar que situações especias podem ocorrer.

Em outras palavras, as transações são realizadas entre empresas e consumidores situados em países diferentes. Logo, a regra geral pode ser excepcionada se a empresa ultrapassar os limites de vendas a um país, impostos pela DIRETIVA

---

[586] *Cfr.* EUROPEAN COMMISSION. *VAT on Electronic Services.* Disponível em: http://ec.europa.eu/taxation_customs/taxation/vat/traders/e-commerce/index_en.htm, Acesso em: 29.07.2012.

[587] *Cfr.* EUROPEAN COMMISSION. *VAT on Electronic Services.* Disponível em: http://ec.europa.eu/taxation_customs/taxation/vat/traders/e-commerce/index_en.htm, Acesso em: 29.07.2012.

[588] *Cfr.* EUROPEAN COMMISSION. *VAT on Electronic Services.* Disponível em: http://ec.europa.eu/taxation_customs/taxation/vat/traders/e-commerce/index_en.htm, Acesso em: 29.07.2012.

[589] *Cfr.* EUROPEAN COMMISSION. *Mail order and Distance purchasing.* Disponível em: http://ec.europa.eu/taxation_customs/taxation/vat/consumers/mail_order_distance/index_en.htm, Acesso em: 30.07.2012.

[590] *Cfr.* EUROPEAN COMMISSION. *Mail order and Distance purchasing.* Disponível em: http://ec.europa.eu/taxation_customs/taxation/vat/consumers/mail_order_distance/index_en.htm, Acesso em: 30.07.2012.

[591] *Cfr.* EUROPEAN COMMISSION. *Mail order and Distance purchasing.* Disponível em: http://ec.europa.eu/taxation_customs/taxation/vat/consumers/mail_order_distance/index_en.htm, Acesso em: 30.07.2012.

A TRIBUTAÇÃO DO COMÉRCIO ELETRÓNICO NOS EUA E NA UE

2006/112/CE DO CONSELHO (100.000 euros, ou 35.000 euros, dependendo do país envolvido)[592]. Igualmente, se a empresa optar, deve então registar-se para o pagamento do IVA na alíquota aplicável no país de destino.

Por sua vez, os produtos oriundos de empresas situadas fora da União Europeia ficam sujeitos ao imposto de valor acrescentado na importação.

4. Serviços de Telecomunicações

Finalmente, em exame final, no tocante aos serviços de telecomunicações, a DIRETIVA 2006/112/CE DO CONSELHO estabeleceu a tributação de todos os serviços de telecomunicações utilizados na União Europeia, objetivando impedir distorções concorrênciais nesta temática.

Ainda, os serviços de telecomunicações prestados a sujeitos passivos estabelecidos na União Europeia, ou a destinatários estabelecidos em outros países, deverão, em geral, ser tributados no lugar em que esteja estabelecido o destinatário desses serviços[593].

Nesta linha, para assegurar a devida tributação, a DIRETIVA completa, completa em seu considerando n.º 22, o seguinte:

"Para assegurar a tributação uniforme dos serviços de telecomunicações prestados por sujeitos passivos estabelecidos em territórios ou países terceiros a pessoas que não sejam sujeitos passivos estabelecidas na Comunidade, serviços esses efectivamente utilizados e explorados na Comunidade, os Estados-Membros deverão, todavia, estabelecer que o lugar da prestação de serviços se situa no território da Comunidade." [594]

Importante destacar, ainda, que desde 01 de janeiro de 2015, de acordo com a DIRETIVA 2008/8/CE DO CONSELHO, o IVA sobre telecomunicações, rádio, televisão e serviços eletrónicos fornecidos por um fornecedor estabelecido na União Europeia a não sujeitos passivos, também estabelecidos no território europeu, é cobrado no Estado-Membro em que o consumidor está[595].

5. Síntese Tópica e Análise Crítica

A dedicação ao tema fiscal, nos contornos do Comércio Eletrónico na União Europeia, inaugurou-se com a Iniciativa Europeia para o Comércio Eletrónico

---

[592] *Cfr.* DIRETIVA 2006/112/CE DO CONSELHO, de 28 de Novembro de 2006, relativa ao sistema comum do imposto sobre o valor acrescentado.

[593] *Cfr.* DIRETIVA 2006/112/CE DO CONSELHO, de 28 de Novembro de 2006, relativa ao sistema comum do imposto sobre o valor acrescentado.

[594] *Cfr.* DIRETIVA 2006/112/CE DO CONSELHO, de 28 de Novembro de 2006, relativa ao sistema comum do imposto sobre o valor acrescentado.

[595] *Cfr.* EUROPEAN COMMISSION. *VAT on Electronic Services.* Disponível em: http://ec.europa. eu/taxation_customs/taxation/vat/traders/e-commerce/index_en.htm , Acesso em: 29.07.2012.

IV. A TRIBUTAÇÃO DO COMÉRCIO ELETRÓNICO NA UNIÃO EUROPEIA

e, já naquele tempo, a promoção da segurança jurídica e da igualdade fiscal era factor de preocupação. Da mesma forma, alertava-se para a ausência de rasto, para o anonimato das transações em linha, para a territorialidade nos sistemas de impostos diretos e para os eventuais impactos do C.E. na legislação relativa ao IVA, tudo, pois, a dificultar um sistema colector eficiente.

Com acerto, a Comissão descartou, na Comunicação supra mencionada, a possibilidade da utilização do imposto sobre os *bits* transmitidos, por considerar que, devido à sujeição das atividades eletrónicas ao IVA, tal medida seria inadequada. De facto, entendemos que, com as novas ferramentas de ocultação de dados, uma arquitetura voltada para implantar um sistema de contagem de *bits* poderia resultar em medir absolutamente nada, face à inexatidão sobre o quê está a ser tributado.

Este estudo preliminar, com suas corretas preocupações, foi renovado pela Comunicação da Comissão denominada "Comércio Eletrónico e Fiscalidade Indirecta". Com o objetivo de preparar a contribuição do espaço europeu para a Conferência Ministerial da OCDE, subordinada ao tema "Um Mundo sem Fronteiras: concretizar o Potencial do Comércio Eletrónico", foi que a mencionada Comissão propôs orientações gerais, destinadas à adaptação do sistema comunitário do IVA ao C.E. na União Europeia.

Além da não criação de novos impostos, alinhada à posição norte-americana, a Comissão orientou que as transações eletrónicas devem ser consideradas, para efeitos do IVA, como prestação de serviços. Relembrando-se que a legislação comunitária do IVA estabelece uma distinção fundamental entre entrega de bens e prestação de serviços, instaurou-se, pois, controvérsia. Obras musicais, programas e filmes podem ser fornecidos tradicionalmente, também sendo considerados como entrega de bens, alterando-se o lugar de tributação. Esta orientação, oposta às posições da OCDE e dos E.U.A., confronta-se com a dificuldade em se conhecer o lugar a que o fornecedor de serviços pertence. No e-commerce, pelas razões virtuais que o caracterizam, a localização fica prejudicada. Da mesma forma, a transferência do gravame do recolhimento para o consumidor (empresa) esbarra nos riscos de evasão, possibilitados pela falta de habilidade, por parte das administrações fiscais, em gerir, fiscalizar e identificar os contribuintes. No mesmo sentido, a isenção concedida aos particulares, na U.E., enfrentaria, com o aumento destas transações, diminuição de receitas e semelhantes problemas fiscalizatórios, para diferenciar quem são os contribuintes singulares, face ao anonimato na Internet.

Quanto à orientação de neutralidade, entre empresas comunitárias e não--comunitárias, percebemos que a isenção às empresas estrangeiras aos serviços prestados a particulares, na U.E., confronta-se com esta posição, resultando em uma desvantagem concorrencial para os fornecedores europeus. Da mesma maneira, os fornecedores comunitários de produtos tradicionais, mas que agora podem ser digitalizados, enfrentam a concorrência dos fornecedores, isentos, estrangeiros.

Neste desenrolar, revestem-se acertadas as orientações da Comissão, que visam a facilitar o cumprimento das obrigações fiscais, a garantir o controlo e o cumprimento da lei. De facto, é primordial, o quanto antes, o desenvolvimento de técnicas hábeis, facilitadoras ao sistema fiscal, não só na visão do contribuinte, mas das autoridades fiscais, sob pena de uma indesejada desigualdade para aqueles que corretamente cumprem seu dever fiscal. Entretanto, a realidade nos preocupa. A evasão existe nos canais tradicionais de comércio e, agora, a virtualidade amplia a capacidade criminosa, com seus instrumentos (des) conhecidos das administrações tributárias.

Neste passo, a inquietação em relação à cobrança e fiscalização foi a pedra de toque do Parecer do Comité Económico e Social. Entre as várias sugestões e análises, todas importam em inconvenientes e nenhuma está imune a abusos ou fraudes, como expressa o próprio Comité.

No entanto, acreditamos que o debate é oportuno, decisivo e que a sugestão de cobrança, por um organismo internacional ou comunitário, pode servir como vector para uma possível solução.

Com efeito, entendemos que qualquer medida deveria ultrapassar os limites nacionais. Não existe nada mais internacional do que a Internet, portanto as decisões deveriam ocorrer em uma escala de nível, no mínimo, comunitário.

Neste ponto, a União Europeia está na frente. De facto, a União Europeia tem por base um sistema institucional único no mundo. Os Estados-Membros consentem, com efeito, delegações de soberania a favor de instituições independentes, que representam, simultaneamente, interesses comunitários, nacionais e dos cidadãos. A Comissão defende, tradicionalmente, os interesses comunitários, cada governo nacional está representado na órbita do Conselho da União e o Parlamento Europeu é diretamente eleito pelos cidadãos da União.

Por outro lado, a atitude impositiva fiscal aos serviços de telecomunicações, com a inclusão da Internet, vai no sentido inverso às próprias iniciativas, incentivadoras, da U.E.. A preocupação fiscal, momentânea, pode barrar o desenvolvimento tecnológico e prejudicar as futuras receitas que resultariam das novas empresas prestadoras de serviços *online*.

A seu turno, a Proposta de DIRETIVA do Conselho, referente ao regime do I.V.A. aplicável a determinados serviços prestados por via eletrónica, ressalta o desafio em traduzir os princípios gerais, antes propostos, em medidas susceptíveis de uma aplicação concreta.

De facto, apesar das proposições apontarem diretrizes mais apuradas, se comparadas com as anteriores, a arquitetura do ciberespaço pode dificultar a

IV. A TRIBUTAÇÃO DO COMÉRCIO ELETRÓNICO NA UNIÃO EUROPEIA

adequação das normas às hipóteses de incidência. Em virtude da necessidade de conhecimento de dados de registo e identificação para a correta aplicação das diretrizes, será primordial que as ferramentas, para tal, sejam disponibilizadas, o que, até o momento, não acontece eficazmente.

Com a mesma relevância, deve ser rediscutida a questão de registo em um único país, para que o operador cumpra as obrigações em matéria do IVA. Isto deve-se ao facto de que é natural que o operador escolha, pois, o país que ofereça a menor alíquota, culminando com um ambiente de concorrência entre os próprios Estados-Membros. Dessa forma, acreditamos que, em razão da desterritorialização provocada pela Internet, faz-se inadiável a promoção de políticas fiscais harmonizadoras.

Em relação aos impostos diretos, a problemática passa pela determinação de residência às empresas DIGITAIS. Permanece complicado identificar quando uma empresa *dotcom* está a exercer comércio dentro de um país. Sem a presença física, o que é natural para o *e-commerce*, a norma tributária não se adequará às novas hipóteses virtuais.

No mesmo sentido, a imposição tributária direta confronta-se com a mobilidade. De facto, é muito mais fácil para as empresas da Internet se locomoverem para países de baixa tributação. Assim, partindo-se do facto de que, na União, não há harmonização fiscal em relação aos impostos diretos, a discussão e a preocupação em torno da concorrência, entre os poderes tributários, reveste-se acertada.

Posto tudo isso, cabe enfatizar-se, que toda experiência construtiva, com sua devida reflexão, levou a União Europeia a uma postura inovadora em relação ao comércio eletrónico.

Ponto fundamental da legislação é a DIRETIVA 2006/112/CE DO CONSELHO, relativa ao sistema comum do imposto sobre o valor acrescentado. Em especial, no tocante aos serviços eletrónicos, a DIRETIVA 2002/38/CE DO CONSELHO, que entrou em vigor em 1 de julho de 2003, alterou a o regime do IVA, quando aplicável a determinados serviços prestados por via eletrónica.

Assim, importante verificar que a DIRETIVA 2006/112/CE DO CONSELHO, estabeleceu que os serviços eletrónicos são:

*1) Fornecimento de sítios informáticos, **domiciliação de páginas Web**, manutenção* à distância de programas e equipamentos;

*2) Fornecimento de **programas informáticos** e respectiva actualização;*

*3) **Fornecimento de imagens, textos e informações**, e disponibilização de bases de dados;*

*4) Fornecimento de **música, filmes e jogos**, incluindo jogos de **azar** e a dinheiro, **e de emissões ou manifestações políticas, culturais, artísticas, desportivas, científicas ou de lazer;***
5) Prestação de serviços de ensino à distância.

Logo, pois, a DIRETIVA englobou, **igualando-os**, praticamente todos os produtos digitais, incluindo *softwares*, músicas e conteúdo *online*.

Em prosseguimento, as novas regras desobrigam os fornecedores europeus a cobrar o imposto (IVA) nas vendas para fora da União Europeia.

Contudo, pelo contrário, serviços eletrónicos prestados por empresas provenientes de países não pertencentes à União Europeia devem recolher o IVA, como se fossem fornecedores europeus. De facto, o regime especial estabelecido, obriga todos os trâmites burocráticos, bem como o recolhimento do imposto quando fornecem serviços eletrónicos para pessoas que não sejam sujeitos passivos (B2C) e que estejam estabelecidos num Estado-Membro. O IVA é cobrado no Estado-Membro do consumidor (destino), desde Janeiro de 2015.

Na mesma ordem de ideias, mas quando os importadores destes serviços forem as empresas (B2B), o IVA deverá ser recolhido pela empresa importadora sob o regime de autoliquidação (*reverse charge arrangements*). Ademais, a seu turno, as empresas estabelecidas na União Europeia devem recolher o IVA na alíquota de seu país de residência.

Já para os produtos vendidos pela Internet, o princípio da origem é aplicado. Dessa forma, os consumidores particulares devem pagar o IVA no país de aquisição, e não incorrem em encargos adicionais quando retornam ao seu país.

Contudo, a mencionada regra pode ser excepcionada se a empresa ultrapassar os limites de vendas a um país impostos pela DIRETIVA 2006/112/CE DO CONSELHO (100.000 euros, ou 35.000 euros, dependendo do país envolvido). Igualmente, se a empresa assim desejar, deve então registar-se para o pagamento do IVA na alíquota aplicável no país de destino. Por sua vez, os produtos oriundos de empresas situadas fora da União Europeia ficam sujeitos ao imposto de valor acrescentado na importação.

Todas estas medidas colocaram a União Europeia em local de importante destaque, no que diz respeito ao tratamento da tributação do Comércio Eletrónico.

CONCLUSÃO

Desde a invenção do sistema de *rods*, passando pela construção do primeiro computador eletromecânico, que amarzenava dados através de cartões perfurados, acompanhamos inúmeras descobertas: o aparecimento das primeiras finalidades de codificação e descodificação de mensagens militares, as linguagens de programação, os microprocessadores, a multiprogramação e a teleinformática.

Com o desenvolvimento, uma nova técnica de comunicação nasceu do cálculo e destacou-se progressivamente, passando, inicialmente, por uma fase quase exclusiva, consagrada à memorização dos dados e ao tratamento passivo da informação, colocando-se em movimento para se transformar no suporte de uma intensa atividade de circulação de ideias e de transformações entre os homens.

Por conseguinte, a utilização dos computadores, para a comunicação *online*, passou a dar-se *pari passu*. Com uma rapidez espantosa, já em 1992 a Internet conectava 17.000 redes em 33 países e os dicionários já eram atualizados com uma moderna linguagem. Este conjunto de redes de computadores, comunicando praticamente todos os países do globo, desdobrou-se no Comércio Eletrónico.

Este novo conceito, que se traduz na comercialização do envio e processamento eletrónico de informações, tanto de forma direta como indireta, provocou alterações nas tradicionais empresas e fez surgir outras, inéditas. Este diferente canal provoca maior desintermediação, operacionalidade em tempo integral, dinamismo e acesso internacional para seus operadores.

Contudo, além das potencialidades e grandes oportunidades, que encontramos na Internet e no Comércio Eletrónico, constatamos haver implicações para a sociedade, na percepção e administração das legislações em virtude das profundas modificações nos quadros de comportamento individual e nos pressupostos jurídicos da comercialização dos produtos. Por estas razões, a Internet e o Comércio Eletrónico têm atraído o interesse de pesquisadores, governos, empresas e organizações internacionais, principalmente na área das Ciências Jurídicas.

É neste desenrolar que o Direito Tributário tradicional enfrenta desafios. A principiar pela possibilidade das empresas conduzirem seus negócios em um país onde não possuem um estabelecimento físico, comunicando-se com seus compradores apenas através dos meios eletrónicos. Com efeito, não há barreiras e as leis tributárias, consequentemente, não foram escritas com o intuito de incidir sobre as atividades destas novas empresas virtuais. No mesmo sentido, algumas empresas preferem utilizar servidores longínquos para obterem vantagens tributárias. A utilização, em certos casos, de um servidor estrangeiro pode esquivar uma empresa do poder tributante de seu país natal.

Outro ponto constatado é o anonimato no mundo virtual. Sob o ponto de vista das autoridades tributárias, os dados de registo e identificação podem ser fundamentais. Mas, enquanto no mundo real o anonimato tem que ser criado, no ciberespaço ele é determinado, faz parte de sua arquitetura. Na Internet, você pode revelar apenas um endereço, mas que não tenha necessariamente nenhuma relação a mais, com e sobre você. Este problema se agrava, na medida que a utilização e acesso à Internet são permitidas com a disponibilização de múltiplos *usernames*. De facto, a incidência tributária poderá não encontrar seu sujeito passivo.

Concluímos, ainda, que a problemática envolve outros pontos, como a comercialização de produtos digitais, pois a descrição destes produtos é muito importante para a internacionalidade de impostos sobre o rendimento, para impostos sobre venda, uso e serviços, impostos estaduais sobre o rendimento (nos Estados Unidos da América), bem como para o Imposto sobre o Valor Acrescentado (IVA), na União Europeia. Na tributação internacional, a descrição da venda de produtos digitais, onde são discriminados os produtos, *royalties,* serviços ou a venda de intangíveis, determina o país onde a venda será tributada. Com alíquotas variadas de país para país, na União Europeia, esta determinação da venda é extremamente importante. Outro ponto importante reveste-se na dificuldade criada para a fiscalização destas transações, tendo em vista a problemática de se poder enviar diretamente para o comprador, sem intermediários e sem constituição física dos produtos. Tal situação torna árdua, para as administrações tributárias, a tarefa afecta à fiscalização, ao cruzamento de dados e ao consequente recolhimento dos tributos.

A desterritorialização é, da mesma forma, uma preocupação no Comércio Eletrónico. Para fins fiscais, a localização das atividades pode determinar que

CONCLUSÃO

Estado ou que país tem o poder de tributar os rendimentos de uma empresa virtual. Da mesma forma, a localização do comprador realça a dificuldade na determinação do poder tributário apto a colectar os tributos, e nem sempre a presença física do comprador será possível de conhecimento. A habilidade dos governos em regular o comportamento no Comércio Eletrónico foi alterada, pois a conduta de compradores e vendedores pode estar localizada em qualquer lugar na Internet. Agora, há um espaço virtual, onde as pessoas interagem, onde as pessoas comercializam. Alguns governos são mais regulados que outros e as pessoas já podem escolher a qual deles querem se submeter.

Com efeito, os governos, na medida em que forem mais ou menos repressivos, aumentando ou criando novos tributos, tornam-se competidores. É mais fácil, com a Internet, para o cidadão optar por um regime tributário ou outro ou, ainda, fugir da Lei, para atingir seu objetivo, com menor custo. No ciberespaço, pode-se possuir um provedor de serviços de seu país, ou alistar-se em um servidor de outro país no qual nunca se esteve antes. Isto é absolutamente possível.

A seu turno, os governos acreditam possuir capacidade para regular o comportamento tributário das pessoas, com o intuito de auferir receitas e prestar serviços públicos, posteriormente. Entretanto, a Internet possibilita-nos "mudar" de nacionalidade na medida em que as regras tributárias forem mais ou menos satisfatórias para os nossos negócios. Tal comportamento, agora, é possível para qualquer um.

Em continuidade, a constituição dos *Web sites*, por *softwares*, gráficos, sons, vídeo, conhecimento e conteúdos em dados dificultam a determinação de onde o custo e a dedução de um elemento começa e o outro termina, não se encontrando respaldo nas atuais legislações sobre impostos diretos. Estes recursos, aliados aos desejos dos consumidores por privacidade, com os limites das autoridades tributárias no que concerne a respeitar a confidencialidade das transações, e assim como o uso de dinheiro digital (*e-money*), levam a um cenário de relativo anonimato das operações eletrónicas.

De facto, a Internet é internacional, comunitária e escapar da legislação local torna-se mais fácil. Um *bit* para lá e o poder governamental pode não alcançar, incrementando o poder singular. As regras locais, neste contexto eletrónico, tornam-se menos significantes pois é difícil confrontá-las com o ambiente internacional.

Nesta linha, a moderação legislativa, que iguala as atividades do mundo real com as do comércio *online*, num primeiro momento pode parecer como correta, moderada. No entanto, tratar as duas atividades do mesmo modo é deixar esvaziada a letra da lei, e esta torna-se incumprível, sem efeito.

Uma lista de proteções de liberdade de expressão, de privacidade, no ciberespaço, é permitida por sua arquitetura: relativo anonimato, distribuição descentralizada, múltiplos pontos de acesso, sem sistema simples de identificação dos dados contidos, ferramentas para encriptar as informações: todas estas características e consequências da Internet tornam difícil controlar as transações eletrónicas, com objetivos fiscais. A arquitetura da Internet é o principal protetor do fraudador tributário.

Neste rumo, as regras escritas para os problemas específicos do Comércio Eletrónico são poucas. As regras existentes têm sido criativamente *adaptadas* para os aspectos exclusivos do C.E.

Por outro lado, a incerteza fiscal pode trazer enormes problemas financeiros para os novos negócios eletrónicos, que em um momento anterior precisam planejar estrategicamente os custos tributários do novo negócio. Perguntas como quais transações são tributadas na Internet, que jurisdição abrange, em qual país ou Estado a venda em linha é realizada, se o vendedor possui nexo com o poder tributário, entre outras, necessitam de respostas dos governos no exercício de seu poder tributante.

Os governantes nos Estados Unidos da América, na União Europeia, e por todo o mundo estão examinando as implicações das mudanças alavancadas pela Internet para tentar determinar quais alterações devem ser feitas em seus sistemas fiscais, no sentido de acompanhar as inovações.

Neste sentido, em face de todo o investigado, consideramos ser necessário um novo plano, em virtude da actual falta de habilidade de se responder às questões eletrónicas que se colocam frente ao Direito Tributário. Tais respostas devem partir de um nível internacional, harmonizado. Mas, mesmo que as mudanças legislativas ocorram e consigam englobar todos os procedimentos do *e-commerce,* é igualmente necessário que existam medidas que facilitem a efetiva aplicação deste regramento neste complexo ambiente.

Nos Estados Unidos da América, constatamos que, mesmo havendo uma "permanente moratória" tributária para o *e-commerce,* a discussão científica em torno do assunto tem sido de máxima relevância, bem como a organização de grupos governamentais que elaboram e discutem novas propostas, face ao complexo problema que se coloca. Da mesma maneira, a interpretação dos princípios externados pelos grupos governamentais é alvo de importantes estudos, os quais trouxemos à tona neste trabalho.

Efetivamente, nos E.U.A., o *Permanent Internet Tax Freedom Act (PITFA)* disciplinou o tratamento tributário de três formas principais: barrou a imposição de novos tributos para o acesso à Internet; impediu a instituição de tributos discriminatórios à Internet e impediu tributação múltipla à Internet.

Na mesma linha, o PITFA esclareceu que os Estados não devem colectar impostos se somente a habilidade de acessar o *site* de um vendedor distante é considerada como factor para determinar o nexo de residência e, por consequência, a obrigação do vendedor em recolher impostos.

CONCLUSÃO

Também naquele país, a tributação de transações internacionais é baseada na residência de compradores e vendedores, nas fontes de rendimento e no tipo de rendimentos. Contudo, concluímos que o *e-commerce* desafia a aplicação destas noções em muitos e exclusivos aspectos. É inicial, ainda, o desenvolvimento de regras a serem aplicadas na determinação da residência, fonte e tipo de recursos, nas características provenientes do *e-commerce*. Em alguns casos, é impossível saber a localização tanto do comprador como do vendedor, o mesmo ocorrendo com a natureza dos rendimentos resultantes de vendas de produtos e serviços digitais. Logo, é incerto determinar-se a existência de uma companhia que conduz seus negócios a partir de um servidor longínquo.

Quanto aos programas de computadores (*softwares),* estes constituem-se em um dos mais importantes produtos do *e-commerce* e, de facto, os regulamentos do *Internal Revenue Service* dos Estados Unidos determinam a fonte dos rendimentos envolvendo as transações internacionais de acordo com sua classificação, mas estas não incluem os novos produtos digitais.

Constatamos, ainda, que a tributação do Comércio Eletrónico, nos Estados Unidos da América, era tratada, até pouco tempo atrás, como um negócio que deveria ser protegido pelas políticas governamentais, algo como um projeto na incubadora. Mas, em seu atual estágio, com a explosão de consumo eletrónico, o debate tem se caracterizado pelo apelo dos comerciantes físicos para que as vantagens tributárias oferecidas às *dotcom* terminem.

Entretanto, com a aprovação de uma "permanente moratória" de tributos para a Internet, entendemos, por este ato, que há o reconhecimento de que uma tributação poderia trazer sérios efeitos neste complexo contexto tecnológico, fazendo com que os legisladores estejam hesitantes em fazer algo que "proíba" o *e-commerce*.

Por conseguinte, esta "permanente moratória" tributária sobre a Internet, nos Estados Unidos da América, permite aos Estados norte-americanos uma reavaliação em seus sistemas tributários de impostos de venda e uso, com vistas a uma futura tributação, no entanto, efetivamente adaptada ao ambiente do Comércio Eletrónico.

A seu turno, a União Europeia, já no início de 1997, iniciou o tratamento ao tema, na Comunicação da Comissão intitulada *"Uma Iniciativa Europeia para o Comércio Eletrónico"*. De facto, constatamos a preocupação, nesta iniciativa, com o estabelecimento de uma legislação que não resultasse em dúvidas ao sistema fiscal eletrónico e que primasse pela igualdade das duas formas de comércio, a eletrónica e a tradicional, visando a descaracterizar a competição que já era verificada em alguns sectores.

Realmente, já nesta Comunicação, a Comissão alertava para a potencial velocidade, ausência de rasto e para o anonimato das transações realizadas eletronicamente, que poderiam resultar em novas possibilidades de fraude e evasão fiscal. Culminou, naquela Comunicação, a decisão, juntamente com os Estados-Membros, em iniciar uma análise do impacto e das consequências do *e-commerce* nos direitos aduaneiros e impostos indiretos.

Foi acompanhando a Comunicação anterior que a Comissão renovou a preocupação com os desafios que o Comércio Eletrónico coloca no domínio da fiscalidade, *in casu*, indireta, através da Comunicação denominada *"Comércio Eletrónico e Fiscalidade Indirecta"*, onde foi reafirmada a imposição do IVA, com exceção da aquisição direta de serviços por particulares na UE.

Nesta Comunicação, a Comissão propôs as orientações de não serem criados novos impostos, de considerar as transmissões eletrónicas como sendo prestação de serviços, de garantir a neutralidade entre operadores comunitários e não-comunitários, de facilitar e simplificar o cumprimento das obrigações por parte dos operadores, de garantir o controlo e o cumprimento da lei e, finalmente, de facilitar a tarefa das autoridades fiscais.

De tudo se extrai a dificuldade da União Europeia em compatibilizar todas as orientações propostas, face às características peculiares da Internet e do Comércio Eletrónico.

No presente trabalho, investigamos que, através da DIRETIVA 1999/59/ CE do Conselho, alterou-se a DIRETIVA 77/388/CEE, pelo que se aplicou o regime do Imposto sobre o Valor Acrescentado aos serviços de telecomunicações, incluindo a disponibilização do acesso a redes de informação mundiais (Internet). Por esta atitude impositiva fiscal, concluímos que a mesma vai no sentido contrário às próprias iniciativas da União Europeia de incentivar o acesso às novas tecnologias.

Igualmente, investigamos, neste trabalho, a proposta de DIRETIVA do Conselho no que se refere ao Regime do Imposto Sobre o Valor Acrescentado aplicável a Determinados Serviços Prestados por via Eletrónica. Objetivamente, a proposta estabelecia que, sendo os serviços prestados por um operador, estabelecido fora da UE, a um destinatário estabelecido na UE, o lugar de tributação por IVA será na UE. Por sua vez, isentou de IVA (da UE) as prestações de operadores da UE destinadas para fora da União Europeia e, ainda, colocou que o lugar da prestação será onde o destinatário se encontra estabelecido. Em prosseguimento, constatamos que o tratamento se diferencia para destinatários da UE. Neste caso, o lugar da prestação será aquele em que o prestador se encontra.

Em continuidade, de facto, o *e-commerce* desafia a aplicação das tradicionais regras em muitos e exclusivos aspectos. Constatamos, então, que o desenvolvimento de regras a serem aplicadas na determinação da residência, fonte e tipo

CONCLUSÃO

de recursos, nas características provenientes do *e-commerce* e que possam resultar em uma efetiva imposição tributária direta, carecem de mecanismos. Conclui-se que, em alguns casos, é impossível saber a localização tanto do comprador como do vendedor, bem como a natureza dos rendimentos resultantes de vendas de produtos e serviços digitais. Em complemento, é incerto determinar-se a existência de uma companhia que conduz seus negócios a partir de um servidor longínquo.

Por tudo quanto analisado, verificamos que toda experiência construtiva, com sua devida reflexão, levou a União Europeia a uma nova postura em relação ao comércio eletrónico.

Nesta linha, a DIRETIVA 2006/112/CE DO CONSELHO, englobou, de forma igualitária, praticamente todos os produtos digitais, incluindo os programas de computador, as músicas e o conteúdo *online*.

Também, as novas regras desobrigam os fornecedores europeus a cobrar o imposto (IVA) nas vendas para fora da União Europeia. Já os serviços eletrónicos prestados por empresas provenientes de países não pertencentes à União Europeia devem recolher o IVA, como se fossem fornecedores europeus. A seu turno, as empresas estabelecidas na União Europeia devem recolher o IVA na alíquota de seu país de residência.

Já para os produtos vendidos pela Internet, o princípio da origem é aplicado. Assim, os consumidores particulares devem pagar o IVA no país de aquisição, e não incorrem em encargos adicionais quando retornam ao seu país. Contudo, a regra poderá ser excepcionada se a empresa ultrapassar os limites de vendas a um país (100.000 euros, ou 35.000 euros, dependendo do país envolvido). No mesmo sentido, se a empresa assim optar, deve então registar-se para o pagamento do IVA na alíquota aplicável no país de destino. Por seu turno, os produtos oriundos de empresas situadas fora da União Europeia ficam sujeitos ao imposto de valor acrescentado na importação.

De tudo, logo, infere-se a diferença de atitude dos dois sistemas jurídicos. De um lado, o norte-americano, derivado do Direito Inglês (*Common Law*), que tenderia a esperar os factos para depois adaptar-se a eles. E, por outro lado, o Direito Europeu (*Civil Law*), procurando regular tudo antes que os factos ocorram, por completo. Esta atitude, *in exemplis*, levou, por diversas ocasiões, a alterações elevadas por sucessivas DIRETIVAS, nos pontos concernentes à localização dos serviços prestados eletronicamente.

Nesta linha, com efeito, encontramos a "permanente moratória" no sistema tributário eletrónico dos Estados Unidos da América. Já na União Europeia, a tributação se dá através do imposto comunitário, por excelência, o IVA, a regular as principais atividades eletrónicas, incluída a acessibilidade às redes de informação (Internet).

Contudo, há disposições similares, como é o caso da não-instituição de novos impostos e a neutralidade no tratamento, ainda que teórico, das transações tanto físicas como eletrónicas.

Da mesma forma, o alerta à complexidade com que se deparam as administrações tributárias apresenta-se oportuno, por igual, nos dois espaços jurídicos. Consideramos que há um consenso geral de que as regras tributárias eletrónicas devem ser uniformes, justas, claras e definidas, administrativamente simples, não discriminando os demais contribuintes, bem como não contrariando os novos negócios eletrónicos em crescimento.

Pela própria internacionalidade da Internet e do Comércio Eletrónico, as regras tributárias precisam atingir um consenso supranacional. É claro que, para se atingir tal nível, as nações devem conciliar as propostas, adequando-as aos interesses dos demais setores, tanto das empresas contribuintes, como das pessoas singulares, reunindo especialistas no assunto com o intuito de uniformizar as regras e resolver os problemas especiais, levantados pelo *e-commerce*.

Um ponto que deverá ser possibilitado vem a ser um sistema uniforme de cálculo do processo tributário, face às milhares de jurisdições deparadas pelos internautas. A existência de meios, bem como de cálculos corretos para se colectarem os tributos é um pré-requisito para qualquer sistema tributário efetivo.

Mais além, primordial se faz a fixação de alíquotas uniformes nos diversos países. O que ainda não é executado no comércio tradicional agrava-se no *e-commerce*, pela facilidade em se alterar o poder tributário, havendo concorrência entre Estados e países que disponibilizem alíquotas diferenciadas, tanto para produtos como para serviços, além de serem encontradas em níveis diferentes, de país para país.

Duas certezas existem. A explosão do Comércio Eletrónico já é realidade. E os meios eficientes para tributar este novo conceito devem ser urgentemente desenvolvidos.

Não há respostas fáceis. As iniciativas progressivas devem partir de nível comunitário e internacional, para então conseguirem atingir a globalidade.

Os projetos anteriores, relativos à harmonização fiscal, revelam o quanto é difícil adentrar às regras que envolvem as soberanias, no exercício de seu poder tributante. A tradição dos sistemas tributários denota que são económica e culturalmente específicos, revelando o seu desenvolvimento e crescimento em resposta às necessidades e aos valores da sociedade para os quais foram elaborados.

Os problemas resultantes da existência de diferentes sistemas de tributação, bem como a ocorrência de paraísos fiscais ou sistemas privilegiados, tendem a

CONCLUSÃO

aumentar com o Comércio Eletrónico. O comportamento do contribuinte ganha mobilidade virtual instantânea. Por sua vez, as administrações tributárias devem conviver com um número explosivo de empresas digitais, e o registo e policiamento destes milhões de internautas só dificulta a atividade fiscal. A evasão ganha potencial, com a consequente diminuição de receitas.

Por todo o exposto, justifica-se o que este livro visou a investigar, no sentido de que os problemas existentes revelam a necessidade de identificar novas formas de tributação, face ao problema que se coloca, por meio de uma fiscalização ágil e moderna, bem como de uma legislação mais flexível, nos mesmos moldes desta nova modalidade de atividade mercantil.

BIBLIOGRAFIA

ABELSON, Harold, LEDEEN, K, LEWIS, Harry. *Blown to Bits: your life, liberty, and happiness after the Digital explosion.* Boston: Addison-Wesley, 2008.

ADAMS, Sally. *Danger: Internet Taxes Ahead.* Taxes, The Tax Magazine, CCH Incorporated, Vol. 75, nº 09, September, 1997.

AKDENIZ, Yaman. *Internet Child Pornography and the Law. National and International Responses.* London: Ashgate, 2008.

ALINEJAD, Donya. *Mapping homelands through virtual spaces: transnational embodiment and Iranian diaspora bloggers.* Global Networks: A Journal of Transnational Affairs, Volume 11, Number 1, January, 2011.

ALTAMIRANO, Alejandro C. *La tributación Directa ante el Comercio Eletrónico y La Fiscalización de las Operaciones Desarroladas a través de Internet.* Lisboa: Ciência e Técnica Fiscal, Boletim da Direção – Geral dos Impostos, Ministério das Finanças, nº 397, Janeiro-Março, 2000.

ANDERSON, Ben, BRYNIN, Malcolm, RABAN, Yoel, GERSHUNY, Jonathan. *Information and Communication Technologies in Society: E-living in a Digital Europe.* London: Routledge, 2007.

ARONOWITZ, A.A., LAAGLAND, D.C.G., PAULIDES, G. *Value-Added Tax Fraud in the European Union.* Amsterdam//New York: Kugler Pub., WODC – Ministry of Justice, 1996.

ASCENSÃO, José de Oliveira. *Aspectos Jurídicos da Distribuição em linha de obras literárias, musicais, audiovisuais, bases de dados e produções multimédia...* In: Direito da Sociedade da Informação, Coimbra: Coimbra Ed., Volume V, 2004.

ASCENSÃO, José de Oliveira. *Telecomunicações e Direito de Autor. In As Telecomunicações e o Direito na Sociedade da Informação,* Coimbra, 1999.

AUGSBERG, Ino. *The Relevance of Network Models within the Juridic Discourse. Empirical, Sociological, and Epistemological Perspectives.* German Law Journal, Volume 10, nº 04, 2009.

AZAM, Rifat. *E-Commerce Taxation and Cyberspace Law: The Integrative Adaptation Model.* Virginia Journal of Law &Technology, Summer, Vol. 12, n. 5, 2007.

BAASE, Sara. *A Gift of Fire: Social, Legal, and Ethical Issues for Computing and the Internet*. Upper Saddle River, NJ: Pearson Prentice Hall, 2008.

BACELAR GOUVEIA, Jorge. *Direito Internacional Penal. Uma Perspectiva Dogmático-Crítica*. Coimbra: Almedina, 2008.

BAKARDJIEVA, Maria. *Internet Society: The Internet in Everyday Life*. London: SAGE, 2005.

BAKER, Roozbeh B. *Customary International Law in the 21st Century: Old Challenges and New Debates*. The European Journal of International Law, Volume 21, Number 01, 2010.

BALLARINO, Tito. *Internet Nel Mondo Della Legge*. Padova: Casa Editrice Dott. Antonio Milani, 1998.

BALLE, Francis. *Médias et Sociétés*. Paris: Montchrestien, 8ª ed., 1997.

BARBAS HOMEM, António Pedro. *História das Relações Internacionais. O Direito e as concepções Políticas na Idade Moderna*. Coimbra: Almedina, 2003.

BARNES, Stuart. *E-commerce and v-business: digital enterprise in the twenty-first century*. Amsterdan: Elsevier, 2007.

BASSO, Maristela, ALMEIDA, Guilherme Assis de. *A inclusão legal na economia digital. In:* TORQUATO, Cid.(Org.) *E-dicas: desvirtualizando a nova economia*. São Paulo: Usina do Livro, 2002.

BASSO, Maristela, POLIDO, Fabrício. *Jurisdição e Lei Aplicável na Internet: Adjudicando litígios de violação de direitos da personalidade e as redes de relacionamento social. In:* DE LUCCA, Newton, SIMÃO FILHO, Adalberto.(Org.). *Direito & Internet Aspectos Jurídicos Relevantes*. São Paulo: Quartier Latin, 2008.

BAUMAN, Zygmunt. *Comunidade: a busca por segurança no mundo atual*. Rio de Janeiro: Jorge Zahar, 2003.

BAUMAN, Zygmunt. *Liquid Times. Living in an Age of Uncertainty*. Cambridge: Polity Press, 2008.

BAUMAN, Zygmunt. *Globalização: As consequências humanas*. Rio de Janeiro: Jorge Zahar, 1999.

BECK, Ulrich, SZNAIDER, Natan, WINTER, Rainer. *Global America?: the cultural consequences of globalization*. Liverpool: Liverpool University Press, 2003.

BECK, Ulrich. *La Sociedade del Riesgo Global*. Madrid: Siglo XXI de España, 2002.

BELL, David, LOADER, Brian, PLEACE, Nicholas. *Cyberculture: The Key Concepts*. London: Routledge, 2004.

BENEDEK, Wolfgang, BAUER, Veronika, KETTEMANN, Matthias. *Internet Governance and the Information Society: Global Perspectives and European Dimensions*. Utrecht: Eleven International Publishing, 2008.

BENSOUSSAN, Alain. *Internet aspects juridiques*. Paris: Editions Hermes, 1998.

BENTLEY, Duncan, QUIRK, Patrick. *A Proposal for Electronic Transactions Tax Collection in the Context of Tax-Driven Reform of Banking Laws*. Journal of International Banking Law, Volume 14, Issue 10, October, 1999.

BERMAN, Paul Schiff. *Choice of Law and Jurisdiction on the Internet. Towards a Cosmopolitan vision of Conflict of Laws: Redefining Govermental Interests in a Global era*. University of Pennsylvania Law Review, Volume 153, 2005.

BIEGEL, Stuart. *Beyond Our Control?: Confronting the Limits of Our Legal System in the Age of Cyberspace.* Cambridge: MIT Press, 2003.

BLACKMAN, Josh. *Omniveillance, Google, Privacy in Public, and the Right to Your Digital Identity: A Tort for Recording and Disseminating an Individual's Image over the Internet.* Santa Clara Law Review, Volume 49, 2009.

BLÜMEL, Markus, SOLDO, Erwin. *Internet-Praxis für Juristen: Online-Einstieg leicht gemacht.* Heymanns: Köln, Berlin, Bonn, München, 1998.

BLUM, David C. *State and Local Taxing Authorities: Taking more than their Fair Share of the Electronic Information Age.* The John Marshall Journal of Computer & Information Law, Volume XIV, Number 3, Spring, 1996.

BLYTHE, Stephen. *Digital Signature Law of the United Nations, European Union, United Kingdom and United Stats: Promotion of Growth in E-Commerce with Enhanced Security.* Richmond Journal of Law & Technology, Volume XI, Issue 2, 2005.

BOEHME-NEßLER, Volker. *CyberLaw. Lehrbuch zum Internet-recht.* München: Verlag C.H. Beck, 2001.

BORCHERS, Patrick Joseph. *Internet Libel: The Consequences of a Non-rule Approach to Personal Jurisdiction.* Northwestern Law Review, Vol. 98, nº 2, 2004.

BORCHERS, Patrick Joseph. *Tort and Contract Jurisdiction via the Internet: The 'Minimum Contacts' Test and the Brussels Regulation Compared.* Netherlands International Law Review, Volume 50, Issue 03, 2003.

BOSSUYT, Hans Van, GROOTE, Bertel De. *Law via the internet: free access to law and judicial decisions; solutions and challenges from a Belgian viewpoint.* International Journal of Liability and Scientific Enquiry, Volume 3, Number 4, October, 2010.

BOURGEOIS, Pierre J., BLANCHETTE, Luc. *Income_taxes.ca.com: The Internet, Electronic Commerce, and Taxes-Some Reflections: Part 2.* Canadian Tax Journal, Volume 45, Issue Number 6, 1997.

BRADFORD, David F., *Commentary – Electronic Commerce and Fundamental Tax Reform.* Tax Law Review, Volume 52, Number Four, Symposium on Internet Taxation, New York University School of Law, Summer, 1997.

BRAY, John. *Innovation and the Communications Revolution: From the Victorian Pioneers to Broadband Internet.* London: The Institution of Engineering and Technology, 2002.

BRENNER, Susan, KOOPS, Bert-Jaap. *Approaches to Cybercrime Jurisdiction.* Journal of High Technology Law, Volume IV, nº 1, 2004.

BRETON, Philippe, PROULX, Serge. *L´explosion de la Communication.* Paris: Éditions La Découverte, 1996.

BRITO, Wladimir. *Direito Internacional Público.* Coimbra: Coimbra Ed., 2008.

BROWNLIE, Ian. *Princípios de Direito Internacional Público.* Lisboa: Fundação Calouste Gulbenkian, 1997.

BÚRCA, Gráinne de. *The European Court of Justice and the International Legal Order After Kadi.* Harvard International Law Journal, Volume 51, Number 1, Winter 2010.

BIBLIOGRAFIA

Burk, Dan. *Jurisdiction in a World Without Borders*. Virginia Journal of Law and Technology, Spring, 1997.

Cahir, John. *Understanding Information Laws: A Sociological Approach*. The Journal of Information, Law and Technology, (3), 2002.

Calliess, Gralf-Peter, Hoffmann, Hermann. *Judicial Services for Global Commerce – Made in Germany?* German Law Journal, Volume 10, nº 02, 2009.

Calliess, Gralf-Peter. *Online Dispute Resolution: Consumer Redress in a Global Market Place*. German Law Journal, Volume 07, nº 08, 2006.

Cameron, Debra. *Electronic Commerce: The New Business Platform for the Internet*. Charleston: Computer Technology Research Corp., 1997.

Caracuel, Manuel. *Aspectos generales de La influencia de las nuevas tecnologias sobre las relaciones laborales. in:* Penadés, Javier Plaza. *Cuestiones actuales de derecho y tecnologías de la información y la comunicación*. Navarra: Arazandi, 2006.

Carneiro da Frada, Manuel A. *«Vinho novo em odres velhos?»/A responsabilidade civil das "operadoras de Internet" e a doutrina comum da imputação de danos*. Lisboa: Revista da Ordem dos Advogados, ano 59, Volume II, 1999.

Carr, Nicholas G. *The Big Switch: Rewiring the World, from Edison to Google*. New York: Norton & Company, 2008.

Casalta Nabais, José. *Direito Fiscal*. Coimbra: Almedina, 2010.

Casalta Nabais, José. *O Dever Fundamental de Pagar Impostos. Contributo para a Compreensão Constitucional do Estado Fiscal Contemporâneo*. Coimbra, Almedina, 2012.

Casella, Paulo Borba, Accioly, Hildebrando, Nascimento e Silva, G. E. do. *Manual de Direito Internacional Público*. São Paulo: Saraiva, 2008.

Casella, Paulo Borba. *Direito Internacional dos Espaços*. São Paulo: Atlas, 2009.

Cassese, Sabino. *Global Administrative Law: an Introduction*. Milano: Globus et Locus, 2005.

Cassese, Sabino. *Regulation, Adjudication and Dispute Resolution Beyond the State*. Heidelberg: Max-Planck-Institut für ausländisches öffentliches Recht und Völkerrecht, Fall, 2008.

Castells, Manuel. *A Era da Informação: Economia, Sociedade e Cultura. (O Fim do Milénio-Volume III)*. Lisboa: Fundação Calouste Gulbenkian, 2003.

Castells, Manuel. *A Era da Informação: Economia, Sociedade e Cultura. (O Poder da Identidade-Volume II)*. Lisboa: Fundação Calouste Gulbenkian, 2003.

Castells, Manuel. *The Internet Galaxy: Reflections on the Internet, Business, and Society*. Oxford: Oxford University Press, 2003.

Castells, Manuel. *The Network Society. A Cross-cultural Perspective*. Cheltenham: Edward Elgar, 2004.

Castells, Manuel. *The Rise of The Network Society. The Information Age: Economy, Society and Culture*. Oxford: Wiley-Blackwell, 2000.

Castelluccia, Claude, Cristofaro, Emiliano de, Perito, Daniele. *Private Information Disclosure from Web Sear-*

BIBLIOGRAFIA

ches. *(The case of Google Web History).* Saint-Ismier (France): Institut National de Recherche en Informatique et en Automatique, 2010.

CASTELO PAULO, Octávio. *Comércio Electrónico e Assinaturas Electrónicas. Implicações Legislativas. Uma Perspectiva Europeia.* 13º. Seminário Internacional de Direito de Informática e Telecomunicações, São Paulo, 25 de Outubro de 1999.

CASTRO, Catarina Sarmento. *Direito da Informática, Privacidade e dados Pessoais.* Coimbra: Almedina, 2005.

CATARINO, João Ricardo. *Finanças Públicas e Direito Financeiro.* Coimbra: Almedina, 2012.

CATARINO, João Ricardo. *O Liberalismo em Questão. Justiça, Valores e Distribuição Social.* Lisboa: Istituto Superior de Ciências Sociais e Políticas. Universidade Técnica de Lisboa, 2009.

CATARINO, João Ricardo. *Para uma Teoria Política do Tributo.* Lisboa: Cadernos de Ciência e Técnica Fiscal, nº 184, 2009.

CATINAT, Michel. *La Politique Européenne de Promotion d'Internet – et quelques Considérations pour la France.* Revue du Marché Commun et de L'Union Européenne, no. 435, Février, 2000.

CAVANAGH, Allison. *Sociology in the age of the Internet.* Maidenhead: McGraw-Hill International, 2007.

CAVANNA, Emanuele. *Diffamazione e Internet: la necessità di una normativa specifica. in* MINOTTI, Daniele. *Diritto e Società dell'informazione. Riflessioni su informatica giuridica e Diritto dell'informatica.* Milano: Nyberg, 2005.

CERF, Vinton. *The Scope of Internet Governance. In:* KLEINWÄCHTER, Wolfgang, DORIA, Avri. *Internet Governance Forum (IGF). The First Two Years.* Paris: UNESCO, 2010.

CHAFFEY, Dave. *E-business and e-commerce management: strategy, implementation and practice.* Harlow: Prentice Hall/Financial Times, 2007.

CHAIKIN, David. *Network investigations of cyber attacks: the limits of digital evidence.* Springer Netherlands. Crime, Law and Social Change, Volume 46, Numbers 4-5, 2006.

CHAN, Clayton W. *Taxation of Global E--Commerce on the Internet: The Underlying Issues and Proposed Plans.* Minnesota Journal of Global Trade, Volume 9, Issue 1, Winter, 2000.

CHINN, Menzie David, FAIRLIE, Robert. *The Determinants of the Global Digital Divide: A Cross-Country Analysis of Computer and Internet Penetration.* Yale University, Economic Growth Center, Discussion Paper Nº 881, Setembro, 2004.

CHOUKR, Hassan Fauzi, AMBOS, Kai. *Tribunal Penal Internacional.* São Paulo: Revista dos Tribunais, 2000.

CHRISTENSEN, Val John. *Leveling the Playing Field: A Business Perspective on Taxing E-Commerce.* Brigham Young University Law Review, Volume 2000, Number 1.

CITRON, Danielle Keats. *Minimum Contacts in a Borderless World: Voice over Internet Protocol and the Coming Implosion of Personal Jurisdiction Theory.* University of California, Davis Law Review, Volume 39, nº 4, 2006.

BIBLIOGRAFIA

CLAPHAM, Andrew. *The Role of the Individual in International Law*. The European Journal of International Law, Volume 21, Number 01, 2010.

COATES, Ken, HOLROYD, Carin. *Japan and the Internet Revolution*. Houndmills: Palgrave Macmillan, 2003.

COCKFIELD, Arthur J. *Balancing National Interests in the Taxation of Electronic Commerce Business Profits*. Tulane Law Review, Volume 74, Number 1, November, 1999.

COHEN, Julie. *Cyberspace As/And Space*. Columbia Law Review, Volume 107, nº 1, 2007.

COLLIER, Dennis, ROSNER, Monroe. *Challenges to the Sales Tax from Emerging Information Technologies*. National Tax Association, Proceedings, Eighty-Eighth Annual Conference, San Diego, California, 1995.

CONWAY, Gerard. *Conflicts of Competence Norms in EU Law and the Legal Reasoning of the ECJ*. German Law Journal, Volume 11, nº 09, 2010.

CORDELL, Arthur, IDE, T. Ran. *The New Wealth of Nations: Taxing Cyberspace*. Toronto: Between the lines, 1997.

CORREIA, Miguel Pupo. *Comércio Eletrónico: Forma e Segurança*. In: As Telecomunicações e o Direito na Sociedade da Informação. Coimbra, 1999.

COSTA E SILVA, Paula. *A Contratação Automatizada*. In: Direito da Sociedade da Informação, Coimbra: Coimbra Ed., Volume IV, 2003.

COSTA E SILVA, Paula. *Transferência Electrónica de dados: a formação dos contratos (O novo regime jurídico dos documentos electrónicos)*. In: Direito da Sociedade da Informação, Coimbra: Coimbra Ed., Volume I, 1999.

COTTIER, Thomas, HERTIG, Maya. *The Prospects of 21st Century Constitutionalism*. Max Planck Yearbook of United Nations Law, Volume 07, 2003.

COX, Noel. *Technology and legal systems*. Aldershot: Ashgate, 2006.

COX, Noel. *The Extraterritorial Enforcement of Consumer Legislation and the Challenge of the Internet*. Edinburgh Law Review, Volume 8, nº 1, 2004.

CREMINS, Denis. *Tributação do Comércio Electrónico*. Seminário Organizado pela Comissão da União Europeia, Ciência e Técnica Fiscal, Boletim da Direção Geral dos Impostos, Ministério das Finanças, Lisboa, no. 393, Janeiro-Março, 1999.

CROWLEY, David & HEYER, Paul. *Communication in History: Techology, Culture, Society*. USA: Longman Publishers, 1995.

CRYSTAL, David. *Language and the Internet*. Cambridge: Cambridge University Press, 2006.

CUNHA RODRIGUES, José Narciso. *Internet e Globalização*. in As Telecomunicações e o Direito na Sociedade da Informação, Coimbra, 1999.

DANET, Brenda, HERRING, Susan. *The multilingual Internet: language, culture, and communication online*. Oxford: Oxford University Press US, 2007.

DEDERER, Hans-Georg. *ICANN und die Dominanz der USA Internet Governance auf dem Weg in die Internationalisierung*. Archiv des Völkerrechts, Volume 47, Number 3, September 2009.

BIBLIOGRAFIA

DEIBERT, Ronald, ROHOZINSKI, Rafal. *Tracking GhostNet: Investigating a Cyber Espionage Network.* Toronto: Munk Centre for International Studies, 2009.

DEIBERT, Ronald, PALFREY, John, ROHOZINSKI, Rafal, Zittrain, Jonathan. *Access denied: the practice and policy of global Internet filtering.* Cambridge: MIT Press, 2008.

DEJEAN, Sylvain, PÉNARD, Thierry, SUIRE, Raphael. *Une première évaluation des effets de la loi Hadopi sur les pratiques des Internautes français.* France: M@rsouin, CREM et Université de Rennes 1, 2010.

DELTA, George B., MATSUURA, Jeffrey H. *Law of The Internet.* New York: Aspen Law & Business, 2000.

DIAS PEREIRA, Alexandre Libório. *A Globalização, a OMC e o Comércio Electrónico.* Coimbra: Almedina, Separata da Revista "Temas da Integração", nº 14, 2002.

DIAS PEREIRA, Alexandre Libório. *A Jurisdição na Internet segundo o Regulamento 44/2001 (e as Alternativas Extrajudiciais e Tecnológicas).* Coimbra: Boletim da Faculdade de Direito, Volume LXXVII, 2001.

DIAS PEREIRA, Alexandre Libório. *Comércio Electrónico na Sociedade da Informação: Da Segurança Técnica à Confiança Jurídica.* Coimbra: Almedina, 1999.

DIAS PEREIRA, Alexandre Libório. *Direitos de Autor e Liberdade de Informação.* Coimbra: Almedina, 2008.

DIAS PEREIRA, Alexandre Libório. *Law & Internet: Regulatory Issues of Electronic Commerce.* Coimbra: 2002/2003.

DIAS PEREIRA, Alexandre Libório. *Lex Informatica, Ius Ex Machina e Justiça Artificial. In:* FIGUEIREDO DIAS, Jorge de, GOMES CANOTILHO, José Joaquim, FARIA COSTA, José de. *ARS IVDICANDI. Estudos em Homenagem ao Prof. Doutor António Castanheira Neves.* Coimbra: Coimbra Ed., Volume I, 2008.

DIAS PEREIRA, Alexandre Libório. *Notários, Certificadores e Comércio Electrónico. In.* GOMES, Fabio Luiz. *Estudos Multidisciplinares sobre Integração.* Rio de Janeiro: Lumen Juris, 2004.

DICKENS, Peter, ORMROD, James. *Cosmic Society: towards a Sociology of the Universe.* London: Routledge, 2007.

DICKERSON, Nicholas. *What Makes the Internet So Special? And Why, Where, How, and by Whom Should Its Content Be Regulated?* Houston Law Review, Volume 46, Number 1, 2009.

DINH, Nguyen Quoc, DAILLIER, Patrick, PELLET, Alain. *Direito Internacional Público.* Lisboa: Fundação Calouste Gulbenkian, 2003.

DIZARD, Wilson. *Digital diplomacy: U.S. foreign policy in the information age.* Washington: Praeger, 2001.

DODGE, William. *Customary International Law and the Question of Legitimacy.* Harvard Law Review, Volume 120, Number 4, February 2007.

DOLATA, Ulrich. *Das Internet und die Transformation der Musikindustrie: Rekonstruktion und Erklärung eines unkontrollierten sektoralen Wandels.* Köln: Max-Planck-Institut für Gesellschaftsforschung, 2008.

DOLATA, Ulrich. *The Transformative Capacity of New Technologies. How*

Innovations Affect Sectoral Change: Conceptual Considerations. Köln: Max--Planck-Institut für Gesellschaftsforschung, 2008.

DRAETTA, Ugo. *Internet et Commerce Électronique en Droit International des affaires.* Paris: Forum Européen de la Communication, 2003.

DREZNER, Daniel. *All politics is global: explaining international regulatory regimes.* Princeton: Princeton University Press, 2007.

DUTTON, William. *Social Transformation in an Information Society: Rethinking Access to You and the World.* Paris: United Nations Educational, Scientific and Cultural Organization, 2004.

DUTTON, Willian, HELSPER, Ellen, GERBER, Monica. *The Internet in Britain 2009.* Oxford: Oxford Internet Institute, 2009.

EADS, James R., GOLDEN, David F. *E--Commerce Taxation Issues for Online Businesses.* Georgia Bar Journal, Volume 5, Number 4, February, 2000.

EBERT, KARL *A Taxing Situation.*Ebay Magazine, November, 2000, p. 25. *Cfr.* ADAMS, Sally. *Danger: Internet Taxes Ahead.* Taxes, The Tax Magazine, CCH Incorporated, Vol. 75, nº 09, September, 1997.

EDEN, Sandra. *The Taxation of Electronic Commerce, in* EDWARDS, Lílian & WAELDE, Charlotte. *Law and the Internet – Regulating Cyberspace.* Oxford: Hart Publishing, 1997.

ELKIN-KOREN, Niva, SALZBERGER. Eli M., *Law and Economics in Cyberspace.* International Review of Law and Economics, nº 19, 1999.

ENGEL, Christoph. *The Role of Law in the Governance of the Internet.* Bonn: Max--Planck-Projektgruppe Recht der Gemeinschaftsgüter, 2002.

ENGELBERG, Esther. *Contratos Internacionais do Comércio.* São Paulo: Atlas, 2003.

ETLING, Bruce, FARIS, Robert, PALFREY, John. *Political Change in the Digital Age: The Fragility and Promise of Online Organizing.* School of Advanced International Studies – The Johns Hopkins University. SAIS Review, Volume 30, Number 2, Summer-Fall, 2010.

FABRI, Marco, CONTINI, Francesco, DI FEDERICO, Giuseppe. *Justice and technology in Europe: how ICT is changing the judicial business.* London: Kluwer Law International, 2001.

FARIA COSTA, José de. *Algumas Reflexões sobre o Estatuto Dogmático do chamado "Direito Penal Informático".* Revista Jurídica da Universidade Moderna, Ano I, nº 01, 1998.

FARIA COSTA, José de. *As Telecomunicações e a Privacidade: O Olhar (In)Discreto de um Penalista. in* As Telecomunicações e o Direito na Sociedade da Informação, Coimbra, 1999.

FEARING, Aubrey, EDWARDS, Tracey, JAJEH, Edward. *Doing Business in the EU: VAT Implications for US High-Tech Companies.* High-Tech Industry. Tax, Law, Business, Planning, Jan./Feb., 1998.

FERNANDES DE OLIVEIRA, António. *O IVA nas Transacções Internacionais de Comércio Electrónico.* Fiscalidade nº 02, Revista de Direito e Gestão

Fiscal, Edição do Instituto Superior de Gestão, Abril, 2000.

FERRÃO, Marisa Caetano. *A Jurisdição do Tribunal Internacional de Justiça: Em especial a Cláusula Facultativa de Jurisdição Obrigatória. In:* D'Oliveira Martins, Margarida Salema. *Estudos de Direito Internacional Público e Relações Internacionais.* Lisboa: AAFDL, 2008.

FERREIRA, António Casimiro. *Acesso ao Direito e Mobilização dos Tribunais de Trabalho: o caso da discriminação entre mulheres e homens.* Lisboa: CITE, 2005.

FERREIRA, António Casimiro. *O Estado e a Resolução dos Conflitos de Trabalho.* Revista Crítica de Ciências Sociais, nº 39, Maio, 1994.

FERREIRA, António Casimiro. *Trabalho procura Justiça – Os Tribunais de Trabalho na Sociedade Portuguesa.* Coimbra: Almedina, 2005.

FERRER CORREIA, A. *Lições de Direito Internacional Privado I.* Coimbra: Almedina, 2000.

FLEMING, J. Clifton Jr. *Electronic Commerce and the State and Federal Tax Bases.* Brigham Young University Law Review, Volume 2000, Number 1.

FOGGETI, Nadina. *Ipotesi di Criminalità informática transnazionale: profili di diritto applicabile AL caso concreto. Problematiche attuali Ed eventuali prospettive future. In:* MINOTTI, Daniele. *Diritto e Società dell'informazione. Riflessioni su informatica giuridica e Diritto dell'informatica.* Milano: Nyberg, 2005.

FORESTER, Tom. *The Information Technology Revolution.* Oxford: Basil Blackwell, 1990.

FORST, David L. *Old and New Issues in the Taxation of Electronic Commerce.* The Legal and Policy Framework for Global Electronic Commerce: A Progress Report, Berkeley Technology Law Journal, Volume 14, Number 2, Spring, 1999.

FOX, Willian F., MURRAY, Matthew N. *The Sales Tax and Electronic Commerce: So What's New?* National Tax Journal, Volume L, Nº 3, September, 1997.

FREDERIC SUBRA, Jean-Luc. *The Application of French VAT in the Framework of E-Business Transactions.* Tax Planning International-E-Commerce, Oct., 1998.

FREER, Richard D. *American and European Approaches to Personal Jurisdiction Based Upon Internet Activity.* Emory University School of Law, Research Paper nº 07-15, 2007.

FREIRE E ALMEIDA, Daniel, CATARINO, João Ricardo, GOMES, Fabio Luiz. *Garantias dos Contribuintes no Sistema Tributário.* Livro em Homenagem a Diogo Leite de Campos. São Paulo: Saraiva, 2013.

FREIRE E ALMEIDA, Daniel, HELLEBUST, Celma Regina. *Vídeo-Conferência Internacional Noruega-Brasil – Extratos Fundamentais.* Bauru: Revista do Instituto de Pesquisas e Estudos, nº 47, 2007.

FREIRE E ALMEIDA, Daniel, MARQUES, José Waldemar. *A Internet e o Direito: da Complexidade Técnica à Segurança Jurídica. In:* HIRONAKA, Giselda (Org.) *O Direito e o Diálogo com os demais Saberes. A Dinâmica Interdisciplinar da Experiência Jurídica.* Bauru: Edite, 2006.

BIBLIOGRAFIA

Freire e Almeida, Daniel. *A Tributação do Comércio Electrónico nos Estados Unidos da América e na União Europeia*. Coimbra: Faculdade de Direito da Universidade de Coimbra, 2002.

Freire e Almeida, Daniel. *Bioterrorism Act – A Nova Política Externa dos EUA e a Eleição Presidencial sob a Perspectiva Diplomática do Brasil*. In: Savino, Luis María (Org.). *Las Elecciones de los Estados Unidos y El Impacto Global*. Buenos Aires: Fundación Centro de Estudios Americanos, 2004.

Freire e Almeida, Daniel. *Desafios da Prestação Jurisdicional aos Contratos Eletrônicos como Pressuposto de Reparação do Dano*. In: Hironaka, Giselda (Org.) *Responsabilidade e Direito*. Belo Horizonte: Del Rey, 2002.

Freire e Almeida, Daniel. *Las Relaciones Internacionales y La Política Exterior de los Estados Unidos: Nuevos Desafios de Reagan Al 11 de Septiembre*. In: Savino, Luis María (Org.). *El Impacto Reagan*. Buenos Aires: Fundación Centro de Estudios Americanos, 2006.

Freire e Almeida, Daniel. *O E-commerce Internacional e a Economia Virtual na Vida Real: Prospectiva Legislativa*. In: Hironaka, Giselda (Org.) *O Novo Código Civil e sua Interface no Ordenamento Jurídico Brasileiro*. Belo Horizonte: Del Rey, 2004.

Freire e Almeida, Daniel. *The scientific research and the Internet*. Bauru: Revista do Instituto de Pesquisas e Estudos, nº 34, 2002.

Freire e Almeida, Daniel. *Um Tribunal Internacional para a Internet*. Coimbra: Faculdade de Direito da Universidade de Coimbra, 2012.

Friedman, Thomas L. *The World is Flat*. New York: Farrar, Straus and Giroux, 2005.

Frydman, B., Hennebel, L., Lewkowicz, G. *Public strategies for Internet Co-Regulation in the United States, Europe and China*. in Brousseau, E., Marzouki, M. and Méadel, C. *Governance, Regulations and Powers on the Internet*. Cambridge: Cambridge University Press, 2008.

Fuchs, Christian. *Internet and society: social theory in the information age*. New York: Routledge, 2008.

Fuchs, Christian. *Social Networking Sites and the Surveillance Society. A Critical Case Study of the Usage of studiVZ, Facebook, and MySpace by Students in Salzburg in the Context of Electronic Surveillance*. Salzburg: Forschungsgruppe Unified Theory of Information, 2009.

Gaja, Giorgio. *The Position of Individuals in International Law: An ILC Perspective*. The European Journal of International Law, Volume 21, Number 01, 2010.

Gamage, David, Heckman, Devin. *A Better Way Forward for State Taxation of e-Commerce*. Boston University Law Review, Vol. 92, 2012.

Gamble, John King. *New Information Technologies and the Sources of International Law: Convergence, Divergence, Obsolescence and/or Transformation*. Jahrbuch Für Internationales Recht, Vol. 41, Berlin: Duncher & Humblot, 1998.

García Júnior, Armando. *Contratos via Internet*. São Paulo: Aduaneiras, 2001.

GARCIA MARQUES, José Augusto Sacadura. *Telecomunicação e Protecção de Dados (Do número nacional único aos novos atentados à vida privada)*. In: As Telecomunicações e o Direito na Sociedade da Informação, Coimbra, 1999.

GEHRING, Verna. *The Internet in public life*. Lanham: Rowman & Littlefield, 2004.

GEIST, Michael. *Is There a There There? Towards Greater Certainty for Internet Jurisdiction*. Berkeley Technology Law Journal, Fall, 2001.

GENSOLLEN, Michel. *The Internet: A New Information Economy?* Communications & Strategies, nº 32, 4ᵗʰ quarter, 1998.

GEORGE, Joey. *Computers in Society: Privacy, Ethics, and the Internet*. New Jersey: Pearson Prentice Hall, 2004.

GÉRARD, Chabot. *La Cyberjustice: réalité ou fiction?*. Recueil Dalloz, ano 179, nº 34, 2003.

GERCKE, Marco. *Europe's legal approaches to cybercrime*. Heidelberg: Springer, ERA-Forum, Volume 10, Number 3, 2009.

GERELLI, Emilio. *IL Fantasma Della Globalizzazione e la Realtà dei Sistemi Tributari Negli Anni 2000*. Rivista di Diritto Finanziario e Scienza Delle Finanze, Milano, Casa Editrice Dott. A. Giuffrè, Anno LVI, nº 4, Dicembre, 1997.

GERSTENBERG, Oliver, SABEL, Charles. *Constitutionalising an Overlapping Consensus: The ECJ and the emergence of a Coordinate Constitutional Order*. Oxford: European Law Journal, Volume 16, Number 5, September, 2010.

GIACOMELLO, Giampiero. *National governments and control of the Internet: a digital challenge*. London: Routledge, 2005.

GIDDENS, Anthony. *Sociologia*. Lisboa: Fundação Calouste Gulbenkian, 2009.

GIEGERICH, Thomas. *The Is and the Ought of International Constitutionalism: How Far Have We Come on Habermas's Road to a "Well-Considered Constitutionalization of International Law"?* German Law Journal, Volume 10, nº 01, 2009.

GILLIÉRON, Philippe. *Performing Rights Societies in the Digital Environment*. Stanford Law School, 2006.

GIORGI, Florence, TRIART, Nicolas. *National Judges, Community Judges: Invitation to a Journey through the Looking-glass–On the Need for Jurisdictions to Rethink the Inter-systemic Relations beyond the Hierarchical Principle*. Oxford: European Law Journal, Volume 14, Number 6, November, 2008.

GIOVANNETTI, Emanuele, KAGAMI, Mitsuhiro, TSUJI, Masatsugu. *The Internet Revolution: a Global perspective*. Cambridge: Cambridge University Press, 2003.

GLICKLICH, LEVINE, GOLDBERG & BRODY. *Electronic Services: Suggesting a ManMachine Distinction*. J. Tax'n, Aug., 1997.

GOH, Elaine. *Electronic Filing System of the Supreme Court of Singapore*. International Research on Permanent Authentic Records in Electronic Systems, September, 2003.

GOLDMANN, Matthias. *Inside Relative Normativity: From Sources to Standard*

Instruments for the Exercise of International Public Authority. In: GOLDMANN, Matthias VON BOGDANDY, Armin, WOLFRUM, Rüdiger, VON BERNSTORFF, Jochen, DANN, Philipp. The Exercise of Public Authority by International Institutions: Advancing International Institutional law. Heidelberg: Springer, 2010.

GOLLER, Bernd, STOLL, Peter-Tobias. Electronic Commerce and the Internet. Berlin: Jahrbuch Für Internationales Recht, Volume 41, 1998.

GOMES CANOTILHO, J. J. Direito Constitucional e Teoria da Constituição. Coimbra: Almedina, 7ª Edição, 6ª Reimpressão, 2009.

GOMES CANOTILHO, J. J. Nova Ordem Mundial e Ingerência Humanitária (Claros-Escuros de um Novo Paradigma Internacional). Coimbra: Separata do Boletim da Faculdade de Direito, Volume, 71, 1995.

GOMES CANOTILHO, J. J. O Estado no Direito Constitucional Internacional. Coimbra: Separata da Revista de História das Ideias, Vol. 26, 2005.

GOMES CANOTILHO, J. J. O Tempo curvo de uma Carta (Fundamental) ou o Direito Constitucional Interiorizado. Porto: Concelho Distrital do Porto da Ordem dos Advogados, 2006.

GOMES, Fabio Luiz. Direito Internacional. Perspectivas Contemporâneas. São Paulo: Saraiva, 2010.

GOODGER, Ben. E-Commerce and its Impact on Pricing. Computers & Law, Oct/November, 1999.

GOOLSBEE, Austan. In a World Without Borders: The Impact of Taxes on Internet Commerce.National Bureau of Economic Research, Inc., Working Paper Series – 6863, December, 1998.

GRAY, Tricia. Minimum Contacts in Cyberspace: The Classic Jurisdiction Analysis in a New Setting. Journal of High Technology Law, Volume 01, nº 01, 2002.

GREENSPAN, Alan. A revolução na Sociedade da Informação. In palestra proferida em Massachusetts, EUA, em 06.03.2000, publ. in O Estado de São Paulo, 12.03.2000.

GREENSTEIN, Richard. The Action Bias in American Law: Internet Jurisdiction and the Triumph of Zippo Dot Com. Temple Law Review, Volume 80, 2007.

GREWLICH, Klaus. Conflict and good Governance in "Cyberspace" – Multi-level and Multi-actor Constitutionalisation. In: MESTMAECKER, Ernst-Joachim, ENGEL, Christoph. Law and Economics of International Telecommunications. Baden-Baden: Nomos, 2000.

GRIFFIN, David, TREVORROW, Philippa, HALPIN, Edward. Developments in e-government: a critical analysis. Washington, DC: IOS Press, 2007.

GRIFFITH, Thomas. The History, Purpose, and Procedures of the Advisory Commission on Electronic Commerce. Brigham Young University Law Review, Volume 2000, Number 1.

GRIFFITHS, Mary. e-Citizens: Blogging as Democratic Practice. Electronic Journal of e-Government, Vol. 2, Issue 3, 2004, Disponível em: http://www.ejeg.com/volume-2/volume2-issue3/v2-i3-art2-griffiths.pdf.

GUERREIRO, Tiago Caiado. *O IVA no Comércio Electrónico*. Lisboa: Tribuna, Diário de Notícias, 31 de julho de 2000.

GURRY, Francis. *Internet Governance and Intellectual Property Rights*. In: KLEINWÄCHTER, Wolfgang, DORIA, Avri. *Internet Governance Forum (IGF). The First Two Years*. Paris: UNESCO, 2010.

GUTTAG, Eric. *When Offshore Activities Become Infringing: Applying §271 to Activities that "Straddle" Territorial Borders*. Richmond Journal of Law & Technology, Volume XIV, Issue 1, 2007.

HAASS, Richard. *The Opportunity*. New York: PublicAffairs, 2005.

HAMDOUNI, Said. *La Communauté Européenne face à L'harmonisation dês Règles Nationales de Procédure Fiscale*. Revue Française de Finances Publiques, L.G.D.J., nº 56, 1996.

HARDESTY, David E. *Electronic Commerce – Taxation and Planning*. Boston: Warren, Gorhan and Lamont, 1999.

HARRIS, Mark A. *Advising the CyberBusiness: Apllying Fundamental Tax Concepts to Internet Sales*. Taxes, The Tax Magazine, CCH Incorporated, Vol. 74, nº 12, December, 1996.

HÄRTING, Niko. *Internet Recht*. Köln: Dr. Otto Schmidt, 1999.

HELLERSTEIN, Walter, HOUGHTON, Kendall L. *State Taxation of Electronic Commerce: Perspectives on Proposal for Change and Their Constitutionality*. Brigham Young University Law Review, Volume 2000, Number 1, 2000.

HELLERSTEIN, Walter. *Internet Tax Freedom Act Limits State's Power to Tax Internet Acess and Electronic Commerce*. Journal of Taxation, Volume 90, nº 01, January, 1999.

HELLERSTEIN, Walter. *Transaction Taxes and Electronic Commerce: Designing State Taxes That Work in an Interstate Environment*. National Tax Journal, Volume L, Nº 3, September, 1997.

HELSPER, Ellen, DUTTON, William, GERBER, Monica. *To Be a Network Society: A Cross-National Perspective on the Internet in Britain*. Oxford: Oxford Internet Institute, Research Report No. 17, December 2008.

HICKEY, Julian J. B. *The Fiscal Challenge of E-Commerce*. British Tax Review, Sweet & Maxweel, London, Number 2, 2000.

HOEREN, Thomas. *Liability for Online Services in Germany*. German Law Journal, Volume 10, nº 05, 2009.

HOEREN, Thomas. *Spam in the European Union and Germany*. In: KOZYRIS, Phaedon John. *Regulating Internet Abuses, Invasion of Privacy*. Alphen aan den Rijn: Kluwer Law International, 2007.

HÖERNLE, Tatjana. *Pornographische Schriften im Internet: Verbotsnormen im deutschem Strafrecht und ihre Reichweite*. Neue Juristische Wochenschrift, 2002.

HOLLAND, H. Brian. *The Failure of the Rule of Law in Cyberspace? Reorienting the Normative Debate on Borders and Territorial Sovereignty*. John Marshall Journal of Computer & Information Law, Volume 24, 2005.

HOLLIS, Duncan B. *An e-SOS for Cyberspace*. Harvard International Law Journal, Volume 52, Number 2, Summer, 2011.

HOPKINS, Shannon. *Cybercrime Convention: A Positive Beginning to a Long Road Ahead*. The Journal of High Technology Law, Volume II, nº 1, 2003.

HÖRNLE, Julia. *Cross-border Internet Dispute Resolution*. Cambridge: Cambridge University Press, 2009.

HOWE, Robert. *The Impact of the Internet on the Practice of Law: Death Spiral or Never-Ending Work?* Virginia Journal of Law and Technology, 2003.

HUBBARD, Amanda, BYGRAVE, Lee. *Internet Governance goes Global*. In: BYGRAVE, Lee, BING, Jon. *Internet Governance. Infrastructure and Institutions*. New York: Oxford University Press, 2009.

HUEY, Laura, ROSENBERG, Richard. *Watching the Web: Thoughts on Expanding Police Surveillance Opportunities Under the Cyber-Crime Convention*. Canadian Journal of Criminology and Criminal Justice, Volume 46, nº 05, 2004.

HUNTINGTON, Samuel P. *The Clash of Civilizations and the Remaking of World Order*. New York: Simon & Schuster, 2003.

HYMAN, Leslie, PRADO, Edward. *Technological Advances in the Courtroom*. in *The Changing Face of U.S: Courts*. Electronic Journals of the U.S. Departament of State, Volume 08, nº 01, Maio, 2003.

IGLEZAKIS, Ioannis. *The development of E-Governance and the issue of digital inclusion in Greece with particular regard to the constitutional right of e-participation*. Journal of Information, Law & Technology, 2008.

JACOBS, David, YUDKEN, Joel. *The internet, organizational change, and labor: the challenge of virtualization*. London: Routledge, 2003.

JAGIELSKA, Monika. *Consumer Protection in E-Commerce. in:* HEIDERHOFF, Bettina, ŻMIJ, Grzegorz. *Law of e-commerce in Poland and Germany*. München: Sellier, 2005.

JOHNSON, Bruce R. *The Taxation of E-Commerce*. Montana Law Review, Volume 61, Number 1, Winter, 2000.

JOHNSON, David, POST, David. *Law and Borders-The Rise of Law in Cyberspace*. Stanford Law Review, Volume 48, nº 05, 1996.

KADIR, Rizgar Mohammed. *The Scope and the Nature of Computer crimes Statutes – A Critical Comparative Study*. German Law Journal, Volume 11, nº 06, 2010.

KALNINS, Karen Evie. *Emerging Electronic Filing Court Rules and Standards*. Glasser Legal Works, Volume 02, nº 02, 2002.

KARAVAS, Vaios. *The Force of Code: Law's Transformation under Information – Technological Conditions*. German Law Journal, Volume 10, nº 04, 2009.

KARLIN, Michael J.A. *Pochet Switching-The Taxation of Electronic Commerce*. Fiftieth Annual Tax Institute, Volume 1, The Law School University of Southern California, 1998.

KASTO, Jalil. *New International Order and International Law After the Millennium*. London: International Law Series nº 07, 2002.

KAUFMANN-KOHLER, Gabrielle, SCHULTZ, Thomas. *Online dispute resolution: challenges for contemporary justice.* The Hague: Kluwer Law International, 2004.

KAVASSALIS, Petros, LEHR, William. *Forces for Integration and Disintegration in the Internet.* Communications & Strategies, nº 30, 2nd quarter, 1998.

KELSEN, Hans. *Teoria Geral do Direito e do Estado.* São Paulo: Martins Fontes, 2000. *(Tradução do original KELSEN, Hans. *General Theory of Law and State.* Russel & Russel, 1961).

KESAN, Jay, Gallo, Andres. *Why are the United States and the European Union failing to regulate the internet efficiently? Going beyond the bottom-up and top-down alternatives.* Springer Netherlands. European Journal of Law and Economics, Volume 21, Number 3, 2006.

KHAN, Abdul Waheed. *Preface. In* DUTTON, William. *Social Transformation in an Information Society: Rethinking Access to You and the World.* Paris: United Nations Educational, Scientific and Cultural Organization, 2004.

KHOR, Zoe, MARSH, Peter. *Life online: The Web in 2020.* Oxford: The Social Issues Research Centre, 2006.

KIRSNER, Marvin. *Taxes, Tariffs, and Other Regulatory Barriers to Electronic Commerce.* Panel VII, Symposium – Responding to the Legal Obstacles to Electronic Commerce in Latin America, Arizona Journal of International and Comparative Law, Volume 17, Number 1, Winter, 2000.

KISSINGER, Henry. *Diplomacy.* New York: Simon & Schuster, 1994.

KLEIN, Eckart. *Die Internationalen und die Supranationalen Organisationen. In:* GRAF VITZTHUM, Wolfgang. *Völkerrecht.* Berlin: De Gruyter-Recht, 2007.

KLEINWÄCHTER, Wolfgang, DORIA, Avri. *Internet Governance Forum (IGF). The First Two Years.* Paris: UNESCO, 2010.

KOHL, Uta. *Jurisdiction and the Internet. Regulatory Competence over Online Activity.* Cambridge: Cambridge University Press, 2007.

KOHL, Uta. *The Horror-Scope for the Taxation Office: The Internet and its Impact on 'Residence'.* The University of New South Wales Law Journal, Volume 21, Number 2, 1998.

KOMAITIS, Konstantinos. *Aristotle, Europe and Internet Governance.* Pacific McGeorge Global Business & Development Law Journal, Volume 21, Nº 1, 2008.

KONDO, LeRoy. *Untangling The Tangled Web: Federal Court Reform Through Specialization For Internet Law And Other High Technology Cases.* UCLA Journal of Law & Technology, 2002.

KRAEMER, Kenneth, DEDRICK, Jason, MELVILLE, Nigel, ZHU, Kevin. *Global E-Commerce: impacts of national environment and policy.* Cambridge: Cambridge University Press, 2006.

KROES, Quinten. *E-Business Law of the European Union.* The Hague: Kluwer Law International, 2003.

KRÖGER, Detlef, KUNER, Christopher. *Internet für Juristen.* München: Beck, 2001.

KRUGER, Thalia. *Civil Jurisdiction Rules of the EU and their impact on Third States.* New York: Oxford University Press

BIBLIOGRAFIA

– Private International Law Series, 2008.

KUBOTA, Takashi. *Cyberlaw for Global E-Business: Finance, Payment, and Dispute Resolution.* Hershey: Information Science Reference, 2008.

KUCHER, Marcel, GÖTTE, Lorenz. *Trust Me – An Empirical Analysis of Taxpayer Honesty.* Finanz Archiv, Neue Folge, Band 55, Heft 3, 1998.

KUIPERS, Jan-Jaap. *Party Autonomy in the Brussels I Regulation and Rome I Regulation and the European Court of Justice.* German Law Journal, Volume 10, nº 11, 2009.

KUMAR, Manish. *Constitutionalizing Email Privacy by Informational Access.* Minnesota journal of law, science & technology, Volume 9, issue 1, 2008.

KUNTZ, Joel, PERONI, Robert. *U.S. International Taxation.* Warren, Gorhan and Lamont, Vol. 1, United States of America, 1996.

LE GALL, Jean-Pierre. *Internet: Cyberfiscalité ou Cyberparadis Fiscal.* Revue de Droit de L'Informatique et des Télecoms, 1998/1.

LEGIDO, Ángel Sánchez. *Jurisdicción Universal Penal Y Derecho Internacional.* Valencia: tirant lo blanch, 2004.

LEHMANN, Julia. *Die Überwindung des digitalen Grabens.* Archiv des Völkerrechts, Volume 47, Number 3, September, 2009.

LEITE DE CAMPOS, Diogo, et al. *Problemas Fundamentais do Direito Tributário.* Vislis Ed., 1999.

LEITE DE CAMPOS, Diogo, FREIRE E ALMEIDA, Daniel (Org.). *A Formação do Direito Europeu. Vídeo-Conferência*

Internacional Portugal-Brasil. Lisboa e Bauru: ITE, DVD, 2003.

LEITE DE CAMPOS, Diogo, LEITE DE CAMPOS, Mônica Horta Neves. *Direito Tributário.* Coimbra: Almedina, 2000.

LEITE DE CAMPOS, Diogo, SOUTELINHO, Susana, SANTOS, Ana Miguel. *O "Regime Jurídico" das Opções sobre Acções.* Lisboa: Separata da Revista da Ordem dos Advogados, ano 66, 2006.

LEITE DE CAMPOS, Diogo. *A Arbitragem Voluntária, Jurisdição Típica do Estado--dos-Direitos e dos-Cidadãos. In:* LEITE DE CAMPOS, Diogo, MENDES, Gilmar Ferreira, MARTINS, Ives Gandra da Silva. *A Evolução do Direito no Século XXI – Estudos em Homenagem do Professor Arnoldo Wald.* Coimbra: Almedina, 2007.

LEITE DE CAMPOS, Diogo. *A Harmonização Fiscal na C.E.E.* Coimbra: Boletim da Faculdade de Direito, STVDIA IVRIDICA 38, Colloquia – 1, Universidade de Coimbra, Coimbra Ed., 1999.

LEITE DE CAMPOS, Diogo. *A Imagem que dá poder: privacidade e Informática Jurídica.* Coimbra: Separata das Actas do Congresso Internacional realizado em Novembro de 1993 pelo Instituto Jurídico da Comunicação da Faculdade de Direito da Universidade de Coimbra. Coimbra, 1996.

LEITE DE CAMPOS, Diogo. *A Internet e o Princípio da Territorialidade dos Impostos.* Lisboa: Revista da Ordem dos Advogados, ano 58, 1998.

LEITE DE CAMPOS, Diogo. *Boa Fé e Segurança Jurídica em Direito Tributário.*

Lisboa: Separata da Revista da Ordem dos Advogados, ano 68, 2008.

LEITE DE CAMPOS, Diogo. *NÓS-Estudos sobre o Direito das Pessoas*. Coimbra: Almedina, 2004.

LEITE DE CAMPOS, Diogo. *O Direito em NÓS*. New York: Lawinter Review, Volume I, Issue 1, March 2010.

LEITE DE CAMPOS, Diogo. *O Novo Contrato Social: Dos Impostos às Contribuições*. Lisboa: Separata da Revista da Ordem dos Advogados, ano 65, III, 2005.

LEITE DE CAMPOS, Diogo. *O Sistema Tributário no Estado dos Cidadãos*. Coimbra: Almedina, 2006.

LEITE DE CAMPOS, Diogo. *Portugal e a Moeda Única Europeia. In:* MARTINS, Ives Gandra. *Desafios do Século XXI*. São Paulo: Pioneira, 1997.

LEITE DE CAMPOS, Diogo. *Prefácio. In:* GOMES, Fabio Luiz. *Direito Internacional. Perspectivas Contemporâneas*. São Paulo: Saraiva, 2010.

LESSA, Antônio Carlos. *A Construção da Europa. A última Utopia das Relações Internacionais*. Brasília: IBRI, 2003.

LESSIG, Lawrence. *Code and Other Laws of Cyberspace*. New York: Basic Books, 1999.

LESSIG, Lawrence. *Code. Version 2.0.* New York: Basic Books, 2006.

LESSIG, Lawrence. *Free Culture. How Big Media Uses Technology and the Law to Lock Down Culture and Control Creativity*. New York: The Penguin Press, 2004.

LESSIG, Lawrence. *The Future of Ideas. The fate of the commons in a Connected World*. New York: Random House, 2001.

LEVENSON, Alan R. *Federal and International Tax Issues Affecting Electronic Commerce*. International Tax Seminar, Texts of Seminar Papers, Montréal, May 28, 1998.

LIMA PINHEIRO, Luís. *Competência Internacional em matéria de Litígios relativos à Internet. In:* Direito da Sociedade da Informação, Coimbra: Coimbra Ed., Volume IV, 2003.

LIMA PINHEIRO, Luís. *Direito Internacional Privado*. Coimbra: Almedina, Volume 1, 2008.

LIMA PINHEIRO, Luís. *O Direito aplicável aos Contratos Celebrados através da Internet. In:* PINHEIRO, Luís de Lima. *Estudos de Direito Internacional Privado*. Coimbra: Almedina, Volume II, 2009.

LIMA, João André. *A Harmonização do Direito Privado*. Brasília: Fundação Alexandre de Gusmão, 2008.

LIMBER, Susan, KOWALSKI, Robin, AGATSTON, Patricia. *Cyber Bullying: A Prevention Curriculum for Grades 6–12*. Center City (USA): Hazelden Publishing, 2008.

LOGIE, John. *Peers, Pirates, and Persuasion Rhetoric in the Peer-to-Peer Debates*. West Lafayette: Parlor Press, 2006.

LORCA, Arnulf Becker. *Universal International Law: Nineteenth-Century Histories of Imposition and Appropriation*. Harvard International Law Journal, Volume 51, Number 2, Summer, 2010.

LOUDENSLAGER, Michael. *Allowing Another Policeman on the Information Superhighway: State Interests and Federalism on the Internet in the Face of the*

Dormant Commerce Clause. B.Y.U. Journal of Public Law, Volume XVII, 2003.

LOWE, Charles. *Ten Steps to Massive take-up of eGovernment in Europe.* International Journal of Communications Law and Policy, nº 08, Winter, 2004.

MACHADO, Jónatas E. M. *Direito Internacional. Do Paradigma Clássico ao Pós-11 de Setembro.* Coimbra: Coimbra Ed., 2006.

MACIONIS, John, PLUMMER, Kenneth. *Sociology: A Global Introduction.* New York: Pearson Prentice Hall, 2008.

MAGUIRE, Ned, MATTSON, Bob, ULLMAN, Harold, PERKINS, Michael. *Characterisation and Source of Income.* Tax Planning International–E-Commerce, Oct., 1998.

MAGUIRE, Ned. *Taxation of E-Commerce.* The Federal Lawyer, Volume 47, Number Five, June, 2000.

MAJOROS, Ferenc. *O Direito Internacional Privado.* Lisboa: Colecção Jurídica Internacional, 2001.

MARQUES DOS SANTOS, António. *Direito Aplicável aos Contratos celebrados através da Internet e tribunal competente. In:* Direito da Sociedade da Informação, Coimbra: Coimbra Ed., Volume IV, 2003.

MART, Susan Nevelow. *The Internet's Public Domain: Access to Government Information On the Internet.* Journal of Internet Law, Volume 12, 2009.

MARTÍNEZ LÓPEZ, Francisco, Huertas, Paula, CARRIÓN, Rodrigo, SILVERA, José. *Internet para Investigadores: Relación y Localización de Recursos en la red para Investigadores y Universitarios.*

Huelva: Servicio de Publicaciones de la Universidad de Huelva, 1998.

MARTÍNEZ, Miguel Á.A. *Derecho en Internet.* Sevilha: Mergablum, 1998, p. 16.

MATTSON, Robert N. *The Sales and Use Tax Dilemma: Multiple Taxation.* University of Miami Law Review, Volume 52, Number 3, April, 1998.

MAY, Randolph. *Charting a New Constitutional Jurisprudence for the Digital Age.* Engage, Charleston Law Review, Vol. 9, nº 3, October, 2008.

MAY, Randolph. *Net Neutrality Mandates: Neutering the First Amendment in the Digital Age.* I/S: A Journal of Law and Policy for the Information Society, Vol. 3, nº 1, Spring, 2007.

MAYER, Franz C. *Europe and the Internet: The Old World and the New Medium.* European Journal of International Law, Oxford University Press, Volume 11, Number 1, March, 2000.

MCINTYRE, Michael J. *Taxing Electronic Commerce Fairly and Efficiently.* Tax Law Review, Volume 52, Number Four, Summer, 1997.

MCKEOWN, Rich. *Questioning the Viability of the Sales Tax: Can It Be Simplified to Create a Level Playing Field?* Brigham Young University Law Review, Number 1, 2000.

MCKIRAHAN, Scott. Cfr. National Internet Sales Tax Coming Soon! Disponível em: http://storecoach.com/blog/national-internet-sales-tax-coming-soon/ .

MCLAUGHLIN, Matthew G. *The Internet Tax Freedom Act: Congress Takes a Byte Out of the Net.* Catholic University Law Review, Volume 48, Number 1, Fall, 1998.

MCLURE, Charles E. Jr. *Electronic Commerce, State Sales Taxation, and Intergovernmental Fiscal Relations.* National Tax Journal, Volume L, Nº 4, December, 1997.

MECKLENBURG, Keith-Stuart von. *Internet Taxation – The Legal Issues of Internet Taxation.* Computer Law & Security Report, Volume 15, nº 04, 1999.

MELLO, Celso D. de Albuquerque. *Curso de Direito Internacional Público.* Rio de Janeiro: Renovar, 2º Volume, 2004.

MENDES, Armindo Ribeiro. *Medidas Judiciais na Internet. In:* Direito da Sociedade da Informação, Coimbra: Coimbra Ed., Volume V, 2004.

MENDES, Manuel, SUOMI, Reima, PASSOS, Carlos, *Digital communities in a networked society: e-commerce, e-business, and e-government: the Third IFIP Conference on E-Commerce, E-Business, and E-Government.* Berlin: Springer, 2004.

MICHAELS, Ralf. *Territorial Jurisdiction after Territoriality. In:* SLOT, Pieter, BULTERMAN, Mielle. *Globalisation and Jurisdiction.* The Hague: Kluwer Law International, 2004.

MINES, Paul. *Commentary – Conversing With Professor Hellerstein: Electronic Commerce and Nexus Propel Sales and Use Tax Reform.* Tax Law Review, Volume 52, Number Four, Symposium on Internet Taxation, New York University School of Law, Summer, 1997.

MINOTTI, Daniele. *Diritto e Società dell'informazione. Riflessioni su informatica giuridica e Diritto dell'informatica.* Milano: Nyberg, 2005.

MOLINA, Josep. *La Videoconferencia en el processo penal italiano. in:* PENADÉS,

Javier Plaza. *Cuestiones actuales de derecho y tecnologías de la información y la comunicación.* Navarra: Arazandi, 2006.

MÖLLER, Christian, AMOUROUX, Arnaud. *Governing the Internet. Freedom and Regulation in the OSCE Region.* Viena: Organization for Security and Cooperation in Europe (OSCE), 2010.

MONTGOMERY, Kathryn. *Generation Digital: Politics, Commerce, and Childhood in the Age of the Internet.* Cambridge: MIT Press, 2007.

MORRISON, Caren Myers. *Privacy, Accountability, and the Cooperating Defendant: Towards a New Role for Internet Access to Court Records.* Vanderbilt Law Review, Volume 62, 2009.

MORRISON, Fred L. *Sex, Lies, and Taxes: New Internet Law in the United States.* Berlin: Jahrbuch Für Internationales Recht, Duncher & Humblot, Volume 41, 1998.

MORSE, Edward A. *State Taxation of Internet Commerce: Something New Under the Sun?* Creighton Law Review, Volume 30, Nº 4, June, 1997.

MORSE, Edward. *The Internet gambling conundrum: Extraterritorial impacts of U.S. laws on Internet businesses.* Computer Law & Security Report, Volume 23, Issue 6, 2007.

MOSSBERGER, Karen, MCNEAL, Ramona. *Digital citizenship: the internet, society, and participation.* Cambridge: MIT Press, 2007.

MOURA VICENTE, Dário. *Meios extrajudiciais de composição de litígios emergentes do Comércio Electrónico. In:* Direito da

Sociedade da Informação, Coimbra: Coimbra Ed., Volume V, 2004.

MOURA VICENTE, Dário. *Problemática Internacional da Sociedade da Informação (Direito Internacional Privado)*. Coimbra: Almedina, 2005.

MOURA VICENTE, Dário. *Problemática Internacional dos nomes de domínio*. In: Direito da Sociedade da Informação, Coimbra: Coimbra Ed., Volume IV, 2003.

MOURA VICENTE, Dário. *Problemática Internacional dos nomes de domínio*. Revista da Faculdade de Direito da Universidade de Lisboa, XLIII, nº 01, 2002.

MULLIGAN, Christina. *Perfect Enforcement of Law: When to Limit and When to Use Technology*. Richmond Journal of Law & Technology, Volume XIV, nº 04, 2008.

NAGPAL, Rohas. *Evolution of Cyber Crimes*. Pune (India): Asian School of Cyber Laws, 2008.

NASH, Victoria, PETU, Malcolm. *Rethinking safety and security in a networked world: reducing harm by increasing cooperation*. Oxford Internet Institute, Forum Discussion Paper nº 06, 2005.

NASSER, Salem H. *Fontes e Normas do Direito Internacional. Um estudo sobre a Soft Law*. São Paulo: Atlas, 2005.

NATALE, Jessica. *Exploring Virtual Legal Presence: The Present and The Promise*. The Journal of High Technology Law, Volume 01, nº 01, 2002.

NEBERGALL, Mark. *The Taxation of E--Commerce*. Montana Law Review, Volume 61, Number 1, Winter, 2000.

NG, KAREN. *Spam Legislation in Canada: Federalism, Freedom of Expression and the Regulation of the Internet*. University of Ottawa Law & Technology Journal, Volume 02, nº 02, 2005.

NIE, Norman, ERBRING, Lutz. *Internet and Society – A Preliminary Report*. Stanford Institute for the Quantitative Study of Society, Stanford University, February 17, 2000.

NORTON, Pedram. *Directgov: The Right Direction for E-government or a Missed Opportunity?* Journal of Information, Law & Technology, 2008.

NOVECK, Beth, BALKIN, Jack. *The State of Play: Law, Games, and Virtual Worlds (Ex Machina: Law, Technology, and Society)*. New York: New York University Press, 2006.

NYE, Joseph S. *Soft Power. The means to sucess in world politics*. New York: Public Affairs, 2004.

O'HARA, Erin Ann. *Choice of Law for Internet Transactions: The Uneasy Case for Online Consumer Protection*. University of Pennsylvania Law Review, Volume 153, 2005.

OKIN, J. R. *The Internet Revolution: The Not-for-dummies Guide to the History, Technology, And Use of the Internet*. Winter Harbor: Ironbound Press, 2005.

OLIVIER, Hance. *Business et Droit d'Internet*. London: Best of Editions, 1996. SMITH, Graham, BOARDMAN, Ruth. *Internet Law and Regulation*. London: Sweet & Maxwell, 2007.

OSKAMP, Anja, LODDER, Arno, APISTOLA, Martin. *IT Support of the Judiciary. Australia, Singapore, Venezuela, Norway, The Netherlands and Italy*. New York: Cambridge University Press, 2004.

OWADA, Hisashi. *The Rule of Law in a Globalizing World – An Asian Perspective*. Washington University Global Studies Law Review, Volume 7, Number 02, 2008.

PALFREY, John, GASSER, Urs. *Born Digital. Understanding the First Generation of Digital Natives*. New York: Basic Books, 2008.

PARÉ, Daniel. *Internet governance in transition: who is the master of this domain?* Lanham: Rowman & Littlefield, 2003.

PATRUNO, M. *Manuale di Diritto della Comunità Europea*. Universita Edizioni – CxT, 3ª edizione, 1998.

PAVLICHEV, Alexei, GARSON, David. *Digital government: principles and best practices*. Hershey: Idea Group Publishing, 2004.

PAYNTER, Judy. *The Taxation of E-Commerce*. Montana Law Review, Volume 61, Number 1, Winter, 2000.

PEHA, Jon M., STRAUSS, Robert P. *A Primer on Changing Information Technology and the Fisc*. National Tax Journal, Volume L, Nº 3, September, 1997.

PELTU, Malcolm, DUTTON, William. *The emerging Internet governance mosaic: connecting the pieces*. Oxford: Oxford Internet Institute, 2005.

PEREIRA, André Gonçalves, QUADROS, Fausto de. *Manual de Direito Internacional Público*. Coimbra: Almedina, 2009.

PERKINS, Nancy. *Tributação do Comércio Eletrónico*. Seminário Organizado pela Comissão da União Europeia, Ciência e Técnica Fiscal, Boletim da Direção – Geral dos Impostos, Minis-

tério das Finanças, Lisboa, no. 393, Janeiro-Março, 1999.

PETERSON, Florence. *Statement at the Subcommittee on Commercial and Administrative Law of the Committee on the Judiciary of the House of Representatives of the 106th Congress on the draft "Fairness and voluntary Arbitration Act"*. Washington: U.S. Government Printing Office, 2000.

PINTO MONTEIRO, António (Coord.). *Estudos de Direito da Comunicação*. Coimbra: Instituto Jurídico da Comunicação, 2002.

PINTO MONTEIRO, António (Dir.). *Estudos de Direito do Consumidor – nº 4*. Coimbra: Almedina, 2002.

PINTO MONTEIRO, António. *A Responsabilidade Civil na Negociação Informática*. In: Direito da Sociedade da Informação, Coimbra: Coimbra Ed., Volume I, 1999.

PINTO MONTEIRO, António. *Cláusulas Limitativas do Conteúdo Contratual*. In: *Estudos de Direito da Comunicação*. Coimbra: Instituto Jurídico da Comunicação, 2002.

PIRES, Rita Calçada. *Tributação Internacional do Rendimento Empresarial gerado através do comércio Electrónico – Desvendar mitos e construir realidades*. Coimbra: Almedina, 2011.

POLANSKI, Paul Przemyslaw. *The Internationalization of Internet Law. In*: KLABBERS, Jan, SELLERS, Mortimer. *The Internationalization of Law and Legal Education*. Helsinki & Baltimore: Springer, IUS GENTIUM COMPARATIVE PERSPECTIVES ON LAW AND JUSTICE, 2008.

PORTO, Manuel, CUNHA, Paulo de Pitta. *O Euro e o Mundo*. Coimbra: Almedina, 2002.

PREBUT, David S. *State and Local Taxation of Electronic Commerce: The Forging of Cyberspace Tax Policy*. Rutgers Computer and Technology Law Journal, Volume 24, Number 2, 1998.

PRÜM, André, POULLET, Yves, *et al. Le commerce électronique en Droit luxembourgeois: commentaire de la loi (modifiée) du 14 août 2000 relative au commerce électronique*. Bruxelles: Larcier, 2005.

QUINTO, David, DESAI, Deven. *Law of Internet Disputes*. New York: Aspen Publishers, 2001.

RABINOVICH-EINY, Orna. *Beyond Efficiency: The Transformation of Courts Through Technology*. UCLA Journal of Law & Technology, Volume 12, nº 01, 2008.

RABY, Burguess. *Taxes, Tariffs, and Other Regulatory Barriers to Electronic Commerce*. Panel VII, Symposium – Responding to the Legal Obstacles to Electronic Commerce in Latin America, Arizona Journal of International and Comparative Law, Volume 17, Number 1, Winter, 2000.

RASMUSSEN, Bo Sandemann. *On the Possibility and Desirability of Taxing E-Commerce*. UNIVERSITY OF AARHUS, DENMARK, 2004.

RASMUSSEN, Terje. *Techno-politics, Internet Governance and some challenges facing the Internet*. Oxford Internet Institute, Research Report 15, 2007.

REALE, Miguel. *Lições Preliminares de Direito*. São Paulo: Saraiva, 20ª edição, 1993.

RECHSTEINER, Beat Walter. *Direito Internacional Privado – Teoria e Prática*. São Paulo: Saraiva, 2008.

REIDENBERG, Joel. *States and Internet Enforcement*. University of Ottawa Law & Technology Journal, Vol. 1, nº 213, 2004.

REIDENBERG, Joel. *Technology and Internet Jurisdiction*. University of Pennsylvania Law Review, Volume 153, 2005.

REINISCH, August. *The Immunity of International Organizations and the Jurisdiction of Their Administrative Tribunals*. New York: International Law and Justice Working Paper, 2007/11.

REMØE, Svend, ORGANISATION FOR ECONOMIC COOPERATION AND DEVELOPMENT. *Governance of Innovation Systems*. Paris: OECD, 2005.

RENNINGER, Ann, SHUMAR, Wesley. *Building virtual communities: learning and change in cyberspace*. Cambridge: Cambridge University Press, 2002.

REZEK, José Francisco. *Direito Internacional Público*. São Paulo: Saraiva, 2008.

REZEK, José Francisco. *Princípio da Complementaridade e Soberania*. Brasília: Centro de Estudos Judiciários, Volume 04, nº 11, 2000.

RIGBY, Ben. *Mobilizing generation 2.0: a practical guide to using Web 2.0 technologies to recruit, organize, and engage youth*. San Francisco: Jossey-Bass, 2008.

RIMMER, Matthew. *Virtual Countries: Internet Domain Names and Geographical Terms*. Media International Australia incorporating Culture and Policy, nº 106, 2003.

RÖBEN, Volker. *The Enforcement Authority of International Institutions. In*:

Goldmann, Matthias VON BOGDANDY, Armin, WOLFRUM, Rüdiger, VON BERNSTORFF, Jochen, DANN, Philipp. *The Exercise of Public Authority by International Institutions: Advancing International Institutional law.* Heidelberg: Springer, 2010.

ROBERTS, Paul. *Comparative Criminal Justice Goes Global.* Oxford Journal of Legal Studies, Volume 28, Number 02, 2008.

RODAS, João Grandino, MONACO, Gustavo Ferraz de Campos. *A Conferência da Haia de Direito Internacional Privado: a Participação do Brasil.* Brasília: Fundação Alexandre de Gusmão, 2007.

RODAS, João Grandino. *Elementos de Conexão do Direito Internacional Privado Brasileiro relativamente às Obrigações Contratuais. In:* RODAS, João Grandino. *Contratos Internacionais.* São Paulo: Revista dos Tribunais, 2002.

RODRIGUES, Avelino. *Para uma Axiologia da Comunicação Global. In: As Telecomunicações e o Direito na Sociedade da Informação,* Coimbra, 1999.

ROLL, Michael E. *Taxes, Tariffs, and Other Regulatory Barriers to Electronic Commerce.* Panel VII, Symposium – Responding to the Legal Obstacles to Electronic Commerce in Latin America, Arizona Journal of International and Comparative Law, Volume 17, Number 1, Winter.

ROMUALDI, Giuliana. *La tutela del Cyber consumer: la risoluzione stragiudiziale delle controversie per via elettronica. La prospettiva italiana. in* MINOTTI, Daniele. *Diritto e Società dell'informazione. Riflessioni su informatica giuridica e Di-*

ritto dell'informatica. Milano: Nyberg, 2005.

ROSE, Richard. *A Global Diffusion Model of e-Governance.* Cambridge University Press – Journal of Public Policy, Volume 25, Issue 01, 2005.

ROSS, Graeme. *Tributação do Comércio Electrónico.* Seminário Organizado pela Comissão da União Europeia, Ciência e Técnica Fiscal, Boletim da Direção Geral dos Impostos, Ministério das Finanças, Lisboa, no. 393, Janeiro-Março, 1999.

ROSS, Graeme & SELBY, James. *Beyond Ottawa: How Should Indirect Tax Evolve to Meet the Challenge of E-Commerce?* Tax Planning International-E-Commerce, Oct., 1998.

RULE, Colin. *Online dispute resolution for business: B2B, e-commerce, consumer, employment, insurance, and other commercial conflicts.* San Francisco: John Wiley and Sons, 2002.

RUNDLE, Mary, BIRDLING, Malcolm. *Filtering and the International System: A question of Commitment. In* DEIBERT, Ronald, PALFREY, John, ROHOZINSKI, Rafal, ZITTRAIN, Jonathan. *Access denied: the practice and policy of global Internet filtering.* Cambridge: MIT Press, 2008.

RUNDLE, Mary. *Beyond Internet Governance: The Emerging International Framework for Governing the Networked World.* Harvard Law School, Berkman Center Research Publication Nº 2005-16, 2005.

RUSTAD, Michael, LAMBERT, Thomas. *Internet Law in a Nutshell.* Suffolk University Law School, Legal Studies

Research Paper Series, nº 09/05, 2009.

SALACUSE, Jeswald. *The Emerging Global Regime for Investment*. Harvard International Law Journal, Volume 51, Number 2, Summer, 2010.

SAMUELSON, Paul, NORDHAUS, Willian. *Economics*. New York: McGrall-Hill, 16ª ed., 1999.

SANCHES, Matt C. *The Web Difference: A Legal and Normative Rationale Against Liability for Online Reproduction of third-party Defamatory Content*. Harvard Journal of Law & Technology, Volume 22, Number 1, 2008.

SANTOS, Boaventura de Sousa, *et al. Os actos e os tempos dos juízes: contributos para a construção de indicadores da distribuição processual nos juízos cíveis*. Coimbra: Observatório Permanente da Justiça Portuguesa, Centro de Estudos Sociais, 2005.

SANTOS, Boaventura de Sousa, *et al. Para um novo Judiciário: qualidade e eficiência na gestão dos processos cíveis*. Coimbra: Observatório Permanente da Justiça Portuguesa, Centro de Estudos Sociais, 2008.

SANTOS, Boaventura de Sousa, *et al. Porquê tão lentos? Três casos especiais de morosidade na Administração da Justiça*. Coimbra: Observatório Permanente da Justiça Portuguesa, Centro de Estudos Sociais, 1998.

SANTOS, Boaventura de Sousa. *A justiça em Portugal: diagnósticos e terapêuticas*. Manifesto, Março, 2005.

SANTOS, Boaventura de Sousa. *Os tribunais e as novas tecnologias de comunicação e de informação*. Porto Alegre: Sociologias, ano 7, nº 13, jan/jun, 2005.

SANTOS, Boaventura de Sousa. *Para uma revolução democrática da justiça*. São Paulo: Cortez, 2007.

SANTOS, Boaventura de Sousa. *Sociologia Jurídica Crítica. Para un nuevo sentido común en El Derecho*. Madrid: Editorial Trotta, 2009.

SANZ, Xavier, MUÑOZ, Josep I. *Fuentes de Información en Internet para el Estudio del Derecho Internacional Público y las Relaciones Internacionales*. Revista Española de Derecho Internacional, Volume XLIX, Núm. 2, 1997.

SASSEN, Saskia. *When National Territory is Home to the Global: Old Borders to Novel Borderings*. London: Routledge. New Political Economy, Volume 10, nº 4, 2005.

SCHELL, Bernadette Hlubik. *The Internet and society: a reference handbook*. Oxford: ABC-CLIO, 2007.

SCHJØLBERG, Stein, GHERNAOUTI--HÉLIE, Solange. *A Global Protocol on Cybersecurity and Cybercrime. An initiative for peace and security in cyberspace*. Oslo: Cybercrimedata, 2009.

SCHMAHL, Stefanie. *Zwischenstaatliche Kompetenzabgrenzung im Cyberspace*. Archiv des Völkerrechts, Volume 47, Number 3, September, 2009.

SCHMID, Beat, STANOEVSKA-SLABEVA, Katarina, TSCHAMMER, Volker. *Towards the E-Society: E-commerce, E--business, and E-government*. Boston: Kluwer Academic Publishers, 2001.

SCHOENHARD, Paul. *Disclosure of Government Information Online: a New Approach from an Existing Framework*. Harvard Journal of Law & Technology, Volume 15, Number 2, Spring, 2002.

SCHÖNDORF-HAUBOLD, Bettina. *The Administration of Information in International Administrative Law – The Example of Interpol. In*: GOLDMANN, Matthias VON BOGDANDY, Armin, WOLFRUM, Rüdiger, VON BERNSTORFF, Jochen, DANN, Philipp. *The Exercise of Public Authority by International Institutions: Advancing International Institutional law*. Heidelberg: Springer, 2010.

SCHOR, Miguel. *Mapping Comparative Judicial Review*. Washington University Global Studies Law Review, Volume 7, Number 02, 2008.

SCHULTZ, Thomas. *Information technology and arbitration: a practitioner's guide*. London: Kluwer Law International, 2006.

SCHUMACHER, Pascal. *Fighting illegal Internet content – May access providers be required to ban foreign websites? A recent German approach*. International Journal of Communications Law and Policy, Issue 8, Winter, 2004.

SEAMAN, Adrienne. *E-Commerce, Jurisdiction and Choice of Law*. Computers and Law. v. 10, nº 5, 2000.

SÉDALLIAN, Valérie. *Droit de L'Internet-Réglementation, Responsabilités, Contracts*. Collection AUI, Association des Utilisateurs d'Internet, Éditions Net Press, France, 1996.

SEFFAR, Karim, BENYEKHLEF, Karim. *Commerce Électronique et Normativités Alternatives*. University of Ottawa Law & Technology Journal, Volume 03, nº 02, 2006.

SERVAES, Jan. *The European information society: a reality check*. Bristol: Intellect Books, 2003.

SHAKOW, David J. *Commentary – Taxing Nothings: Intangibles on the Internet*. Tax Law Review, Volume 52, Number Four, Symposium on Internet Taxation, New York University School of Law, Summer, 1997.

SILVA NETO, José Francisco. *A importância do Direito Internacional na ordem mundial atual..* New York: Lawinter, 2002, disponível em: www.lawinter.com/wpinauguraljfsn.htm, acesso em: 20.03.2009.

SILVA NETO, José Francisco. *Apontamentos de Direito Tributário*. Rio de Janeiro: Forense, 2006.

SIMMA, Bruno. *Universality of International Law from the Perspective of a Practitioner*. The European Journal of International Law, Volume 20, Number 02, 2009.

SMITH, Graham. *Internet Law and Regulation*. London: FT Law & Tax, 1996.

SMITH, Graham, BOARDMAN, Ruth. *Internet Law and Regulation*. London: Sweet & Maxwell, 2007.

SMITH, Ted A. *Congress Must First Learn to Surf the Internet, if it ever hopes to catch the next wave of securities fraud*. The John Marshall Journal of Computer & Information Law, Vol. XVII, Number 2, 1999.

SOARES, Guido Fernando Silva. *Curso de Direito Internacional Público*. São Paulo: Atlas, 2002.

SOUSA JUNIOR, José Geraldo de. *Por uma concepção alargada de Acesso à Justiça*. Brasília: Revista Jurídica, Volume 10, nº 90, abril/maio, 2008.

SOVERAL MARTINS, Alexandre, COUTINHO DE ABREU, Jorge Manuel, *et al.*

Temas Societários. Coimbra: Almedina, Nº 2 da Colecção, 2006.

SPANG-HANSSEN, Henrik. *Cyberspace Jurisdiction in the U.S. (From an alien's point of view). The International Dimension of Due Process*. Oslo: Institutt for rettsinfomatikk, Norwegian Research Center for Computers and Law, 2001.

SPINDLER, Gerald, BÖRNER, Fritjof. *E--Commerce Law in European and the USA*. Berlin: Springer, 2002.

SPINELLO, Richard. *Cyberethics: morality and law in cyberspace*. Sudbury: Jones & Bartlett, 2006.

STAKSRUD, Elisabeth, LIVINGSTONE, Sonia. *Children and Online Risk. Powerless victims or resourceful participants?* London: Routledge. Information, Communication & Society, Volume 12, nº 03, 2009.

STANFIELD, Allisson. *Dinosaurs to Dynamos: Has the Law reached its Technological Age?* Electronic Commerce: Legal Issues for the Information Age. The University of New South Wales Law Journal, Volume 21, nº 02, 1998.

STEINER, Sylvia. *O Perfil do Juiz do Tribunal Penal Internacional. In:* CHOUKR, Hassan Fauzi, AMBOS, Kai. *Tribunal Penal Internacional.* São Paulo: Revista dos Tribunais, 2000.

STERIO, Milena. *The Evolution of International Law*. Boston College International and Comparative Law Review, Volume XXXI, nº 02, 2008.

STONE, Peter. *EU Private International Law: harmonization of Laws*. Cheltenham: Edward Elgar, 2006.

STRENGER, Irineu. *Direito Internacional Privado*. São Paulo: LTr, 1996.

SUNLEY, Emil M. *What Can the U.S. Learn from the Tax Systems of Other Countries?* National Tax Association – Tax Institute of America, Proceedings, Washington, DC, 1997.

SVANTESSON, Dan Jerker. *Borders on, or border around – the future of the Internet.* Bond University, 2006.

SVANTESSON, Dan Jerker. *Private International Law and the Internet.* Alphen aan den Rijn: Kluwer Law International, 2007.

SWEET, John K. *Formulating International Tax Laws in the Age of Electronic Commerce: The Possible Ascendancy of Residence-Based Taxation in an Era of Eroding Traditional Income Tax Principles*. University of Pennsylvania Law Review, Volume 146, nº 6, August, 1998.

SWINDLE, Orson. *The Taxation of E-Commerce*. Montana Law Review, Volume 61, Number 1, Winter, 2000

SWIRE, Peter. *Elephants and Mice Revisited: Law and Choice of Law on the Internet*. University of Pennsylvania Law Review, Volume 153, nº 06, 2005.

TAMBINI, Damian, Leonardi, Danilo, MARSDEN, Chris. *Codifying Cyberspace. Communications sel-regulation in the age of Internet Convergence.* London: Routledge, 2008.

TEIXEIRA DE ABREU, Miguel. *Efeitos Fiscais da utilização da Internet em sede de Impostos sobre o Rendimento*. Fiscalidade nº 02, Revista de Direito e Gestão Fiscal, Edição do Instituto Superior de Gestão, Abril, 2000.

TERHECHTE, Jörg Philipp. *Judicial Ethics for a Global Judiciary – How Judicial*

Networks Create their own Codes of Conduct. German Law Journal, Volume 10, nº 04, 2009.

TERRA, Ben, WATTEL, Peter. *European Tax Law.* London: Kluwer Law International, 2ª ed., 1997.

THORPE, Kyrie E. *International Taxation of Electronic Commerce: Is The Internet age Rendering the Concept of Permanent Establishment Obsolete?* Emory International Law Review, Volume 11, Fall, 1997.

TIETJE, Christian, NOWROT, Karsten. *Das Internet im Fokus des transnationalen Wirtschaftsrechts: Normative Ordnungsstrukturen für den E-Commerce.* Archiv des Völkerrechts, Volume 47, Number 3, September, 2009.

TIMOFEEVA, Yulia A. *Establishing Legal Order in the Digital World: Local Laws and Internet Content Regulation.* Journal of International Commercial Law, Volume 1, Issue 1, 2006.

TIMOFEEVA, Yulia A. *Worldwide Prescriptive Jurisdiction in Internet Content Controversies: A Comparative Analysis.* Connecticut Journal of International Law, Vol. 20, 2005.

TINNEVELT, Ronald, MERTENS, Thomas. *The World State: A Forbidding Nightmare of Tyranny? Habermas on the Institutional Implications of Moral Cosmopolitanism.* German Law Journal, Volume 10, nº 01, 2009.

TODD, Paul. *E-commerce Law.* Oxon: Routledge-Cavendish, 2006.

TOMILLO, Manuel Gómez. *Responsabilidad penal y civil por delitos cometidos através de internet. Especial consideración del caso de los proveedores de conte-nidos, servicios, acceso y enlaces.* Navarra: Aranzadi, 2006.

TOWNSEND, William D., CARPENTER, Raymond P., McCLELLAN. *´Cybertaxation´: Current Trends in the Taxation of Telecommunications and Computer Informations Services.* State Tax Notes, November 15, 1993.

TROYE, Anne. *Electronic Commerce and invoicing cycle.* Computer Law & Practice, Vol. 11, Number 6, 1995.

TSELENTIS, Georgios, *et al. Towards the Future Internet. Emerging Trends from European Research.* Berlin: IOS, 2010.

UERPMANN-WITTZACK, Robert. *Internetvölkerrecht.* Archiv des Völkerrechts, Volume 47, Number 3, September, 2009.

UERPMANN-WITTZACK, Robert. *Principles of International Internet Law.* German Law Journal, Volume 11, nº 11, 2010.

VANDERHOFF, Anna M. *The Tax Man Cometh: A Realistic View of the Taxation of Internet Commerce.* Capital University Law Review, Vol. 27, Number 4, 1999.

VÁSQUEZ, Carlos M. *Treaties as Law of the Land: The Supremacy Clause and the Judicial Enforcement of Treaties.* Harvard Law Review, Volume 122, Number 2, December, 2008.

VAUGHN, Angela; FERRANTE, Joan. *Let´s Go Sociology. Travels on the Internet.* Belmont: Wadsworth, 1998.

VENABLES, Delia. *Ten Minute Guide to the Internet.* Computer & Law, Feb/ /March, 1998.

VESTING, Thomas. *The Autonomy of Law and the Formation of Network Standards.* German Law Journal, Volume 05, nº 06, 2004.

VIELLECHNER, Lars. *The Network of Networks: Karl-Heinz Ladeur's Theory of Law and Globalization.* German Law Journal, Volume 10, nº 04, 2009.

VON BERNSTORFF, Jochen. *Democratic Global Internet Regulation? Governance Networks, International Law and the Shadow of Hegemony.* Oxford: European Law Journal, Volume 9, nº 04, 2003.

VON BOGDANDY, Armin, DELLAVALLE, Sergio. *Universalism and Particularism as Paradigms of International Law.* New York: International Law and Justice Working Paper 2008/3.

VON BOGDANDY, Armin, DELLAVALLE, Sergio. *Universalism Renewed: Habermas' Theory of International Order in Light of Competing Paradigms.* German Law Journal, Volume 10, nº 01, 2009.

WAELDE, Charlotte. *Article 3, ECD: Internal Market Clause, International Private Law, Consumers and the Net...In:* EDWARDS, Lilian. *The New Legal Framework For E-commerce In Europe.* Portland: Hart Publishing, 2005

WALD, Arnoldo. *Prefácio. In:* CHALHUB, Melhim Namem. *Trust.* Rio de Janeiro: Renovar, 2001.

WALL, David, JOHNSTONE, Jennifer. *The Industrialization of Legal Practice and The Rise of the New Electric Lawyer: The Impact of Information Technology upon Legal Practice in the U.K. [1].* International Journal of the Sociology of Law, Volume 25, nº 02, June, 1997.

WALL, David. *Crime and the Internet.* London: Routledge, 2001.

WALL, David. *Cybercrime and the Culture of Fear: Social science fiction(s) and the production of knowledge about Cybercrime.* Information, Communication & Society, Volume 11, nº 06, September, 2008.

WALL, David. *Hunting, Shooting and Phishing: New Cybercrime Challenges for Cybercanadians in the 21 st Century.* London: The British Library Board, 2008.

WAY, Kashi M. *State and Local Sales Tax on Internet Commerce: Developing a Neutral and Efficient Framework.* Virginia Tax Review, Volume 19, Number 1, Summer, 1999.

WEINER, Joann M., *"Discussion of Papers on Telecommunications Taxation",* National Tax Journal, Volume L, Nº 3, September, 1997.

WERNE, Jens. *E-Commerce.co.uk – Local Rules in a Global Net. Online Business Transactions and the Applicability of Traditional English Contract Law Rules.* International Journal of Communications Law and Policy, Issue 6, Winter, 2001.

WESTON, Burns, FALK, Richard, CHARLESWORTH, Hilary, STRAUSS, Andrew. *International Law and World Order.* St. Paul: Thomson/West, 2006.

WHITING, Alex. *In International Criminal Prosecutions, Justice Delayed Can Be Justice Delivered.* Harvard International Law Journal, Volume 50, Number 2, Summer 2009.

WHITTY, Monica, CARR, Adrian. *Cyberspace Romance. The Psychology of Online Relationships.* New York: Palgrave Macmillan, 2006.

WOLFRUM, Rüdiger, RÖBEN, Volker. *Legitimacy in International Law.* Berlin: Springer, 2008.

WONG, Etienne, SALEH, David. *When Vat Met the Internet*. Computers & Law, Volume 8, Issue 5, January, 1998.

WUNSCH-VINCENT, Sacha, MCINTOSH, Joanna. *WTO, E-commerce, and Information Technologies: From the Uruguay Round through the Doha Development Agenda*. Incheon (Korea): United Nations ICT Task Force, 2005.

ZAINOL, Zinatul A. *The Chronicles of Electronic Commerce: Reverse Domain Name Hijacking under the Uniform Dispute Resolution Policy*. Oxford: European Law Journal, Volume 16, Number 2, March, 2010.

ZAPATER, Mónica Guzmán. *Sociedad Internacional y Derecho Internacional Privado. Problemas de aplicación de sus Normas*. Madrid: Colex, 2006.

ZITTRAIN, Jonathan. *A History of online Gatekeeping*. Harvard Journal of Law & Technology, Volume 19, Number 2, Spring 2006.

ZITTRAIN, Jonathan. *Be careful what you ask for. Reconciling a Global Internet and Local Law*. in: THIERER, Adam, CREWS, Clyde Wayne. *Who rules the net?: Internet Governance and Jurisdiction*. Washington: Cato Institute, 2003.

ZITTRAIN, Jonathan. *The Future of the Internet – And How to Stop It*. London: Yale University Press, 2008.

ZITTRAIN, Jonathan. *The Generative Internet*. Harvard Law Review, Volume 119, 2006.

ZOPOLSKY, Joe. *Censorship on the Internet: Who Should Make the Rules?* Oklahoma Journal of Law & Technology, 1, 2003.

ZUURMOND, Arre. *Organisational Transformation Through the Internet*. Cambridge University Press – Journal of Public Policy, Volume 25, Issue 01, 2005.

WEB SITES

Alemanha- http://www.deutschland.de

Amazon- www.amazon.com

Autoridade Nacional de Comunicações (ICP-ANACOM)- http://www.anacom.pt

BBC- http://www.bbc.co.uk

Bebo- http://www.bebo.com

Berkman Center for Internet and Society- http://cyber.law.harvard.edu/

Bestbuy- www.bestbuy.com

bet365- http://www.bet365.com

BetClic- http://www.betclic.com

Bloomberg- http://www.bloomberg.com

Brasil- http://www.brasil.gov.br

Bwin- https://www.bwin.com

Center for Democracy & Technology- https://www.cdt.org

Centrebet- http://centrebet.com

CNN- www.cnn.com

Council of Europe Action Against Cybercrime- http://www.coe.int/t/dgl/legalcooperation/economiccrime/cybercrime

Craigslist- http://www.craigslist.org

DELL- www.dell.com

drugstore- http://international.drugstore.com/default.asp

eBay- www.ebay.com

Espanha- http://www.administracion.es/

ESPN- http://espn.go.com

Estados Unidos- http://www.firstgov.gov

EUROBET- http://www.eurobet.com

Europa- http://europa.eu

European Central Bank- http://www.ecb.int

European Commission- http://ec.europa.eu

European Council- http://www.europeancouncil.europa.eu

EveryDNS- www.everydns.com

Facebook- http://www.facebook.com

Faculdade de Direito da Universidade de Coimbra- www.fd.uc.pt

Flickr- http://www.flickr.com

Forbes.com- http://www.forbes.com

França- http://www.service-public.fr

Global Business Dialogue on e-society- http://www.gbd-e.org

Gmail- www.gmail.com

Google- www.google.com

WEB SITES

Great Firewall China- http://www.greatfirewallofchina.org/test

Hotmail- www.hotmail.com

ICANN- http://www.icann.org

International Chamber of Commerce-http://www.iccwbo.org/

International Telecommunication Union- http://www.itu.int

Internet Architecture Board- http://www.iab.org

Internet Assigned Numbers Authority-http://www.iana.org

Internet Engineering Task Force-http://www.ietf.org

Internet Governance Forum- http://www.intgovforum.org/cms/

Internet Library of Law and Court Decisions- http://www.internetlibrary.com

Internet Rights & Principles Coalition-http://irpcharter.org

Internet Society- http://www.internetsociety.org

Internet World Stats- http://www.internetworldstats.com

INTERPOL- http://www.interpol.int

iQVC- http://www.iqvc.com

Itália- http://www.italia.gov.it

Lawinter- http://www.lawinter.com

LimeWire- http://www.limewire.com/de

Linkedin- http://www.linkedin.com

McAfee- www.mcafee.com

Messenger- http://www.msn.com

MOHAWK COUNCIL OF KAHNAWÁ:KE- http://www.kahnawake.com

Musée du Louvre- www.louvre.fr

mySimon- http://www.mysimon.com

Myspace- http://www.myspace.com

Network solutions- http://www.networksolutions.com

New York Stock Exchange- www.nyse.com

Newseum- http://www.newseum.org/todaysfrontpages/flash

Number Resource Organization-http://www.nro.net

Onsale- http://www.onsale.com

Orkut- http://www.orkut.com

Outlook- www.outlook.com

Oxford Internet Institute- http://www.oii.ox.ac.uk

PayPal- www.paypal.com

PERMANENT INTERNET TAX FREEDOM ACT - *Amends the Internet Tax Freedom Act to make permanent the ban on state and local taxation of Internet access and on multiple or discriminatory taxes on electronic commerce.*

Photobucket- http://www.photobucket.com

Piratebay- http://www.piratebay.com

PlentyOfFish- http://www.plentyoffish.com/terms.aspx

Portugal- http://www.portaldocidadao.pt

Reino Unido- http://www.direct.gov.uk

REUTERS- http://www.reuters.com

SÁNCHEZ, Yoani- http://www.desdecuba.com/generationy

SECOND LIFE- http://secondlife.com

Skype- http://www.skipe.com

Society for Worldwide Interbank Financial Telecommunication- SWIFT-http://www.swift.com

Sportingbet- http://www.sportingbet.com

studiVZ- http://www.studivz.net

Symantec- www.symantec.com-

WEB SITES

TAP Portugal- http://www.flytap.com

Target- www.target.com

THE NEW YORK TIMES- http://www.nytimes.com

TIME- http://www.time.com

Twitter- http://twitter.com/tos

Unibet- https://www.unibet.com

Universidade de Coimbra- http://www.uc.pt

Victor Chandler International- http://www.victorchandler.com

Walmart- www.walmart.com

WebSitePulse- http://www.websitepulse.com

WikiLeaks. www.wikileaks.ch

World Digital Library- www.wdl.org

World Summit on the Information Society- http://www.itu.int/wsis/index.html

World Trade Organization- www.wto.org

Yahoo!- www.yahoo.com

Youtube- http://www.youtube.com

888sport- http://www.888sport.com

DOCUMENTOS OFICIAIS

ANTI-COUNTERFEITING TRADE AGREEMENT – ACTA. *Anti-Counterfeiting Trade Agreement between the European Union and its Member States, Australia, Canada, Japan, the Republic of Korea, the United Mexican States, the Kingdom of Morocco, New Zealand, the Republic of Singapore, the Swiss Confederation and the United States of America*. 2011.

BUNDESMINISTERIUM DER JUSTIZ. *Internationales Privatrecht– Private Rechtsbeziehungen mit dem Ausland– Die wichtigsten Regelungen im Überblick. Das Bundesministerium der Justiz informiert*, 2008.

BUNDESMINISTERIUM DER JUSTIZ. *Law – Made in Germany – Global, Effektiv, Kostengünstig*. Berlin: BDJ, 2009.

CENTRE EUROPÉEN DES CONSOMMATEURS. *La résolution alternative des litiges de consommation en Belgique. Une comparaison entre les Etats membres de l'Union Européenne*. Bruxelles: ECC, 2010.

COMISSÃO DAS COMUNIDADES EUROPEIAS. *Comércio Eletrónico e Fiscalidade Indirecta*. COM(1998) 374 Final, Bruxelas, 17.06.1998.

COMISSÃO DAS COMUNIDADES EUROPEIAS. *Uma Iniciativa Europeia para o Comércio Eletrónico*. COM(97) 157 Final, Bruxelas, 16.04.1997.

COMISSÃO EUROPEIA. *A Sociedade da Informação* – A Europa em Movimento, CECA-CE-CEEA, Bruxelas, Luxemburgo, 1996.

COMISSÃO EUROPEIA. *Ciências e Tecnologias do Futuro- A Caminho da Europa do Século XXI*. A Europa em Movimento, CECA-CE-CEEA, Bruxelas, Luxemburgo, 1994.

COMISSÃO EUROPEIA. *Competência dos Tribunais – Direito Internacional*.

COMISSÃO EUROPEIA. *Europa...Perguntas e Respostas – A Concorrência nas Telecomunicações: Porquê? Como?"*, Serviço de Publicações Oficiais das Comunidades Europeias, Luxemburgo, 1997.

COMMITTEE ON FINANCIAL AFFAIRS OF THE OECD. *Electronic Commerce: The Challenges to Tax Authorities and Taxpayers*. Nov., 1997.

DOCUMENTOS OFICIAIS

COMUNICAÇÃO DA COMISSÃO AO CONSELHO E AO PARLAMENTO EUROPEU. *Estratégia destinada a melhorar o funcionamento do sistema do IVA no âmbito do mercado interno.* COM (2000) 349.

CONGRESS, HOUSE. *Internet Tax Freedom Act.* 105th Cong., 2d Sess., tit. XI, par. 1104(2)(B)(i), Oct. 1, 1998.

CONVENÇÃO 88/592/CEE, relativa à competência judiciária e à execução de decisões em matéria civil e comercial – Celebrada em Lugano em 16 de Setembro de 1988.

CONVENÇÃO DE BRUXELAS DE 1968, relativa à competência judiciária e à execução de decisões em matéria civil e comercial.

CONVENÇÃO DE VIENA SOBRE O DIREITO DOS TRATADOS, Viena, 1969.

COUNCIL OF EUROPE. *Additional Protocol to the Convention on cybercrime, concerning the criminalisation of acts of a racist and xenophobic nature committed through computer systems.* Strasbourg, 2003.

COUNCIL OF EUROPE. *Convention on Cybercrime,* Budapest, 2001.

COUNCIL OF EUROPE. *The European Convention on Human Rights.* Rome, 1950.

COUNCIL REGULATION (EC) Nº 143//2008, of 12 February 2008, amending Regulation (EC) Nº 1798/2003 as regards the introduction of administrative cooperation and the exchange of information concerning the rules relating to the place of supply of services, the special schemes and the refund procedure for value added tax.

DECISÃO 2009/430/CE DO CONSELHO, de 27 de Novembro de 2008, relativa à celebração da Convenção relativa à competência judiciária, ao reconhecimento e à execução de decisões em matéria civil e comercial *(Aprovação, em nome da Comunidade Europeia, da celebração da Convenção relativa à competência judiciária, ao reconhecimento e à execução de decisões em matéria civil e comercial, que irá substituir a Convenção de Lugano de 16 de Setembro de 1988).*

DECISÃO DO CONSELHO, de 28 de Maio de 2001, que cria uma rede judiciária europeia em matéria civil e comercial.

DECISÃO Nº 1149/2007/CE DO PARLAMENTO EUROPEU E DO CONSELHO, de 25 de Setembro de 2007, que cria, para o período de 2007 a 2013, o programa específico "Justiça Civil" no âmbito do programa geral "Direitos Fundamentais e Justiça".

DEPARTAMENT OF THE TREASURY. *Selected Tax Policy Implications of Global Electronic Commerce.* U.S. Departament of Treasury, Office of Tax Policy, Nov., 1996.

DEPARTMENT FOR COMMUNITIES AND LOCAL GOVERNMENT. *Online Social Networks-Research Report.* London: Clicks and Links, 2008.

DIRETIVA 1999/59/CE do Conselho, de 17 de Junho de 1999, que altera a DIRETIVA 77/388/CEE no que se refere ao regime do imposto sobre o valor acrescentado aplicável aos serviços de telecomunicações, Jornal Oficial número L 162, de 26.06.1999.

DIRETIVA 1999/93/CE DO PARLAMENTO EUROPEU E DO CONSELHO, de 13 de Dezembro de 1999, relativa a um quadro legal comunitário para as assinaturas eletrónicas.

DIRETIVA 2000/28/CE, DO PARLAMENTO EUROPEU E DO CONSELHO, de 18 de Setembro, que alterou a DIRETIVA nº 2000/12/CE, do Parlamento Europeu e do Conselho, de 20 de Março, relativa à actividade das instituições de crédito e ao seu exercício, incluindo, na definição de instituição de crédito, as instituições de moeda eletrónica.

DIRETIVA 2000/31/CE DO PARLAMENTO EUROPEU E DO CONSELHO, de 8 de Junho de 2000, relativa a certos aspectos legais dos serviços da sociedade de informação, em especial do comércio eletrónico, no mercado interno, transposta em Portugal pelo Decreto Lei nº 07/ /2004, de 7 de Janeiro.

DIRETIVA 2000/31/CE DO PARLAMENTO EUROPEU E DO CONSELHO, de 8 de Junho de 2000, relativa a certos aspectos legais dos serviços da sociedade de informação, em especial do Comércio Eletrónico, no mercado interno *(DIRETIVA sobre Comércio Eletrónico)"*, Jornal Oficial das Comunidades Europeias, 17.02.2000.

DIRETIVA 2000/46/CE DO PARLAMENTO EUROPEU E DO CONSELHO, de 18 de Setembro de 2000, relativa ao acesso à actividade das instituições de moeda eletrónica e ao seu exercício.

DIRETIVA 2001/115/CE DO CONSELHO, de 20 de Dezembro de 2001, que altera a DIRETIVA 77/388/CEE, visando simplificar, modernizar e harmonizar as condições aplicáveis à facturação em matéria de imposto sobre o valor acrescentado.

DIRETIVA 2001/29/CE DO PARLAMENTO EUROPEU E DO CONSELHO, de 21 de Maio de 2001, relativa à harmonização de certos aspectos do direito de autor e dos direitos conexos na sociedade da informação.

DIRETIVA 2002/21/CE DO PARLAMENTO EUROPEU E DO CONSELHO, de 7 de Março de 2002, relativa a um quadro regulamentar comum para as redes e serviços de comunicações eletrónicas (DIRETIVA-quadro).

DIRETIVA 2002/22/CE DO PARLAMENTO EUROPEU E DO CONSELHO, de 7 de Março de 2002, relativa ao serviço universal e aos direitos dos utilizadores em matéria de redes e serviços de comunicações eletrónicas (DIRETIVA serviço universal).

DIRETIVA 2002/38/CE DO CONSELHO, de 7 de Maio de 2002, que altera, a título tanto definitivo como temporário, a DIRETIVA 77/388/ /CEE no que se refere ao regime do imposto sobre o valor acrescentado aplicável aos serviços de radiodifusão e televisão e a determinados serviços prestados por via eletrónica.

DIRETIVA 2002/58/CE DO PARLAMENTO EUROPEU E DO CONSE-

LHO, de 12 de Julho de 2002, relativa ao tratamento de dados pessoais e à protecção da privacidade no sector das comunicações eletrónicas (DIRETIVA "Privacidade e Comunicações Eletrónicas"), transposta em Portugal pela Lei nº 41/2004, de 18 de Agosto.

DIRETIVA 2002/65/CE DO PARLAMENTO EUROPEU E DO CONSELHO, de 23 de Setembro de 2002, relativa à comercialização à distância de serviços financeiros prestados a consumidores e que altera as DIRETIVAs 90/619/CEE do Conselho, 97/7/CE e 98/27/CE.

DIRETIVA 2002/8/CE DO CONSELHO, de 27 de Janeiro de 2003, relativa à melhoria do acesso à justiça nos litígios transfronteiriços, através do estabelecimento de regras mínimas comuns relativas ao apoio judiciário no âmbito desses litígios.

DIRETIVA 2005/29/CE DO PARLAMENTO EUROPEU E DO CONSELHO, de 11 de Maio de 2005, relativa às práticas comerciais desleais das empresas face aos consumidores no mercado interno e que altera a DIRETIVA 84/450/CEE do Conselho, as DIRETIVAS 97/7/CE, 98/27/CE e 2002/65/CE e o REGULAMENTO (CE) Nº 2006/2004 (DIRETIVA relativa às práticas comerciais desleais).

DIRETIVA 2006/112/CE DO CONSELHO, de 28 de Novembro de 2006, relativa ao sistema comum do imposto sobre o valor acrescentado.

DIRETIVA 2006/24/CE DO PARLAMENTO EUROPEU E DO CONSE-

LHO, de 15 de Março de 2006, relativa à conservação de dados gerados ou tratados no contexto da oferta de serviços de comunicações eletrónicas publicamente disponíveis ou de redes públicas de comunicações, e que altera a DIRETIVA 2002/58/CE.

DIRETIVA 2006/58/CE DO CONSELHO, de 27 de Junho de 2006, que altera a DIRETIVA 2002/38/CE no que respeita ao período de aplicação do regime do imposto sobre o valor acrescentado aplicável aos serviços de radiodifusão e televisão e a determinados serviços prestados por via eletrónica.

DIRETIVA 2008/8/CE DO CONSELHO, de 12 de Fevereiro de 2008, que altera a DIRETIVA 2006/112/CE no que diz respeito ao lugar das prestações de serviços.

DIRETIVA 95/46/CE DO PARLAMENTO EUROPEU E DO CONSELHO, de 24 de Outubro de 1995, dedicada à protecção das pessoas singulares no que diz respeito ao tratamento de dados pessoais e à livre circulação dos mesmos.

DIRETIVA 98/34/CE DO PARLAMENTO EUROPEU E DO CONSELHO, de 22 de Junho de 1998, referente a um procedimento de informação no domínio das normas e regulamentações técnicas, alterada pela DIRETIVA 98/48/CE do Parlamento Europeu e do Conselho, de 20 de Julho de 1998.

DOCUMENTO ORIENTADOR DA INICIATIVA NACIONAL PARA O COMÉRCIO ELETRÓNICO, "Fisca-

lidade e Serviços Aduaneiros", Diário da República – I Série – B, no. 198, 25 de Agosto de 1999, p. 5758/5759.

EUROPEAN COMMISSION. *Existing EU legal framework.*

EUROPEAN COMMISSION. *Information Society and External Relations: Linking European Policies.* Luxembourg: Office for Official Publications of the European Communities, 2007.

EUROPEAN COMMISSION. *Mail order and Distance purchasing.*

EUROPEAN COMMISSION. *VAT on electronic services.*

GREAT BRITAIN. *Government on the internet: progress in delivering information and services online.* London: The Stationery Office, 2007.

HM CUSTOMS AND EXCISE, Electronic Commerce: UK Policy on Taxation Issues, Oct. 06, 1998.

HM CUSTOMS AND EXCISE, Notice 700, The Vat Guide (London: HM Customs and Excise (Mar., 1996; updated Feb. 1997, May 1997, Apr., 1998).

HM CUSTOMS AND EXCISE, Notice 702, VAT Imports and Warehouse Goods (London: HM Customs and Excise (Oct., 1995)) par. 2.2.

HM CUSTOMS AND EXCISE, Vat Information Sheet 2/97 (Jun., 1997), Telecomunications Services: Place of Supply

HOUSE OF COMMONS COMMITTEE OF PUBLIC ACCOUNTS. *Government on the Internet: Progress in delivering information and services online.* London: The Stationery Office

Limited, Sixteenth Report of Session 2007–08, 2008.

ICANN. *Uniform Domain Name Dispute Resolution Policy,* Disponível em: http://www.icann.org/de/dndr/udrp/policy-de.htm.

ICC. *Rome Statute of the International Criminal Court,* 1998.

ICJ. *Statute of the International Court of Justice,* 1945.

INTERNATIONAL LAW COMMISSION. *Reservations to treaties.* New York: United Nations, 2010.

INTERNATIONAL TELECOMMUNICATION UNION. *Digital.life.* Genebra: ITU, 2006.

INTERNATIONAL TELECOMMUNICATION UNION. *ITU Toolkit for Cybercrime Legislation.* Genebra: ITU, 2009.

INTERNATIONAL TELECOMUNICATION UNION. *ITU Global Cybersecurity Agenda.*

LA COMMISSION EUROPÉENNE, DG Enterprises. *Innovation & Transfert Technologique – L'innovation se Propage.* Publié Par La Commission Européenne, Programme Innovaion//PME, ESN, Bruxelles, Mai, 2000.

LEI Nº 109/2009, de 15 de Setembro, que transpôs para a ordem jurídica interna a Decisão Quadro nº 2005/222/JAI do Conselho, de 24 de Fevereiro, relativa a ataques contra sistemas de informação, e adaptou o Direito interno à Convenção sobre *Cybercrime* do Conselho da Europa.

MEMORANDUM OF UNDERSTANDING BETWEEN THE U.S. DEPARTMENT OF COMMERCE AND

DOCUMENTOS OFICIAIS

INTERNET CORPORATION FOR ASSIGNED NAMES AND NUMBERS (2000).

MINISTÉRIO DA JUSTIÇA. *Citius*. Portaria n.º 114/2008, de 6 de Fevereiro – Tramitação eletrónica de processos, Portugal, 2008.

NATIONAL WHITE COLLAR CRIME CENTER. *2009 Internet Crime Report*. Glen Allen: National White Collar Crime Center, 2010.

ORGANISATION FOR ECONOMIC COOPERATION AND DEVELOPMENT. *A Global Action Plan for Electronic Commerce*. Paris: OECD publishing, nº 44, 1999.

ORGANISATION FOR ECONOMIC COOPERATION AND DEVELOPMENT. *Mobile Commerce*. Paris: OECD Digital Economy Papers, nº 124, 2007.

ORGANISATION FOR ECONOMIC COOPERATION AND DEVELOPMENT. *Resolving E-commerce Disputes Online: Asking the Right Questions about ADR*. Paris: OECD publishing, nº 63, 2002.

ORGANISATION FOR ECONOMIC COOPERATION AND DEVELOPMENT. *Shaping Policies for the Future of the Internet Economy*. Paris: OECD publishing, nº 148, 2008.

ORGANISATION FOR ECONOMIC COOPERATION AND DEVELOPMENT. *Telecommunications and Internet Policy*.

ORGANISATION FOR ECONOMIC COOPERATION AND DEVELOPMENT. *A Borderless World – Realising the Potential of Electronic Commerce*.

OECD Ministerial Conference, Committee on Fiscal Affairs, October, 1998.

ORGANISATION FOR ECONOMIC COOPERATION AND DEVELOPMENT. *Clarification on the Application of the Permanent Establishment Definition in E-Commerce: Changes to the Commentary on the Model Tax Convention on Article 5*. Committee on Fiscal Affairs, December, 2000.

ORGANISATION FOR ECONOMIC COOPERATION AND DEVELOPMENT. *Implementing the Ottawa Taxation Framework Conditions*. Committee on Fiscal Affairs, June, 2000.

PARECER DO COMITÉ ECONÓMICO E SOCIAL sobre a "Comunicação da Comissão ao Conselho, ao Parlamento Europeu e ao Comité Económico e Social *Comércio Eletrónico e Fiscalidade Indirecta*" (98/C 407/49), Jornal Oficial das Comunidades Européias, 28.12.98.

PARLAMENTO EUROPEU E CONSELHO DA UNIÃO EUROPEIA. Proposta de DIRETIVA do Parlamento Europeu e do Conselho relativa a certos aspectos jurídicos do Comércio Eletrónico no mercado interno. (1999/C 30/04), Jornal Oficial das Comunidades Européias, 05.02.1999.

PERGUNTA ESCRITA E-1105/98, Jornal Oficial das Comunidades Europeias, (98/C 386/110), 11.12.1998.

PERGUNTA ESCRITA E-2129/98, Jornal Oficial das Comunidades Europeias, (1999/C 96/059), 08.04.1999.

PERMANENT INTERNET TAX FREEDOM ACT – Amends the Internet

Tax Freedom Act to make permanent the ban on state and local taxation of Internet access and on multiple or discriminatory taxes on electronic commerce. 2014-2015.

PROPOSTA DE DIRETIVA DO CONSELHO QUE ALTERA A DIRETIVA 77/388/CEE *"no que se refere ao Regime do Imposto Sobre o Valor Acrescentado aplicável a Determinados Serviços Prestados por via Eletrónica"*, Documento 500PC0349(02), Documento enviado em 19.02.2001.

REGULAMENTO (CE) Nº 1206/2001 DO CONSELHO, de 28 de Maio de 2001, relativo à cooperação entre os tribunais dos Estados-Membros no domínio da obtenção de provas em matéria civil ou comercial.

REGULAMENTO (CE) Nº 1348/2000 DO CONSELHO, de 29 de Maio de 2000 relativo à citação e à notificação dos actos judiciais e extrajudiciais em matérias civil e comercial nos Estados-Membros.

REGULAMENTO (CE) Nº 44/2001 DO CONSELHO, de 22 de Dezembro de 2000, relativo à competência judiciária, ao reconhecimento e à execução de decisões em matéria civil e comercial.

REGULAMENTO (CE) Nº 45/2001 do Parlamento Europeu e do Conselho, de 18 de Dezembro de 2000, relativo à protecção das pessoas singulares no que diz respeito ao tratamento de dados pessoais pelas instituições e pelos órgãos comunitários e à livre circulação desses dados.

REGULAMENTO (CE) Nº 460/2004 DO PARLAMENTO EUROPEU E DO CONSELHO, de 10 de Março de 2004, que criou a Agência Europeia para a Segurança das Redes e da Informação.

REGULAMENTO (CE) Nº 593/2008 DO PARLAMENTO EUROPEU E DO CONSELHO, de 17 de Junho de 2008, sobre a lei aplicável às obrigações contratuais (Roma I).

REGULAMENTO (CE) Nº 662/2009 DO PARLAMENTO EUROPEU E DO CONSELHO, de 13 de Julho de 2009, que estabelece um procedimento para a negociação e a celebração de acordos entre Estados-Membros e países terceiros relativamente a determinadas matérias referentes à lei aplicável às obrigações contratuais e extracontratuais.

REGULAMENTO (CE) Nº 733/2002 DO PARLAMENTO EUROPEU E DO CONSELHO, de 22 de Abril de 2002, relativo à implementação do domínio de topo .eu.

REGULAMENTO (CE) Nº 864/2007 DO PARLAMENTO EUROPEU E DO CONSELHO, de 11 de Julho de 2007, relativo à lei aplicável às obrigações extracontratuais (Roma II).

REGULAMENTO (CE) Nº 874/2004 da Comissão, de 28 de Abril de 2004, que estabelece as regras de política de interesse público relativas à implementação e às funções do domínio de topo ".eu", e os princípios que regem o Registo.

REGULAMENTO DE EXECUÇÃO (UE) nº 282/2011 DO CONSELHO, de 15 de Março de 2011, que estabelece medidas de aplicação da DIRE-

TIVA 2006/112/CE relativa ao sistema comum do imposto sobre o valor acrescentado.

RELATÓRIO relativo à cooperação administrativa e aos procedimentos de cobrança e fiscalização do IVA – COM(2000) 28 final de 28 de janeiro de 2000.

THE LAW SOCIETY OF ENGLAND AND WALES. *England and Wales: The jurisdiction of choice.* 2007. London: The Law Society, 2007.

TRATADO DE WESTPHÁLIA DE 1648. Feito e concluído em Münster, na Westphália em 24 de Outubro de 1648.

UNITED NATIONS COMMISSION ON INTERNATIONAL TRADE LAW. *1958 – Convention on the Recognition and Enforcement of Foreign Arbitral Awards – the "New York" Convention.*

UNITED NATIONS COMMISSION ON INTERNATIONAL TRADE LAW. *Model Law on Electronic Commerce- 1996- with additional article 5 bis as adopted in 1998.*

UNITED NATIONS COMMISSION ON INTERNATIONAL TRADE LAW. *Model Law on Electronic Signatures.* 2001.

UNITED NATIONS COMMISSION ON INTERNATIONAL TRADE LAW. *Promoting confidence in electronic commerce: legal issues on international use of electronic authentication and signature methods.* 2009.

UNITED NATIONS COMMISSION ON INTERNATIONAL TRADE LAW. *Recommendation on the Legal Value of Computer Records.* 1985.

UNITED NATIONS COMMISSION ON INTERNATIONAL TRADE LAW. *United Nations Convention on the Use of Electronic Communications in International Contracts.* 2005.

UNITED NATIONS EDUCATIONAL, SCIENTIFIC AND CULTURAL ORGANIZATION. *Towards Knowledge Societies.* Paris: UNESCO-United Nations Educational, Scientific and Cultural Organization Publishing, 2005.

UNITED NATIONS INSTITUTE FOR TRAINING AND RESEARCH. *High Level Panel on Cybersecurity and Cybercrime.* Genebra: UNITAR, 31 janeiro de 2012.

UNITED NATIONS. *CONVENTION ON THE PRIVILEGES AND IMMUNITIES OF THE UNITED NATIONS,* 1946.

UNITED NATIONS. *Convention on the Privileges and Immunities of the Specialized Agencies,* 1947.

UNITED NATIONS. *Internet Governance: Challenges and Opportunities for the ESCWA Member Countries.* New York: ESCWA, 2009.

WORLD INTELLECTUAL PROPERTY ORGANISATION. *WIPO Copyright Treaty.*

WORLD INTELLECTUAL PROPERTY ORGANISATION. *WIPO Performances and Phonograms Treaty.*

WORLD TRADE ORGANIZATION. *Electronic Commerce and the role of the WTO.* Geneva: WTO Publications, 1998.

WTO PUBLIC FORUM 2009. *Global Problems, Global Solutions: Towards Better Global Governance.*

ÍNDICE

NOTA DO AUTOR	7
AGRADECIMENTOS	9
PREFÁCIO	11
INTRODUÇÃO	13

CAPÍTULO I. A INTERNET — 17
1. Introdução — 17
2. O Computador — 18
3. O Computador no Século XX — 21
4. O Computador e o Surgimento da Internet — 23
5. A Internet no Século XXI — 25
6. A Internet e suas Virtualidades — 27
   6.1 O *e-mail* — 31
   6.2 Mensagens Instantâneas — 32
   6.3 *A WWW* — 32
   6.4 O *e-commerce* — 34
   6.5 As Redes Sociais Digitais — 42
7. A Sociedade Digital no Século XXI — 43
   7.1 Ondas da Sociedade Digital — 43
8. Síntese Tópica — 46

CAPÍTULO II. A TRIBUTAÇÃO DO COMÉRCIO ELETRÓNICO — 51

SECÇÃO I. O DIREITO NA INTERNET — 51
1. Introdução — 51

ÍNDICE

2. As Novas Problemáticas na Internet 52
   2.1 Desafios na *WWW* 54
   2.2 Desafios no *e-mail* 64
   2.3 Desafios nas Mensagens Instantâneas 70
   2.4 Desafios nas Redes Sociais Digitais 72
   2.5 Desafios no *e-commerce* 79
3. Síntese Tópica 83

SECÇÃO II. O DIREITO TRIBUTÁRIO FACE À INTERNET
E AO COMÉRCIO ELETRÓNICO 85
1. Introdução 85
2. Novas Empresas Mundiais 56
3. Anonimato 91
4. Produtos Digitais 94
5. Patrimónios Digitais 95
6. Segurança do *Web Site* e os *Firewalls* 96
7. Dinheiro Digital 97
8. A Internacionalidade Desterritorializada da Internet
   e do Comércio Eletrónico 99
9. Soberania Territorial X Mobilidade 116

CAPÍTULO III. A TRIBUTAÇÃO DO COMÉRCIO ELETRÓNICO
NOS ESTADOS UNIDOS DA AMÉRICA 131
1. Introdução 131

SECÇÃO I. O INTERNET TAX FREEDOM ACT 132
1. Internet Tax Freedom Act 132

SECÇÃO II. *SALES* E *USE TAX* NOS ESTADOS UNIDOS
DA AMÉRICA 137
1. Breve Histórico 137
2. Imposto de Venda e Imposto de Uso (*Sales and Use Tax*) 137
3. Vendas para fora do Estado 139
4. Produtos e Serviços da Internet sujeitos à Tributação 141

SECÇÃO III. A TRIBUTAÇÃO INTERNACIONAL
NOS ESTADOS UNIDOS DA AMÉRICA 144
1. Aspectos Gerais 144
2. Aproximação Geral na Tributação do *e-commerce* 145
3. Impacto do Anonimato e a Determinação da Residência 145

ÍNDICE

4. Classificação dos Produtos Digitais   147
5. Atividades Conduzidas por um Servidor Móvel – Operação Distante
de um Servidor   147
6. Posição do Governo dos Estados Unidos da América para
os Problemas da Tributação do Comércio Eletrónico   148
7. Transações Internacionais   152
8. Tributação de Rendimentos Estrangeiros   153
9. Serviços Baseados na Internet   155

SECÇÃO IV. A TRIBUTAÇÃO DOS *SOFTWARES*   156
1. Tipo e Fonte das Transações de *Softwares*   156
2. Regulação para Transações Internacionais de *Softwares*   157
3. Alcance dos Regulamentos para Todos os Produtos Digitais   159
4. Alcance dos Regulamentos em Relação aos Tratados Internacionais   159

SECÇÃO V. OPERAÇÕES DE IMPORTAÇÃO (NACIONAIS)
NOS ESTADOS UNIDOS DA AMÉRICA   160
1. Tributação quando não há presença nos Estados Unidos   160
2. Estabelecimento permanente nos Estados Unidos   160
3. Representantes   162
4. Fonte de Propagandas   162
5. Localização do Servidor   162
6. Rendimentos sobre Serviços   163
7. Venda de *Softwares* para os Estados Unidos   164
8. Venda de Produtos Intangíveis   164

SECÇÃO VI. DEBATE E ANÁLISE SOBRE A TRIBUTAÇÃO
DO COMÉRCIO ELETRÓNICO NOS ESTADOS UNIDOS
DA AMÉRICA   166
1. Debate sobre a Tributação do Comércio Eletrónico nos Estados
Unidos da América   166
2. Síntese Tópica e Análise Crítica   168

CAPÍTULO IV. A TRIBUTAÇÃO DO COMÉRCIO ELETRÓNICO
NA UNIÃO EUROPEIA   173
1. Introdução   173

SECÇÃO I
A TRIBUTAÇÃO ELETRÓNICA NA UNIÃO EUROPEIA   174
1. Uma Iniciativa Europeia para o Comércio Eletrónico   174
2. Comércio Eletrónico e Fiscalidade Indireta   178

ÍNDICE

SUB-SECÇÃO I. ORIENTAÇÕES   180
1. Não serão criados Novos Impostos   180
2. Consideração das Transmissões Eletrónicas como Serviços   181
3. Garantir a Neutralidade   188
4. Facilitar o Cumprimento das Obrigações   190
5. Garantir o Controlo e o Cumprimento da Lei   190
6. Facilitar a Tarefa das Autoridades Fiscais   191

SECÇÃO II. O PARECER DO COMITÉ ECONÓMICO E SOCIAL   193
1. Parecer do Comité Económico e Social   193

SECÇÃO III. O IVA NOS SERVIÇOS DE TELECOMUNICAÇÕES
E A PROPOSTA DE DIRETIVA DO CONSELHO   196
1. IVA Aplicável aos Serviços de Telecomunicações   196
2. Proposta de DIRETIVA do Conselho que altera a DIRETIVA
77/388/CEE no que se refere ao Regime do Imposto Sobre o Valor
Acrescentado aplicável a Determinados Serviços Prestados por via
Eletrónica – *Documento 500PC0349(02)*   198

SECÇÃO IV. A TRIBUTAÇÃO DIRETA DO COMÉRCIO
ELETRÓNICO NA UNIÃO EUROPEIA   209
1. Impostos Diretos   209

SECÇÃO V. O NOVO PANORAMA DA TRIBUTAÇÃO
DO COMÉRCIO ELETRÓNICO NA UNIÃO EUROPEIA   213
1. Embasamento Legal   213
2. O IVA sobre os Serviços Eletrónicos   214
3. Vendas de Bens pela Internet   215
4. Serviços de Telecomunicações   216
5. Síntese Tópica e Análise Crítica   216

CONCLUSÃO   221

BIBLIOGRAFIA   231

WEB SITES   261

DOCUMENTOS OFICIAIS   265